AF626323

Tierisch süße Häkelfreunde

Waldtiere und Feen

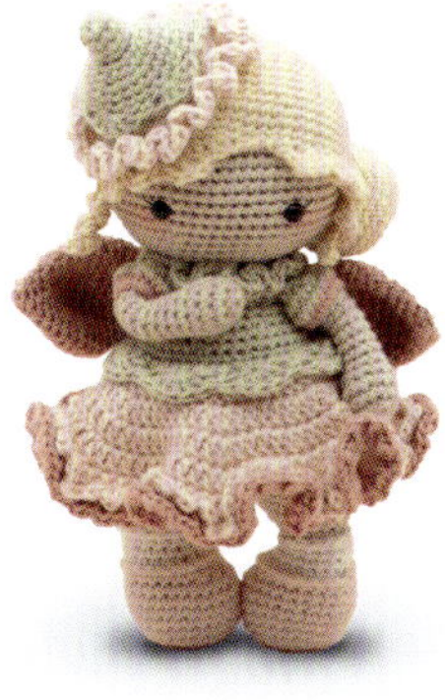

EIN BUCH DER
EDITION MICHAEL FISCHER

Inhalt

Inhalt

Das sind die Amigurumis in diesem Buch

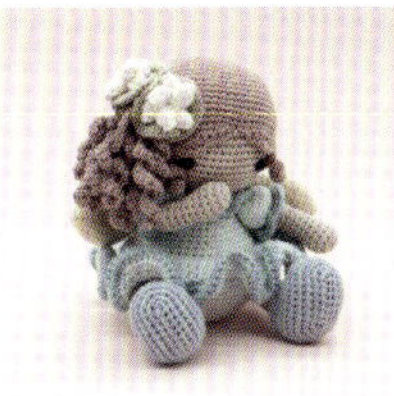
S. 16

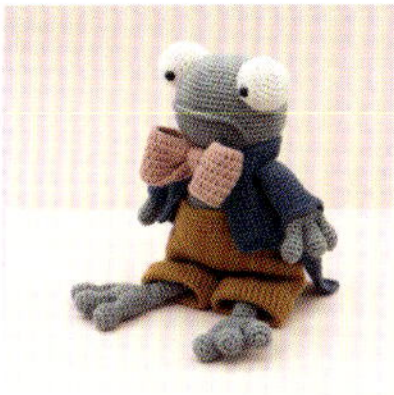
S. 24

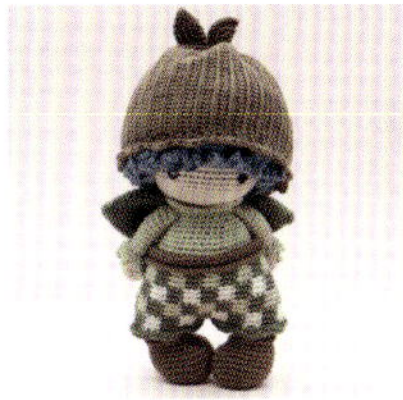
S. 34

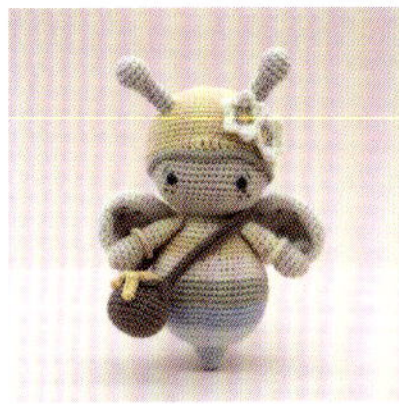
S. 44

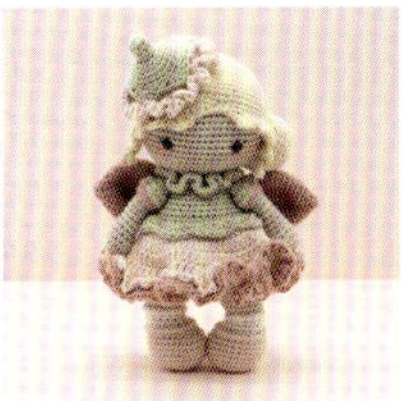
S. 50

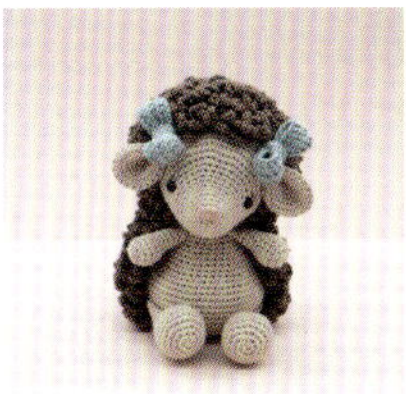
S. 58

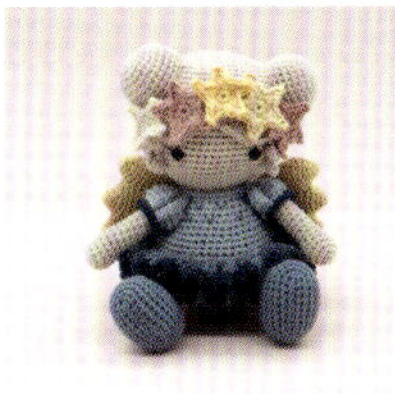
S. 66

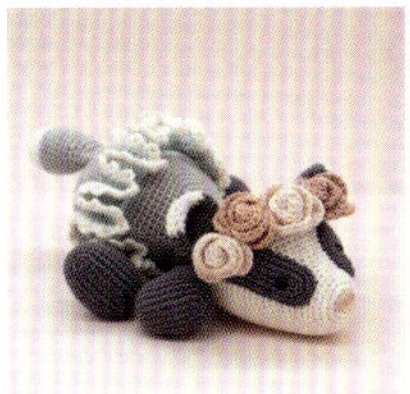
S. 74

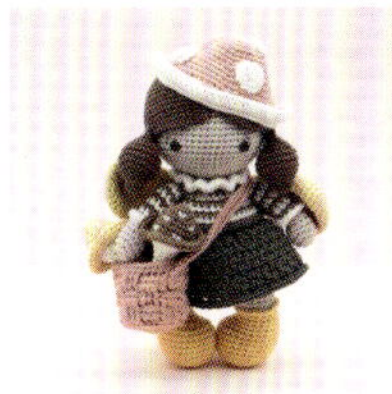
S. 82

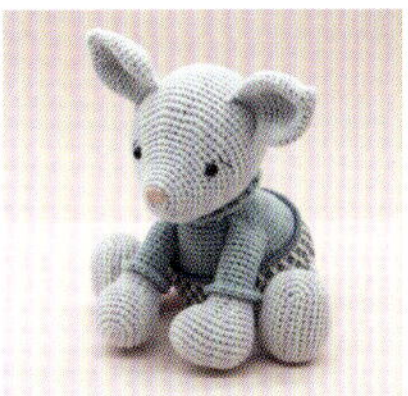
S. 92

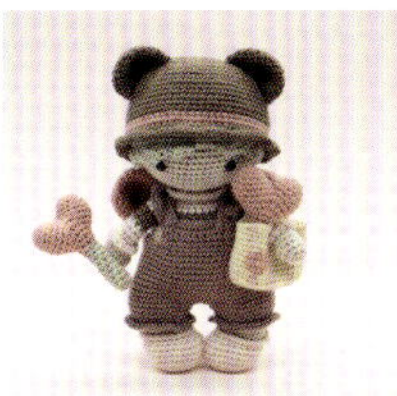
S. 100

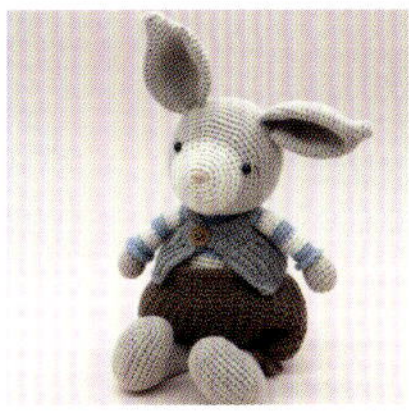
S. 110

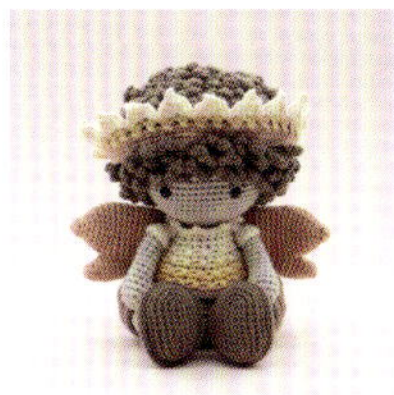
S. 118

Vorwort

„Einmal ist ein Versehen, zweimal ein Zufall, dreimal ein Muster (entschuldigen Sie das Wortspiel)."

Während ich die Einleitung zu meinem dritten Buch Tierisch süße Häkelfreunde – Waldtiere und Feen schreibe, staune ich über die Wahrheit hinter diesem Sprichwort.
Bei meinem ersten Ausflug in die Verlagswelt entstand Tierisch süße Häkelfreunde – I love Pastell. Als mir das wunderbare Team von Amigurumi.com anbot, ein erstes Buch zu gestalten, konnte ich kaum glauben, dass sich mir diese einmalige Chance bot. Die Vorstellung, dass die kleinen Amigurumi-Figuren, die ich mir ausdachte, auf den Seiten meines eigenen Buches veröffentlicht werden sollten, rührte mich und ich hielt mich für einen absoluten Glückspilz.
Wie es das Schicksal wollte, klopfte eine zweite Gelegenheit an meine Tür. Tierisch süße Häkelfreunde – Im Pastellwunderland erwachte zum Leben.
Ich hielt das für einen herrlichen Zufall und eine wunderbare Fügung. Aber solch ein Glück konnte es nicht noch einmal geben. Doch da war sie, eine weitere Chance, noch mehr drollige Kreationen in einem Buch zu versammeln.
Und hier sind wir, mit meinem dritten Buch Tierisch süße Häkelfreunde – Waldtiere und Feen. Ein weiteres Mal diese Möglichkeit zu erhalten, ist wirklich ein Privileg. Während meine letzten Bücher jeweils eine bunte Sammlung von 15 Figuren umfassten, macht mir das Thema dieses Buches besondere Freude. Wir tauchen ein in eine magische Welt, in der Tiere und Feen gemeinsam zwischen üppiger Vegetation, bunten, duftenden Blumen und alten Bäumen leben.
Stellen Sie sich nur vor, welche Wunder Sie erwarten, sobald Sie diese lustigen Figuren häkeln und Ihre ganz eigene Zauberwelt erschaffen.

Ein großes Dankeschön geht an meine Verleger*innen Joke, Dora und Bruno, dafür, dass sie an mich geglaubt haben, sogar als ich dachte, meine Kreativität sei versiegt. Ihre uneingeschränkte Unterstützung hat mir zu neuer Inspiration verholfen, mich dazu animiert, Neues zu erkunden, tief in mich zu gehen und diese zauberhaften Charaktere zum Leben zu erwecken.

Ganz besonders dankbar bin ich für das internationale Echo zu meinen ersten beiden Büchern. Ihre Begeisterung und Leidenschaft für das Häkeln von Amigurumis haben mich ungemein motiviert und ermutigt.

Ich möchte mich auch ganz herzlich bei Krea Deluxe bedanken, das von den talentierten Schwestern Heidi und Pia geleitet wird und die das Garn für dieses Buch zur Verfügung gestellt haben. Eure Unterstützung, Freundschaft und die wundervollen Garne haben mir ermöglicht, nach Herzenslust mit meinen Designs zu experimentieren.

Danke an Cricut Autralia & New Zealand, die mir den wunderbaren Cricut-Schneideplotter Cricut MakerTM 3 sowie Materialien zur Verfügung gestellt haben, die mir ganz neue Facetten beim Basteln eröffneten und mir ermöglichten, die Zauberwald-Kulisse für dieses Buch zu kreieren.

Außerdem wäre dieses Buch ohne die wertvolle Hilfe aller Testhäkler*innen nicht möglich gewesen. Ich danke jeder und jedem einzelnen von euch, wie ihr auf Seite 128 dieses Buches aufgelistet seid. Eure Liebe zum Detail und euer konstruktives Feedback haben dafür gesorgt, dass jedes Design absolut makellos ist. Eure Hingabe und eure Selbstlosigkeit beim Testen der Anleitungen sind wirklich überwältigend.

Last but not least möchte ich meiner lieben Familie für ihre uneingeschränkte Unterstützung und Liebe danken, meinem Vater, meiner Schwester und meinem kleinen Neffen. Und besonders meiner Mutter (die auf Instagram @petite_tini heißt), dass sie in allen Bereichen meines Lebens (nicht nur beim Häkeln) mein ehrlichster und größter Fan ist.

Danke an all meine Häkelfreundinnen, besonders an Cara, Sam, Kimi, Fi und Leanne, deren gemeinsame Leidenschaft für dieses Handwerk uns zusammengeschweißt hat. Danke für eure Inspiration und Kameradschaft.

Ewig dankbar bin ich auch allen Freund*innen abseits der Häkelwelt, die mich ermutigt, mir zugehört (oder Stellung bezogen) haben und die mich an kostbare Momente in meinem Leben erinnern.

Meine lieben Leser*innen, wenn Sie sich mit diesen Seiten jetzt auf das Abenteuer der Tierisch süßen Häkelfreunde – Waldtiere und Feen einlassen, hoffe ich, dass Ihnen das Häkeln genauso viel Freude und magische Momente bereitet, wie mir das Entwerfen der Designs.
Mögen diese Anleitungen Ihrem Leben einen eigenen Zauber verleihen, Sie dazu inspirieren, Ihrer Kreativität freien Lauf zu lassen und all jenen Freude bereiten, die sie in Händen halten.
Alles Liebe, mit Dankbarkeit im Herzen und einer Häkelnadel in der Hand, wünscht

Erinna

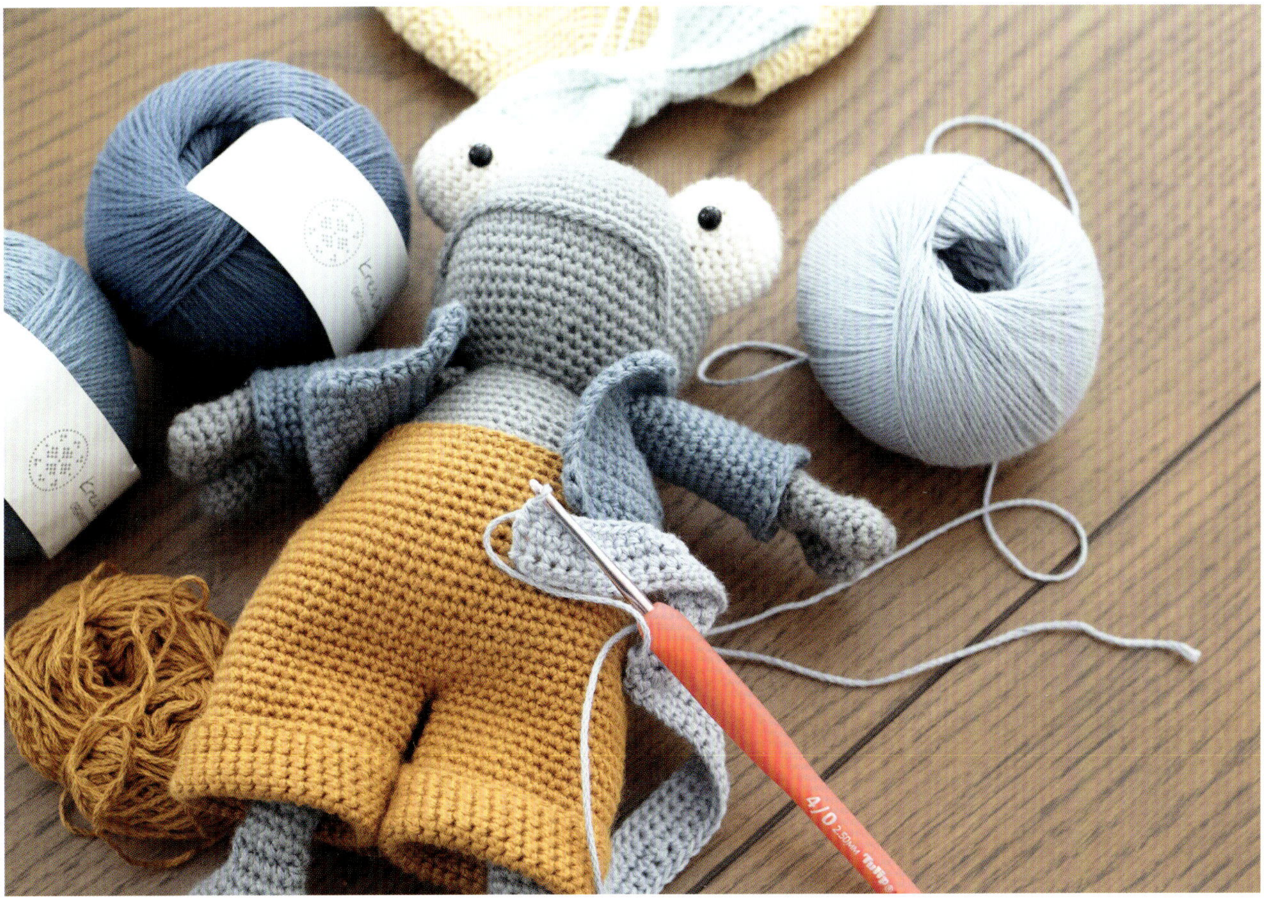

WELCHES MATERIAL BRAUCHEN SIE?

GARN

Bei jedem Modell in diesem Buch wird auch das Material angegeben, das verwendet wurde. Die Garnstärke ist auf jedes Modell abgestimmt. Ich habe das Baumwollgarn von Krea Deluxe verwendet (Lauflänge 50 g/165 m). Es handelt sich um Bio-Baumwolle, die GOTS-zertifiziert ist und in Europa produziert wird. Sie wird ohne chemische Pestizide und Kunstdünger angebaut und geerntet. So entstehen längere Fasern, die ein unglaublich weiches und strapazierfähiges Garn mit einer wunderschönen matten Optik in großartigen Farben ergeben.

Sie müssen sich allerdings nicht strikt an die Garnstärke halten. Jedes Baumwoll-, Acryl- oder Wollgarn kann verwendet werden, solange Sie mit der dazu passenden Häkelnadel arbeiten.

Die benötigte Garnmenge wird nicht angegeben. Die Menge pro Modell ist relativ gering und richtet sich auch danach, wie locker oder fest Sie häkeln. Sie können auch Reste von anderen Projekten verwenden oder mit einem neuen Knäuel beginnen. In der Materialliste wird angegeben, wenn mehr als ein 50 g-Knäuel benötigt wird.

HÄKELNADELN

Nicht nur das Garn, auch die Häkelnadeln gibt es in verschiedenen Ausführungen und Stärken. Mit größeren Nadeln werden die Maschen größer als mit kleineren. Daher ist es wichtig, die richtige Nadel für das gewählte Garn zu verwenden. Für die Amigurumis sollten Sie eine Häkelnadel verwenden, die zwei oder drei Nummern kleiner ist als auf Ihrem Garn angegeben. Das Häkelbild sollte recht fest und ohne Löcher sein, damit keine Füllwatte nach außen durchkommt. Daher verwenden Sie am besten eine kleinere Häkelnadel.

Häkelnadeln bestehen meist aus Aluminium oder Stahl. Metallnadeln rutschen für gewöhnlich leichter durch die Maschen. Am besten wählen Sie eine ergonomische Häkelnadel mit Gummigriff.

MASCHENMARKIERER

Ein Maschenmarkierer ist eine kleine Klemme aus Metall oder Kunststoff. Sie können die Maschen aber auch mit einem Garnstück markieren, wie ich es in diesem Buch oft gemacht habe.

Der Maschenmarkierer ist ein einfaches Werkzeug, das Ihnen hilft, den Anfangspunkt Ihrer Arbeit zu markieren und so anzeigt, ob Sie in jeder Runde die richtige Anzahl an Maschen gehäkelt haben. Bringen Sie den Maschenmarkierer in der letzten Masche der Runde an. Am Ende jeder Runde wird der Maschenmarkierer immer eine Runde höher gesetzt. Wenn Sie, nach dem Häkeln einer Runde, wieder bei Ihrem Maschenmarkierer angekommen sind, nehmen Sie ihn ab, häkeln in diese Masche und hängen den Maschenmarkierer in die letzte Masche der soeben gehäkelten Runde.

FÜLLMATERIAL

Am besten eignet sich Kunstfaserfüllwatte. Sie ist günstig, waschbar und löst keine Allergien aus.

Die einzelnen Teile der Figur werden während des Häkelns ausgestopft. Mit dem Ausstopfen größerer Teile, wie dem Kopf oder dem Körper, beginnt man, sobald sie etwa zur Hälfte fertig sind.

Müssen sehr schmale Teile ausgestopft werden, in die kein Finger passt, kann man das Ende einer Häkelnadel oder ein Essstäbchen zu Hilfe nehmen. Generell sollten Sie mehr Füllwatte verwenden, als Sie auf den ersten Blick vermuten würden.

Wird das Stofftier nicht fest genug ausgestopft, verliert es mit der Zeit seine Form. Wird jedoch zu viel Füllwatte verwendet, kann sie das Gewebe ausleiern und sichtbar werden. Es gilt hier ein ausgewogenes Verhältnis zu finden.

SICHERHEITSAUGEN

Sicherheitsaugen bestehen aus zwei unterschiedlichen Teilen – einem vorderen Teil (der Perle, die außen sichtbar ist und auf einem geriffelten Stift sitzt) und dem hinteren Teil (dem Verschluss).

Der Verschluss fixiert das Auge an seinem Platz. Stecken Sie den Verschluss aber nicht zu früh hinten auf das Auge. Sobald dieser einmal befestigt ist, lässt er sich nicht mehr entfernen. Achten Sie daher gut darauf, dass die Augen an der richtigen Stelle sitzen, bevor Sie sie endgültig befestigen. Wenn Sie eine andere Garnstärke als in der Anleitung angegeben verwenden, müssen Sie vielleicht auch größere oder kleinere Sicherheitsaugen nehmen.

Sind die Stofftiere für Kinder unter drei Jahren bestimmt, sollten die Gesichter zur Sicherheit aufgestickt werden.

WOLLNADEL

Zum Sticken eignet sich am besten eine Wollnadel mit stumpfer Spitze.
Mit der stumpfen Spitze lässt es sich leichter in die Maschen einstechen, ohne das Garn zu spalten.

STECKNADELN

Stecknadeln sind praktisch, um Körperteile zu positionieren, bevor man sie dauerhaft festnäht.

WAS MÜSSEN SIE WISSEN, BEVOR SIE BEGINNEN?

SCHWIERIGKEITSGRAD

Einfach (●○○)
Mittel (●●○)
Schwierig (●●●)
Bei jedem Modell wird der Schwierigkeitsgrad angegeben. Wenn Sie zum ersten Mal ein Amigurumi häkeln, sollten Sie mit einem einfachen Modell beginnen und sich erst nach und nach steigern.

DIE ANLEITUNG

- Die Anleitungen werden in Spiralen gehäkelt. Das Häkeln von Spiralen kann verwirrend sein, da es keine klare Markierung gibt, wann eine Runde endet und eine neue beginnt. Daher ist es hilfreich, das Rundenende mit einem Maschenmarkierer oder einer Sicherheitsnadel zu kennzeichnen. Nachdem Sie die nächste Runde gehäkelt haben, sollten Sie also genau über Ihrem Maschenmarkierer enden. Setzen Sie dann den Markierer eine Runde höher, damit Sie immer genau wissen, wo Sie gerade sind.
- Am Anfang jeder Zeile steht eine Zahl und die Abkürzung "Rd". Dies zeigt, in welcher Runde Sie sich gerade befinden. Wird eine Runde wiederholt, wird dies z.B. folgendermaßen angegeben: 9.–12. Rd.
- Obwohl wir hier hauptsächlich in Runden häkeln, kann es ab und zu vorkommen, dass in Reihen gearbeitet wird. Ist das der Fall, stehen am Anfang der Zeile eine Zahl und die Abkürzung "R". Die Reihe mit einer Luftmasche beenden und die Häkelarbeit wenden, um mit der nächsten Reihe zu beginnen. Diese Wendeluftmasche zählt nicht als Masche und wird beim Häkeln der nächsten Reihe übersprungen (sofern nicht anders angegeben).
- Manchmal wird auch in geschlossenen Runden gearbeitet. Dafür am Ende der Runde eine Kettmasche in die erste Masche häkeln und mit einer Luftmasche abschließen. Die erste Masche wird in dieselbe Masche wie die Kettmasche gehäkelt.
- Am Ende jeder Zeile steht in eckigen Klammern die Anzahl der Maschen, die Sie gehäkelt haben sollten, z. B. [9]. Wenn Sie sich nicht sicher sind, zählen Sie lieber noch einmal nach.
- Werden Teile der Anleitung wiederholt, wird dies mit einem Sternchen (*) und der Anzahl an Wiederholungen angezeigt. Dadurch wird die Anleitung kürzer und übersichtlicher. Wenn innerhalb einer Wiederholung eine weitere Wiederholung gehäkelt wird, wird die erste Wiederholung mit einer eckigen Klammer gekennzeichnet.
- Wird bei einem Körperteil der Begriff links oder rechts verwendet, gelten diese Bezeichnungen immer aus der Sicht der Häkelfigur.

AMIGURUMI-GALERIE

Bei jeder Häkelanleitung finden Sie eine Webadresse oder einen QR-Code, der Sie zur Online-Galerie des jeweiligen Amigurumis führt. Teilen Sie ein Foto von Ihrem kleinen Häkelfreund, lassen Sie sich von den Farben und Garnen, die andere Häkelbegeisterte gewählt haben, inspirieren und haben Sie Spaß beim Häkeln. Geben Sie einfach den Link in Ihren Browser ein oder scannen Sie den QR-Code mit Ihrem Smartphone. Bei Smartphones mit iOS-Betriebssystem können Sie den QR-Code einfach im Kameramodus scannen. Bei Smartphones mit Android müssen Sie möglicherweise zuerst eine QR-Reader-App installieren.

WELCHE TECHNIKEN VERWENDEN SIE?

Wenn Sie zum ersten Mal Amigurumis häkeln, ist es vielleicht hilfreich, eine Grundanleitung zur Hand zu haben.

Mit den hier erklärten Maschen können Sie alle Modelle aus diesem Buch nachhäkeln. Probieren Sie die verschiedenen Maschen erst mit einem Stück Restgarn aus, bevor Sie mit einem Projekt beginnen. So können Sie die Anleitungen besser verstehen, kennen die Abkürzungen und müssen nicht immer wieder zu diesen Seiten zurückblättern.

VIDEO-TUTORIALS

Bei jeder Häkelmasche, die erklärt wird, finden Sie auch eine Webadresse und einen QR-Code, die Sie direkt zu unserem Video-Tutorial bringen. Dort sehen Sie Schritt für Schritt, wie die jeweilige Masche gehäkelt wird und können sie so noch schneller erlernen. Geben Sie einfach den Link in Ihren Browser ein oder scannen Sie den QR-Code mit Ihrem Smartphone. Bei Smartphones mit iOS-Betriebssystem können Sie den QR-Code einfach im Kameramodus scannen. Bei Smartphones mit Android müssen Sie möglicherweise zuerst eine QR-Reader-App installieren.

QR-Code scannen oder **www.stitch.show/ch** eingeben, um zum Video-Tutorial zu gelangen.

LUFTMASCHE (Abkürzung: Lm)

Wenn Sie in Reihen arbeiten, besteht Ihre erste Reihe aus mehreren Luftmaschen. Dazu mit der Nadel das Garn durch die Schlinge ziehen (1). Die Schlinge gut festziehen (2). Wickeln Sie den Faden von hinten nach vorne über die Häkelnadel und ziehen Sie ihn durch die Schlinge auf der Nadel. Nun haben Sie die erste Luftmasche gehäkelt (3). Um eine Luftmaschenkette zu häkeln, die Schritte so oft wiederholen, wie in der Anleitung angegeben (4).

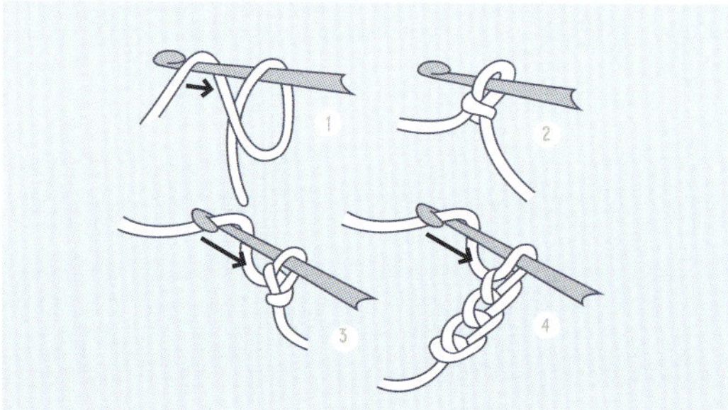

QR-Code scannen oder **www.stitch.show/FLO-BLO** eingeben, um zum Video-Tutorial zu gelangen.

QR-Code scannen oder **www.stitch.show/BP-FP** eingeben, um zum Video-Tutorial zu gelangen.

HÄKELNADEL EINSTECHEN (POSITION DER MASCHEN)

Mit Ausnahme der Luftmaschen müssen Sie bei allen Maschen die Nadel durch die vorhandenen Maschen stechen. Führen Sie die Häkelnadel durch beide Maschenglieder der vorherigen Reihe oder Runde. Dabei stechen Sie von vorne nach hinten durch die Masche. Die Nadelseite muss immer nach unten oder zur Seite zeigen, sodass sie nicht am Garn oder an der Arbeit hängen bleibt. Wenn Sie ivM/ihM/RMv/RMh oder Kreuz-Maschen häkeln sollen, arbeiten Sie dieselbe Masche, aber nicht durch beide Maschenglieder.

Nur ins vordere Maschenglied einstechen (Abkürzung: ivM)

Dabei stechen Sie nur in das Ihnen zugewandte vordere Maschenglied ein.

Nur ins hintere Maschenglied einstechen (Abkürzung: ihM)

Dabei stechen Sie nur in das von Ihnen abgewandte hintere Maschenglied ein

Reliefmasche hinten (Abkürzung: Rmh)

Für diese Maschen wird um den Maschenkörper, den vertikalen Teil der Masche, herumgearbeitet. Führen Sie die Nadel von rechts nach links und von hinten nach vorne und wieder nach hinten um den vertikalen Steg der Masche.

Reliefmasche vorne (Abkürzung: Rmv)

Führen Sie die Nadel von rechts nach links und von vorne nach hinten und wieder nach vorne um den vertikalen Steg der Masche.

Kreuz-Masche

Eine Masche der aktuellen Runde überspringen und in die nächste(n) Masche(n) häkeln. Zur übersprungenen Masche zurückkehren und die Kreuz-Masche in die übersprungene Masche häkeln, über der zuvor gearbeiteten Masche.

QR-Code scannen oder **www.stitch.show/crossed** eingeben, um zum Video-Tutorial zu gelangen.

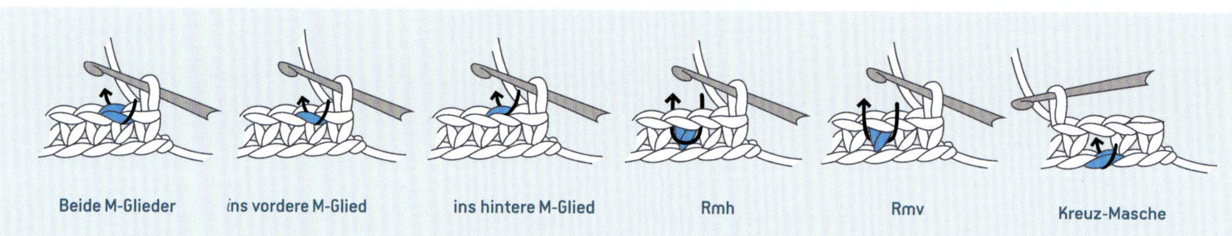

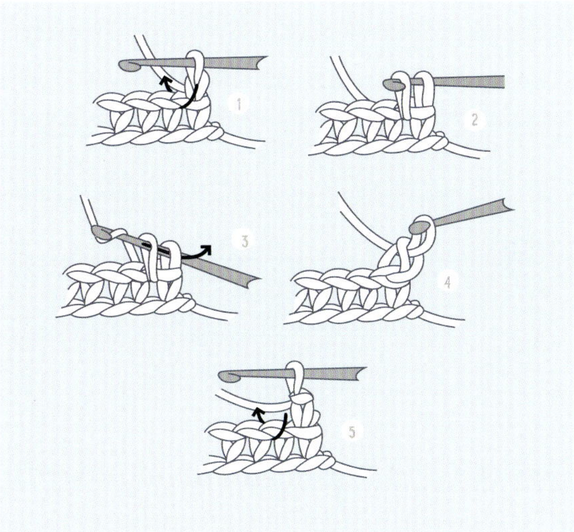

FESTE MASCHE (Abkürzung: fM)

Dies ist die am häufigsten verwendete Masche. Mit der Nadel in die nächste Masche einstechen (1). Holen Sie den Faden und ziehen Sie ihn durch die Luftmasche. Es liegen nun zwei Schlingen auf der Nadel (2). Holen Sie den Faden erneut und ziehen Sie ihn durch beide Schlingen (3). Nun haben Sie die erste feste Masche gehäkelt (4). Häkeln Sie in die nächste Masche, um fortzufahren (5).

QR-Code scannen oder **www.stitch.show/sc** eingeben, um zum Video-Tutorial zu gelangen.

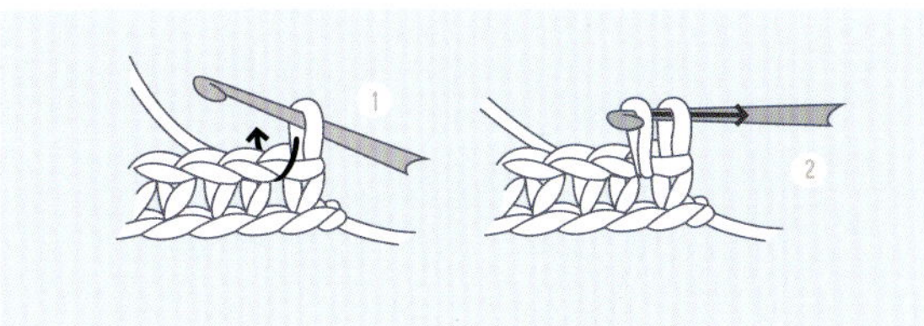

KETTMASCHE (Abkürzung: Km)

Eine Kettmasche wird verwendet, um eine Arbeit schön abzuschließen oder um verschiedene Teile zu verbinden.

Mit der Nadel in die nächste Masche einstechen (1). Holen Sie den Faden und ziehen Sie ihn durch die beiden Schlingen auf der Nadel (2).

QR-Code scannen oder **www.stitch.show/slst** eingeben, um zum Video-Tutorial zu gelangen.

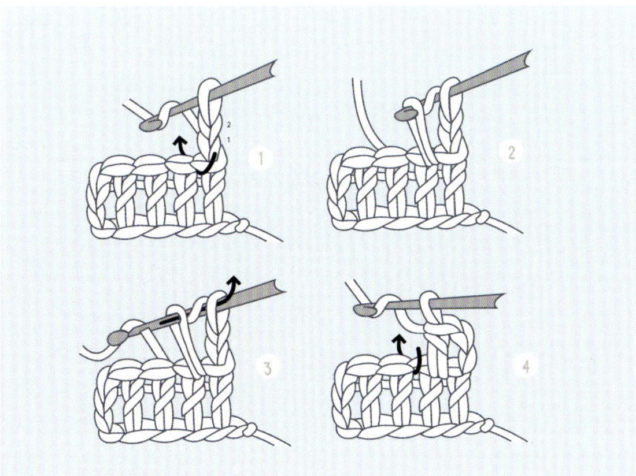

HALBES STÄBCHEN (Abkürzung: hStb)

Wickeln Sie den Faden zunächst von hinten nach vorne um die Nadel und stechen Sie dann in die Masche ein (1). Holen Sie den Faden und ziehen Sie ihn durch die Masche. Nun befinden sich drei Schlingen auf der Häkelnadel (2). Holen Sie den Faden erneut und ziehen Sie ihn durch alle drei Schlingen auf der Nadel. Nun haben Sie das erste halbe Stäbchen gehäkelt (3). Für das nächste halbe Stäbchen wickeln Sie den Faden wieder um die Nadel und stechen Sie in die nächste Masche ein (4).

QR-Code scannen oder **www.stitch.show/hdc** eingeben, um zum Video-Tutorial zu gelangen.

STÄBCHEN (Abkürzung: Stb)

Wickeln Sie den Faden zunächst von hinten nach vorne um die Nadel und stechen Sie dann in die Masche ein (1). Holen Sie den Faden und ziehen Sie ihn durch die Masche. Nun befinden sich drei Schlingen auf der Häkelnadel (2). Holen Sie den Faden erneut und ziehen Sie ihn durch die ersten beiden Schlingen auf der Nadel. Nun befinden sich zwei Schlingen auf der Häkelnadel (3). Wickeln Sie das Garn ein letztes Mal um die Nadel und ziehen Sie es durch beide Schlingen auf der Häkelnadel. Jetzt haben Sie ein Stäbchen gehäkelt (4). Für das nächste Stäbchen wickeln Sie den Faden wieder um die Nadel und stechen Sie in die nächste Masche ein (5).

QR-Code scannen oder **www.stitch.show/dc** eingeben, um zum Video-Tutorial zu gelangen.

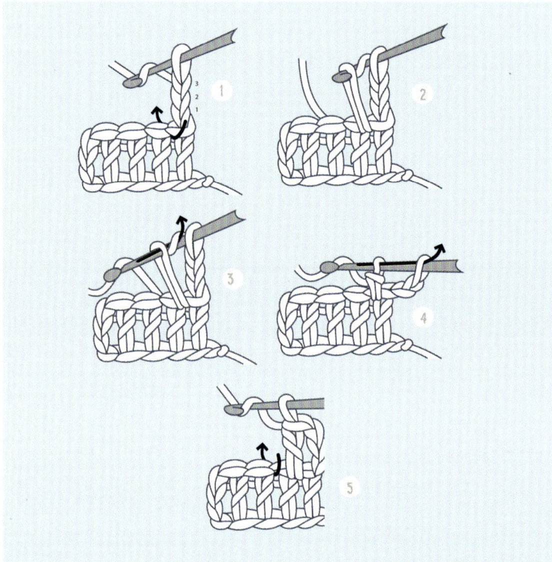

DOPPELSTÄBCHEN (Abkürzung: DStb)

Wickeln Sie den Faden zweimal von hinten nach vorne um die Nadel und stechen Sie dann in die Masche ein (1). Holen Sie den Faden und ziehen Sie ihn durch die Masche. Nun befinden sich vier Schlingen auf der Häkelnadel (2). Holen Sie den Faden erneut und ziehen Sie ihn durch die ersten beiden Schlingen auf der Nadel. Nun befinden sich noch drei Schlingen auf der Häkelnadel (3). Holen Sie den Faden erneut und ziehen Sie ihn durch die ersten beiden Schlingen auf der Nadel. Nun befinden sich noch zwei Schlingen auf der Häkelnadel (4). Wickeln Sie das Garn ein letztes Mal um die Nadel und ziehen Sie es durch beide Schlingen auf der Häkelnadel. Nun haben Sie ein Doppelstäbchen gehäkelt (5). Für das nächste Doppelstäbchen wickeln Sie den Faden wieder zweimal um die Nadel und stechen Sie in die nächste Masche ein.

QR-Code scannen oder **www.stitch.show/tr** eingeben, um zum Video-Tutorial zu gelangen.

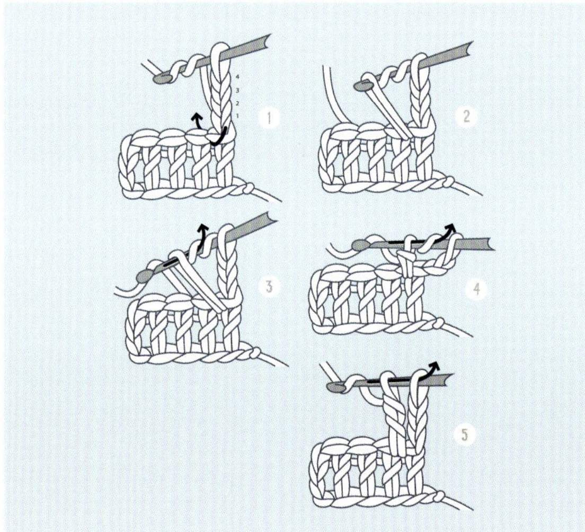

QR-Code scannen oder **www.stitch.show/inc** eingeben, um zum Video-Tutorial zu gelangen.

ZUNAHME (Abkürzung: Zun)

Um eine Zunahme zu arbeiten, häkeln Sie einfach zwei feste Maschen in eine einzige Masche (1–2). So entstehen zusätzliche Maschen und das Häkelstück wird größer.

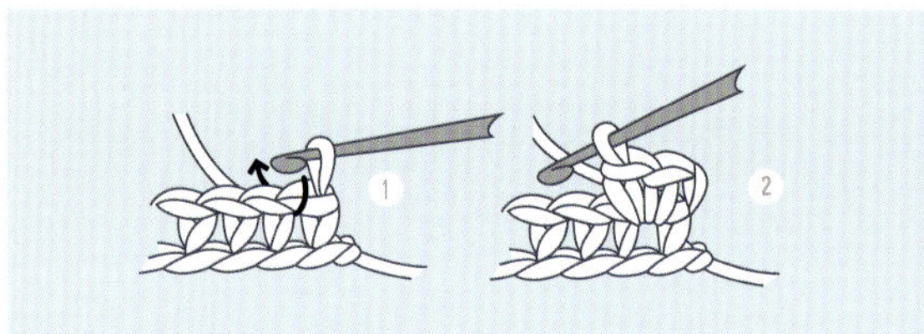

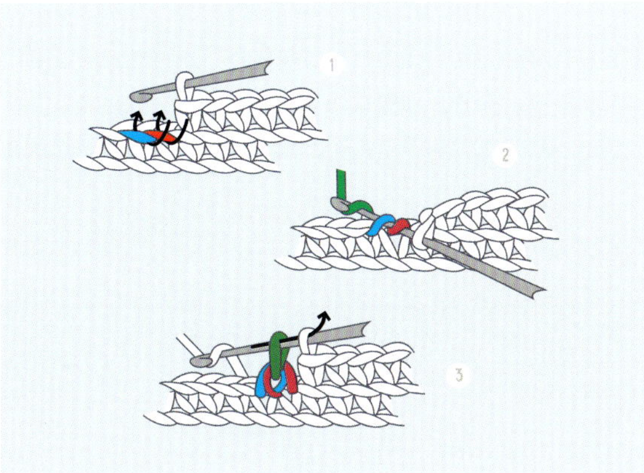

UNSICHTBARE ABNAHMEN (Abkürzung: Abn)

Beim Abnehmen werden zwei Maschen zusammengehäkelt. So nimmt die Maschenanzahl in einer Runde ab und das Häkelteil wird kleiner.

Stechen Sie dazu nur in das vordere Maschenglied der ersten Masche ein. Danach stechen Sie sofort in das vordere Maschenglied der zweiten Masche ein. Nun haben Sie drei Schlingen auf der Häkelnadel (1). Holen Sie den Faden und ziehen Sie ihn durch die ersten beiden Schlingen auf der Nadel (2). Holen Sie den Faden erneut und ziehen Sie ihn durch die restlichen beiden Schlingen auf der Nadel. Nun haben Sie eine unsichtbare Abnahme gearbeitet (3).

QR-Code scannen oder **www.stitch.show/dec** eingeben, um zum Video-Tutorial zu gelangen.

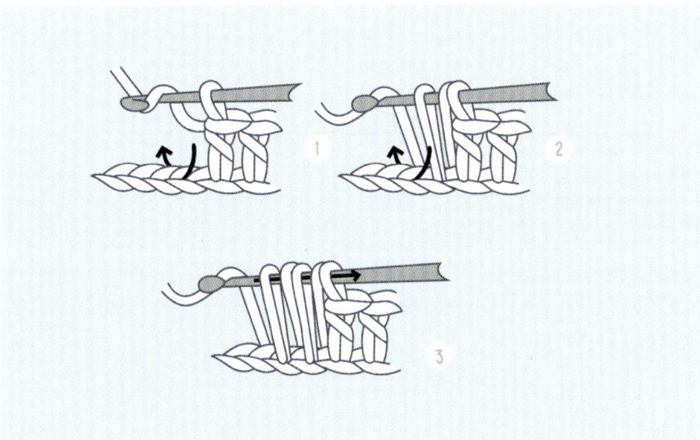

HALBES STÄBCHEN ABNEHMEN (Abkürzung: 2 hStb abn)

Wickeln Sie den Faden von hinten nach vorne über die Häkelnadel, bevor Sie in die nächste Masche einstechen (1). Holen Sie den Faden und ziehen Sie ihn durch die Masche. Nun haben Sie drei Schlingen auf der Häkelnadel. Die letzten Schritte für die nächste Masche wiederholen. Nun haben Sie fünf Schlingen auf der Häkelnadel (2). Holen Sie den Faden erneut und ziehen Sie ihn durch alle fünf Schlingen auf der Nadel. Sie haben nun zwei halbe Stäbchen zusammen abgenommen (3).

QR-Code scannen oder **www.stitch.show/hdcdec** eingeben, um zum Video-Tutorial zu gelangen.

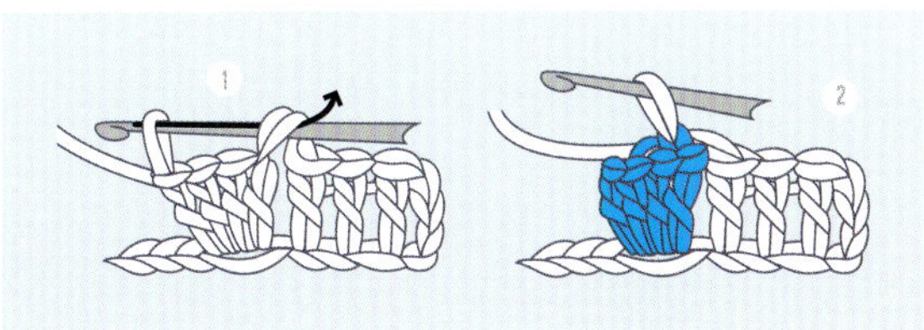

POPCORN-MASCHE

Häkeln Sie vier Stäbchen in die nächste Masche und ziehen Sie die Häkelnadel aus der Schlinge. Stechen Sie mit der Nadel in das erste Stäbchen ein. Ziehen Sie die Schlinge wieder über die Nadel und ziehen Sie sie durch die Masche (1). Nun haben Sie eine Popcorn-Masche gehäkelt (2).

QR-Code scannen oder **www.stitch.show/popcorn** eingeben, um zum Video-Tutorial zu gelangen.

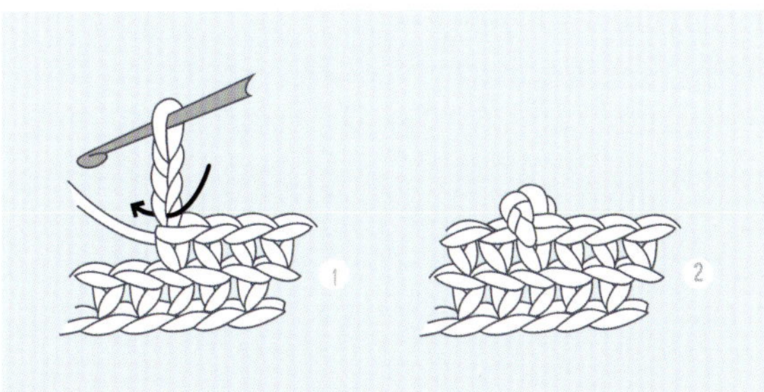

PIKOT (Abkürzung: 3-Lm-Pikot)

Drei Luftmaschen häkeln und mit der Häkelnadel in die erste Luftmasche einstechen (1). Den Faden um die Nadel legen und durch beide Schlingen auf der Nadel ziehen. Nun haben Sie die ein Pikot gehäkelt (2).

QR-Code scannen oder **www.stitch.show/picot** eingeben, um zum Video-Tutorial zu gelangen.

TIEFER GESTOCHENE FESTE MASCHE

Anstatt in die nächste Masche einzustechen, stechen Sie in die jeweilige Masche eine Runde (tiefer gestochene feste Masche) oder zwei Runden (zweifach tiefer gestochene feste Masche) tiefer ein.

Holen Sie dazu den Faden und ziehen Sie ihn durch die Masche. Nun haben Sie zwei Schlingen auf der Häkelnadel. Beide Schlingen auf dieselbe Höhe nach oben ziehen (1). Wickeln Sie den Faden erneut um die Nadel und ziehen Sie ihn durch beide Schlingen. Nun haben Sie eine tiefer gestochene feste Masche gehäkelt (2).

QR-Code scannen oder **www.stitch.show/ spike** eingeben, um zum Video-Tutorial zu gelangen.

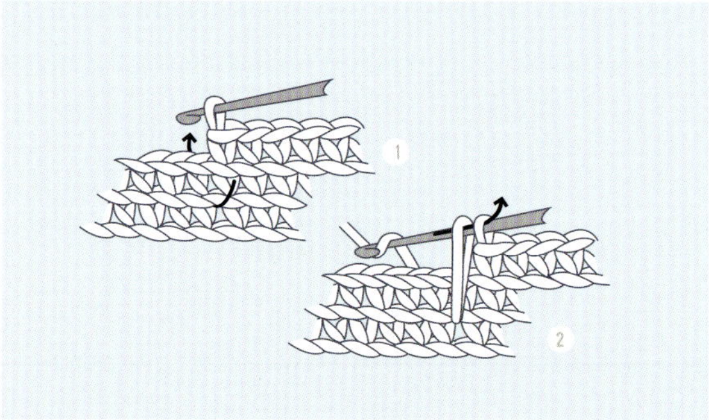

UM EINE LUFTMASCHENKETTE HERUMHÄKELN

Bei einigen Teilen beginnen Sie mit einem Oval statt mit einem Kreis. Dafür häkelt man um eine Luftmaschenkette herum.

Häkeln Sie dazu zunächst eine Luftmaschenkette mit der in der Anleitung angegebenen Anzahl von Luftmaschen (1). Eine feste Masche in die nächste Luftmasche häkeln und dann laut Anleitung eine Masche in jede Luftmasche häkeln (2–3). In der letzten Masche vor dem Wenden nehmen Sie normalerweise eine Masche zu (4). Drehen Sie Ihre Arbeit um und arbeiten Sie auf der Unterseite der Maschen weiter. Sie werden sehen, dass Ihnen nur ein Maschenglied zur Verfügung steht. Stechen Sie einfach in dieses Maschenglied ein. Häkeln Sie in jede Luftmasche die vorgegebenen Maschen (5). Die letzte Masche sollte neben der ersten gehäkelten Masche liegen. Nun können Sie in Spiralrunden weiterarbeiten (6).

QR-Code scannen oder **www.stitch.show/ oval** eingeben, um zum Video-Tutorial zu gelangen.

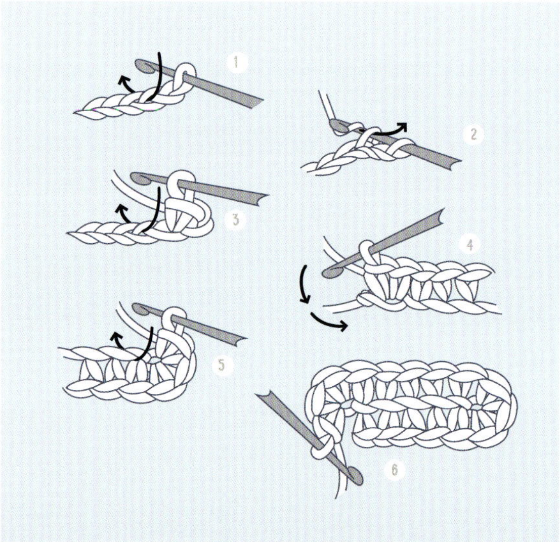

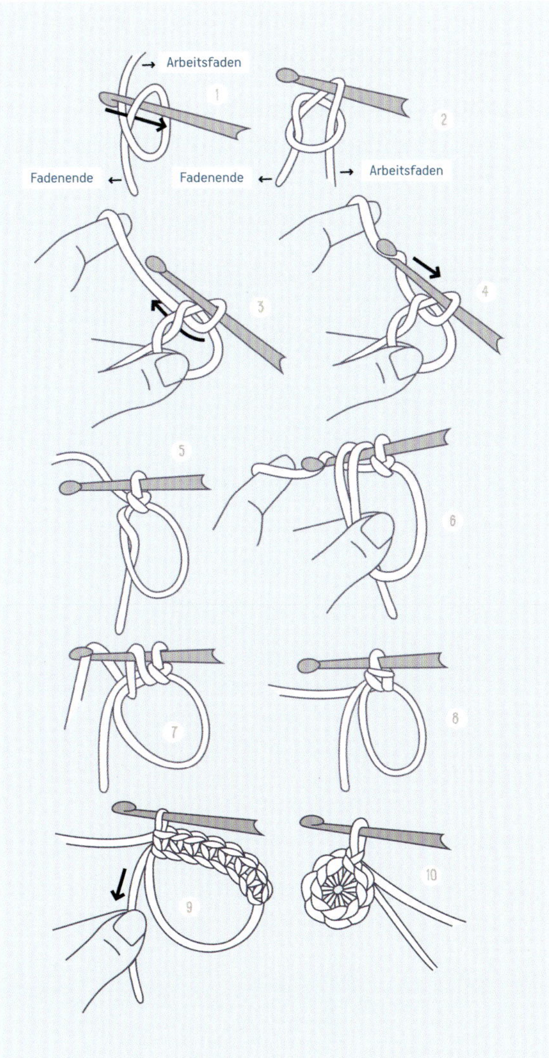

FADENRING

Um ein Amigurumi zu häkeln, benötigt man zu Anfang oft einen kleinen Kreis. Ein Fadenring ist der ideale Beginn für das Häkeln in Runden. Der Vorteil besteht darin, dass am Ende kein Loch in der Mitte der ersten Runde entsteht.

Legen Sie dafür zunächst den Faden über Kreuz zu einem Ring (1). Stechen Sie die Nadel in diesen Ring ein und holen Sie den langen Faden nach vorne. Ziehen Sie den Faden nicht zu fest an. Sie brauchen einen lockeren Ring (2). Halten Sie den Ring mit Mittelfinger und Daumen der linken Hand fest und wickeln Sie den Arbeitsfaden um Ihren Zeigefinger (3). Häkeln Sie eine Luftmasche, indem Sie den Arbeitsfaden um die Nadel wickeln und ihn durch die Schlinge auf der Nadel ziehen. Ziehen Sie die Luftmasche fest (4–5). Führen Sie die Nadel unterhalb des Endfadens durch den Ring und holen Sie den Faden als Schlinge durch. Jetzt liegen zwei Schlingen auf der Häkelnadel (6). Die Nadel liegt oberhalb des Rings. Jetzt den Faden erneut holen (7). Ziehen Sie ihn durch beide Schlingen auf der Nadel. Nun haben Sie die erste feste Masche in den Fadenring gearbeitet. Häkeln Sie auf diese Weise so viele Maschen, wie in der Anleitung angegeben (8). Fassen Sie dann das kurze Fadenende und ziehen Sie vorsichtig daran. Sie sehen nun, wie einer der beiden Fäden den Ring zusammenzieht. Ziehen Sie auf diese Weise den Ring vollständig zusammen (9–10). Sie können jetzt mit der zweiten Runde beginnen und in die erste feste Masche der Vorrunde häkeln. Mit einem Maschenmarkierer merken Sie sich leichter, wo die Runde beginnt.

QR-Code scannen oder **www.stitch.show/magicring** eingeben, um zum Video-Tutorial zu gelangen.

Zu anspruchsvoll? Sie können Ihr Häkelstück auch anders beginnen, siehe Anleitung unten.

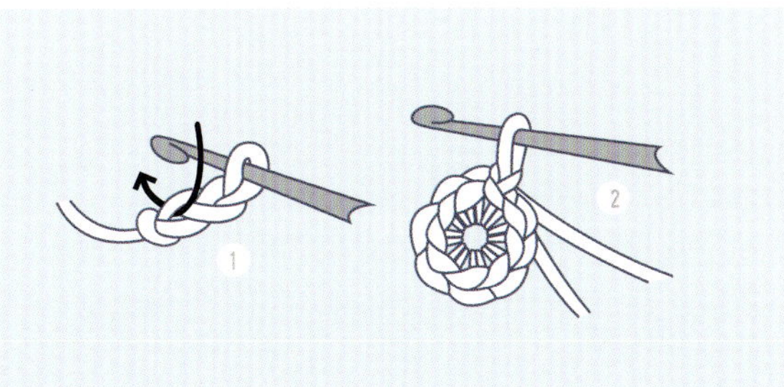

BEGINN MIT ZWEI LUFTMASCHEN

Wenn Ihnen das Arbeiten mit dem Fadenring nicht zusagt, gibt es eine einfachere Methode, um einen Kreis zu beginnen. Der Nachteil dieser Methode ist, dass in der Mitte des Häkelstücks eine kleine Öffnung bleibt.

Nach einer Anfangsschlinge häkeln Sie zuerst zwei Luftmaschen und arbeiten dann die Anzahl der benötigten festen Maschen in diezweite Luftmasche ab der Nadel (1). Anschließend eine Kettmasche in die erste Masche häkeln. Jetzt haben Sie einen kleinen Anfangskreis gehäkelt (2).

QR-Code scannen oder **www.stitch.show/2ch** eingeben, um zum Video-Tutorial zu gelangen.

FARBWECHSEL – UNSICHTBARER FARBWECHSEL

Wenn Sie die Farbe wechseln wollen, häkeln Sie bis zwei Maschen vor dem gewünschten Farbwechsel.

Arbeiten Sie nun die nächste Masche wie gewohnt, ziehen Sie aber die letzte Arbeitsfadenschlinge nicht durch die Schlingen auf der Nadel (1). Stattdessen schlingen Sie den Faden in der neuen Farbe um Ihre Nadel und ziehen diesen durch die auf der Nadel verbliebenen Schlingen (2). Für einen sauberen Übergang können Sie auch als erste Masche in der neuen Farbe eine Kettmasche häkeln. Ziehen Sie den Faden der Kettmasche nicht zu fest an, da das Einstechen in diese Masche sonst in der nächsten Runde schwierig werden könnte. Verknoten Sie am Schluss noch die beiden Garnenden auf der Rückseite der Arbeit. Sie verschwinden im Inneren.

QR-Code scannen oder **www.stitch.show/colorchange** eingeben, um zum Video-Tutorial zu gelangen.

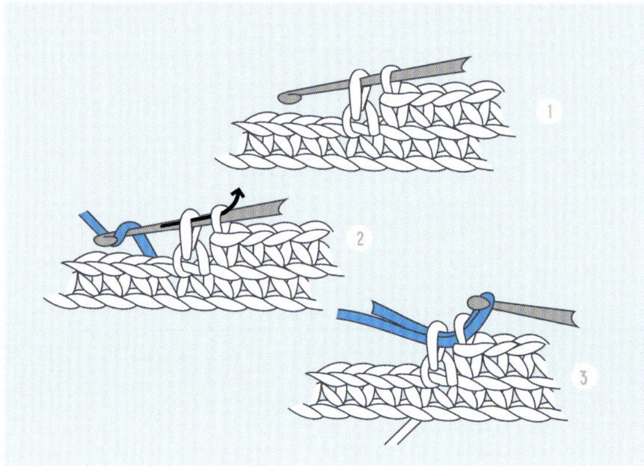

FARBWECHSEL – JACQUARD-TECHNIK

Beim Häkeln in Jacquard-Technik lassen Sie das Garn innerhalb der Maschen (auf dem „V") mitlaufen, wenn Sie mit der anderen Farbe häkeln.

Jedes Mal, wenn Sie eine Masche häkeln, schlingen Sie den Faden der Farbe, die Sie gerade nicht verwenden, um den Arbeitsfaden (1). Nehmen Sie diese Farbe im letzten Schritt des Farbwechsels wieder auf die Nadel. Der Wechsel muss immer in der Masche davor begonnen werden (2).

QR-Code scannen oder **www.stitch.show/tapestry** eingeben, um zum Video-Tutorial zu gelangen.

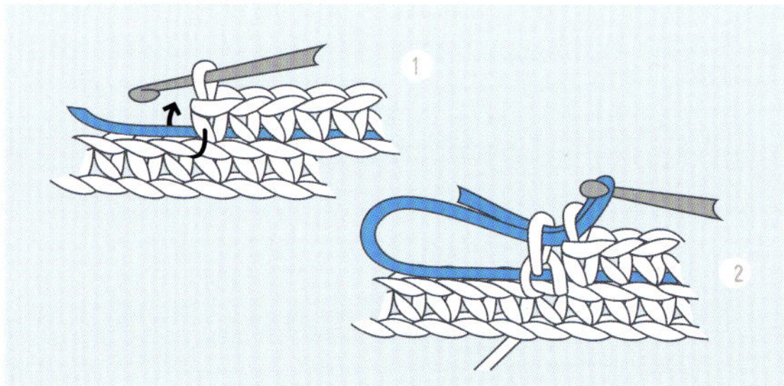

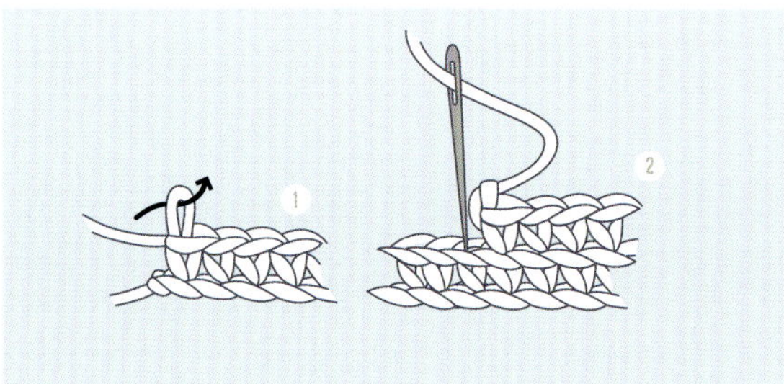

ABKETTEN

Um die Häkelarbeit zu beenden, schneiden Sie ein Garnende mit einigen Zentimetern Länge ab. Ziehen Sie diesen Faden komplett durch die letzte Schlinge. So haben Sie einen Knoten gemacht (1). Fädeln Sie das Garnende nun mit einer stumpfen Wollnadel durch das hintere Maschenglied der folgenden Masche, so bleibt Ihr Abschlussknoten unsichtbar. Mit diesem Garnende können Sie auch die einzelnen Teile Ihres Amigurumis zusammennähen (2).

QR-Code scannen oder **www.stitch.show/fastenoff** eingeben, um zum Video-Tutorial zu gelangen.

DAS HÄKELSTÜCK SCHLIESSEN

Nach den abschließenden Abnahmen in der letzten Runde bleibt bei einigen Teilen am Ende eine kleine Öffnung (1). Abketten und einen langen Faden zum Nähen lassen. Fädeln Sie das Garnende durch eine Wollnadel und stechen Sie durch die vorderen Maschenglieder der verbleibenden Maschen in der letzten Runde. Fest anziehen, das Garn verknoten und das Garnende vernähen (2).

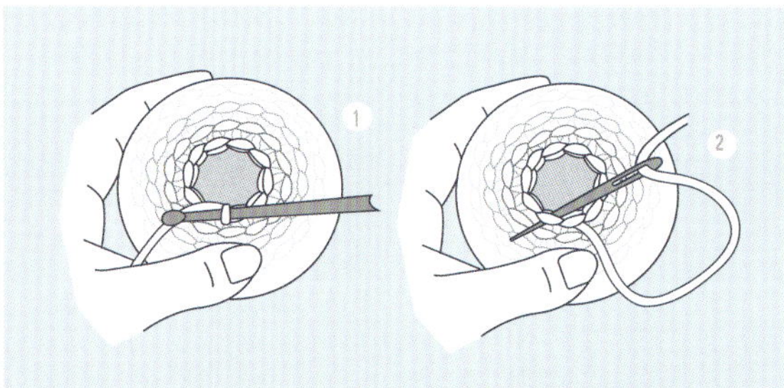

QR-Code scannen oder **www.stitch.show/closing** eingeben, um zum Video-Tutorial zu gelangen.

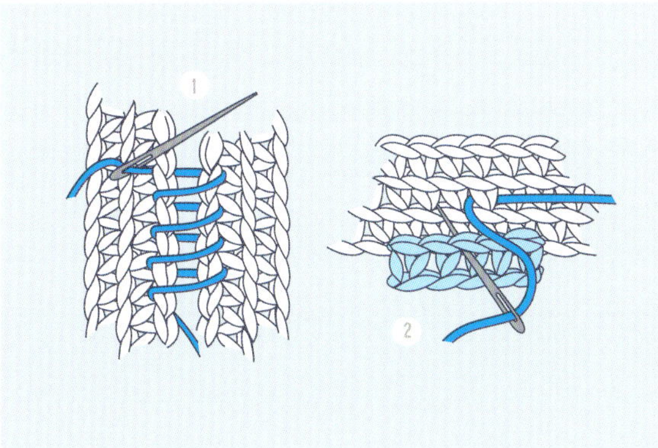

TIPP: Achten Sie immer darauf, dass alle Teile fest miteinander verbunden sind, damit sie nicht abgerissen werden können. Machen Sie kleine, saubere und möglichst unsichtbare Stiche.

TEILE MITEINANDER VERBINDEN – ZUSAMMENNÄHEN

Zuerst sollten Sie die Teile, die Sie zusammennähen möchten, mit Stecknadeln aneinanderstecken. So können Sie sehen, ob die Teile zusammenpassen und diese gegebenenfalls noch ein wenig ändern. Wenn möglich, verwenden Sie das übrig gebliebene Garnende oder einen neuen Faden in der Farbe jener Teile, die Sie verbinden möchten.

Option 1: Wenn Sie offene Teile verbinden möchten, positionieren Sie das Teil am Körper und nähen Sie entlang der Öffnung jeweils durch die vorderen Maschenglieder.

Option 2 : Wenn die Öffnung vor dem Annähen geschlossen wird, können Sie die Teile Masche auf Masche legen und durch beide Maschenglieder des offenen Teils und zwischen den Maschen des geschlossenen Teils nähen.

QR-Code scannen oder **www.stitch.show/joining-sewing** eingeben, um zum Video-Tutorial zu gelangen.

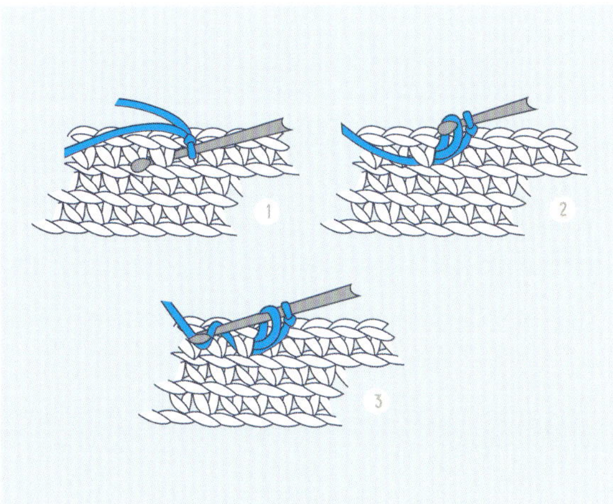

VERZIEREN – AUFGEHÄKELTE FESTE MASCHEN

Aufgehäkelte feste Maschen werden eingesetzt, um die Oberfläche Ihrer Häkelarbeit zu verschönern.

Knoten Sie das Garn mit einer Anfangsschlinge an der Häkelnadel fest. Stechen Sie mit der Nadel um den hinteren horizontalen Steg der Masche, die Sie bearbeiten (1). Holen Sie den Faden und ziehen Sie ihn durch die Masche (2). Den Faden erneut um die Nadel legen und durch beide Schlingen auf der Nadel ziehen. Dies ist der Anfang der Kette aus festen Maschen (3). Wiederholen Sie diese Schritte bis zum Ende ihres Häkelstücks oder in der von Ihnen gewünschten Form und fixieren Sie das Garnende auf der Rückseite.

QR-Code scannen oder **www.stitch.show/surfacesc** eingeben, um zum Video-Tutorial zu gelangen.

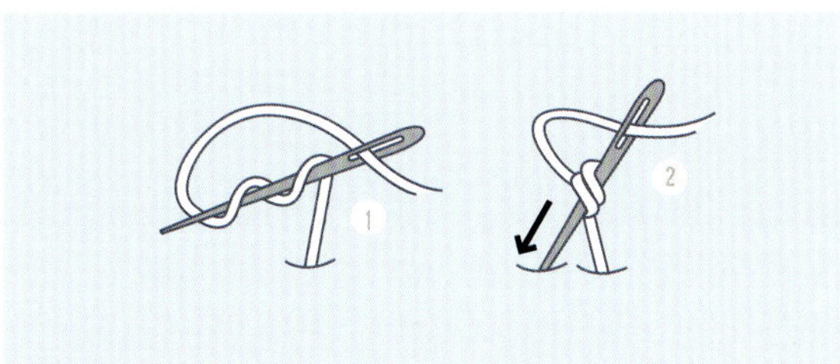

VERZIEREN – KNÖTCHENSTICH

Fädeln Sie Garn in eine Sticknadel und führen Sie die Nadel von hinten nach vorne durch die Masche, auf der der Knoten nachher sitzen soll. Legen Sie die Nadel flach auf die Häkelarbeit und wickeln Sie das Garn zweimal um die Nadelspitze (1). Ziehen Sie die Nadel nun vorsichtig durch diese beiden Garnschlingen, sodass ein Doppelknoten entsteht. Führen Sie jetzt die Nadel durch die Masche neben dem Knoten nach hinten (nicht in die Masche stechen, auf der der Knoten sitzt, damit dieser nicht nach hinten gezogen wird) und vernähen Sie das Garn auf der Rückseite Ihrer Häkelarbeit (2).

QR-Code scannen oder **www.stitch.show/frenchknot** eingeben, um zum Video-Tutorial zu gelangen.

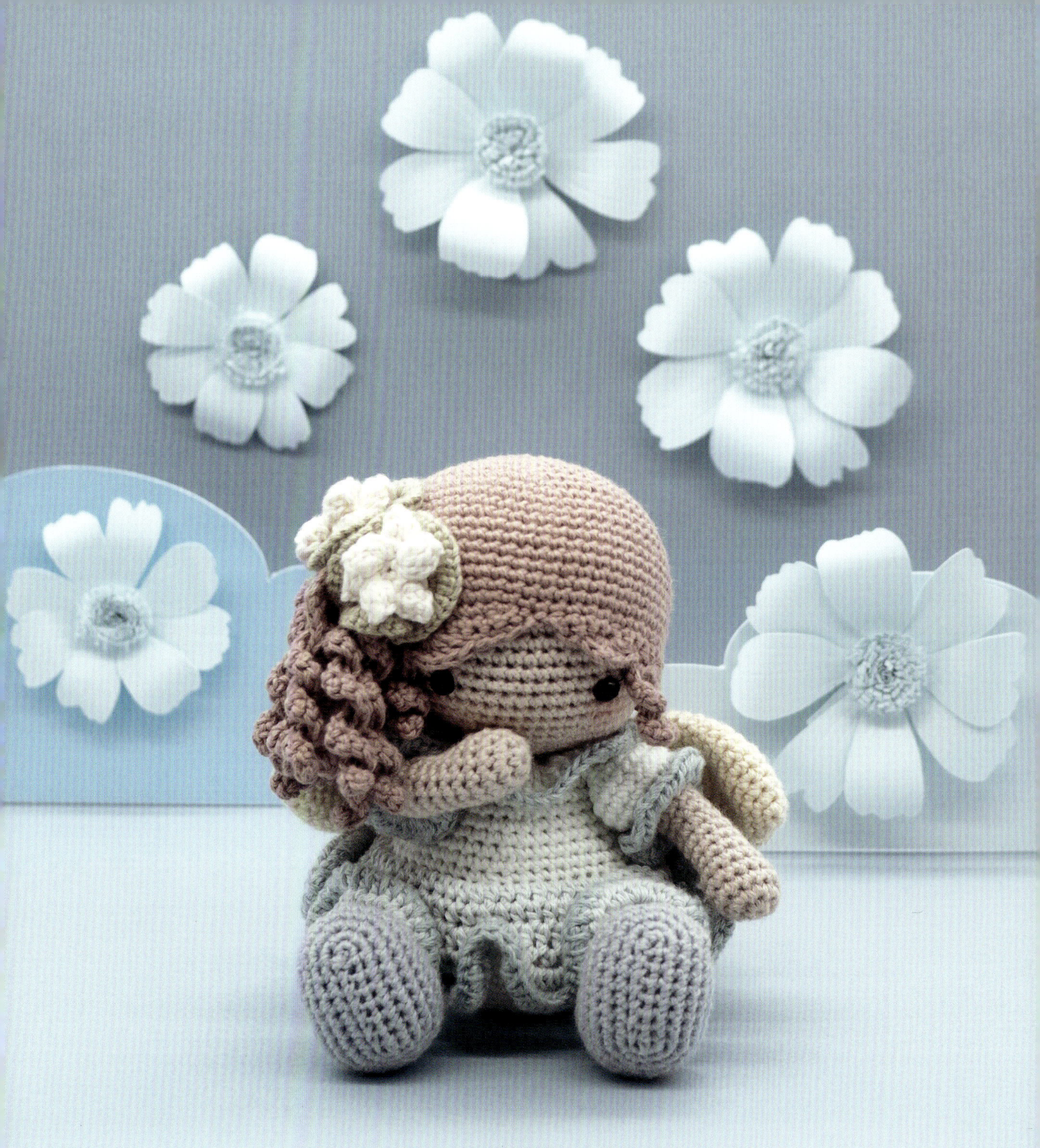

Schwierigkeitsgrad: ●●○
Größe: ca. 13 cm hoch

Amigurumi-Galerie: QR-Code scannen oder www.amigurumi.com/4502 besuchen und Bilder teilen bzw. kreative Anregungen finden.

Pia, die Wasserfee

Pia, die Wasserfee hat eine sanfte, weiche Stimme – so beruhigend wie ein plätschernder Bach. Sie zeichnet sich durch ihre Herzensgüte und Anmut aus, begleitet Hana und Kirby oft bei ihren Waldabenteuern und packt, wenn nötig, auch mit an. Pia hat für alle ein offenes Ohr und aufgrund ihres einfühlsamen Wesens ist sie für viele eine wichtige Vertraute. Im Zauberwald bietet sie Trost und Zuspruch und erinnert die anderen immer wieder daran, welch großen Unterschied eine sanfte Berührung oder ein liebevolles Wort machen können.

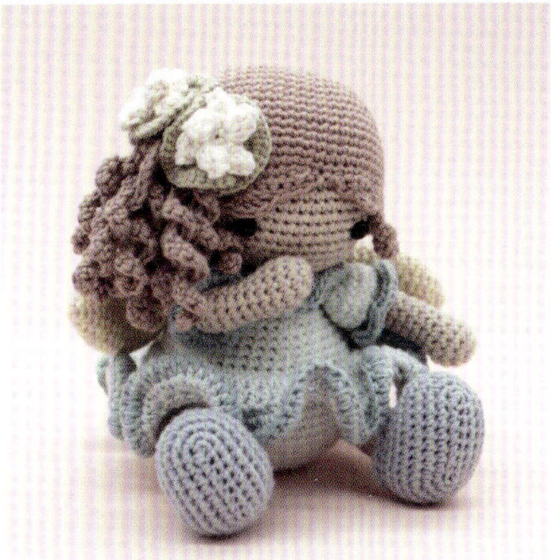

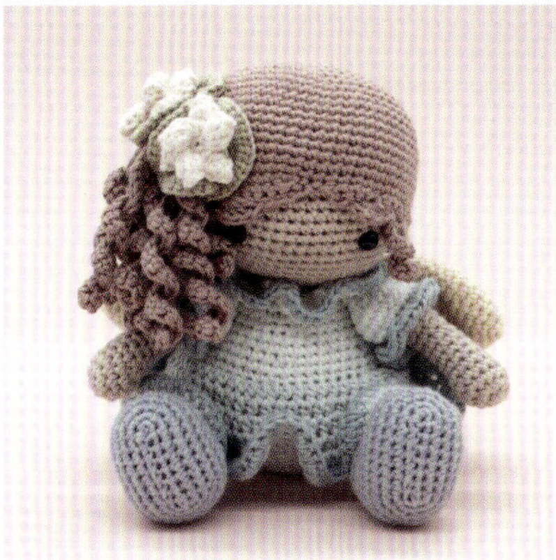

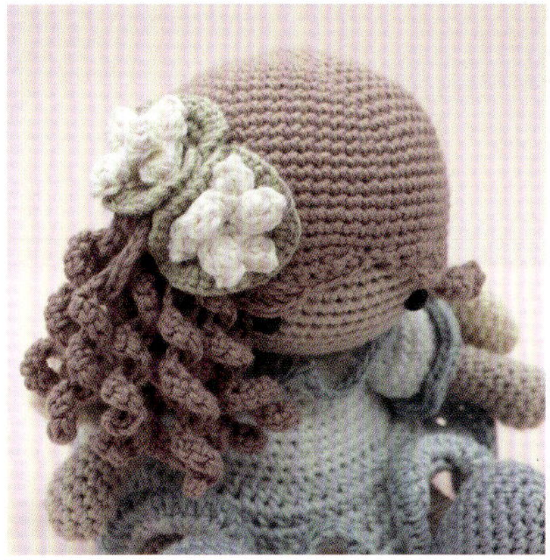

Material

Dünnes Baumwollgarn (Krea Deluxe Bio-Baumwolle Lauflänge 50 g/165 m) in Weiß (Nr. 01), Blassgelb (Nr. 03), Altrosa (Nr. 15), Hellbraun (Nr. 18), Taubenblau (Nr. 25), helles Mintgrün (Nr. 31), Mintgrün (Nr. 32), dunkles Mintgrün (Nr. 33), Khaki (Nr. 39); Häkelnadel 2,5 mm; Sicherheitsaugen (6 mm Durchmesser); schwarzes Stickgarn (DMC 6-fädiges Stickgarn Nr. 310 – einen Faden für die Wimpern verwenden); Wollnadel; Stecknadeln; Maschenmarkierer; Kunstfaserfüllwatte; optional: Wangenrouge und Pinsel

KOPF (in Hellbraun)

1. Rd: 6 fM in einen Fadenring arbeiten [6].
2. Rd: 6x 1 M zun [12].
3. Rd: * 1 fM, 1 M zun; ab * noch 5x wdh [18].
4. Rd: * 2 fM, 1 M zun; ab * noch 5x wdh [24].
5. Rd: * 3 fM, 1 M zun; ab * noch 5x wdh [30].
6. Rd: * 4 fM, 1 M zun; ab * noch 5x wdh [36].
7. Rd: * 5 fM, 1 M zun; ab * noch 5x wdh [42].
8. Rd: * 6 fM, 1 M zun; ab * noch 5x wdh [48].
9. Rd: * 7 fM, 1 M zun; ab * noch 5x wdh [54].
10. Rd: * 8 fM, 1 M zun; ab * noch 5x wdh [60].
11.–20. Rd: 60 fM häkeln [60].
21. Rd: * 8 fM, 1 M abn; ab * noch 5x wdh [54].
22. Rd: * 7 fM, 1 M abn; ab * noch 5x wdh [48].
23. Rd: * 6 fM, 1 M abn; ab * noch 5x wdh [42].
24. Rd: * 5 fM, 1 M abn; ab * noch 5x wdh [36].
25. Rd: * 4 fM, 1 M abn; ab * noch 5x wdh [30].

Die Sicherheitsaugen zwischen der 18. und 19. Rd mit einem Abstand von 11 M einsetzen (Abb. 1).

Mit einem einzelnen schwarzen Faden in der 18. Rd für jedes Auge Wimpern aufnähen.

Den Kopf gut mit Füllwatte ausstopfen.

26. Rd: * 3 fM, 1 M abn; ab * noch 5x wdh [24].
27. Rd: * 2 fM, 1 M abn; ab * noch 5x wdh [18].
Den Kopf fertig ausstopfen.
28. Rd: * 1 fM, 1 M abn; ab * noch 5x wdh [12].
1 Km in die nächste M, abketten und einen Faden zum Nähen lassen.
Mit der Wollnadel das Fadenende durch die vorderen M-Glieder der letzten 6 M führen. Fest anziehen und den Kopf schließen. Das Garnende vernähen.

HAARE (in Altrosa)
1. Rd: 6 fM in einen Fadenring arbeiten [6].
2. Rd: 6x 1 M zun [12].
3. Rd: * 1 fM, 1 M zun; ab * noch 5x wdh [18].
4. Rd: * 2 fM, 1 M zun; ab * noch 5x wdh [24].
5. Rd: * 3 fM, 1 M zun; ab * noch 5x wdh [30].
6. Rd: * 4 fM, 1 M zun; ab * noch 5x wdh [36].
7. Rd:* 5 fM, 1 M zun; ab * noch 5x wdh [42].
8. Rd: * 6 fM, 1 M zun; ab * noch 5x wdh [48].
9. Rd: * 7 fM, 1 M zun; ab * noch 5x wdh [54].
10. Rd: * 8 fM, 1 M zun; ab * noch 5x wdh [60].
11.–20. Rd: 60 fM häkeln [60].
In R weiterarbeiten.
21. R: 59 fM häkeln, wenden [59]. Die letzte M nicht bearbeiten. Die unbearbeitete 60. M der 20. Rd mit einem Maschenmarkierer markieren. Den Maschenmarkierer erst entfernen, wenn die Haare fertig sind.
22. R: 1. M überspringen, 56 fM, 1 M abn, wenden [57].
23. R: die ersten 3 M überspringen, 5 hStb in die nächste M, 2 M überspringen, 1 fM, 10 Lm (Abb. 2), in die 2. Lm ab der Nadel einstechen, * 1 fM, in der nächsten Lm 1 M zun; ab * noch 3x wdh, 1 fM in die nächste Lm, 1 fM in die M an der Basis (Abb. 3), * 2 M überspringen, 5 hStb in die nächste M, 2 M überspringen, 1 fM; ab * noch 6x wdh, 10 Lm, in die 2. Lm ab der Nadel einstechen, * 1 fM, in der nächsten Lm 1 M zun; ab * noch 3x wdh, 1 fM in die nächste Lm, 1 fM in die M an der Basis, 2 M überspringen, 1x 5 hStb, 2 M überspringen, 3 fM, 1 Km in die in der 20. Rd markierte M (Abb. 4) [105].
Abketten und einen langen Faden zum Nähen lassen.

ZOPF (in Altrosa)
1. Rd: 6 fM in einen Fadenring arbeiten [6].
2. Rd: 6x 1 M zun [12].
3. Rd:[1 fM ivM, 21 Lm (Abb. 5), in die 2. Lm ab der Nadel

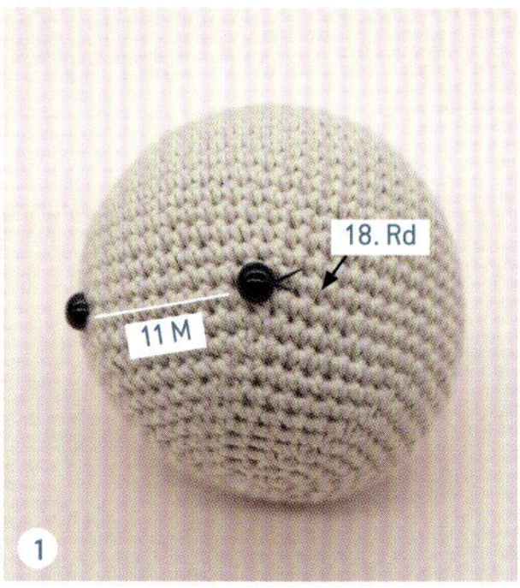

1

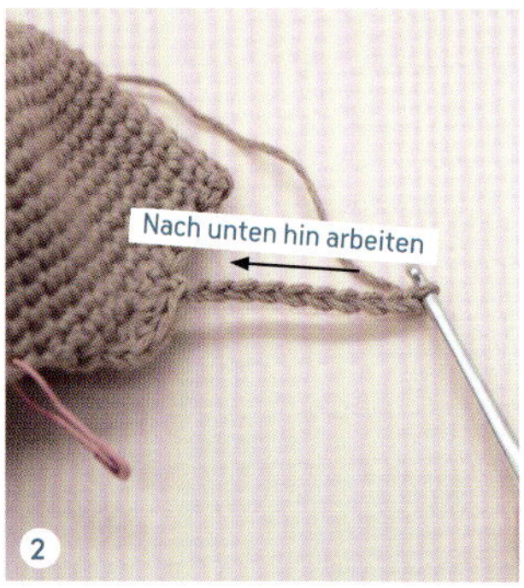

2

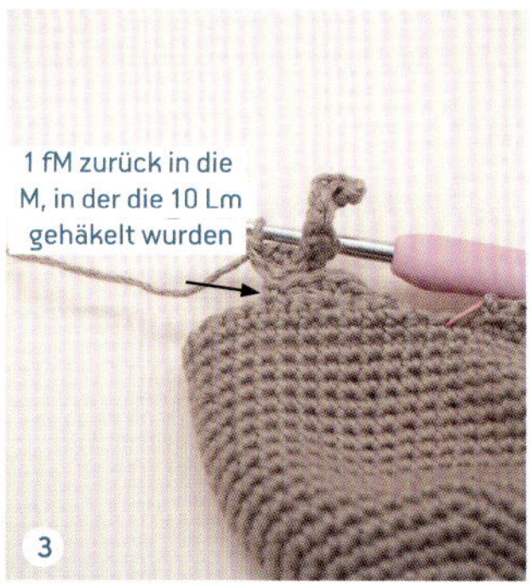

3

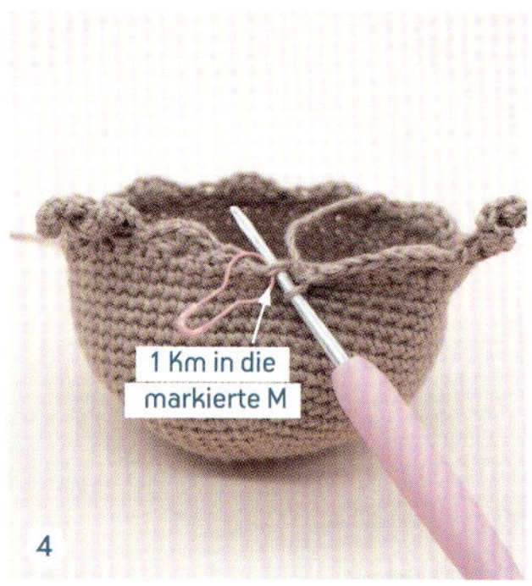

4

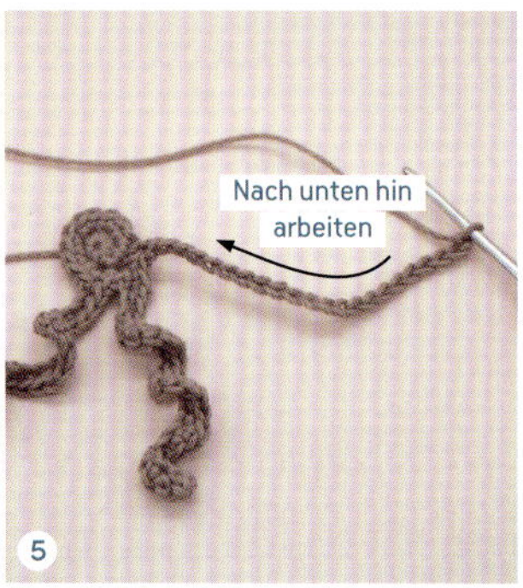

5

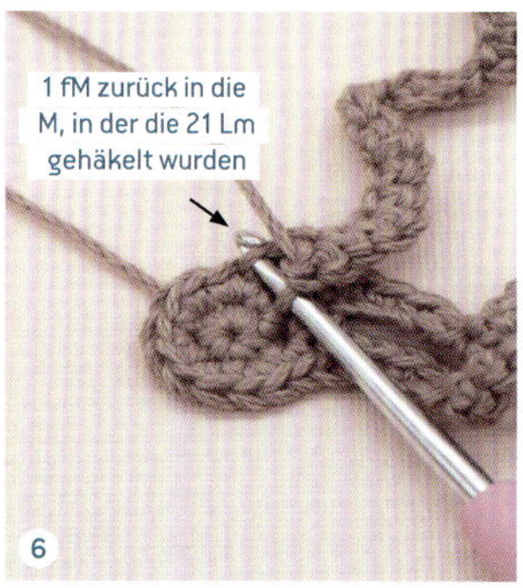

6

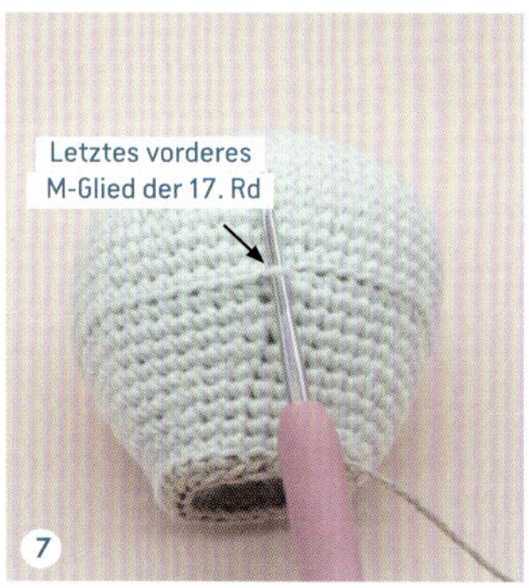

7

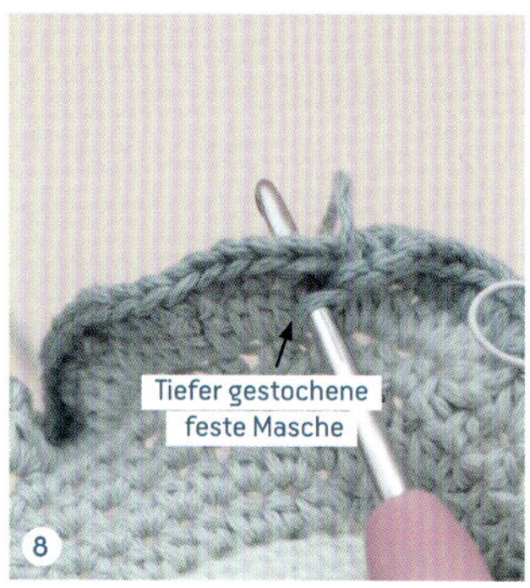

8

einstechen, * 1 fM, in der nächsten Lm 1 M zun; ab * noch 9x wdh, 1 fM zurück in die Basis, dabei ivM (Abb. 6)]; ab [noch 11x wdh. 1 Km in die nächste Masche, abketten und Garnenden vernähen.

KÖRPER (in hellem Mintgrün)

1. Rd: 6 fM in einen Fadenring arbeiten [6].
2. Rd: 6x 1 M zun [12].
3. Rd:* 1 fM, 1 M zun; ab * noch 5x wdh [18].
4. Rd:* 2 fM, 1 M zun; ab * noch 5x wdh [24].
5. Rd:* 3 fM, 1 M zun; ab * noch 5x wdh [30].
6. Rd:* 4 fM, 1 M zun; ab * noch 5x wdh [36].
7. Rd:* 5 fM, 1 M zun; ab * noch 5x wdh [42].
8. Rd:* 6 fM, 1 M zun; ab * noch 5x wdh [48].
9. Rd:* 7 fM, 1 M zun; ab * noch 5x wdh [54].
10. Rd:* 8 fM, 1 M zun; ab * noch 5x wdh [60].
11.–15. Rd: 60 fM häkeln [60].
16. Rd: * 8 fM, 1 M abn; ab * noch 5x wdh [54].
17. Rd: 54 fM häkeln [54].
18. Rd: * 7 fM, 1 M abn; ab * noch 5x wdh, dabei ihM [48].
19. Rd: 48 fM häkeln [48].
20. Rd: * 6 fM, 1 M abn; ab * noch 5x wdh [42].
21. Rd: 42 fM häkeln [42].
22. Rd: * 12 fM, 1 M abn; ab * noch 2x wdh [39].
23. Rd: 5 fM, 1 M abn, * 11 fM, 1 M abn; ab * noch 1x wdh, 6 fM [36].
24. Rd: 8 fM, 1 M abn, * 10 fM, 1 M abn; ab * noch 1x wdh, 2 fM [33].
25. Rd: 4 fM, 1 M abn, * 9 fM, 1 M abn; ab * noch 1x wdh, 5 fM [30].
26. Rd: 5 fM, 1 M abn, * 8 fM, 1 M abn; ab * noch 1x wdh, 3 fM [27].

2 fM häkeln. Sie sollten sich jetzt in der Mitte der Körperrückseite befinden.
Das ist das neue Ende der Rd.
Mit Hellbraun weiterarbeiten.

27. Rd: * 7 fM, 1 M abn; ab * noch 2x wdh, dabei ihM [24].
1 Km in die nächste M häkeln, abketten und einen langen

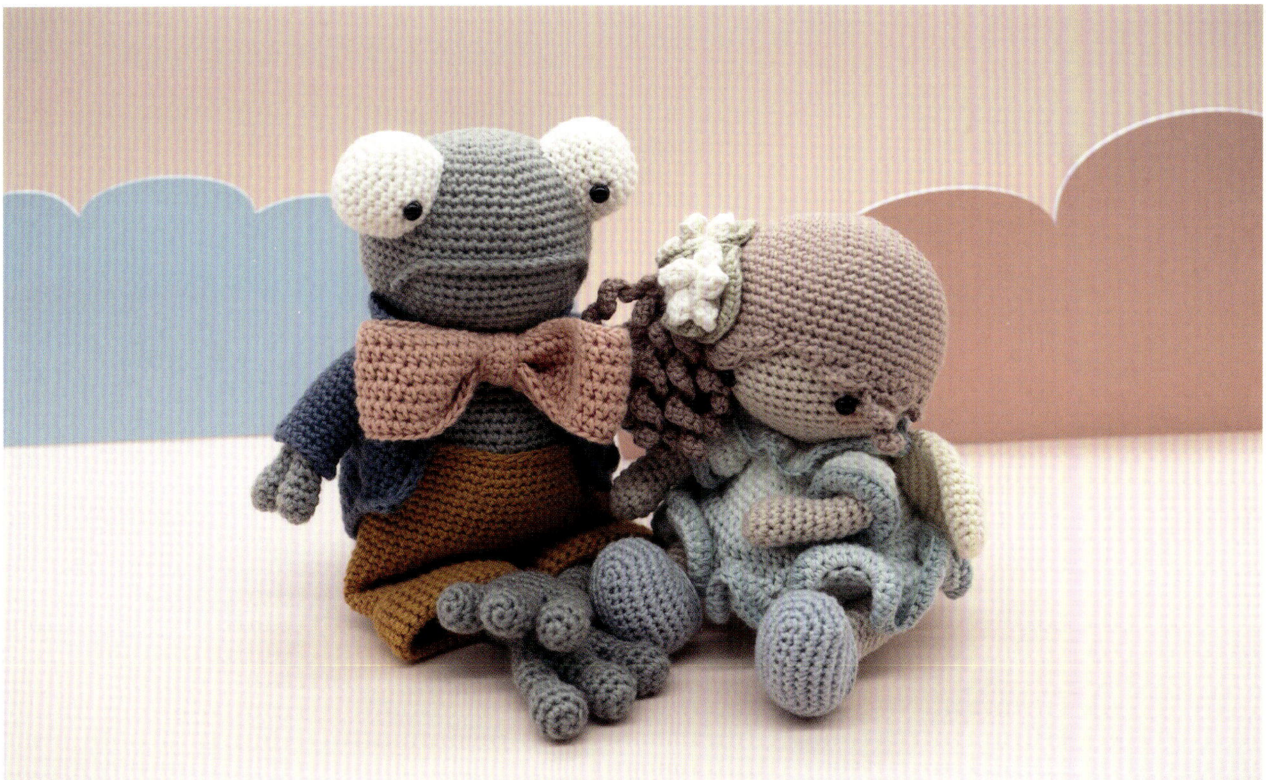

Faden zum Nähen lassen.
Den Körper gut mit Füllwatte ausstopfen.

ROCK (mit Mintgrün beginnen)
Am Körper mit mintfarbenem Garn im letzten unbearbeiteten vorderen M-Glied der 17. Rd neu anschlingen (Abb. 7). In geschlossenen Runden arbeiten, das untere Körperende zeigt von Ihnen weg.
1. Rd: 1 Lm, im selben vorderen M-Glied beginnen, in dem neu angeschlungen wurde: * 8 hStb, 1x 2 hStb; ab * noch 5x wdh, 1 Km in die 1. M [60].
2. Rd: 1 Lm, in derselben M beginnen, in der die letzte Km gehäkelt wurde, 60 hStb, 1 Km in die 1. M [60].
3. Rd:1 Lm, in derselben M beginnen, in der die letzte Km gehäkelt wurde, * 9 hStb, 1x 2 hStb; ab * noch 5x wdh, 1 Km in die 1. M [66].
4. Rd: 1 Lm, in derselben M beginnen, in der die letzte Km gehäkelt wurde, 66 hStb, 1 Km in die 1. M [66].
5. Rd: 1 Lm, in derselben M beginnen, in der die letzte Km gehäkelt wurde, jeweils 3 hStb in die nächsten 66 M [198].
Weiter in Spiralrunden arbeiten.
Mit dunklem Mintgrün weiterarbeiten.
6. Rd: 198 fM häkeln [198].
7. Rd: 198 tiefer gestochene fM [198]. (Abb. 8)
1 Km in die nächste M, abketten und Garnenden vernähen.

KRAGEN (mit hellem Mintgrün beginnen)
Am Körper mit hellem Mintgrün im letzten unbearbeiteten vorderen M-Glied der 26. Rd neu anschlingen (Abb. 9). Das untere Körperende zeigt von Ihnen weg.
1. Rd: 2 Lm häkeln, im selben vorderen M-Glied beginnen, in dem neu angeschlungen wurde: * 1x 2 Stb, 1x 3 Stb; ab * noch 12x wdh, 2 Stb in die nächste M [67].
Mit dunklem Mintgrün weiterarbeiten.
2. Rd: 67 fM häkeln [67].
1 Km in die nächste M, abketten und Garnenden vernähen.

ARM (2x, mit Hellbraun beginnen)
1. Rd: 6 fM in einen Fadenring arbeiten [6].
2. Rd: 6x 1 M zun [12].
3. Rd: * 3 fM, 1 M zun; ab * noch 2x wdh [15].
4. Rd: 15 fM häkeln [15].
5. Rd: 2x 1 M abn, 7 fM, 2x 1 M abn [11].
6. Rd: 1 M abn, 7 fM, 1 M abn [9].

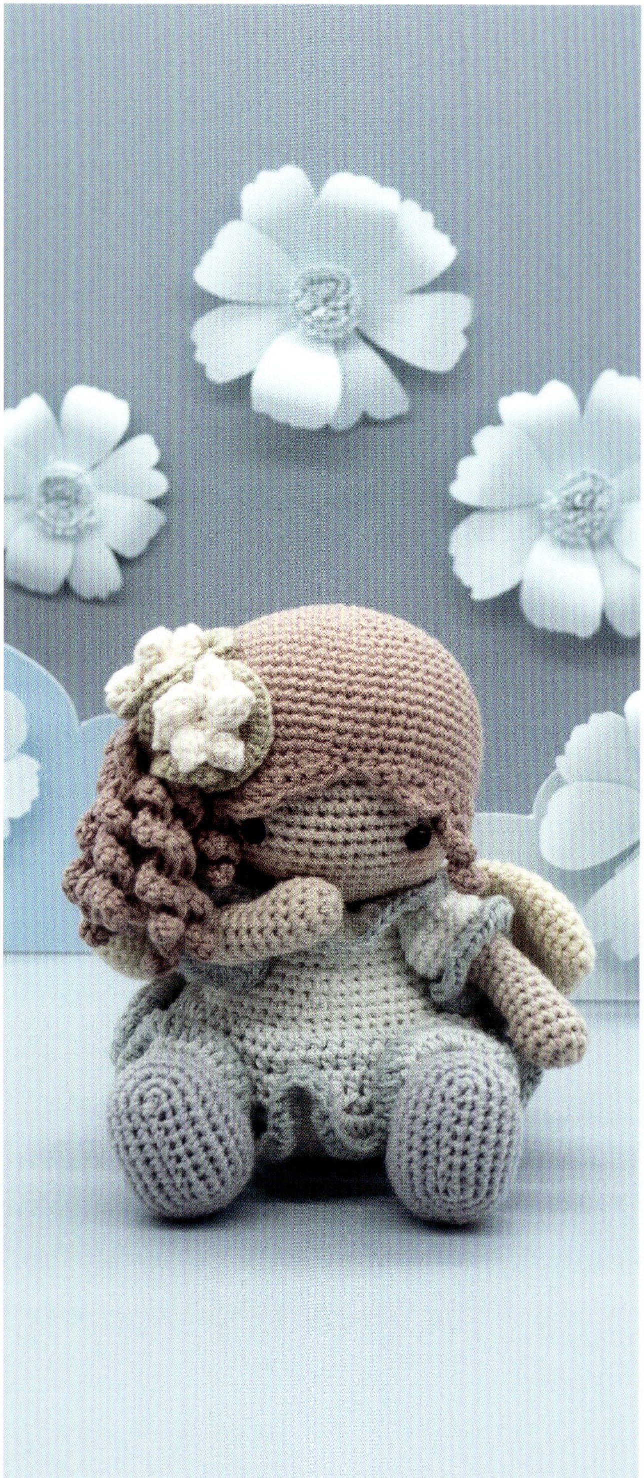

7.–11. Rd: 9 fM häkeln [9].
1 fM häkeln. Sie sollten sich jetzt in der Mitte der Arminnenseite befinden.
Das ist das neue Ende der Rd.
Mit hellem Mintgrün weiterarbeiten.
12. Rd: * 2 fM, 1 M zun; ab * noch 2x wdh [12].
13. Rd: 12x 1 M zun, dabei ihM [24].
14.–16. Rd: 24 fM häkeln [24].
17. Rd: 12x 1 M abn [12].
18. Rd: * 2 fM, 1 M abn; ab * noch 2x wdh [9].
19. Rd: 3 fM häkeln [3]. Die restlichen Maschen nicht bearbeiten.
Die Hand gut mit Füllwatte ausstopfen. Zum oberen Armrand und zum Ärmel hin allmählich weniger Füllwatte verwenden.
Das offene Armende flach drücken und 4 fM durch beide Lagen häkeln, um die Öffnung zu schließen.
Abketten und einen langen Faden zum Nähen lassen. Der Farbwechsel sollte sich auf der Arminnenseite befinden.

ÄRMELBÜNDCHEN (2x in dunklem Mintgrün)

Am Arm mit dunklem Mintgrün im letzten unbearbeiteten vorderen M-Glied der 12. Rd neu anschlingen (Abb. 10). Die Hand zeigt von Ihnen weg.
1. Rd: 1 Lm häkeln, im selben vorderen M-Glied beginnen, in dem neu angeschlungen wurde, jeweils 3 hStb in alle 12 M [36].
1 Km in die nächste M, abketten und Garnenden vernähen.

BEIN (2x, mit hellem Taubenblau beginnen)

9 Lm anschlagen. Entlang beider Seiten der Lm-Kette häkeln.
1. Rd: in die 2. Lm ab der Nadel einstechen, 7 fM, 3 fM in die nächste Lm. Auf der Rückseite der Lm-Kette weiterarbeiten, 6 fM, 1 M zun [18].
2. Rd: 1 M zun, 6 fM, 3x 1 M zun, 6 fM, 2x 1 M zun [24].
3. Rd: 1 fM, 1 M zun, 6 fM, * 1 fM, 1 M zun; ab * noch 2x wdh, 6 fM, * 1 fM, 1 M zun; ab * noch 1x wdh [30].
4. Rd: 2 fM, 1 M zun, 6 fM, * 2 fM, 1 M zun; ab * noch 2x wdh, 6 fM, * 2 fM, 1 M zun; ab * noch 1x wdh [36].
5. Rd: 36 fM häkeln [36].
6. Rd: 35 fM [35]. Die restlichen Maschen nicht bearbeiten.
Das ist das neue Ende der Rd.
7. Rd: 7 fM, * 1 M abn, 1 fM; ab * noch 6x wdh, 8 fM [29].
8. Rd: 6 fM, * 1 M abn, 1 fM; ab * noch 4x wdh, 8 fM [24].
Mit Hellbraun weiterarbeiten.
9. Rd: diese Rd ihM arbeiten: 6 fM, * 1 M abn, 1 fM; ab * noch 3x wdh, 6 fM [20].
10. Rd: * 2 fM, 1 M abn; ab * noch 4x wdh [15].
11. Rd: * 3 fM, 1 M abn; ab * noch 2x wdh [12].
12.–22. Rd: 12 fM häkeln [12].
23. Rd: rechtes Bein: 9 fM [9]. Die restlichen Maschen nicht bearbeiten.
23. Rd: linkes Bein: 3 fM [3]. Die restlichen Maschen nicht bearbeiten.
Das Bein gut mit Füllwatte ausstopfen. Zum oberen Beinrand hin allmählich weniger Füllwatte verwenden.
Das offene Beinende flach drücken und 6 fM durch beide Lagen häkeln, um die Öffnung zu schließen.
Abketten und einen langen Faden zum Nähen lassen.

SCHUHMANSCHETTE (2x in hellem Taubenblau)

Am Bein in hellem Taubenblau im 1. unbearbeiteten vorderen M-Glied der 8. Rd neu anschlingen (Abb. 11). Das untere Beinende zeigt dabei zu Ihnen.
Die 1. Km der Manschette schön locker häkeln.
1. Rd: 1 Lm häkeln, im selben vorderen M-Glied beginnen, in dem neu angeschlungen wurde, 24 Km [24].
1 Km in die nächste M, abketten und Garnenden vernähen.

FLÜGEL (2x in Blassgelb)

1. Rd: 4 fM in einen Fadenring arbeiten [4].
2. Rd: * 1 fM, 1 M zun; ab * noch 1x wdh [6].
3. Rd: 6x 1 M zun [12].
4. Rd: * 3 fM, 1 M zun; ab * noch 2x wdh [15].
5. Rd: * 4 fM, 1 M zun; ab * noch 2x wdh [18].

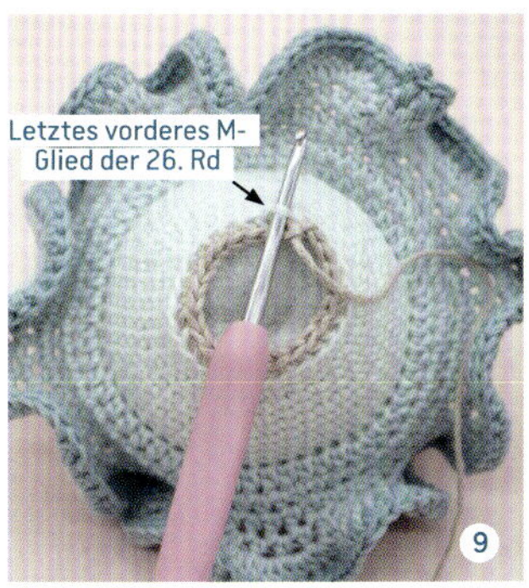

9

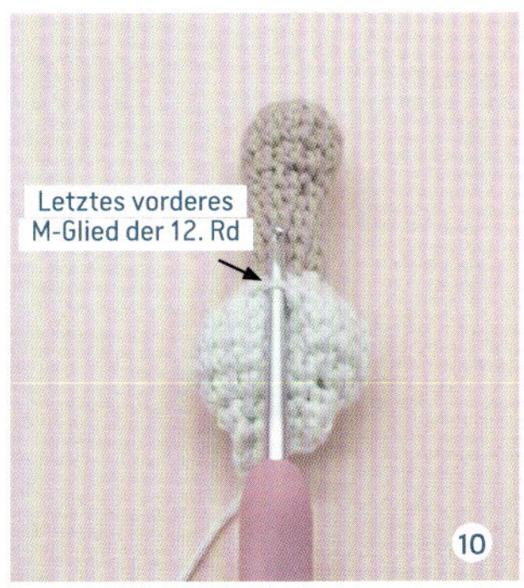

10

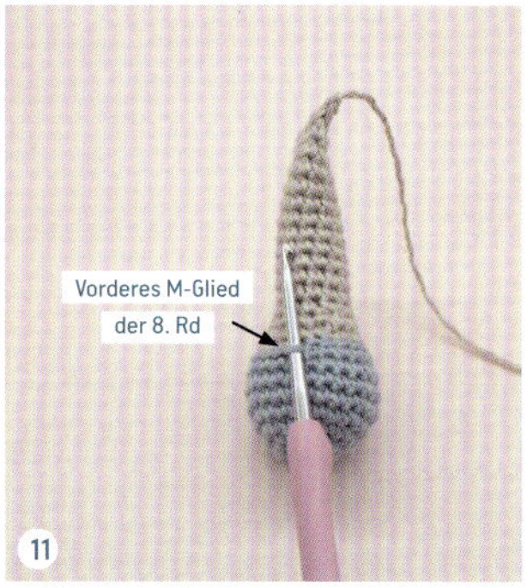

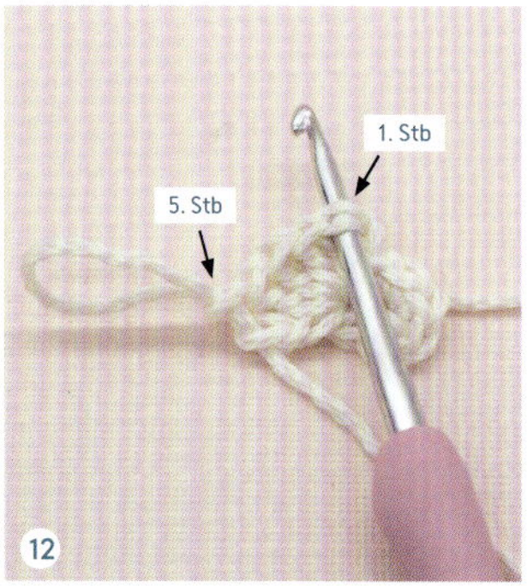

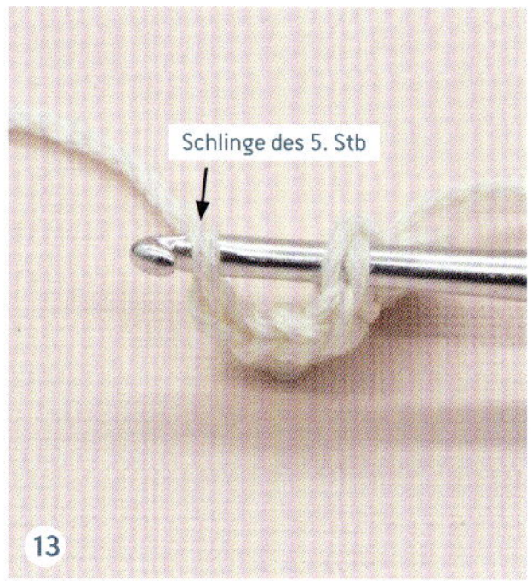

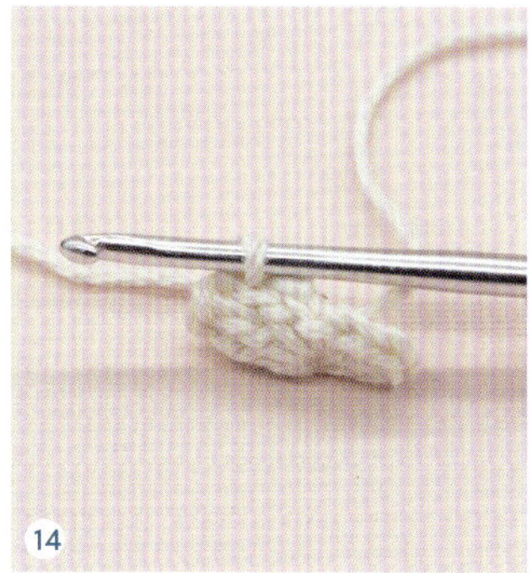

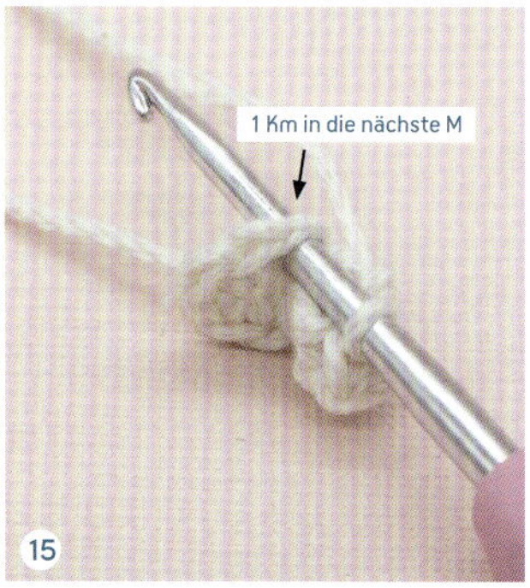

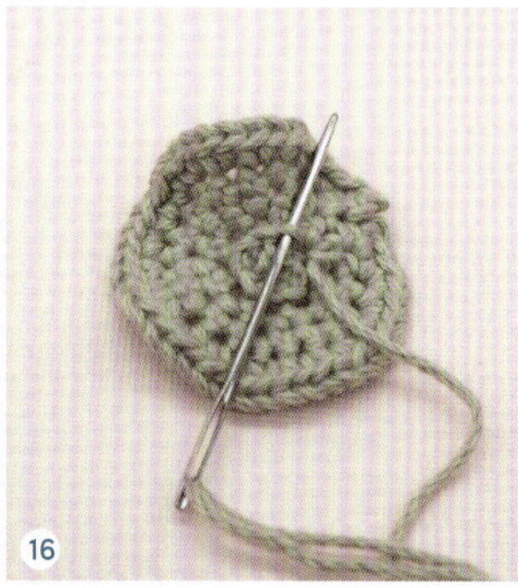

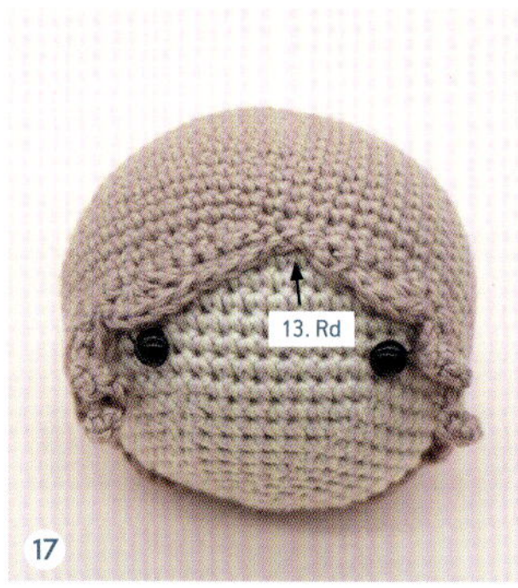

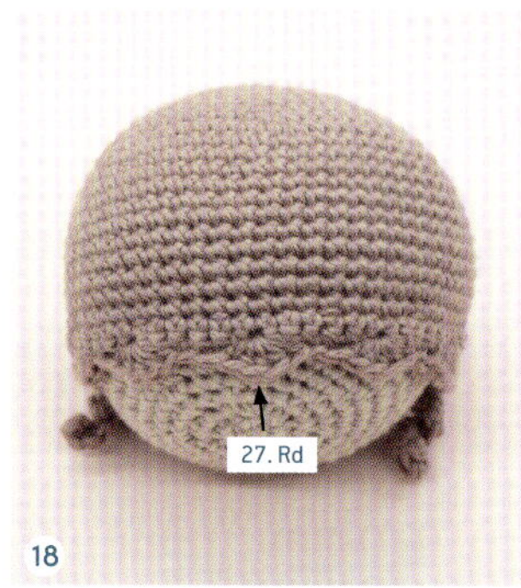

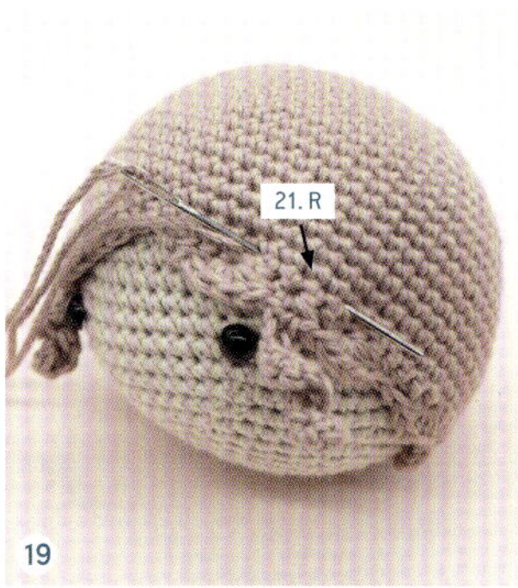

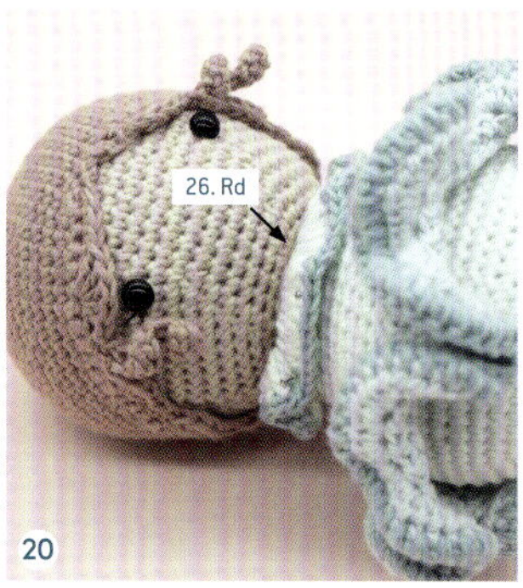

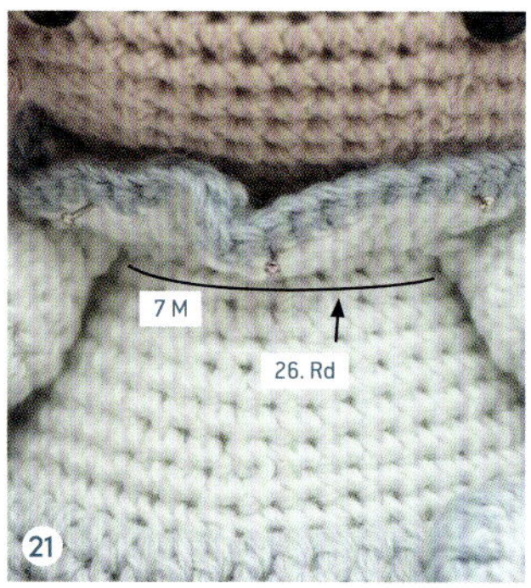

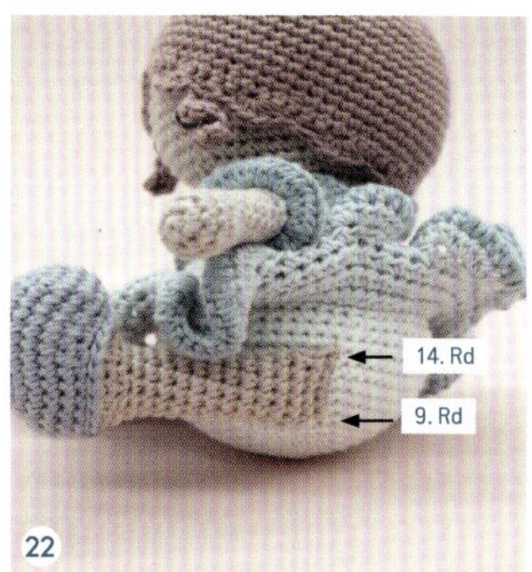

6. Rd: * 2 fM, 1 M zun; ab * noch 5x wdh [24].
7.–15. Rd: 24 fM häkeln [24].
16. Rd: * 2 fM, 1 M abn; ab * noch 5x wdh [18].
17. Rd: 18 fM häkeln [18].
18. Rd: * 1 fM, 1 M abn; ab * noch 5x wdh [12].
19. Rd: 12 fM häkeln [12].
20. Rd: * 2 fM, 1 M abn; ab * noch 2x wdh [9].
Die Flügel nicht ausstopfen. Das offene Flügelende flach drücken und 4 fM durch beide Lagen häkeln, um die Öffnung zu schließen.

Abketten und einen langen Faden zum Nähen lassen.

BLÜTENBASIS (4x, in Weiß)

1. Rd: 6 fM in einen Fadenring arbeiten [6].
2. Rd: * 1 Km in die nächste M, 2 Lm, 1 Popcorn-M in dieselbe M wie die letzte Km (Abb. 12, 13 + 14) 1 Km in die nächste M (Abb. 15); ab * noch 2x wdh [27].
Abketten und einen langen Faden zum Nähen lassen.

BLATT (2x in Khaki)

1. Rd: 8 fM in einen Fadenring arbeiten [8].

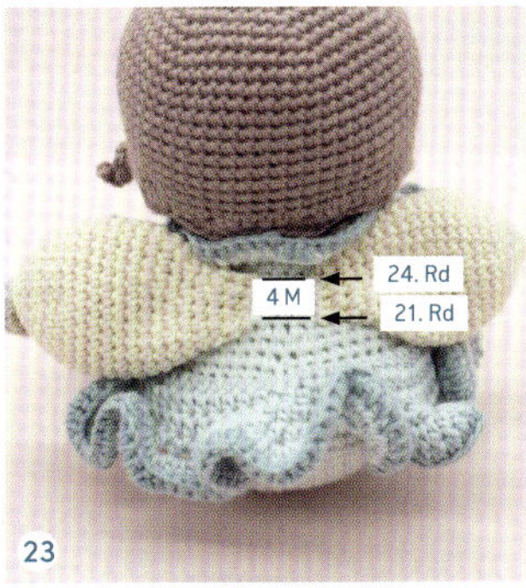

23

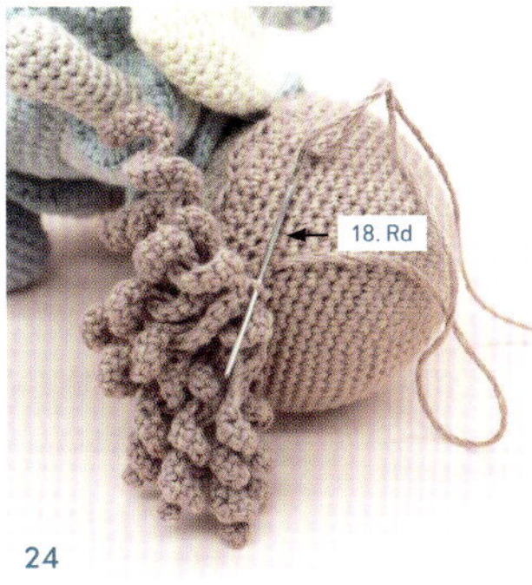

24

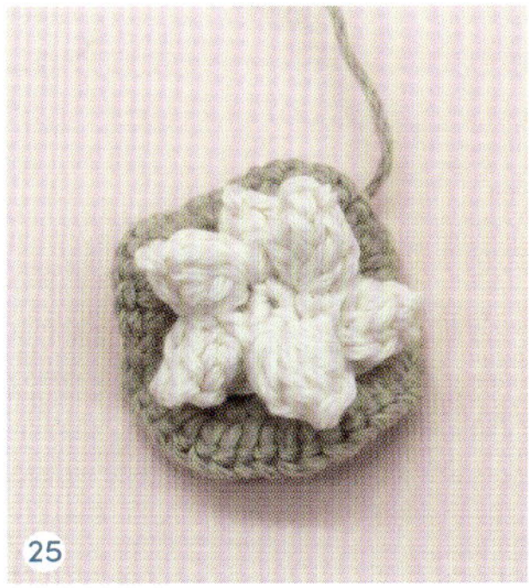

25

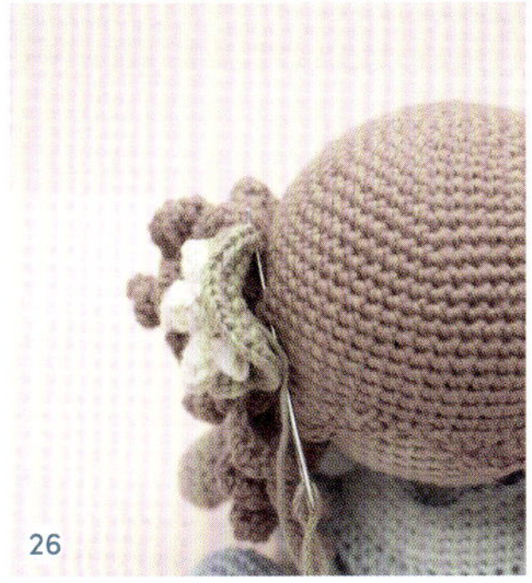

26

2. Rd: 8x 1 M zun, dabei ivM [16].
3. Rd: * 1 fM, 1 M zun; ab * noch 7x wdh, 1 Lm, wenden [24].
In R weiterarbeiten.
4. R: 24x 1 M zun [48].
Abketten. Das Garnende unter den unbearbeiteten hinteren M-Gliedern der 1. Rd durchführen und einen langen Faden zum Nähen lassen (Abb. 16).

FERTIGSTELLUNG

- Die Haare am Kopf festnähen. Die kleinen Locken gleichmäßig jeweils neben den Augen verteilen.
- Die vordere Einbuchtung zwischen der 13. und 14. Rd am Kopf positionieren (Abb. 17).
- Der hintere Haarrand liegt zwischen der 26. und 27. Rd (Abb. 18).
- Zwischen der 21. und 22. R ein paar Haarmaschen am Kopf fixieren (Abb. 19).
- Den seitlichen Pony nicht befestigen.
- Den Körper am Kopf festnähen. Die Körperöffnung wird über die 27.–29. Rd auf der Kopfunterseite festgenäht (Abb. 20).
- Die Arme zwischen der 26. und 27. Rd am Körper befestigen (Abb. 21). Vorne liegen 7 M zwischen den beiden Armen.
- Die Beine von der 9.–14. Rd am Körper festnähen (Abb. 22).
- Das hintere Beinende sollte direkt hinter der Körpermitte liegen. Damit die Beine eng am Körper liegen, die Beininnenseite mit ein paar zusätzlichen Stichen am Körper fixieren.
- Die Flügel auf der Körperrückseite befestigen. Die flachen Enden werden vertikal im Abstand von 4 M zwischen der 21. und 24. Rd des Körpers festgenäht (Abb. 23). Damit die Flügel eng am Körper liegen, die Flügelinnenseite mit ein paar zusätzlichen Stichen am Körper fixieren.
- Den Pferdeschwanz von der 18. bis 20. Rd an den Haaren festnähen. Dabei das Garn durch die hinteren M-Glieder der 2. Rd am Pferdeschwanz führen (Abb. 24).
- Jeweils 2 Blütenteile übereinanderlegen und zusammennähen. Dabei das Garnende des einen Blütenteils verwenden, um durch den unterhalb liegenden Blütenteil zu nähen. Das Garnende vernähen. Mit dem Garnende des 2. Blütenteils die Blume an der Blattmitte festnähen (Abb. 25).
- Das Garnende vernähen.
- Beide Blumen mit Blatt oberhalb des Pferdeschwanzes festnähen. Dabei das Garn durch die hinteren M-Glieder der 1. Rd am Blatt führen (Abb. 26).
- Wenn Sie möchten, können Sie auf Pias Wangen Rouge auftragen, damit sie noch niedlicher aussieht.
- Alle Maschenmarkierer entfernen.

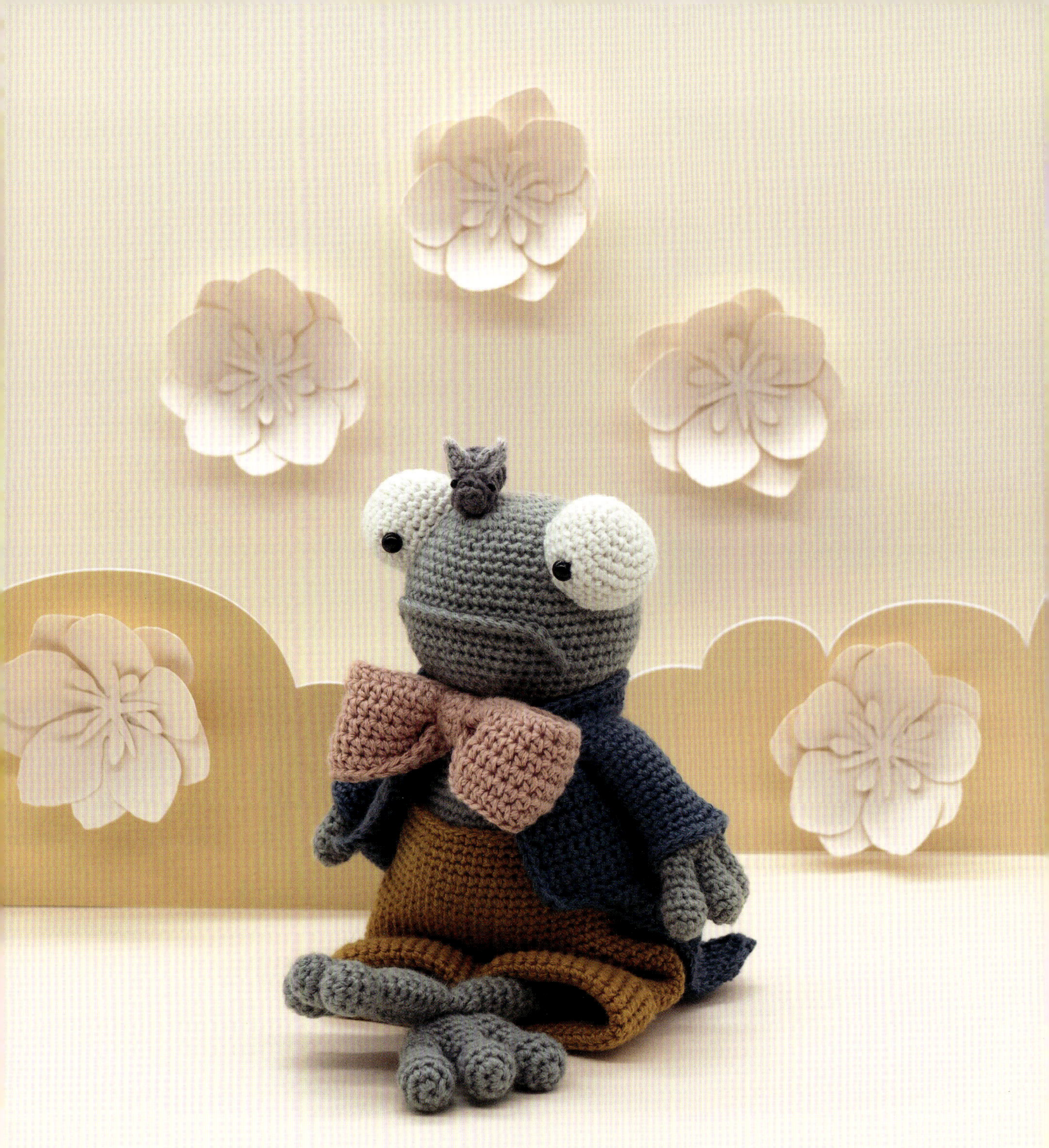

Schwierigkeitsgrad: ●●●
Größe: ca. 23 cm hoch

Amigurumi-Galerie: QR-Code scannen oder www.amigurumi.com/4503 besuchen und Bilder teilen bzw. kreative Anregungen finden.

Bogart, der Frosch

Bogart, der Frosch ist ein ehrenwerter und weiser Bewohner des Zauberwaldes. Mit seiner gepflegten Erscheinung und tadellosen Garderobe ist er für alle Waldbewohner*innen ein modisches Vorbild. Soziale Umgangsformen sind seine Stärke und er stellt sicher, dass es sowohl unter den Feen als auch unter den Tieren harmonisch zugeht. Immer wachsam, beschützt Bogart ihr Reich vor externen Gefahren. Doch es gibt eine Sache, die ihn seine guten Manieren vergessen lässt: ein verpasstes Frühstück! Ohne seinen Lieblingstee aus Fliegen und Teichwasser wird Bogart schnell brummig. Das beweist, dass selbst weise Kreaturen mit leerem Magen ungemütlich werden können.

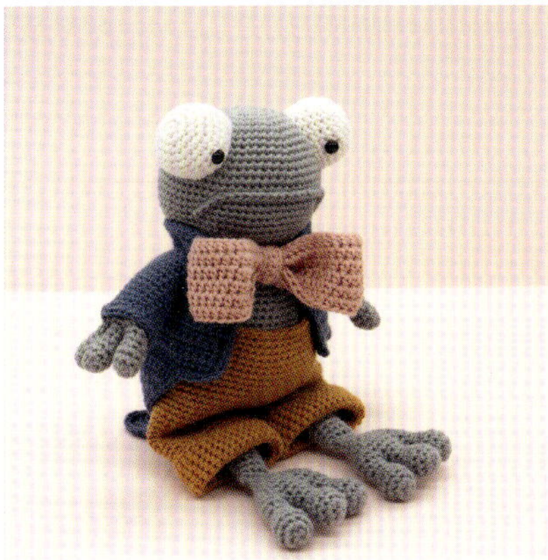

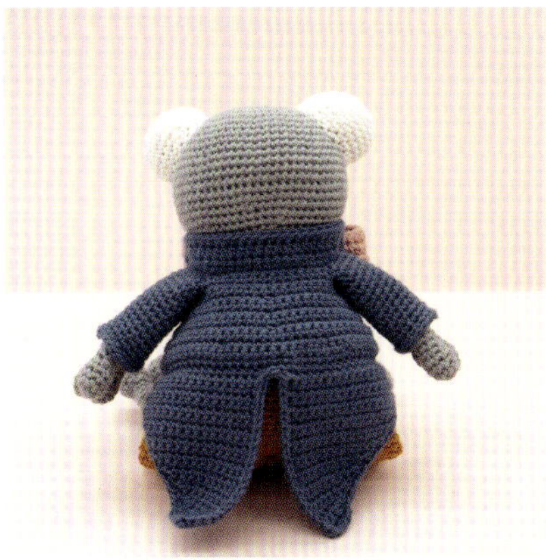

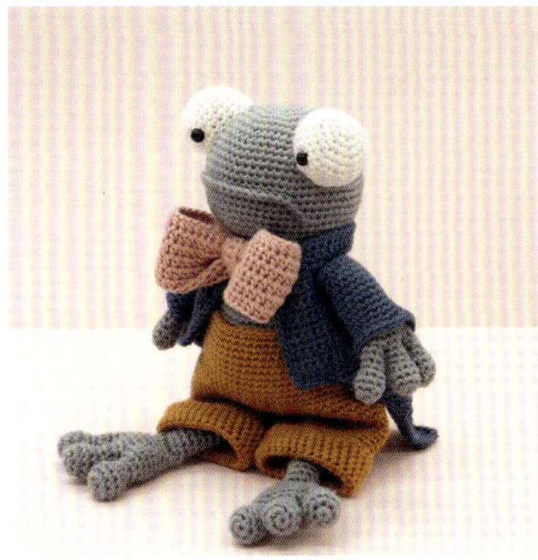

Material

Dünnes Baumwollgarn (Krea Deluxe Bio-Baumwolle Lauflänge 50 g/165 m) in Weiß (Nr. 01), Senfgelb (Nr. 09), Rosa (Nr. 13), Dunkelblau (Nr. 26), Eukalyptusgrün (Nr. 41), Hellgrau (Nr. 48), Dunkelgrau (Nr. 50); Häkelnadel 2,5 mm; Sicherheitsaugen (6 mm Durchmesser); schwarzes Stickgarn (DMC 6-fädiges Stickgarn Nr. 310 – 4 Fäden für die Augen der Fliege verwenden); Wollnadel; Stecknadeln; Maschenmarkierer; Kunstfaserfüllwatte

KOPF (in Eukalyptusgrün)

1. Rd: 8 fM in einen Fadenring arbeiten [8].

2. Rd: 8x 1 M zun [16].

3. Rd: * 1 fM, 1 M zun; ab * noch 7x wdh [24].

4. Rd: * 2 fM, 1 M zun; ab * noch 7x wdh [32].

5. Rd: * 3 fM, 1 M zun; ab * noch 7x wdh [40].

6. Rd: * 4 fM, 1 M zun; ab * noch 7x wdh [48].

7.– 8. Rd: 48 fM häkeln [48].

9. Rd: * 5 fM, 1 M zun; ab * noch 7x wdh [56].

10.–11. Rd: 56 fM häkeln [56].

12. Rd: * 6 fM, 1 M zun; ab * noch 7x wdh [64].

13.–17. Rd: 64 fM häkeln [64].

18. Rd: * 14 fM, 1 M abn; ab * noch 3x wdh [60].

19. Rd: 60 fM häkeln [60].

20. Rd: * 8 fM, 1 M abn; ab * noch 5x wdh [54].

21. Rd: * 7 fM, 1 M abn; ab * noch 5x wdh [48].

22. Rd: * 6 fM, 1 M abn; ab * noch 5x wdh [42].

23. Rd: * 5 fM, 1 M abn; ab * noch 5x wdh [36].

24. Rd: * 4 fM, 1 M abn; ab * noch 5x wdh [30].

25. Rd: * 3 fM, 1 M abn; ab * noch 5x wdh [24].

Den Kopf gut mit Füllwatte ausstopfen.

26. Rd: * 2 fM, 1 M abn; ab * noch 5x wdh [18].

27. Rd: * 1 fM, 1 M abn; ab * noch 5x wdh [12].
Den Kopf fertig ausstopfen.
28. Rd: 6x 1 M abn [6].
1 Km in die folgende M, abketten und einen Faden zum Nähen lassen. Mit der Wollnadel das Fadenende durch die vorderen M-Glieder der letzten 6 M führen. Fest anziehen und den Kopf schließen.
Das Garnende vernähen.

AUGAPFEL (2x in Weiß)
1. Rd: 6 fM in einen Fadenring arbeiten [6].
2. Rd: 6x 1 M zun [12].
3. Rd: * 1 fM, 1 M zun; ab * noch 5x wdh [18].
4. Rd: * 2 fM, 1 M zun; ab * noch 5x wdh [24].
5. Rd: * 11 fM, 1 M zun; ab * noch 1x wdh [26].
6.–7. Rd: 26 fM häkeln [26].
8. Rd: * 11 fM, 1 M abn; ab * noch 1x wdh [24].
9. Rd: * 4 fM, 1 M abn; ab * noch 3x wdh [20].
1 Km in die nächste M häkeln, abketten und einen langen Faden zum Nähen lassen.
Die Sicherheitsaugen zwischen der 7. und 8. Rd befestigen (Abb. 1). Die Augäpfel gut mit Füllwatte ausstopfen.

KÖRPER (in Eukalyptusgrün)
1. Rd: 6 fM in einen Fadenring arbeiten [6].
2. Rd: 6x 1 M zun [12].
3. Rd: * 1 fM, 1 M zun; ab * noch 5x wdh [18].
4. Rd: * 2 fM, 1 M zun; ab * noch 5x wdh [24].
5. Rd: * 3 fM, 1 M zun; ab * noch 5x wdh [30].
6. Rd: * 4 fM, 1 M zun; ab * noch 5x wdh [36].
7. Rd: * 5 fM, 1 M zun; ab * noch 5x wdh [42].
8. Rd: * 6 fM, 1 M zun; ab * noch 5x wdh [48].
9. Rd: * 7 fM, 1 M zun; ab * noch 5x wdh [54].
10. Rd: * 8 fM, 1 M zun; ab * noch 5x wdh [60].
11. Rd: * 14 fM, 1 M zun; ab * noch 3x wdh [64].
12.–16. Rd: 64 fM häkeln [64].
17. Rd: * 14 fM, 1 M abn; ab * noch 3x wdh [60].
18. Rd: * 18 fM, 1 M abn; ab * noch 2x wdh [57].
19. Rd: 8 fM, 1 M abn, * 17 fM, 1 M abn; ab * noch 1x wdh, 9 fM [54].

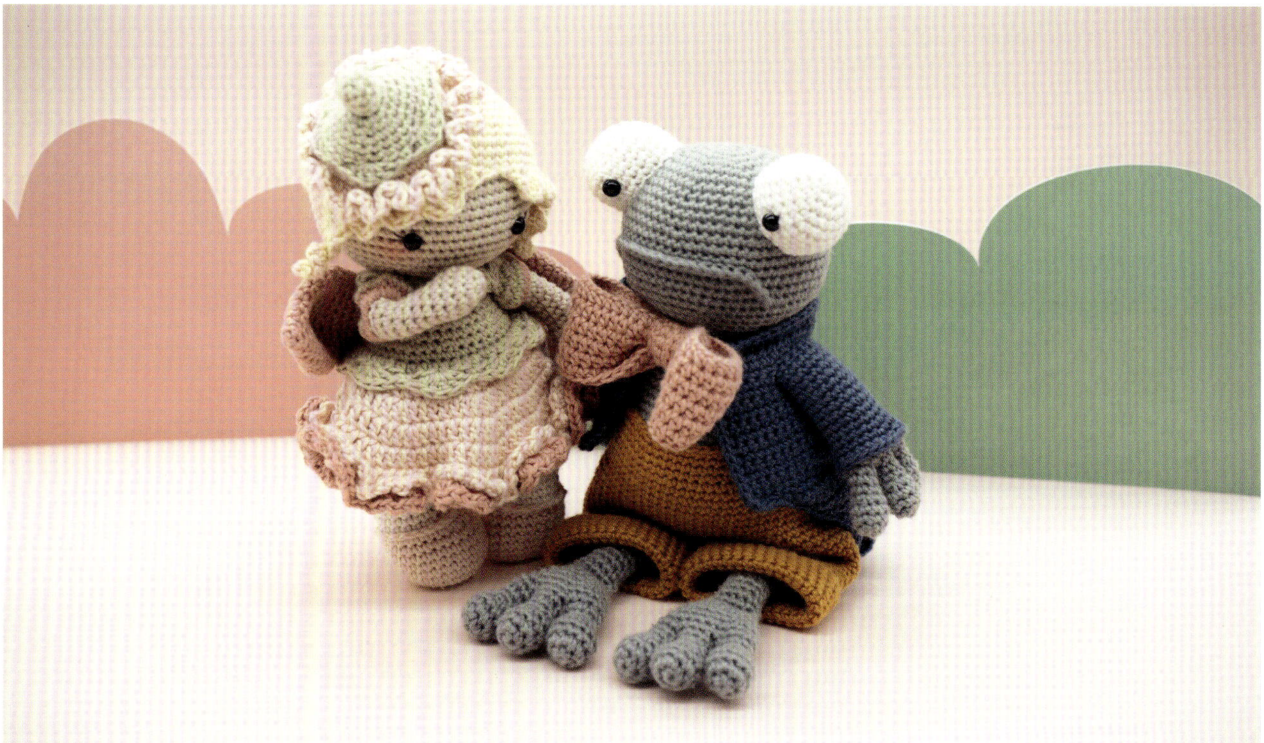

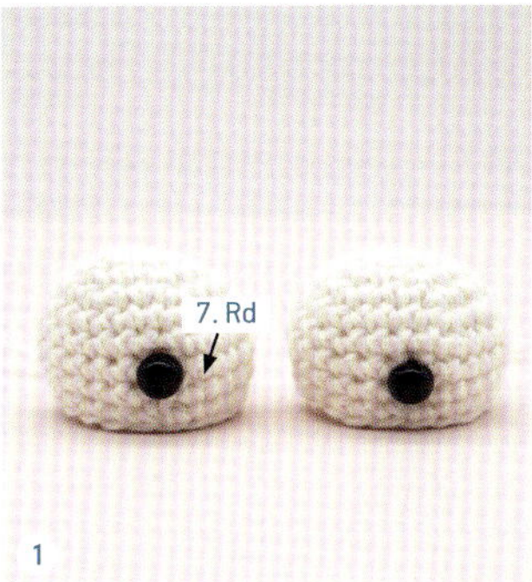

1

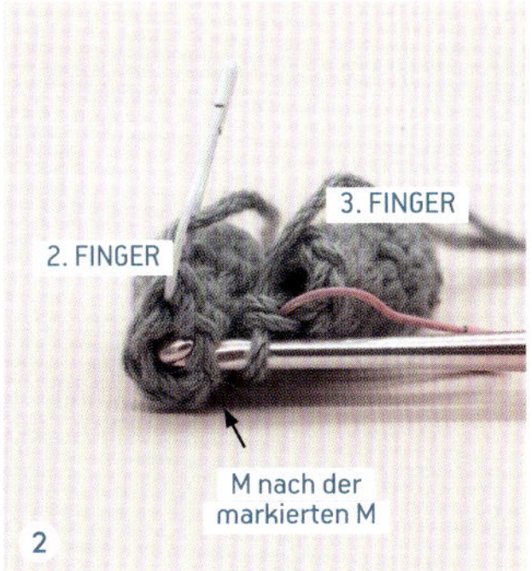

2

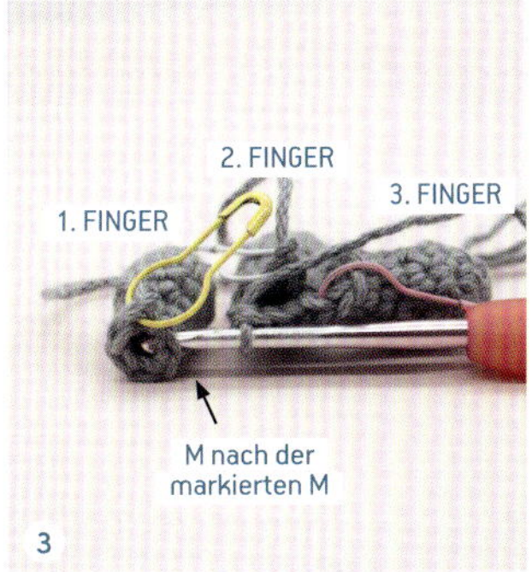

3

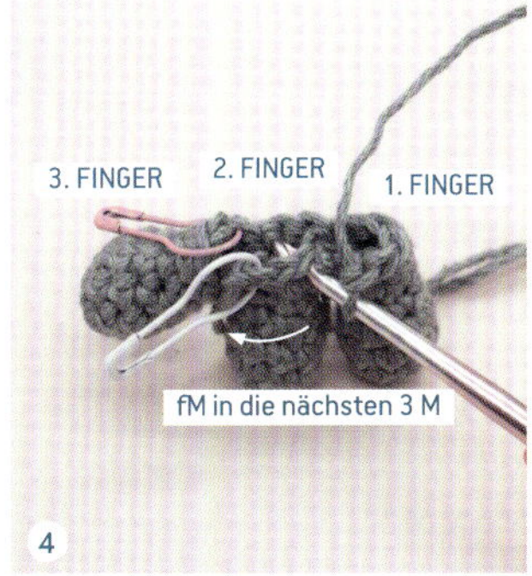

4

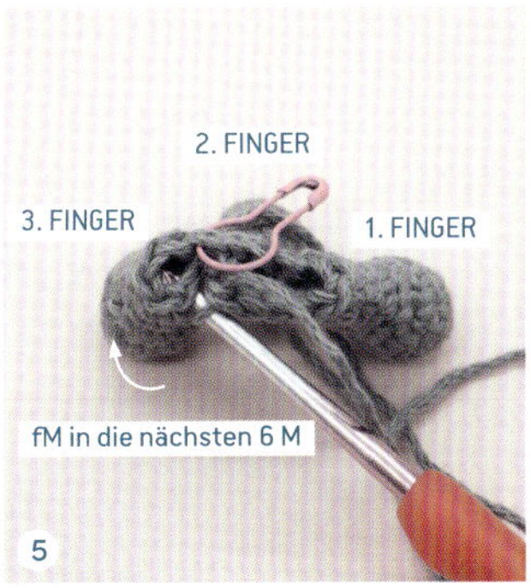

5

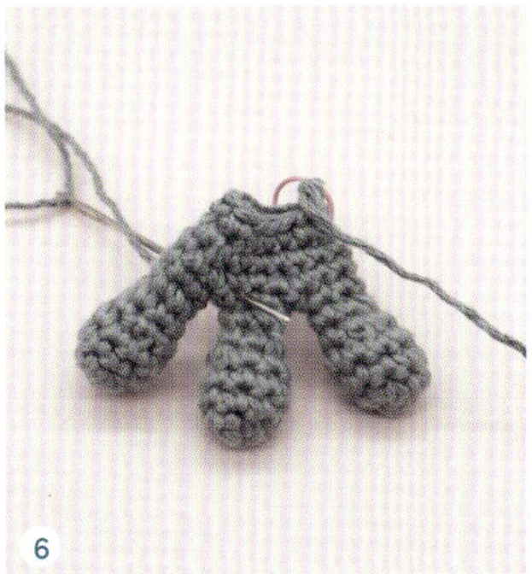
6

FINGER (6x in Eukalyptusgrün)

1. Rd: 6 fM in einen Fadenring arbeiten [6].

2. Rd: * 1 fM, 1 M zun; ab * noch 2x wdh [9].

3.–4. Rd: 9 fM häkeln [9].

5. Rd: * 1 fM, 1 M abn; ab * noch 2x wdh [6].

6.–7. Rd: 6 fM häkeln [6].

2 Finger jeder Hand abketten. Ein Garnende an jedem Finger hängen lassen und die 6. M der 7. Rd markieren. Das hilft Ihnen später beim Verbinden der Finger. Den 3. Finger an beiden Händen nicht abketten. Mit der restlichen Hand weitermachen.

20. Rd: 3 fM, 1 M abn, * 16 fM, 1 M abn; ab * noch 1x wdh, 13 fM [51].

21. Rd: 12 fM, 1 M abn, * 15 fM, 1 M abn; ab * noch 1x wdh, 3 fM [48].

22. Rd: 6 fM, 1 M abn, * 14 fM, 1 M abn; ab * noch 1x wdh, 8 fM [45].

23. Rd: * 13 fM, 1 M abn; ab * noch 2x wdh [42].

24. Rd: 5 fM, 1 M abn, * 12 fM, 1 M abn; ab * noch 1x wdh, 7 fM [39].

25. Rd: 9 fM, 1 M abn, * 11 fM, 1 M abn; ab * noch 1x wdh, 2 fM [36].

26. Rd: 3 fM, 1 M abn, * 10 fM, 1 M abn; ab * noch 1x wdh, 7 fM [33].

27. Rd: * 9 fM, 1 M abn; ab * noch 2x wdh [30].

28. Rd: 4 fM, 1 M abn, * 8 fM, 1 M abn; ab * noch 1x wdh, 4 fM [27].

29. Rd: 2 fM, 1 M abn, * 7 fM, 1 M abn; ab * noch 1x wdh, 5 fM [24].

1 Km in die nächste M häkeln, abketten und einen langen Faden zum Nähen lassen.

Den Körper gut mit Füllwatte ausstopfen.

HAND/ARM (2x in Eukalyptusgrün)

1. Rd: in der M nach der am 2. Finger markierten M beginnen (Abb. 2), 3 fM am 2. Finger, in der M nach der am 1. Finger markierten M weitermachen (Abb. 3), 6 fM am 1. Finger, fM in die restlichen 3 M am 2. Finger (Abb. 4), 6 fM am 3. Finger (Abb. 5) [18].

2. Rd: 18 fM häkeln [18].

3. Rd: * 4 fM, 1 M abn; ab * noch 2x wdh [15].

Finger und Hand mit Füllwatte ausstopfen.

4. Rd: * 3 fM, 1 M abn; ab * noch 2x wdh [12].

Mit den Garnenden des 1. und 2. Fingers eventuelle Lücken schließen (Abb. 6).

5. Rd: * 4 fM, 1 M abn; ab * noch 1x wdh [10].

6.–14. Rd: 10 fM häkeln [10].

15. Rd: 2 fM [2]. Die restlichen Maschen nicht bearbeiten.

Den Arm mit Füllwatte ausstopfen und zum oberen Armrand hin allmählich weniger Füllwatte verwenden. Das offene Armende flach drücken und 5 fM durch beide Lagen häkeln, um die Öffnung zu schließen.

Abketten und einen langen Faden zum Nähen lassen.

ZEHE (6x in Eukalyptusgrün)
1. Rd: 6 fM in einen Fadenring arbeiten [6].
2. Rd: 6x 1 M zun [12].
3.–4. Rd: 12 fM häkeln [12].
5. Rd: 6x 1 M abn [6].
6. Rd: 6 fM häkeln [6].
7. Rd: * 2 fM, 1 M zun; ab * noch 1x wdh [8].
Jeweils 2 Zehen pro Fuß abketten. Ein Garnende an jedem Zeh hängen lassen und die 8. M der 7. Rd markieren. Das hilft Ihnen später beim Verbinden der Zehen. Den 3. Zeh an beiden Füßen nicht abketten. Mit dem restlichen Fuß weitermachen.

FUSS/BEIN (2x in Eukalyptusgrün)
1. Rd: in der M nach der am 2. Zeh markierten M beginnen, 4 fM am 2. Zeh, in der M nach der am 1. Zeh markierten M weitermachen, 8 fM am 1. Zeh, fM in die restlichen 4 M am 2. Zeh, 8 fM am 3. Zeh [24].
2. Rd: 24 fM häkeln [24].
3. Rd: * 6 fM, 1 M abn; ab * noch 2x wdh [21].
Zehen und Fuß mit Füllwatte ausstopfen.
4. Rd: * 5 fM, 1 M abn; ab * noch 2x wdh [18].
Mit den Garnenden der 1. und 2. Zehe eventuelle Lücken schließen.
5. Rd: * 4 fM, 1 M abn; ab * noch 2x wdh [15].
6. Rd: * 3 fM, 1 M abn; ab * noch 2x wdh [12].
7. Rd: * 4 fM, 1 M abn; ab * noch 1x wdh [10].
8. Rd: das offene Fußende flach drücken und 5 fM durch beide Lagen häkeln, um die Öffnung zu schließen (Abb. 7) [5].
Darauf achten, dass die 8. R parallel zum Fuß liegt (Abb. 8). Die Seite des Fußes, die beim Häkeln der 8. R zu Ihnen zeigt, markieren. Hier befindet sich die Fußoberseite (rosa Garn in Abb. 9). Jetzt häkeln wir entlang beider Seiten der 5 fM in der 8. R (Abb. 9).
9. Rd: 1 Lm häkeln, wenden, fM in die nächsten 5 M-Glieder auf der Fußunterseite, 1 Lm, wenden, fM in die nächsten 5 M-Glieder auf der Fußoberseite (Abb. 10) [10].
Nach der 9. Rd sollte eine Basis entstanden sein, von der aus man mit dem Bein weitermachen kann (Abb. 11).
Beim Häkeln der 10. Rd die 2 Lm der 9. Rd überspringen.
10.–22. Rd: 10 fM häkeln [10].
23. Rd: 9 fM [9]. Die restlichen Maschen nicht bearbeiten.

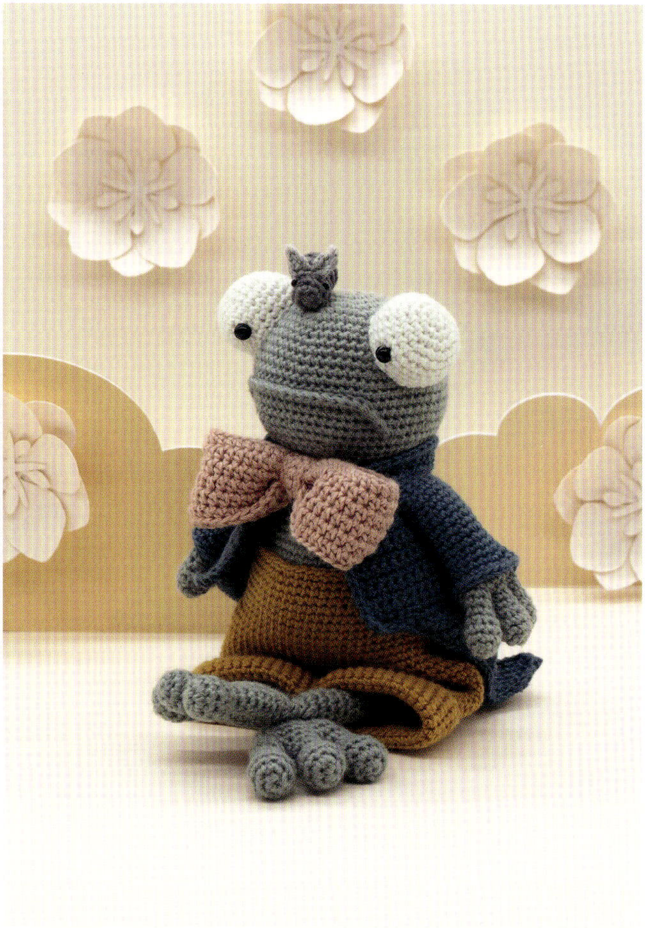

Das Bein mit Füllwatte ausstopfen und zum oberen Beinrand hin allmählich weniger Füllwatte verwenden. Das offene Beinende flach drücken und 5 fM durch beide Lagen häkeln, um die Öffnung zu schließen.
Abketten und einen langen Faden zum Nähen lassen.

HOSE (in Senfgelb)
Linkes Hosenbein
32 Lm anschlagen.
1. Rd: mit einer fM in die 1. Lm zu einem Ring schließen (Abb. 12), 31 fM [32].
2.–17. Rd: 32 fM häkeln [32].
18. Rd: 6 fM häkeln [6]. Die restlichen Maschen nicht bearbeiten.
Abketten und einen Faden zum Nähen lassen.

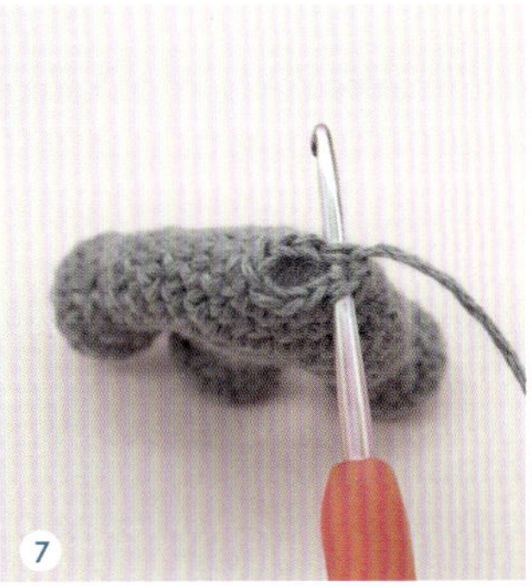

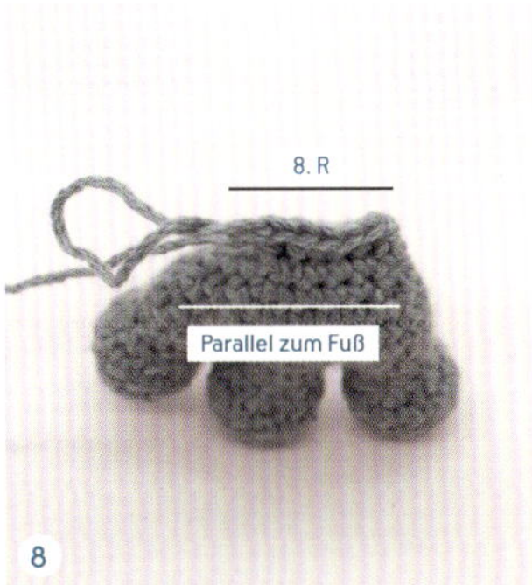

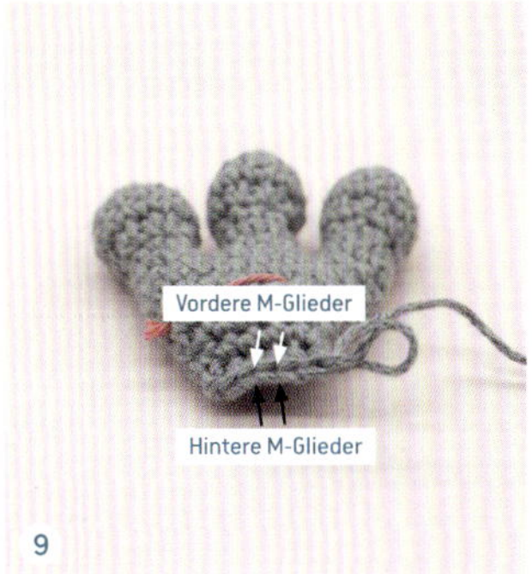

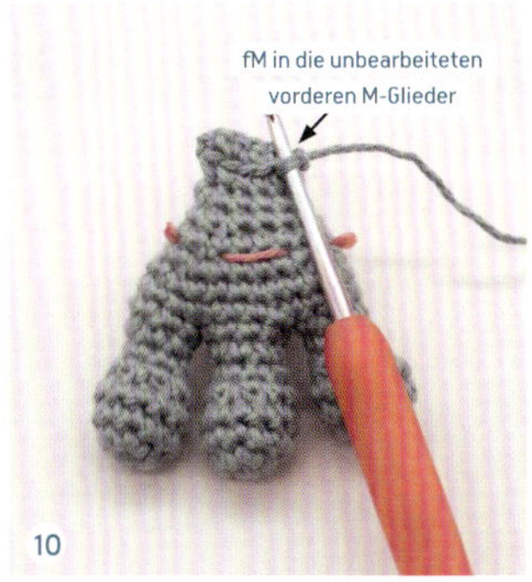

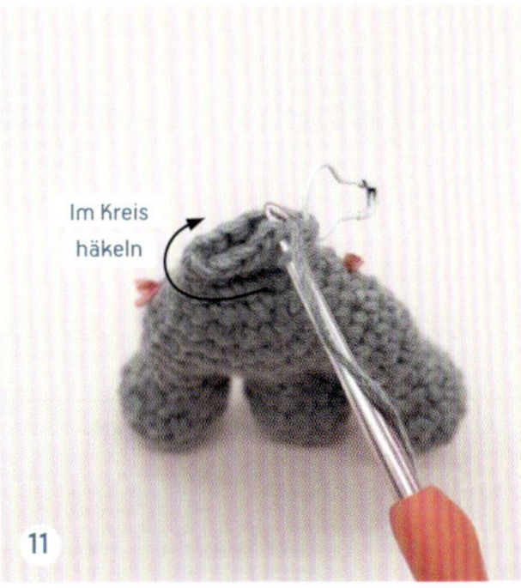

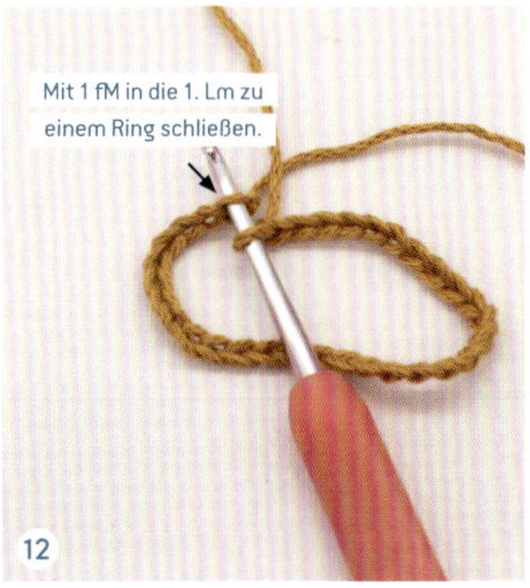

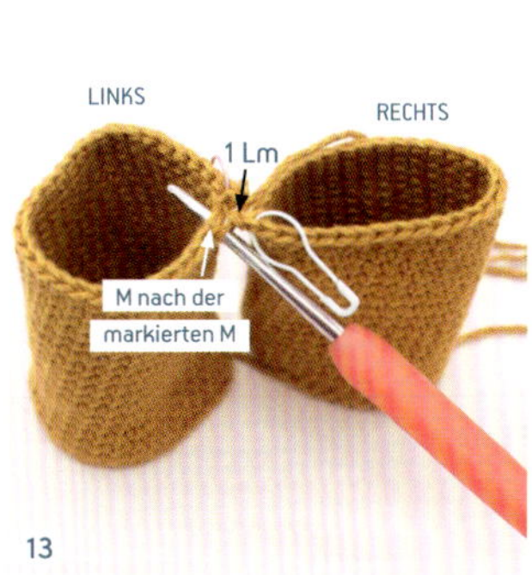

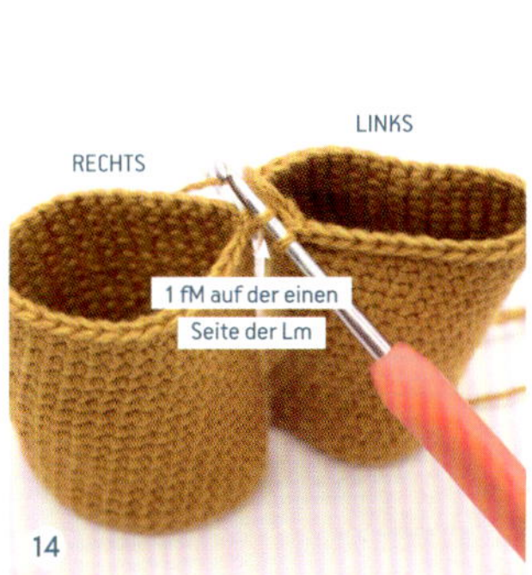

Die 6. M der 18. Rd markieren. Das hilft Ihnen später beim Verbinden der Hosenbeine.

Rechtes Hosenbein

32 Lm anschlagen.

1.–18. Rd: genau wie das linke Hosenbein häkeln.

Nicht abketten. Mit der Hose weitermachen.

Restliche Hose

19. Rd: 1 Lm häkeln, in der M nach der am linken Hosenbein markierten M beginnen (Abb. 13), 32 fM rund um das linke Hosenbein, fM auf der einen Seite der nächsten Lm (Abb. 14), 32 fM rund um das rechte Hosenbein [66].

20. Rd: 1 fM auf der anderen Seite der nächsten Lm, 65 fM [66].

21.–24. Rd: 66 fM häkeln [66].

Mit dem Garnende des linken Hosenbeins eventuelle Lücken schließen.

25.–30. Rd: 66 fM häkeln [66].

31. Rd: 18 fM, 1 M abn, 31 fM, 1 M abn, 13 fM [64].

32.–33. Rd: 64 fM häkeln [64].

34. Rd: * 14 fM, 1 M abn; ab * noch 3x wdh [60].

35.–36. Rd: 60 fM häkeln [60].

37. Rd: * 18 fM, 1 M abn; ab * noch 2x wdh [57].

38. Rd: * 17 fM, 1 M abn; ab * noch 2x wdh [54].

39. Rd: 5 fM häkeln [5]. Die restlichen Maschen nicht bearbeiten.

1 Km in die nächste M häkeln, abketten und Garnenden vernähen. Die ersten 6 Rd der Hosenbeine nach oben krempeln.

MANTEL (in Dunkelblau)

57 Lm anschlagen. In R arbeiten.

1. R: in die 2. Lm ab der Nadel einstechen, 56 fM, 1 Lm, wenden [56].

2. R: 56 fM, 1 Lm, wenden [56].

3. R: * 10 fM, 1 M abn, 9 fM, 1 M abn; ab * noch 1x wdh, 10 fM, 1 Lm, wenden [52].

4. R: 52 fM, 1 Lm, wenden [52].

5. R: 11 fM, 1 M abn, * 12 fM, 1 M abn; ab * noch 1x wdh, 11 fM, 1 Lm, wenden [49].

6. R: 49 fM, 1 Lm, wenden [49].

7. R: * 11 fM, 1 M abn; ab * noch 1x wdh, 10 fM, 1 M abn, 11 fM, 1 Lm, wenden [46].

8. R: 46 fM, 1 Lm, wenden [46].

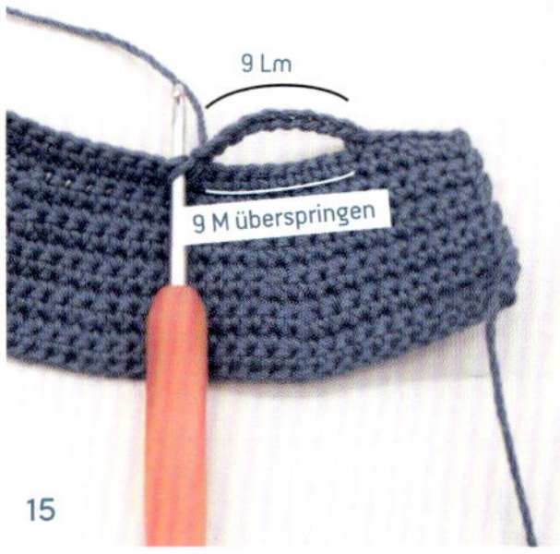

15

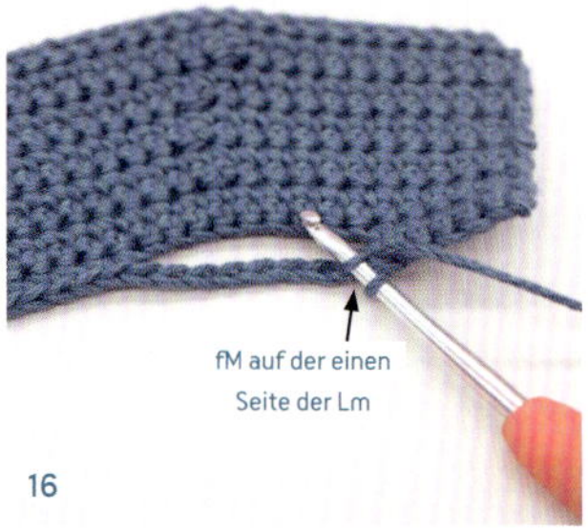

16

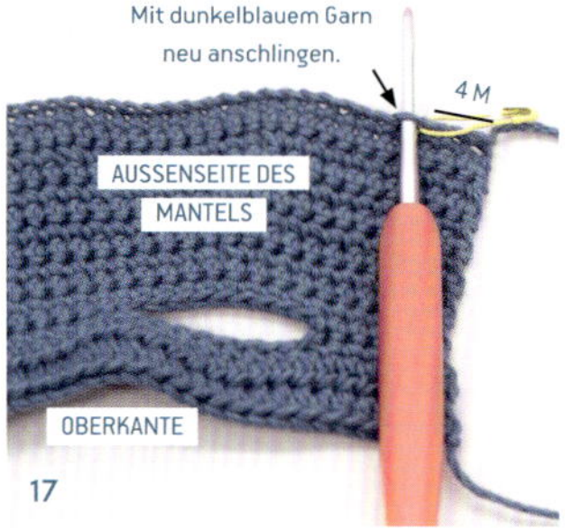

17

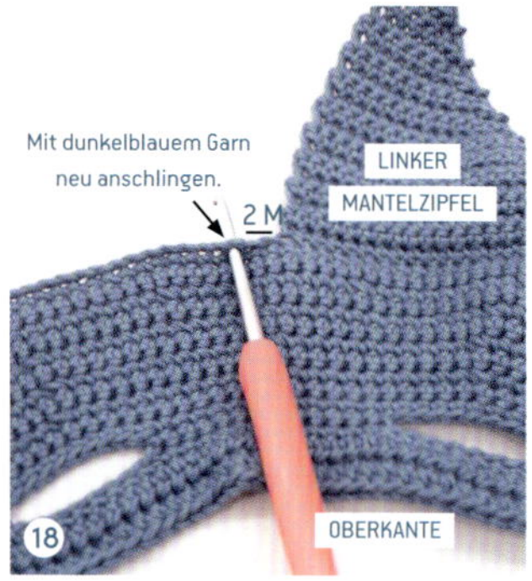

18

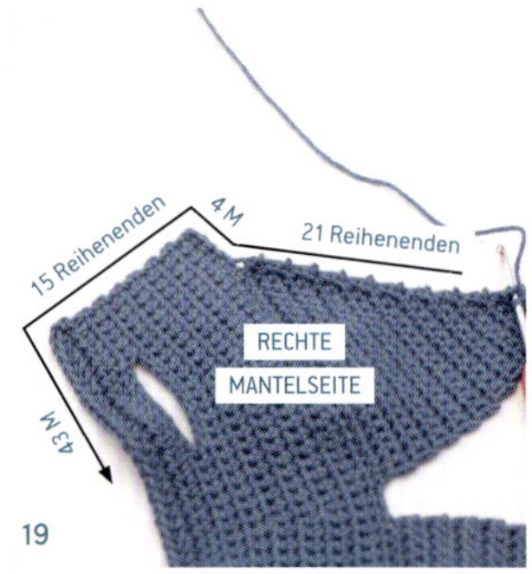

19

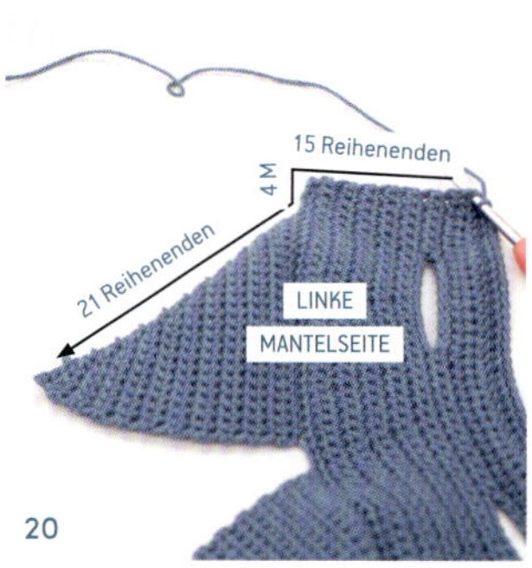

20

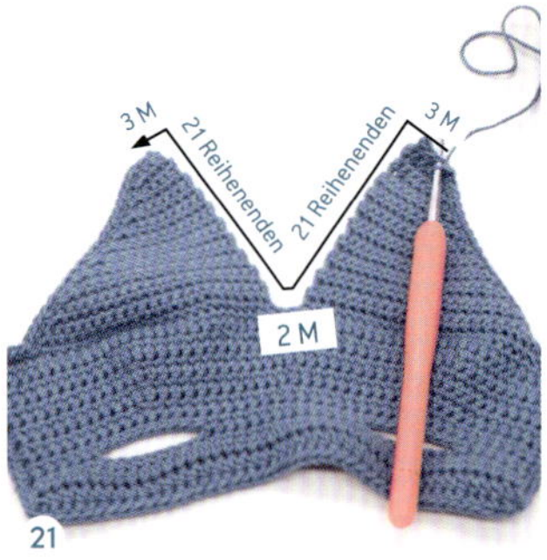

21

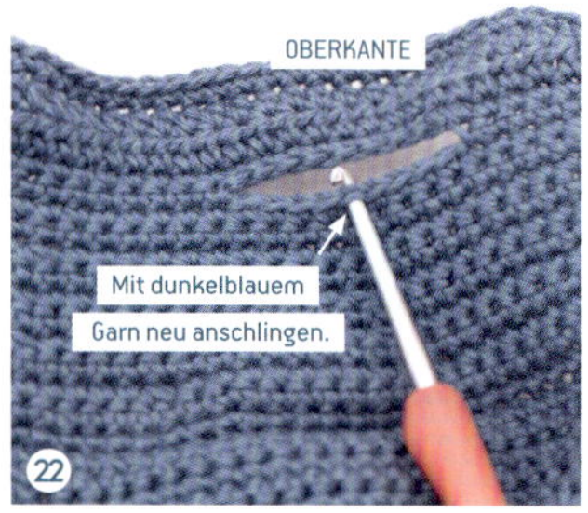

22

9. R: * 10 fM, 1 M abn; ab * noch 2x wdh, 10 fM, 1 Lm, wenden [43].
10.–11. R: 43 fM, 1 Lm, wenden [43].
12. R: 6 fM, 9 Lm, die nächsten 9 M überspringen (Abb. 15), 13 fM, 9 Lm, die nächsten 9 M überspringen, 6 fM, 1 Lm, wenden [25 + 18 Lm].
13. R: 6 fM, jeweils 1 fM auf einer Seite der nächsten 9 Lm (Abb. 16), 13 fM, jeweils 1 fM auf einer Seite der nächsten 9 Lm, 6 fM, 1Lm, wenden [43].
14. R: 43 hStb, 1 Lm, wenden [43].
15. R: 43 hStb häkeln [43].
Abketten. Die Garnenden später vernähen.

Linker Mantelzipfel (in Dunkelblau)
Von den unteren Mantelecken jeweils 4 M nach innen zählen und diese Stellen markieren (Abb. 17).
Das obere Mantelende zeigt zu Ihnen.
Mit dunkelblauem Garn in der M links der markierten M neu anschlingen (Abb. 17). Darauf achten, dass die Außenseite des Mantels nach oben zeigt. In R arbeiten.
1. R: 1 Lm, in derselben M beginnen, in der neu angeschlungen wurde, 23 fM, 1 Lm, wenden [23].
2. R: 21 fM, 1 M abn, wenden [22].
3. R: 1. M überspringen, 21 fM, 1 Lm, wenden [21].
4. R: 19 fM, 1 M abn, wenden [20].
5. R: 1. M überspringen, 19 fM, 1 Lm, wenden [19].
6. R: 17 fM, 1 M abn, wenden [18].
7. R: 1. M überspringen, 17 fM, 1 Lm, wenden [17].
8. R: 15 fM, 1 M abn, wenden [16].
9. R: 1. M überspringen, 15 fM, 1 Lm, wenden [15].
10. R: 13 fM, 1 M abn, wenden [14].
11. R: 1. M überspringen, 13 fM, 1 Lm, wenden [13].
12. R: 11 fM, 1 M abn, wenden [12].
13. R: 1. M überspringen, 11 fM, 1 Lm, wenden [11].
14. R: 9 fM, 1 M abn, wenden [10].
15. R: 1. M überspringen, 9 fM, 1 Lm, wenden [9].
16. R: 7 fM, 1 M abn, wenden [8].
17. R: 1. M überspringen, 7 fM, 1 Lm, wenden [7].
18. R: 5 fM, 1 M abn, wenden [6].
19. R: 1. M überspringen, 5 fM, 1 Lm, wenden [5].
20. R: 3 fM, 1 M abn, wenden [4].
21. R: 1. M überspringen, 3 fM [3].
Abketten. Die Garnenden später vernähen.

Rechter Mantelzipfel (in Dunkelblau)
Das obere Mantelende zeigt zu Ihnen. Mit dunkelblauem Garn am unteren Mantelrand, 2 M vom inneren Ende des linken Mantelzipfels entfernt, neu anschlingen (Abb. 18).
In R arbeiten.
1. R: 1 Lm häkeln, in derselben M beginnen, in der neu angeschlungen wurde, 23 fM, wenden [23]
2. R: 1. M überspringen, 22 fM, 1 Lm, wenden [22].
3. R: 20 fM, 1 M abn, wenden [21].
4. R: 1. M überspringen, 20 fM, 1 Lm, wenden [20].
5. R: 18 fM, 1 M abn, wenden [19].
6. R: 1. M überspringen, 18 fM, 1 Lm, wenden [18].
7. R: 16 fM, 1 M abn, wenden [17].
8. R: 1. M überspringen, 16 fM, 1 Lm, wenden [16].
9. R: 14 fM, 1 M abn, wenden [15].
10. R: 1. M überspringen, 14 fM, 1 Lm, wenden [14].
11. R: 12 fM, 1 M abn, wenden [13].
12. R: 1. M überspringen, 12 fM, 1 Lm, wenden [12].
13. R: 10 fM, 1 M abn, wenden [11].
14. R: 1. M überspringen, 10 fM, 1 Lm, wenden [10].
15. R: 8 fM, 1 M abn, wenden [9].
16. R: 1. M überspringen, 8 fM, 1 Lm, wenden [8].
17. R: 6 fM, 1 M abn, wenden [7].
18. R: 1. M überspringen, 6 fM, 1 Lm, wenden [6].
19. R: 4 fM, 1 M abn, wenden [5].
20. R: 1. M überspringen, 4 fM, 1 Lm, wenden [4].
21. R: 2 fM, 1 M abn [3].
Nicht abketten.
Für saubere Kanten in derselben Richtung rund um den Mantel und die Mantelzipfel häkeln. fM in die 21 Reihenenden des rechten Mantelzipfels (Abb. 19), fM in die nächsten 4 M entlang der Anfangs-Lm-Kette, fM in die nächsten 15 Reihenenden an der rechten Kante, 43 fM entlang der oberen Kante, fM in die 15 Reihenenden an der linken Kante (Abb. 20), fM in die nächsten 4 M entlang der Anfangs-Lm-Kette, fM in die 21 Reihenenden des linken Mantelzipfels, fM in die nächsten 3 M entlang der Spitze des linken Mantelzipfels (Abb. 21), fM in die 21 Reihenenden des linken Mantelzipfels, fM in die nächsten 2 M entlang der Anfangs-Lm-Kette in der Mantelmitte, fM in die 21 Reihenenden des rechten Mantelzipfels, fM in die nächsten 3 M entlang der Spitze des rechten Mantelzipfels [173].
1 Km in die nächste Masche häkeln und abketten.
Alle Garnenden am Mantel und an den Mantelzipfeln auf der Mantelinnenseite vernähen.

Ärmel (2x in Dunkelblau)
Das obere Mantelende zeigt von Ihnen weg. Mit dunkelblauem Garn in der mittleren M an der unteren Armausschnittkante neu anschlingen. Seitlich der mittleren M befinden sich jeweils 4 M (Abb. 22).
1. Rd: 1 Lm häkeln, in derselben M beginnen, in der neu angeschlungen wurde, 5 fM, Mantel wenden, 9 fM entlang der oberen Armausschnittkante (Abb. 23), Mantel wenden, 4 fM [18].
2.–12. Rd: 18 fM häkeln [18].
13. Rd: * 5 fM, 1 M zun; ab * noch 2x wdh [21].
14. Rd: * 6 fM, 1 M zun; ab * noch 2x wdh [24].
15. Rd:3 fM. [3] Die restlichen Maschen nicht bearbeiten.
1 Km in die nächste Masche und abketten.
Alle Garnenden auf der Ärmelinnenseite vernähen.

SCHLEIFE (in Rosé)
Einen langen Anfangsfaden lassen und 54 Lm anschlagen.
In ganzen Rd arbeiten.
1. Rd: mit einer Km in die 1. M zu einem Ring schließen, 1 Lm, wieder in die Lm einstechen, in die Sie die Km gehäkelt haben, 54 hStb, 1 Km in die 1. M [54].
2. Rd: 1 Lm häkeln, in derselben M beginnen, in der die letzte Km gehäkelt wurde, 54 hStb [54].
Weiter in Spiralrunden arbeiten.
3.–6. Rd: 54 hStb häkeln [54].
7. Rd: 3 hStb [3]. Die restlichen Maschen nicht bearbeiten.
1 Km in die folgende M häkeln, abketten und einen langen Faden zum Nähen lassen.
Um die Schleife zusammenzuziehen, das Garnende ein paar Mal um die Mitte der Schleife schlingen, verknoten und die Garnenden auf der Rückseite der Schleife vernähen.

SCHLEIFENRING (in Rosé)
13 Lm anschlagen. In R arbeiten.
1. R: in die 2. Lm ab der Nadel einstechen, 12 fM, 1 Lm, wenden [12].
2. R: 12 fM, 1 Lm, wenden [12].
3. R: 12 fM häkeln [12].
Abketten und einen langen Faden zum Nähen lassen.

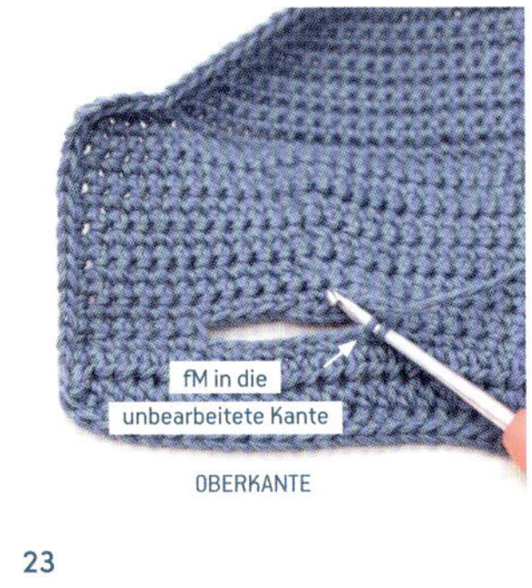

23

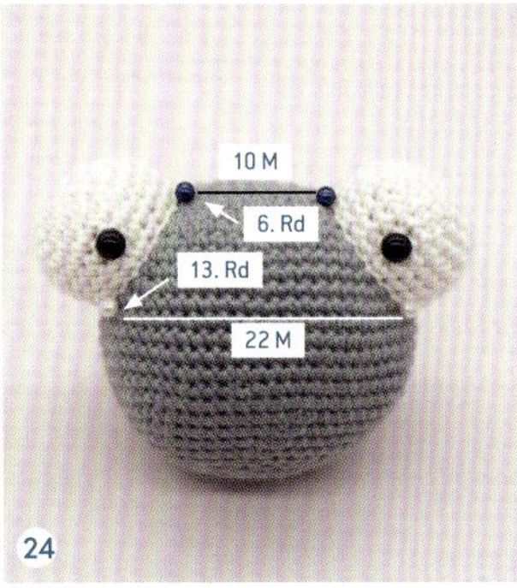

24

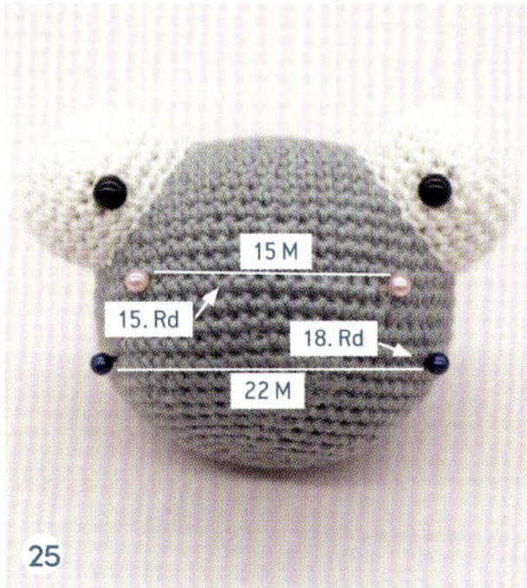

25

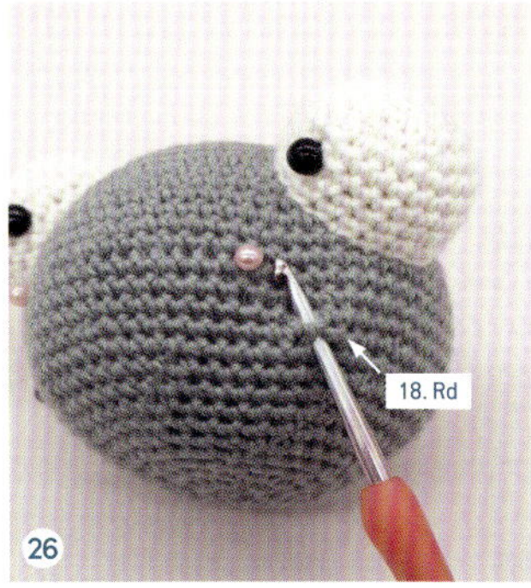

26

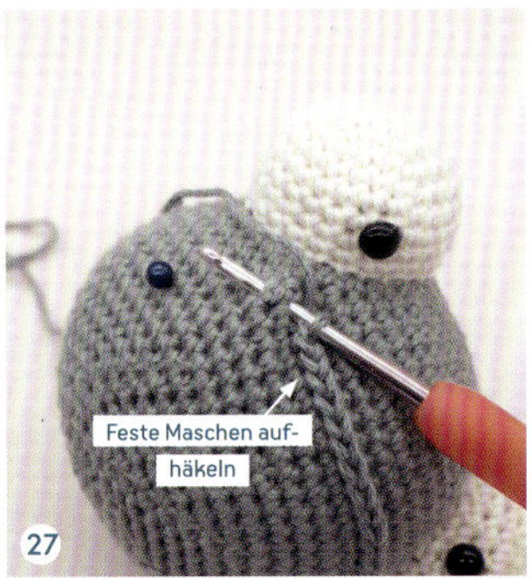

27

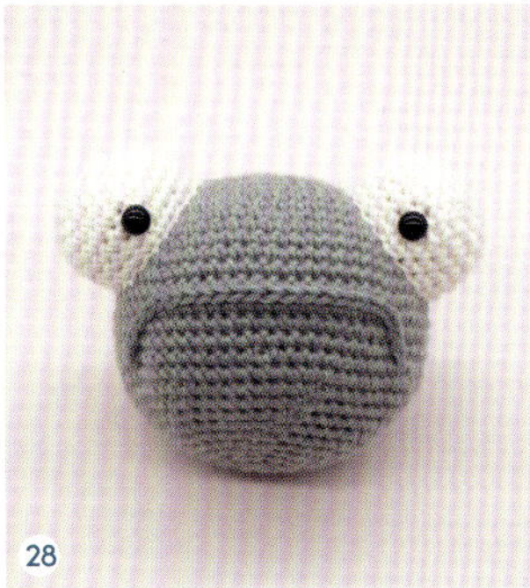
28

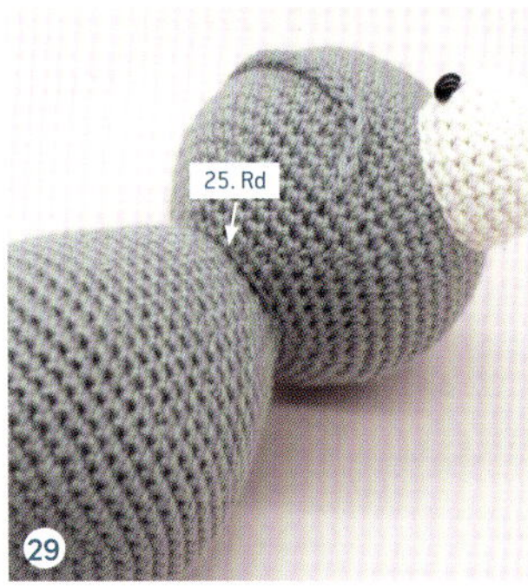

29

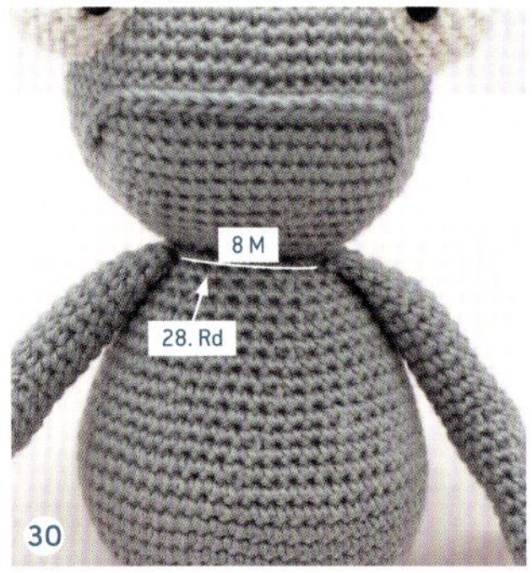

30

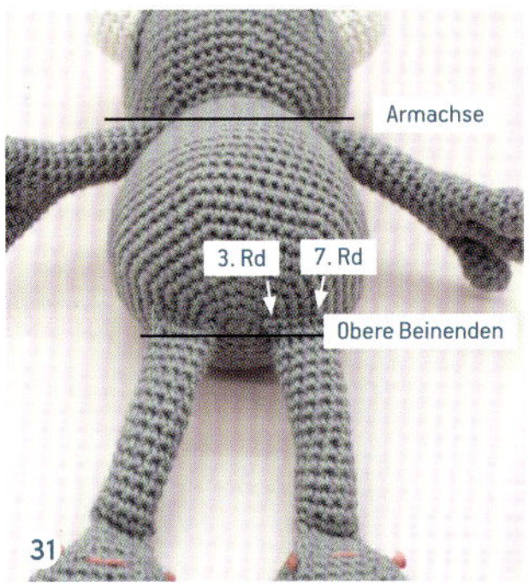

31

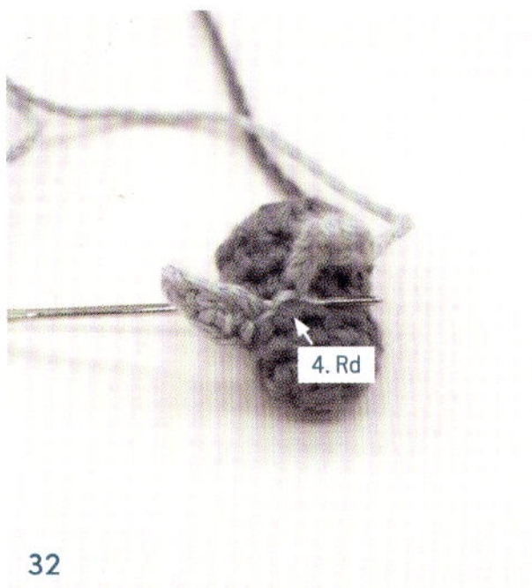

32

Den Schleifenring um die Mitte der Schleife legen. Die Enden auf der Rückseite zusammennähen. Den Ring mit ein paar Stichen an der Schleife fixieren, damit er nicht verrutscht. Einen langen Faden zum Nähen lassen.

KÖRPER UND KOPF DER FLIEGE (in Dunkelgrau)

1. Rd: 6 fM in einen Fadenring arbeiten [6].
2. Rd: * 1 fM, 1 M zun; ab * noch 2x wdh [9].
3. Rd: 9 fM häkeln [9].
4. Rd: * 1 fM, 1 M abn; ab * noch 2x wdh [6].
5. Rd: 6x 1 M zun [12].
6.–7. Rd: 12 fM häkeln [12].
Den Kopf/Körper gut mit Füllwatte ausstopfen.
8. Rd: 6x 1 M abn [6].
1 Km in die folgende M, abketten und einen Faden zum Nähen lassen.
Mit der Wollnadel das Fadenende durch die vorderen M-Glieder der letzten 6 M führen. Fest anziehen und den Körper schließen. Einen Knoten machen und das Garnende entweder vernähen oder zwischen der 6. und 7. Rd nach außen führen, wenn Sie die Fliege an Bogart befestigen möchten.

FLÜGEL DER FLIEGE (2x in Hellgrau)

1. R: in die 2. Lm ab der Nadel einstechen, 3 fM [3].
Abketten und einen langen Faden zum Nähen lassen.

FERTIGSTELLUNG VON BOGART

- Die Augäpfel von der 6. bis zur 13. Rd am Kopf festnähen (Abb. 24). Sie sollten zwischen der 5. und 6. Rd des Kopfes in einem Abstand von etwa 10 M und zwischen der 13. und 14. Rd im Abstand von etwa 22 M angebracht werden. Je nachdem, an welcher Stelle sich die Sicherheitsaugen befinden, kann das Bogart eine andere Persönlichkeit verleihen.

Bringen Sie sie einfach nach Belieben an.
- Den Mund mit Eukalyptusgrün und festen Maschen aufhäkeln. Zuerst die Position des Mundes mit Stecknadeln markieren. Der eigentliche Mund liegt zwischen der 14. und 15. Rd und ist so breit wie 15 M (Abb. 25). Die unteren Mundenden liegen zwischen der 18. und 19. Rd. Insgesamt ist der Mund so breit wie 22 M (Abb. 25). Orientieren Sie sich an den Stecknadeln und häkeln Sie entlang der Mundlinie fM auf (Abb. 26 + 27). Abketten und Garnenden vernähen (Abb. 28).
- Den Körper am Kopf festnähen. Die Körperöffnung wird über die 26.–28. Rd auf der Kopfunterseite festgenäht (Abb. 29).
- Die Arme zwischen der 28. und 29. Rd am Körper befestigen. Vorne liegen 8 M zwischen den beiden Armen (Abb. 30).
- Die Beine zwischen der 3. und 7. Rd am unteren Körperende, knapp vor der Mittelachse festnähen (Abb. 31).
Die oberen Beinenden sollten parallel zur Armachse verlaufen. Die markierte Fußseite zeigt nach oben.
- Die Schleife zwischen der 28. und 29. Rd vorne mittig am Körper festnähen.
- Der Kröte den Mantel überziehen. Dabei die Finger durch die Ärmel zwängen.
- Bogart die Hose überziehen.
- Alle Maschenmarkierer entfernen.

FERTIGSTELLUNG DER FLIEGE

- Mit den Anfangs- und Endfäden der Flügel diese zwischen der 4. und 5. Rd am Kopf/Körper festnähen (Abb. 32).
- Mit 4 Fäden des schwarzen Stickgarns in der 3. Rd des Kopfes mit Knötchenstichen und einem Abstand von etwa 3 M zwei Augen aufsticken.
- Wenn gewünscht, die Fliege an Bogart befestigen.

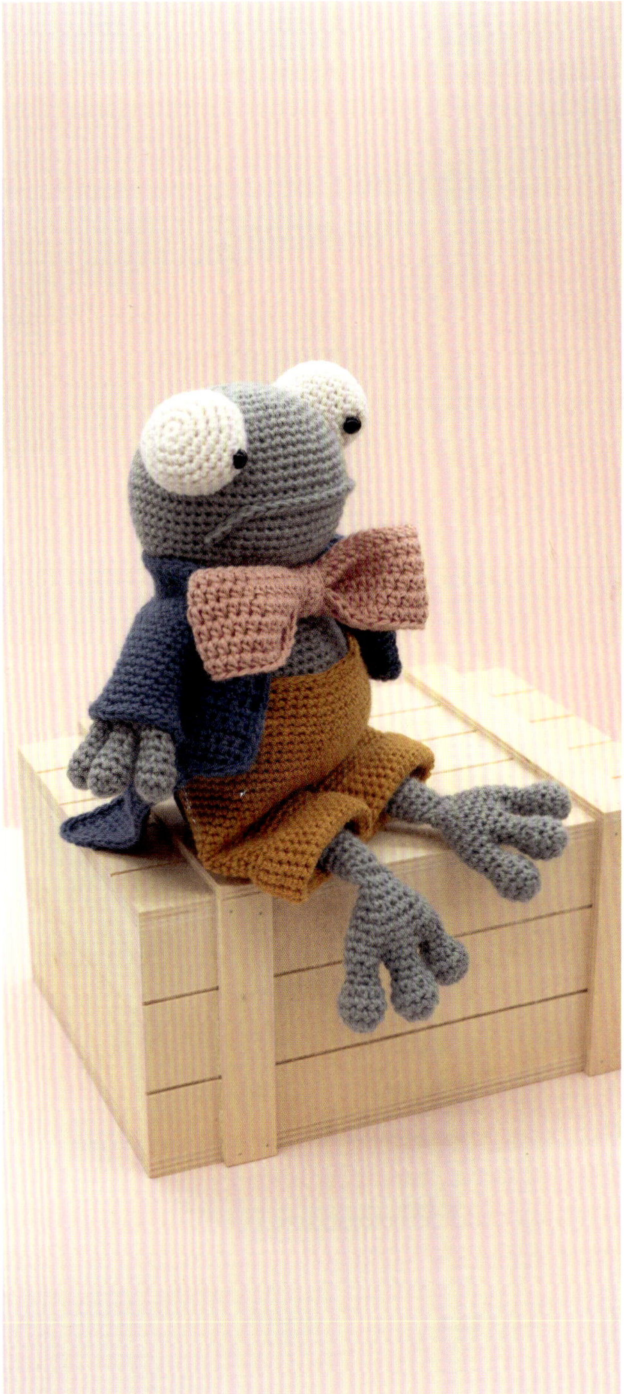

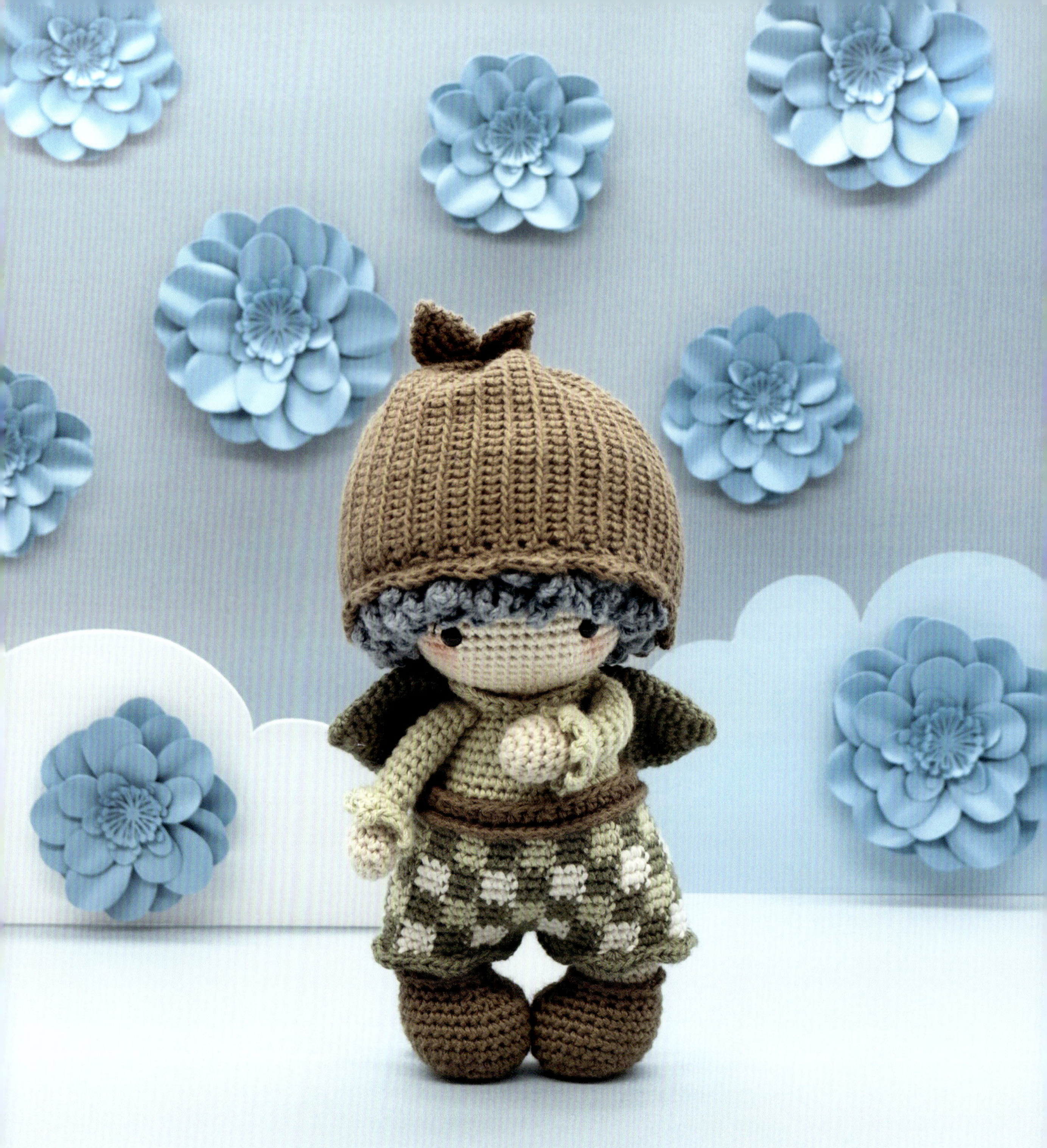

Schwierigkeitsgrad: ● ● ●
Größe: ca. 20 cm hoch

Amigurumi-Galerie: QR-Code scannen oder www.amigurumi.com/4504 besuchen und Bilder teilen bzw. kreative Anregungen finden.

Elm, der Baumelf

Elm, der Baumelf kennt sich besonders gut mit natürlichen Heilmitteln und den Heilkräften von Pflanzen aus. Mit sanfter Anleitung teilt er die Geheimnisse des Waldes mit anderen und bringt ihnen die heilende Wirkung von Blättern, Wurzeln und Blumen bei. Elms Hobby ist das Schnitzen, mit seinem Messer lässt er zauberhafte Gegenstände entstehen. Elm ist gut mit Jules befreundet und hilft ihr oft, Zutaten für eine nahrhafte Mahlzeit zu finden, die sie dann für alle kocht.

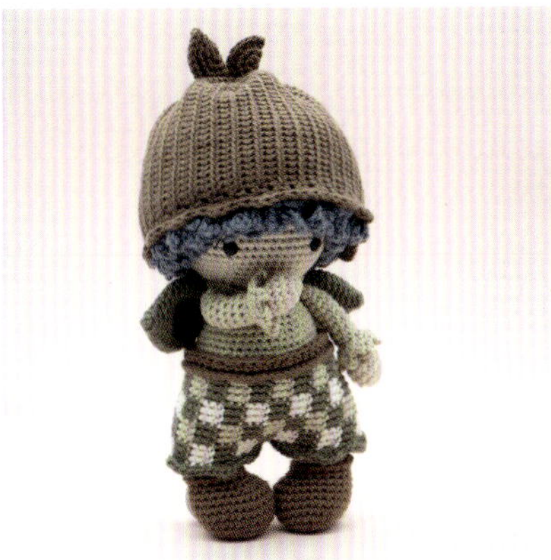

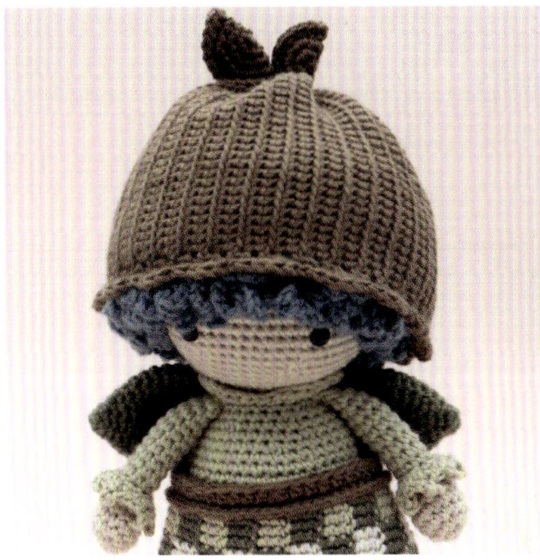

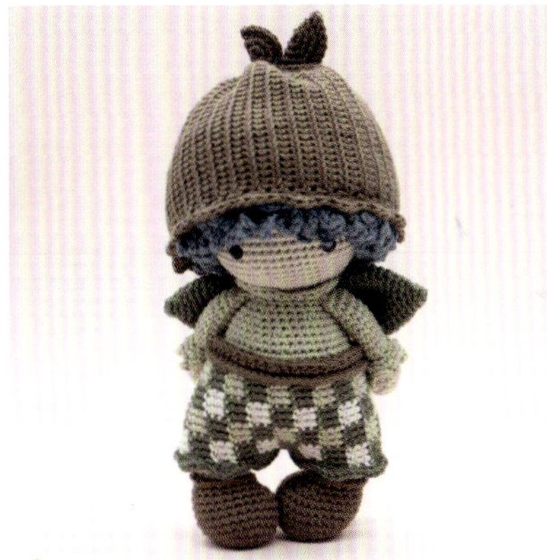

MATERIAL:

Dünnes Baumwollgarn (Krea Deluxe Bio-Baumwolle Lauflänge 50 g/165 m) in Wollweiß (Nr. 02), Taubenblau (Nr. 21), Braun (Nr. 30), Hellgrün (Nr. 40), Moosgrün (Nr. 42), Beige (Nr. 46); Häkelnadel 2,5 mm; Sicherheitsaugen (6 mm Durchmesser); schwarzes Stickgarn (DMC 6-fädiges Stickgarn Nr. 310 – einen Faden für die Augenbrauen verwenden); Wollnadel; Stecknadeln; Maschenmarkierer; Kunstfaserfüllwatte; optional: Wangenrouge und Pinsel

KOPF (in Beige)

1. Rd: 6 fM in einen Fadenring arbeiten [6].
2. Rd: 6x 1 M zun [12].
3. Rd: * 1 fM, 1 M zun; ab * noch 5x wdh [18].
4. Rd: * 2 fM, 1 M zun; ab * noch 5x wdh [24].
5. Rd: * 3 fM, 1 M zun; ab * noch 5x wdh [30].
6. Rd: * 4 fM, 1 M zun; ab * noch 5x wdh [36].
7. Rd: * 5 fM, 1 M zun; ab * noch 5x wdh [42].
8. Rd: * 6 fM, 1 M zun; ab * noch 5x wdh [48].
9. Rd: * 7 fM, 1 M zun; ab * noch 5x wdh [54].
10. Rd: * 8 fM, 1 M zun; ab * noch 5x wdh [60].
11.–20. Rd: 60 fM häkeln [60].
21. Rd: * 8 fM, 1 M abn; ab * noch 5x wdh [54].
22. Rd: * 7 fM, 1 M abn; ab * noch 5x wdh [48].
23. Rd: * 6 fM, 1 M abn; ab * noch 5x wdh [42].
24. Rd: * 5 fM, 1 M abn; ab * noch 5x wdh [36].
25. Rd: * 4 fM, 1 M abn; ab * noch 5x wdh [30].
Die Sicherheitsaugen zwischen der 18. und 19. Rd mit einem Abstand von 11 M einsetzen (Abb. 1).
Mit einem einzelnen schwarzen Faden über die 17. und 18. Rd über den beiden Augen Augenbrauen aufnähen (Abb. 1). Jede Augenbraue sollte etwa so breit wie 2 M sein.
Den Kopf gut mit Füllwatte ausstopfen.
26. Rd: * 3 fM, 1 M abn; ab * noch 5x wdh [24].
27. Rd: * 2 fM, 1 M abn; ab * noch 5x wdh [18].
28. Rd: * 1 fM, 1 M abn; ab * noch 5x wdh [12].

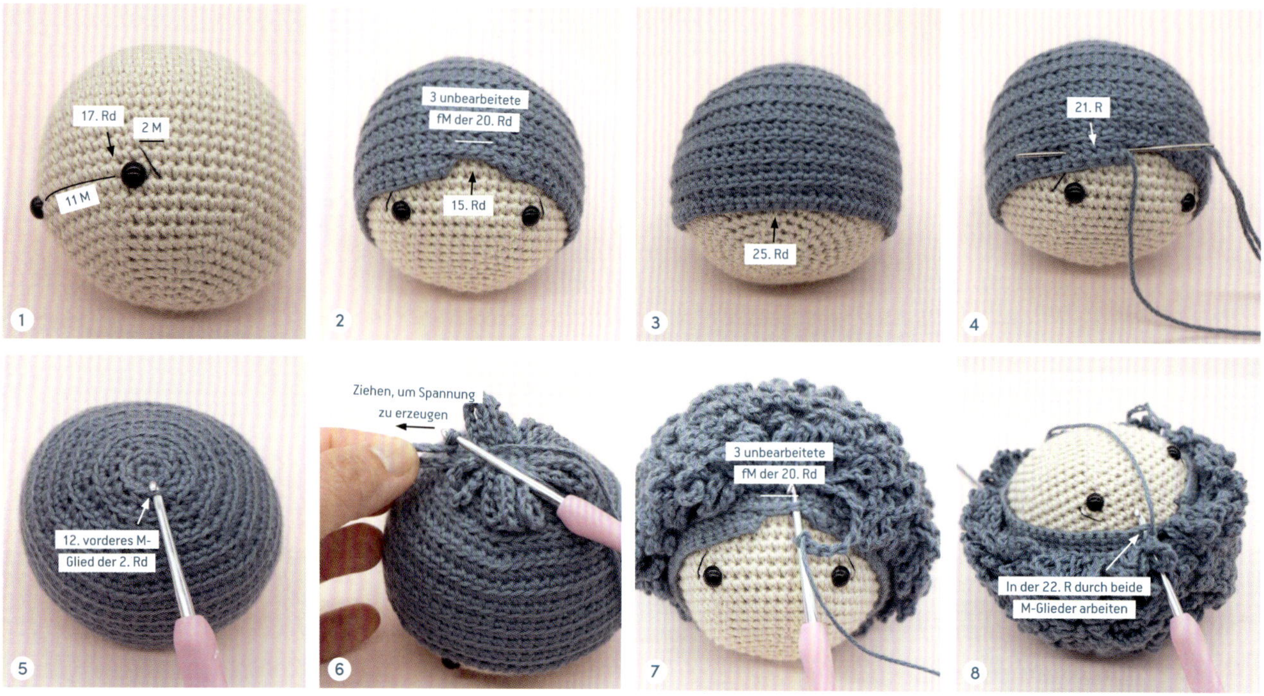

Den Kopf fertig ausstopfen.

29. Rd: 6x 1 M abn [6].

1 Km in die nächste M häkeln, abketten und einen Faden zum Nähen lassen.

Mit der Wollnadel das Fadenende durch die vorderen M-Glieder der letzten 6 M führen. Fest anziehen und den Kopf schließen. Das Garnende vernähen.

HAARBASIS (in Taubenblau)

1. Rd: 6 fM in einen Fadenring arbeiten [6].

2. Rd: 6x 1 M zun [12].

3. Rd: * 1 fM, 1 M zun; ab * noch 5x wdh, dabei ihM [18].

4. Rd: * 2 fM, 1 M zun; ab * noch 5x wdh [24].

5. Rd: * 3 fM, 1 M zun; ab * noch 5x wdh, dabei ihM [30].

6. Rd: * 4 fM, 1 M zun; ab * noch 5x wdh [36].

7. Rd: * 5 fM, 1 M zun; ab * noch 5x wdh, dabei ihM [42].

8. Rd: * 6 fM, 1 M zun; ab * noch 5x wdh [48].

9. Rd: * 7 fM, 1 M zun; ab * noch 5x wdh, dabei ihM [54].

10. Rd: * 8 fM, 1 M zun; ab * noch 5x wdh [60].

Zwischen der 11. und 20. Rd werden alle ungeraden Rd ihM gearbeitet.

11.–20. Rd: 60 fM häkeln [60].

In R weiterarbeiten.

21. R: 57 fM ihM, wenden [57]. Die restlichen Maschen nicht bearbeiten.

22. R: 1. M überspringen, 53 fM, 1 M abn [54].

1 Km in die nächste M häkeln, abketten und einen langen Faden zum Nähen lassen.

Die Haarbasis am Kopf festnähen, damit wir mit den Locken weitermachen können: die drei unbearbeiteten M der 20. Rd auf der Vorderseite sollten, leicht versetzt, zwischen der 14. und 15. Rd des Kopfes liegen. Orientieren Sie sich dabei an den Augen (Abb. 2). Der hintere Haarrand liegt zwischen der 24. und 25. Rd (Abb. 3).

Die Haarbasis mit dem Garnende in gleichmäßigen Abständen rundherum zwischen der 21. und 22. Rd am Kopf festnähen (Abb. 4). Dabei alle vorderen M-Glieder und den oberen Maschenteil der 22. R frei lassen, damit hier später die Locken gehäkelt werden können. Die Haarbasis noch besser am Kopf befestigen, indem Sie ein paar zusätzliche Stiche anbringen.

LOCKEN (in Taubenblau)

An der Haarbasis mit taubenblauem Garn im 12. unbearbeiteten vorderen M-Glied der 2. Rd neu anschlingen. Das obere Kopfende

zeigt dabei von Ihnen weg (Abb. 5).
Folgende M im Uhrzeigersinn in jedes vordere M-Glied arbeiten: 10 Lm, 1 Km in das nächste M-Glied.
Ein nützlicher Tipp: An der Schlinge aus 10 Lm ziehen, um Spannung zu erzeugen (Abb. 6), so lassen sich die Km leichter arbeiten.
Sind Sie am Ende einer Rd angelangt, häkeln Sie einfach 1 Km in das am nächsten liegende vordere M-Glied der nächsten Rd und fahren so fort, bis Sie die drei unbearbeiteten Maschen der 20 Rd erreicht haben.
Wie gehabt weiterarbeiten: 10 Lm, 1 Km in die nächste M, dabei aber durch beide M-Glieder häkeln (Abb. 7).
In den unbearbeiteten vorderen M-Gliedern der 20. Rd weitermachen.
Haben Sie alle unbearbeiteten vorderen M-Glieder bearbeitet und sind bei der 22. R angelangt, drehen Sie den Kopf so, dass das obere Ende zu Ihnen zeigt und häkeln Sie die folgenden M durch beide M-Glieder der 22. R (Abb. 8): 5 Lm, 1 Km in die nächste M.
Am Ende der Reihe abketten und Garnenden vernähen.

LINKES BEIN (mit Braun beginnen)
1. Rd: 6 fM in einen Fadenring arbeiten [6].
2. Rd: 6x 1 M zun [12].
3. Rd: * 1 fM, 1 M zun; ab * noch 5x wdh [18].
4. Rd: * 2 fM, 1 M zun; ab * noch 5x wdh [24].
5. Rd: * 5 fM, 1 M zun; ab * noch 3x wdh [28].
6.–9. Rd: 28 fM häkeln [28].
10. Rd: 8 fM, 6x 1 M abn, 8 fM [22].
11. Rd: 7 fM, 4x 1 M abn, 7 fM [18].
Mit Beige weiterarbeiten.
12. Rd: diese Rd ihM arbeiten: 7 fM, 2x 1 M abn, 7 fM [16].
13. Rd: 16 fM häkeln [16].
14. Rd: 8 fM, 1 M zun, 7 fM [17].
15. Rd: 8 fM, 1 M zun, 8 fM [18].
16. Rd: 8 fM, 2x 1 M zun, 8 fM [20].
17. Rd: 11 fM häkeln [11]. Die restlichen Maschen nicht bearbeiten.
Die 11. M der 17. Rd markieren. Abketten und einen Faden zum Nähen lassen.
Das linke Bein gut mit Füllwatte ausstopfen.

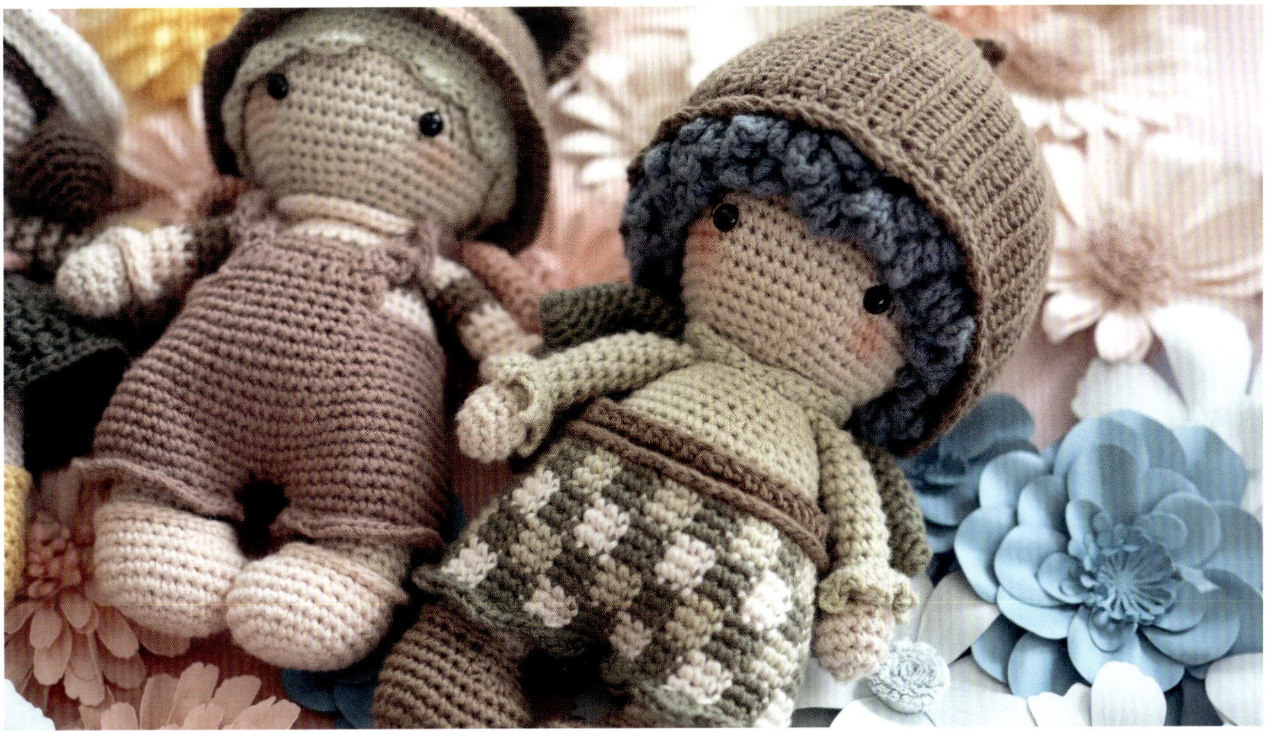

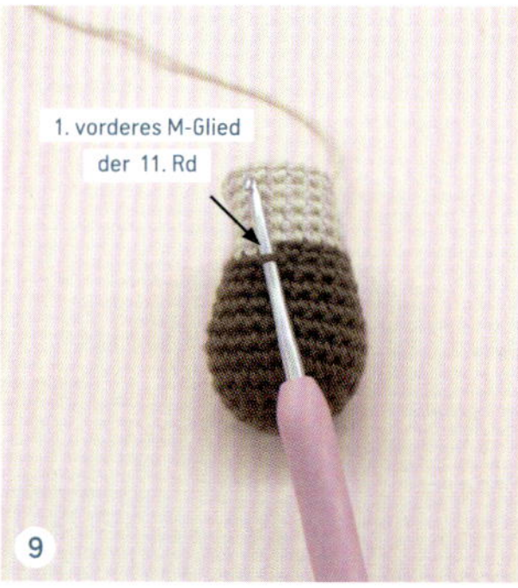

9

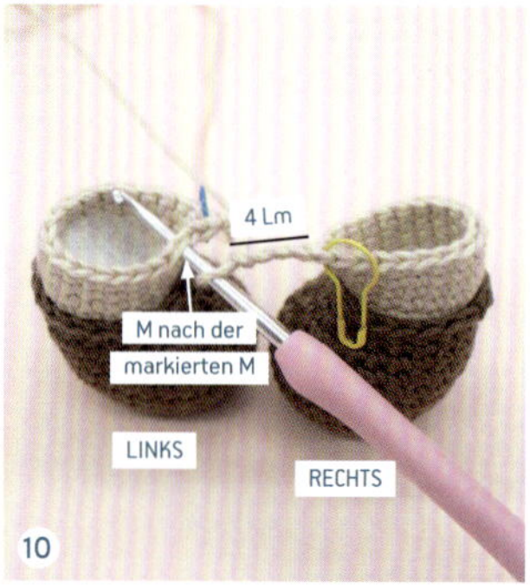

10

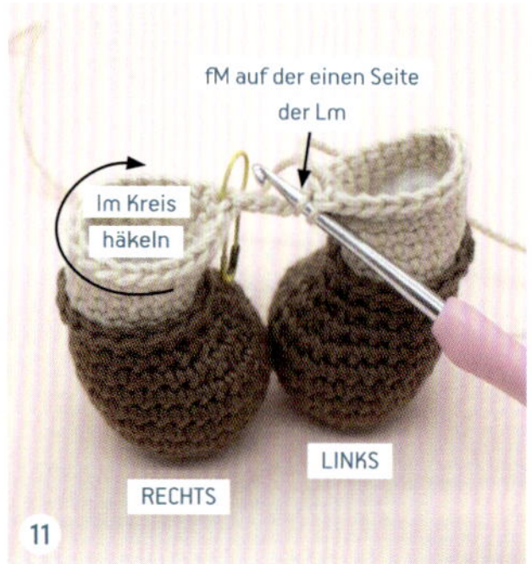

11

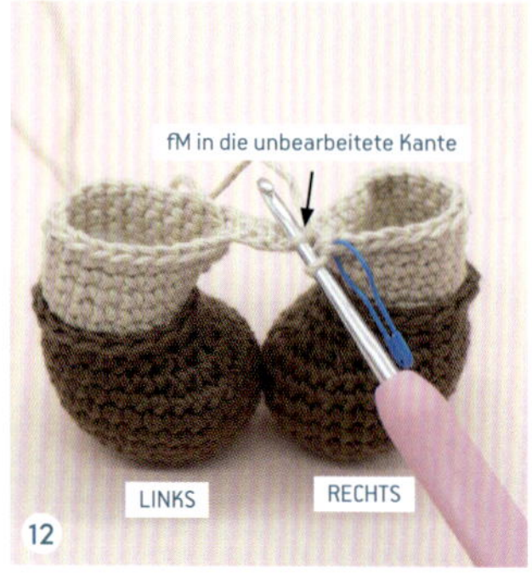

12

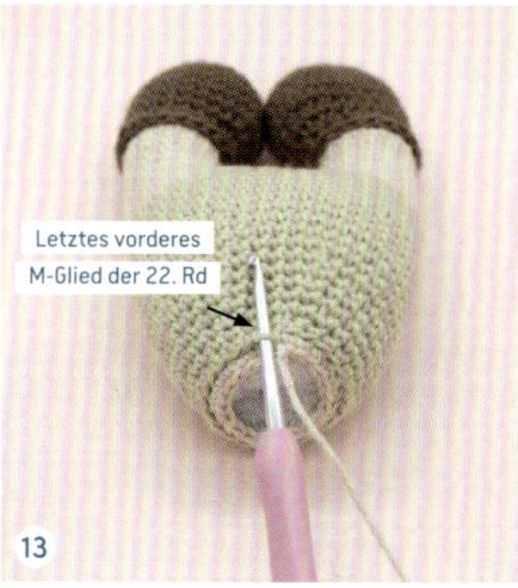

13

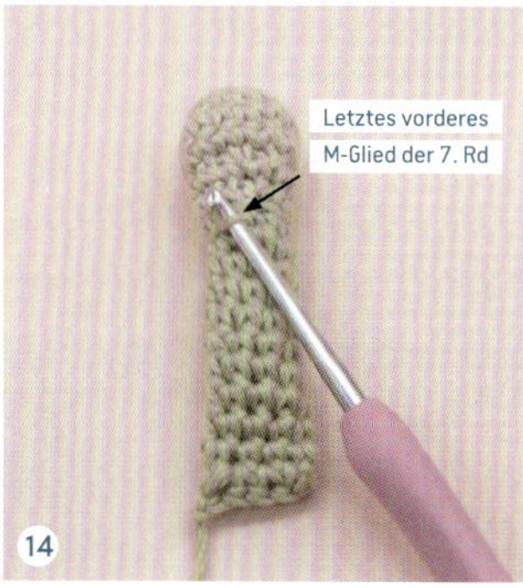

14

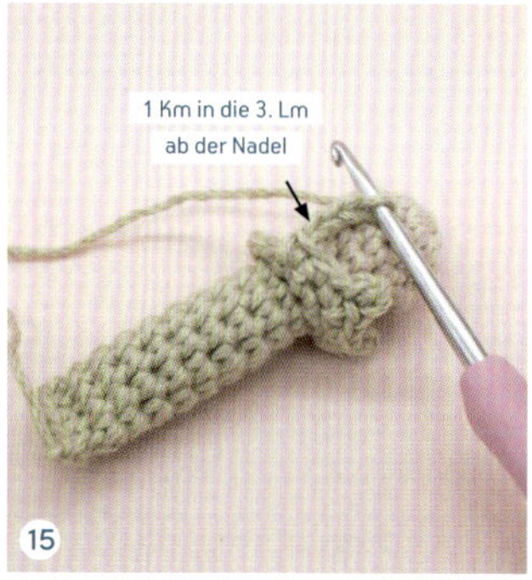

15

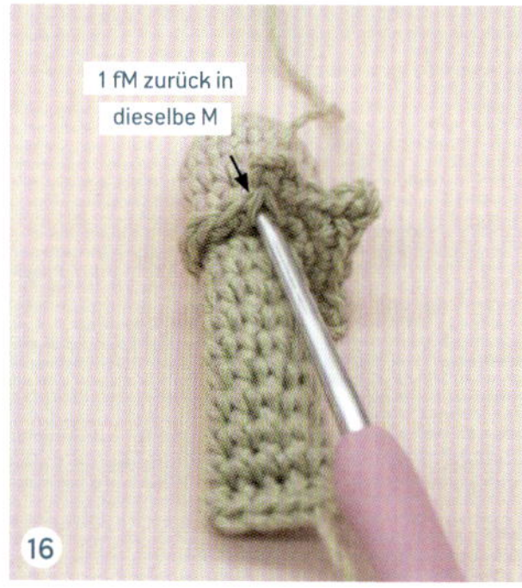

16

RECHTES BEIN (mit Braun beginnen)

1.–17. Rd: genau wie das linke Bein häkeln.
Nicht abketten. Das rechte Bein gut mit Füllwatte ausstopfen. Zuerst die Schuhmanschetten häkeln und dann mit dem Körper weitermachen.

SCHUHMANSCHETTE (2x in Braun)

Am Bein mit braunem Garn im 1. unbearbeiteten vorderen M-Glied der 11. Rd neu anschlingen (Abb. 9). Das untere Beinende zeigt dabei zu Ihnen.
1. Rd: 1 Lm häkeln, im selben vorderen M-Glied beginnen, in dem neu angeschlungen wurde, 18 fM [18].
1 Km in die nächste M häkeln, abketten und Garnenden vernähen.

KÖRPER (mit Beige beginnen)

1. Rd: 4 Lm häkeln, in der markierten M nach der in der 17. Rd am linken Bein markierten M beginnen (Abb. 10), 20 fM rund um das linke Hosenbein, fM auf der einen Seite der nächsten 4 Lm (Abb. 11), 20 fM rund um das rechte Hosenbein [48].
2. Rd: fM auf der anderen Seite der 4 Lm (Abb. 12), 44 fM [48].
3.–4. Rd: 48 fM häkeln [48].
Mit dem Garnende des linken Beins eventuelle Lücken zwischen den Beinen schließen.
5. Rd: 48 fM häkeln [48].
3 fM häkeln. Sie befinden sich jetzt in der Mitte der Körperrückseite. Das ist das neue Ende der Rd.
Mit Hellgrün weiterarbeiten.
6.–14. Rd: 48 fM häkeln [48].
15. Rd: * 14 fM, 1 M abn; ab * noch 2x wdh [45].
16. Rd: 8 fM, 1 M abn, * 13 fM, 1 M abn; ab * noch 1x wdh, 5 fM [42].
17. Rd: 4 fM, 1 M abn, * 12 fM, 1 M abn; ab * noch 1x wdh, 8 fM [39].
18. Rd: 6 fM, 1 M abn, * 11 fM, 1 M abn; ab * noch 1x wdh, 5 fM [36].
19. Rd: 3 fM, 1 M abn, * 10 fM, 1 M abn; ab * noch 1x wdh, 7 fM [33].
20. Rd: * 9 fM, 1 M abn; ab * noch 2x wdh [30].
Beginnen Sie, den Körper gut mit Füllwatte auszustopfen. An den Hüften besonders gut ausstopfen.
21. Rd: 4 fM, 1 M abn, * 8 fM, 1 M abn; ab * noch 1x wdh, 4 fM [27].
22. Rd: 2 fM, 1 M abn, * 7 fM, 1 M abn; ab * noch 1x wdh,

5 fM [24].
2 fM häkeln. Sie befinden sich jetzt in der Mitte der Körperrückseite. Das ist das neue Ende der Rd.
Mit Beige weiterarbeiten.

Anmerkung: Es empfiehlt sich, das Garn, mit dem gerade nicht gehäkelt wird, für zusätzliche Stabilität hinter dem Arbeitsfaden mitzuführen (Jacquard-Technik, Tutorial auf Seite 14).

23. Rd:* 6 fM, 1 M abn; ab * noch 2x wdh, dabei ihM [21].
1 Km in die nächste M häkeln, abketten und einen langen Faden zum Nähen lassen.
Den Körper fertig ausstopfen.

KRAGEN (in Hellgrün)
Am Körper mit Hellgrün im letzten unbearbeiteten vorderen M-Glied der 22. Rd neu anschlingen (Abb. 13).
Die Beine zeigen von Ihnen weg.
1. Rd: 2 Lm häkeln, im selben vorderen M-Glied beginnen, in dem angeschlungen wurde, * 1 Stb, 1x 2 Stb; ab * noch 3x wdh, 1 hStb, 1x 2 hStb, 1 fM, 2 Km, 1 fM, 1x 2 hStb, 1 hStb, * 1x 2 Stb, 1 Stb; ab * noch 3x wdh [34].
1 Km in die nächste M, abketten und Garnenden vernähen.

ARM (2x, mit Beige beginnen)
1. Rd: 6 fM in einen Fadenring arbeiten [6].
2. Rd: 6x 1 M zun [12].
3. Rd: * 3 fM, 1 M zun; ab * noch 2x wdh [15].
4. Rd: 15 fM häkeln [15].
5. Rd: 2x 1 M abn, 7 fM, 2x 1 M abn [11].
6. Rd: 1 M abn, 7 fM, 1 M abn [9].
Mit Hellgrün weiterarbeiten.
7. Rd: 9 fM häkeln [9].
8. Rd: 9 fM häkeln, dabei ihM [9].
9.–16. Rd: 9 fM häkeln [9].
17. Rd: 5 fM [5]. Die restlichen Maschen nicht bearbeiten.
Die Hand gut mit Füllwatte ausstopfen. Zum oberen Armrand hin allmählich weniger Füllwatte verwenden.
Das offene Armende flach drücken und 4 fM durch beide Lagen häkeln, um die Öffnung zu schließen.
Abketten und einen langen Faden zum Nähen lassen.

ÄRMELMANSCHETTE (2x in Hellgrün)
Am Arm mit Hellgrün im letzten unbearbeiteten vorderen M-Glied der 7. Rd neu anschlingen (Abb. 14).
Die Hand zeigt von Ihnen weg.
1. Rd: 1 Lm häkeln, im selben vorderen M-Glied beginnen, in dem neu angeschlungen wurde: * 2 fM, 1 M zun; ab * noch 2x wdh [12].
2. Rd: * 1 fM, ein 3-Lm-Pikot (Abb. 15), 1 fM in dieselbe M, in die die letzte fM gehäkelt wurde (Abb. 16), 1 fM; ab * noch 5x wdh [24].
1 Km in die nächste M häkeln , abketten und Garnenden vernähen.

HOSE (mit Braun beginnen)
Einen langen Anfangsfaden lassen. 48 Lm anschlagen.
1. Rd: mit einer fM in die 1. Lm zu einem Ring schließen, 47 fM [48].
2. Rd: * 3 fM, 1 M zun; ab * noch 11x wdh, dabei ihM [60].

Anmerkung: In der 3.–14. Rd wenden wir die Jacquard-Technik an. Wenn Sie mit dieser Technik nicht vertraut sind, können Sie diese Runden auch in Moosgrün häkeln.

Nach dem Zählmuster (Abb. 17) in Jacquard-Technik abwechselnd mit Moosgrün, Hellgrün und Wollweiß arbeiten.
3. Rd: * (Moosgrün) 3 fM ihM, (Hellgrün) 3 fM ihM; ab * noch 9x wdh, 1 Km in die 1. M [60].
Bis zur 14 Rd in geschlossenen Rd arbeiten.
4.–5. Rd: 1 Lm häkeln, in derselben M beginnen, in der die letzte Km gehäkelt wurde, * (Moosgrün) 3 fM, (Hellgrün) 3 fM; ab * noch 9x wdh, 1 Km in die 1. M [60].
6.–8. Rd: 1 Lm häkeln, in derselben M beginnen, in der die letzte Km gehäkelt wurde, * (Wollweiß) 3 fM, (Moosgrün) 3 fM; ab * noch 9x wdh, 1 Km in die 1. M [60].
9.–11. Rd: 1 Lm, in derselben M beginnen, in der die letzte Km gehäkelt wurde, * (Moosgrün) 3 fM, (Hellgrün) 3 fM; ab * noch 9x wdh, 1 Km in die 1. M [60].
12.–14. Rd: 1 Lm häkeln, in derselben M beginnen, in der die letzte Km gehäkelt wurde, * (Wollweiß) 3 fM, (Moosgrün) 3 fM; ab * noch 9x wdh, 1 Km in die 1. M [60].
In Rd und in Moosgrün weiterarbeiten. Das wollweiße Garn nur bei den 2 ersten M der 15. Rd hinter dem moosgrünen Garn mitführen (Jacquard-Technik, Tutorial auf Seite 14), dann das wollweiße Garn abschneiden und später vernähen.
15. Rd: 2 fM, * 1x 5 hStb, 1 M überspringen, 2 fM, 1 M überspringen; ab * noch 4x wdh, 1x 5 hStb, 4 fM (die soeben

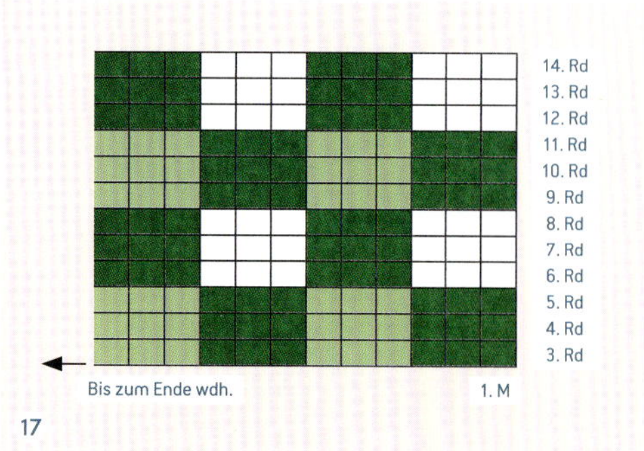

17

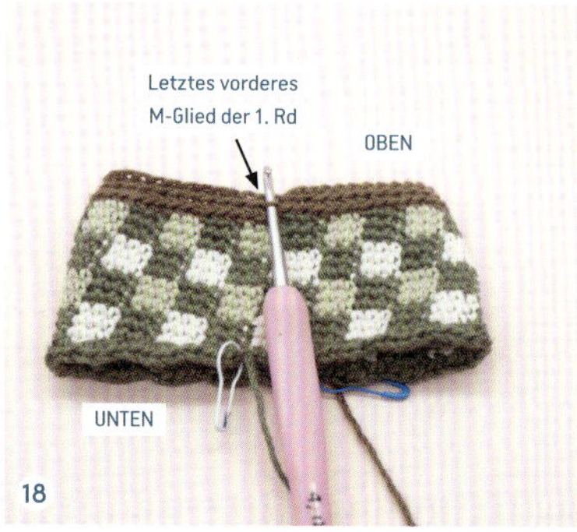

18

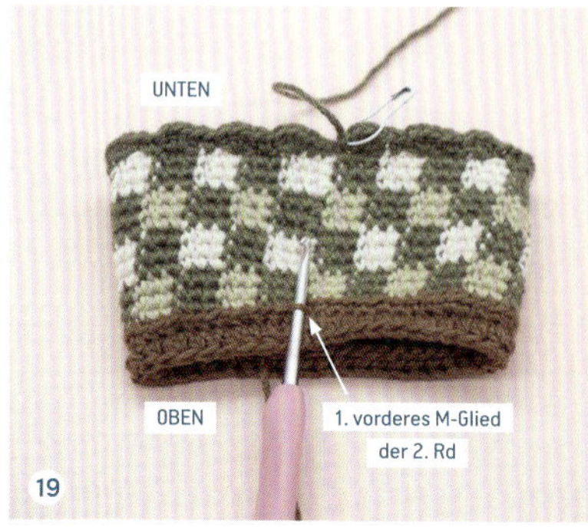

19

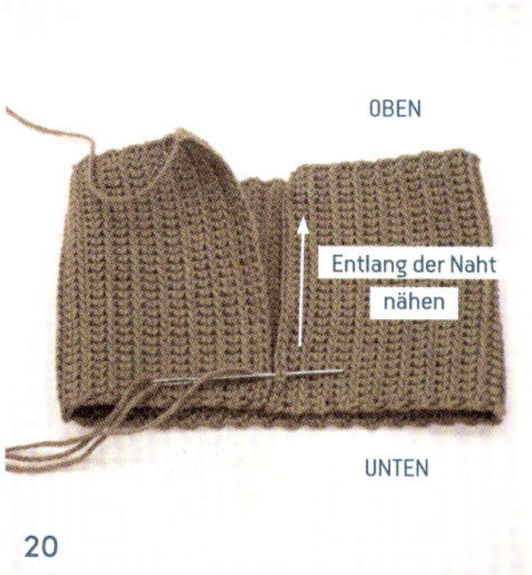

20

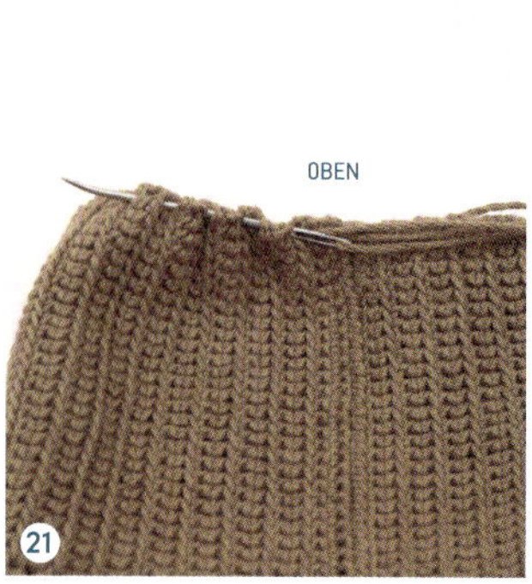

21

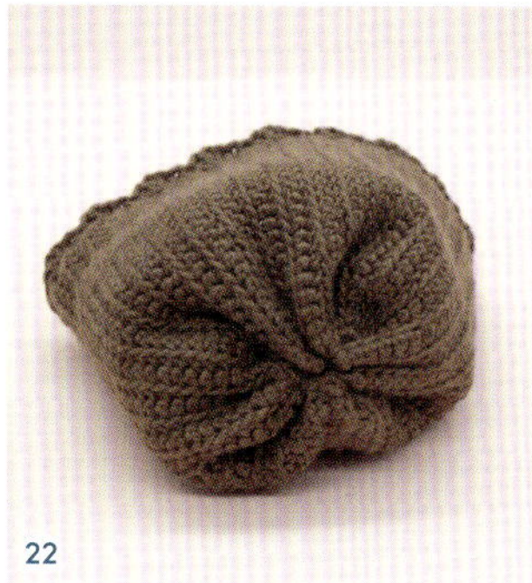
22

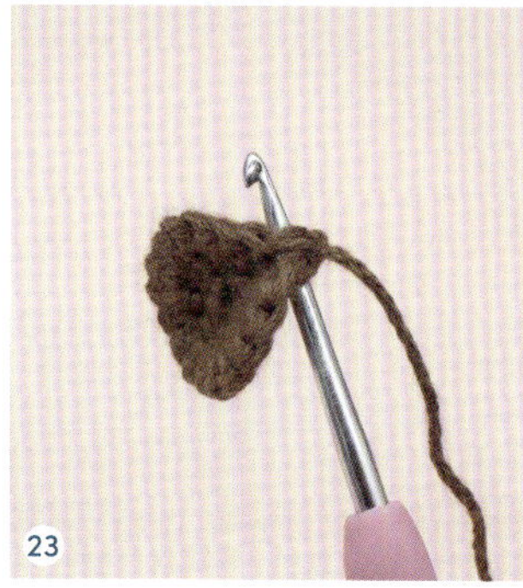
23

gehäkelte 4. M markieren), * 1x 5 hStb, 1 M überspringen, 2 fM, 1 M überspringen; ab * noch 4x wdh, 5 hStb in die nächste M, 2 fM (die soeben gehäkelte 2. M markieren) [88]. Abketten und alle Garnenden bis auf den braunen Anfangsfaden und den moosgrünen Endfaden vernähen.

OBERER HOSENBUND (in Braun)

An der Hose mit Braun im letzten unbearbeiteten vorderen M-Glied der 1. Rd neu anschlingen (Abb. 18).

Der obere Hosenteil zeigt von Ihnen weg.

1. Rd: 1 Lm häkeln, im selben vorderen M-Glied beginnen, in dem neu angeschlungen wurde: * 6 hStb, 2 hStb abn; ab * noch 5x wdh [42].

1 Km in die nächste M häkeln , abketten und Garnenden vernähen.

UNTERER HOSENBUND (in Braun)

An der Hose mit Braun im 1. unbearbeiteten vorderen M-Glied der 2. Rd neu anschlingen (Abb. 19).

Der obere Hosenteil zeigt zu Ihnen.

1. Rd: 1 Lm häkeln, im selben vorderen M-Glied beginnen, in dem neu angeschlungen wurde, 60 Km [60].

1 Km in die nächste Masche häkeln, abketten und Garnenden vernähen.

FLÜGEL (2x in Moosgrün)

1. Rd: 4 fM in einen Fadenring arbeiten [4].
2. Rd: * 1 fM, 1 M zun; ab * noch 1x wdh [6].
3. Rd: * 2 fM, 1 M zun; ab * noch 1x wdh [8].
4. Rd: * 1 fM, 1 M zun; ab * noch 3x wdh [12].
5. Rd: * 3 fM, 1 M zun; ab * noch 2x wdh [15].
6. Rd: * 4 fM, 1 M zun; ab * noch 2x wdh [18].
7. Rd: * 5 fM, 1 M zun; ab * noch 2x wdh [21].
8. Rd: * 6 fM, 1 M zun; ab * noch 2x wdh [24].
9.–13. Rd: 24 fM häkeln [24].
14. Rd: * 2 fM, 1 M abn; ab * noch 5x wdh [18].
15. Rd: * 1 fM, 1 M abn; ab * noch 5x wdh [12].
16. Rd: * 2 fM, 1 M abn; ab * noch 2x wdh [9].

Die Flügel nicht ausstopfen. Das offene Flügelende flach drücken und 4 fM durch beide Lagen häkeln, um die Öffnung zu schließen.

Abketten und einen langen Faden zum Nähen lassen.

MÜTZE (in Braun)
30 Lm anschlagen. In R arbeiten.
1. R: in die 2. Lm ab der Nadel einstechen, 29 fM, 1 Lm, wenden [29].
2.–63. R: 29 fM, dabei ivM, 1 Lm, wenden [29].
64. R: 29 fM, dabei ivM [29].
Abketten und einen langen Faden zum Nähen lassen.
Das rechteckige Häkelteil in der Mitte falten und die kurzen Kanten aufeinanderlegen. Diese beiden Kanten zusammennähen, indem Sie die Nadel unter jeder M durchführen, damit eine Naht entsteht (Abb. 20). Abketten, aber das Garnende nicht vernähen.

Unterer Mützenrand (in Braun)
Der untere Rand der Mütze ist jener, der den Garnenden gegenüber liegt.
Mit braunem Garn in einem Reihenende neben der soeben angefertigten Naht neu anschlingen.
1. Rd: 1 Lm häkeln, im selben Reihenende beginnen, in dem neu angeschlungen wurde, fM in die nächsten 64 Reihenenden [64].
2. Rd: * 1 hStb + 2 Stb + 1 hStb in die nächste M, 1 M überspringen, 1 fM, 1 M überspringen; ab * noch 15x wdh [80].
1 Km in die nächste M häkeln, abketten und Garnenden vernähen.
Um das Loch am oberen Mützenende zu schließen, ein Garnende durch die Wollnadel fädeln. Die Nadel entlang der Oberkante immer wieder nach innen und nach außen führen (Abb. 21). Fest anziehen und so das Loch schließen.
Rund um das obere Mützenende nähen, um eventuelle Lücken zu schließen. Die Garnenden vernähen (Abb. 22).

KLEINES BLATT (in Braun)
1. Rd: 6 fM in einen Fadenring arbeiten [6].
2. Rd: 6x 1 M zun [12].
3. Rd: * 1 fM, 1 M zun; ab * noch 5x wdh [18].
Das kleine Blatt in der Mitte zusammenfalten und durch beide Lagen häkeln, um die Öffnung zu schließen (Abb. 23).
4. R: 1 Lm, 9 fM [9].
Abketten und einen langen Faden zum Nähen lassen.

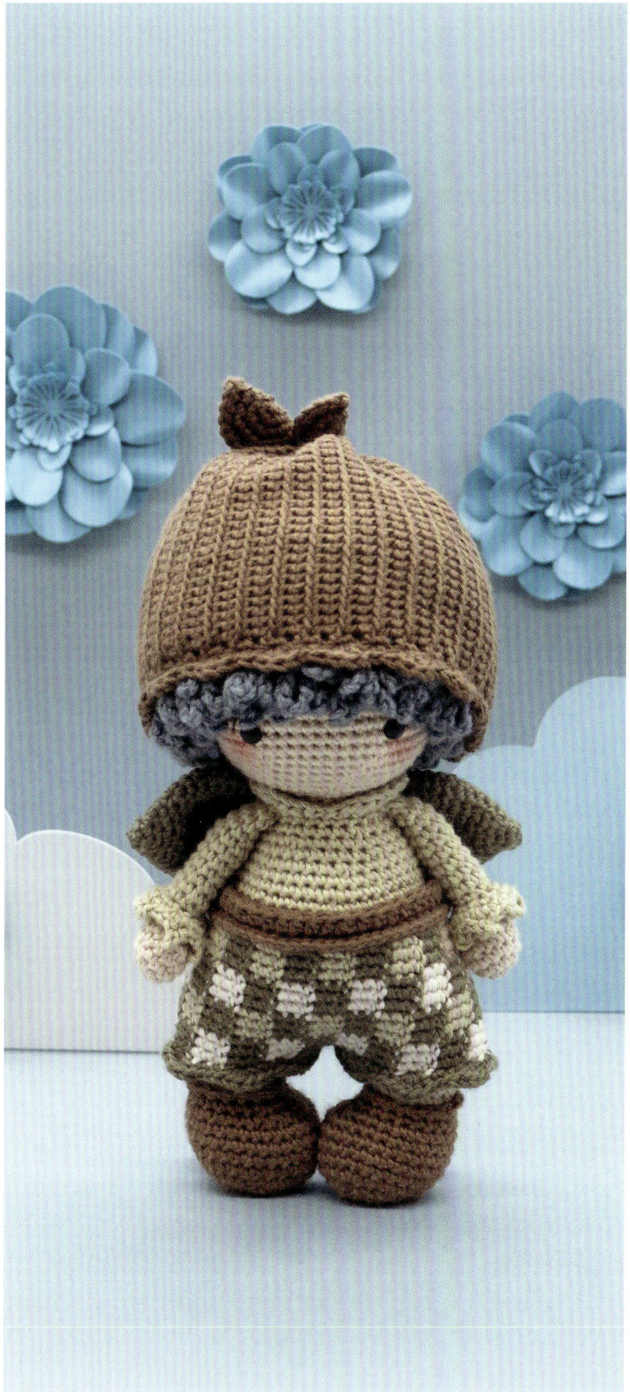

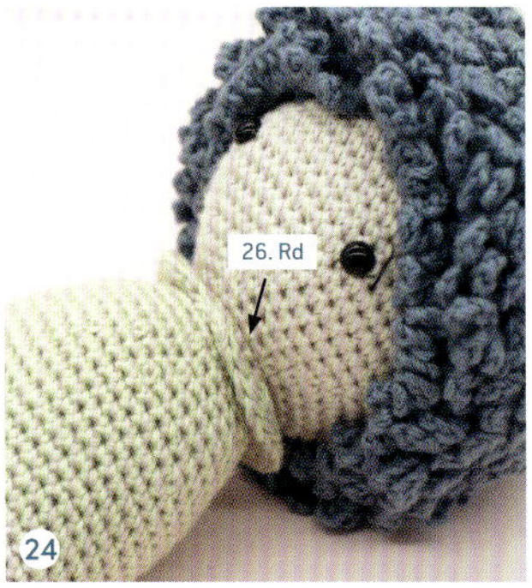

24

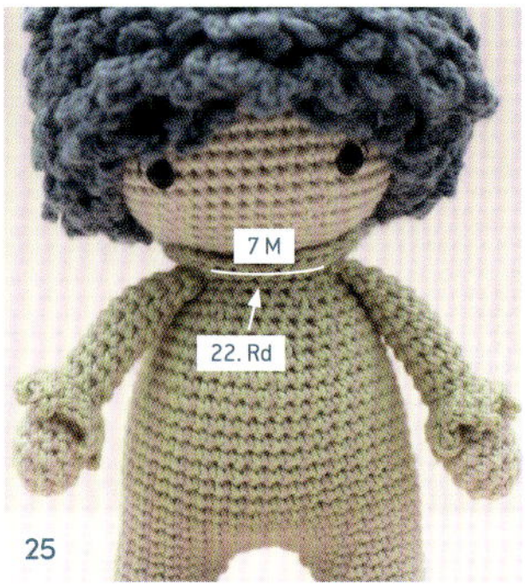

25

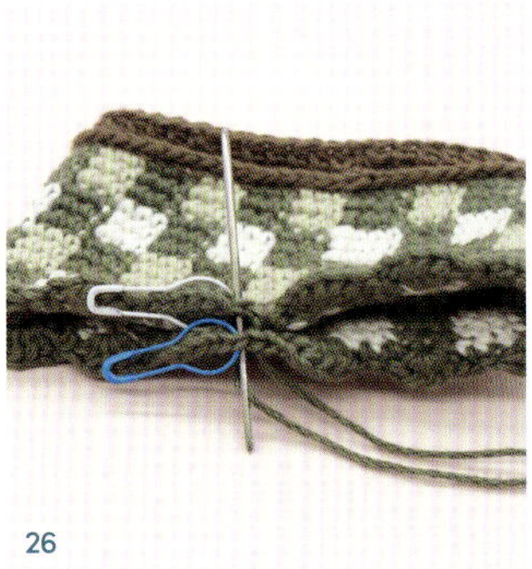
26

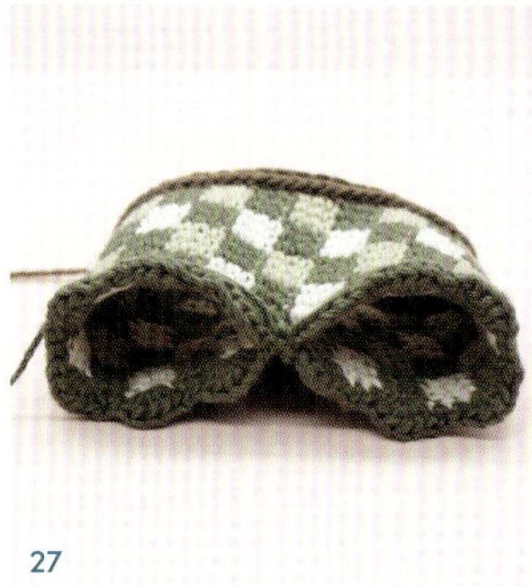
27

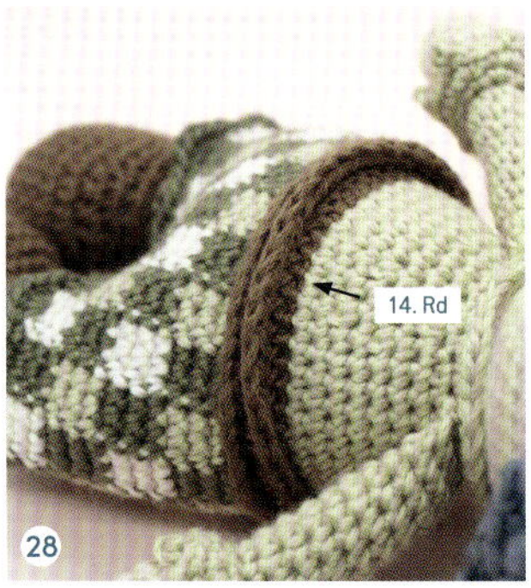

28

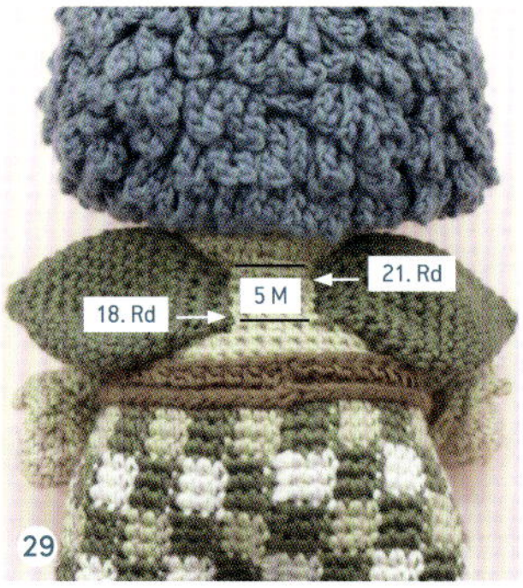

29

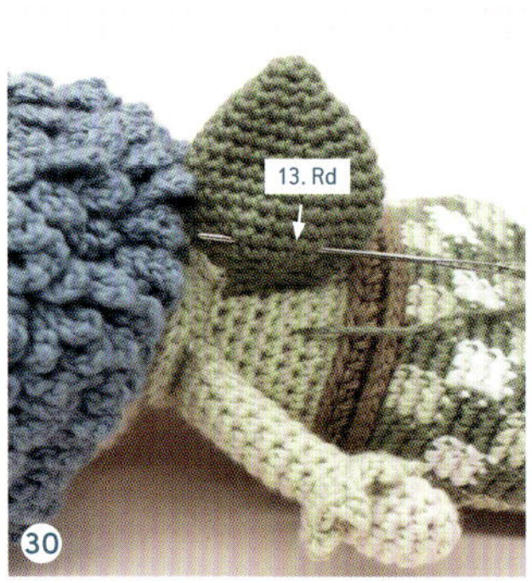

30

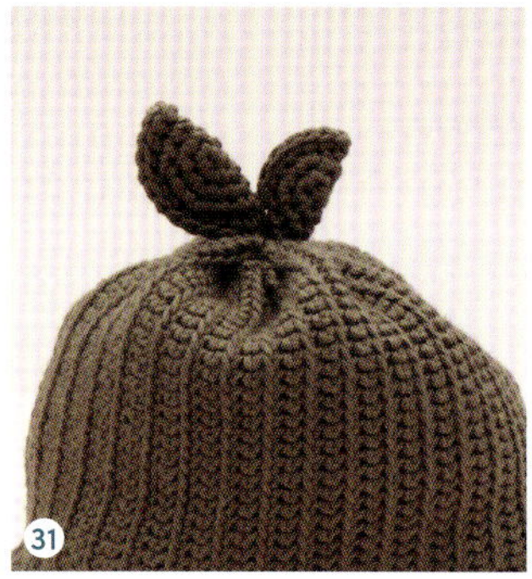
31

GROSSES BLATT (in Braun)

1. Rd: 6 fM in einen Fadenring arbeiten [6].
2. Rd: 6x 1 M zun [12].
3. Rd: * 1 fM, 1 M zun; ab * noch 5x wdh [18].
4. Rd: * 2 fM, 1 M zun; ab * noch 5x wdh [24].
Das große Blatt in der Mitte zusammenfalten und durch beide Lagen häkeln, um die Öffnung zu schließen.
5. R: 1 Lm, 12 fM [12].
Abketten und einen langen Faden zum Nähen lassen.

FERTIGSTELLUNG

- Den Körper am Kopf festnähen. Die Körperöffnung wird über die 27.–29. Rd auf der Kopfunterseite festgenäht (Abb. 24).
- Die Arme zwischen der 22. und 23. Rd am Körper befestigen (Abb. 25). Vorne liegen 7 M zwischen den beiden Armen.
- Die untere Hosenmitte mithilfe des moosgrünen Garnendes schließen. Die in der 15. Rd an der Hose markierten Maschen zusammennähen. Die restlichen 3 M daneben aneinander ausrichten und ebenfalls zusammennähen (Abb. 26 + 27).
- Elm die Hose überziehen und am Körper feststecken. Die Hose mit dem braunen Anfangsfaden zwischen der 14. und 15. Rd am Körper festnähen. Dabei die unbearbeiteten Kanten der Lm-Kette verwenden (Abb. 28). Wenn Sie die Hose lieber nicht festnähen möchten, können Sie auch einfach den braunen Anfangsfaden vernähen.
- Die Flügel auf der Körperrückseite befestigen. Die flachen Enden werden vertikal im Abstand von 5 M zwischen der 18. und 21. Rd des Körpers festgenäht (Abb. 29). Damit die Flügel eng am Körper liegen, die Flügelinnenseite mit ein paar zusätzlichen Stichen am Körper fixieren (Abb. 30).
- Die Blätter oben an der Mütze festnähen. Die Mützennaht zeigt dabei nach hinten. Etwa 2 M pro Blatt an der Mütze fixieren (Abb. 31).
- Wenn Sie möchten, können Sie auf Elms Wangen Rouge auftragen, damit er noch niedlicher aussieht.
- Alle Maschenmarkierer entfernen.

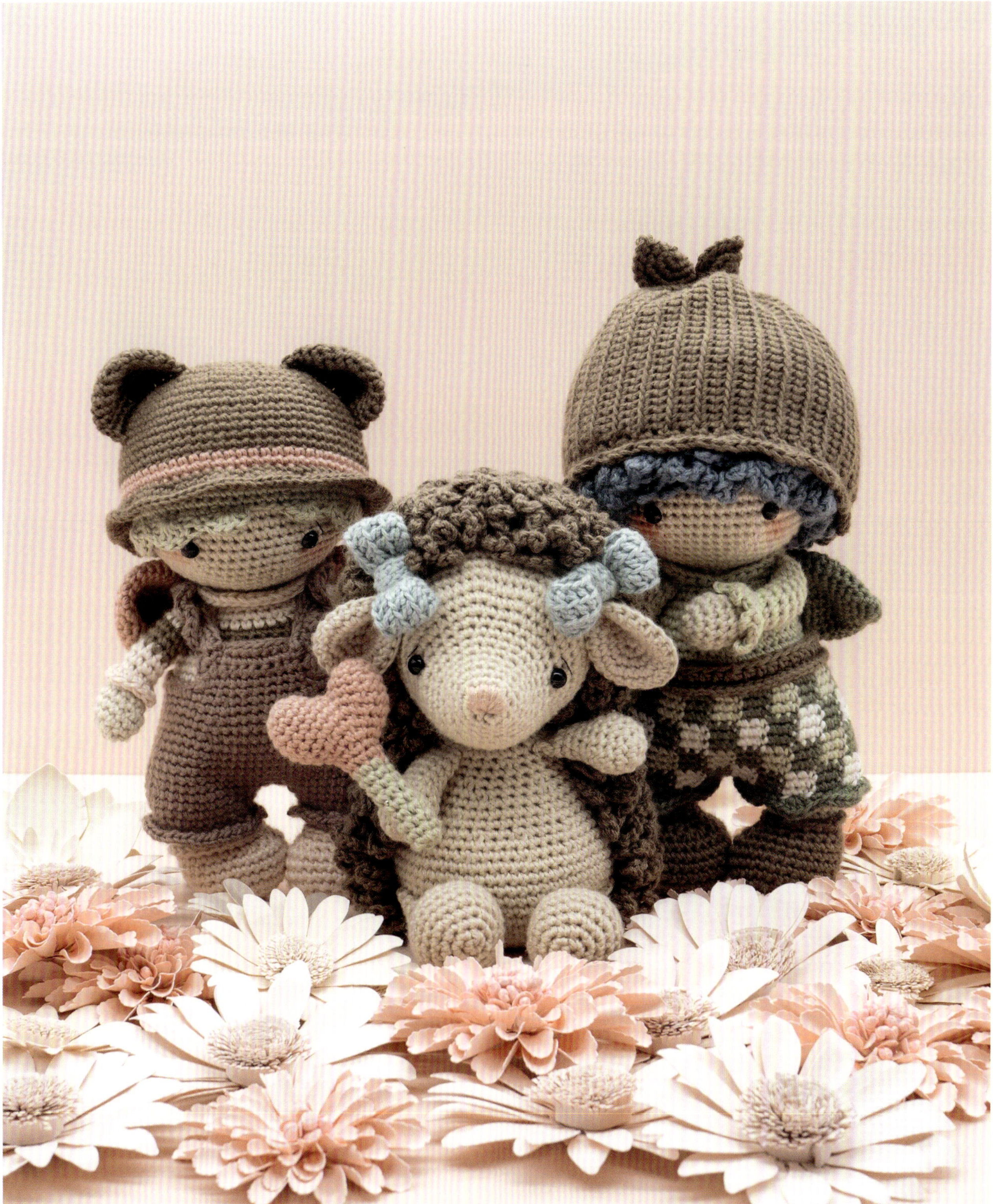

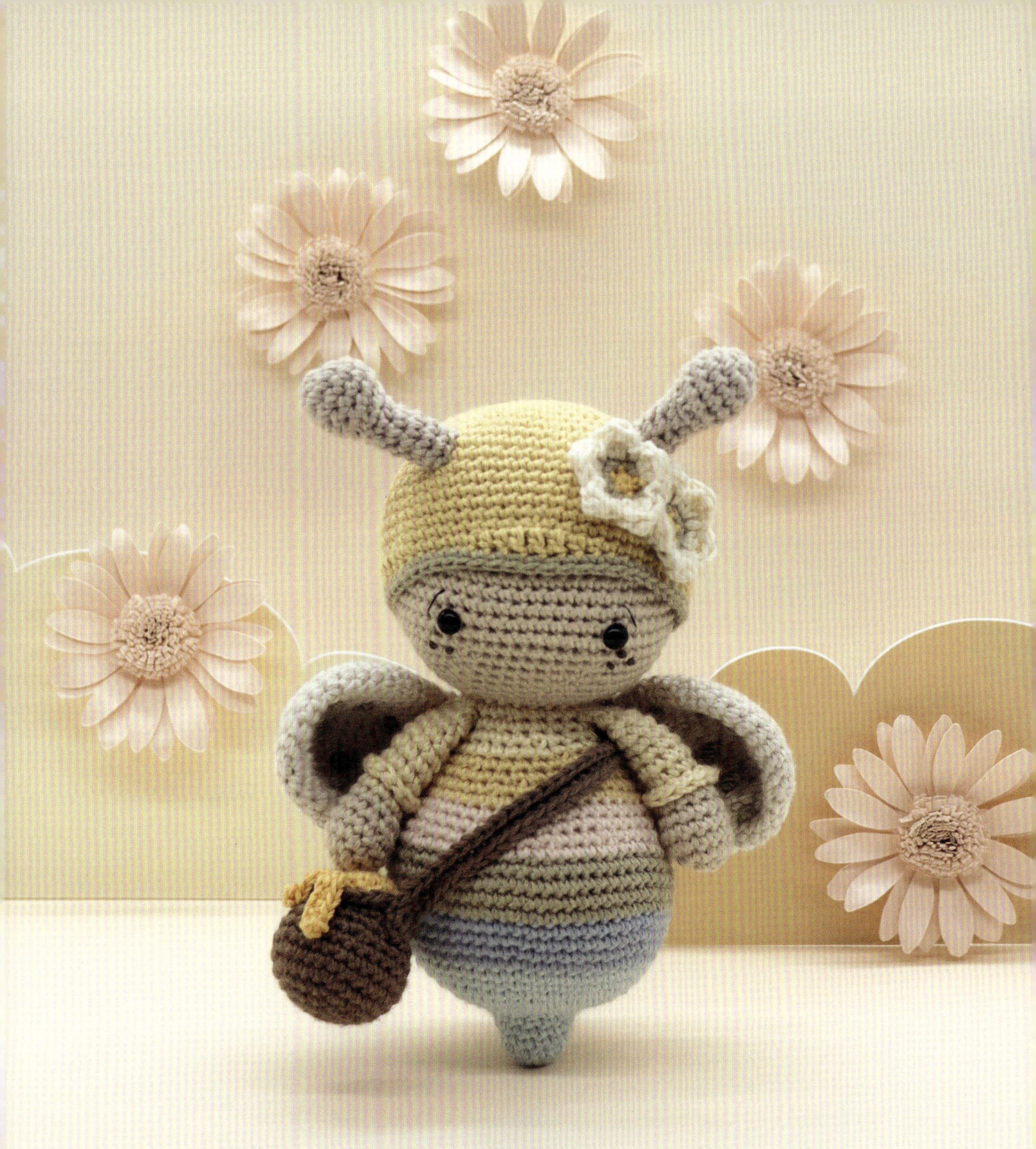

Schwierigkeitsgrad: ●○○
Größe: ca. 18 cm hoch

Amigurumi-Galerie: QR-Code scannen oder www.amigurumi.com/4505 besuchen und Bilder teilen bzw. kreative Anregungen finden.

Kirby, die Biene

Kirby, die Biene summt immer fröhlich vor sich hin und ist bei allen Bewohner*innen des Zauberwaldes beliebt. Er versüßt ihnen als einziger Honigproduzent das Leben. Vor allem Bogart schätzt Kirbys goldenen Nektar, da er damit seinen Tee aus Fliegen und Teichwasser süßt. Abgesehen von dem Genuss, den sein Honig bringt, hilft Kirby auch beim Bestäuben der wunderbaren Waldblumen. Emsig huscht er von Blüte zu Blüte und verbreitet mit jedem sanften Flügelschlag Süße und Leben im ganzen Wald.

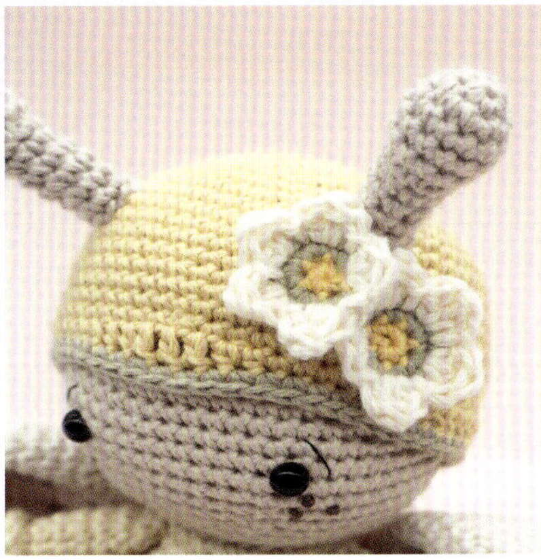

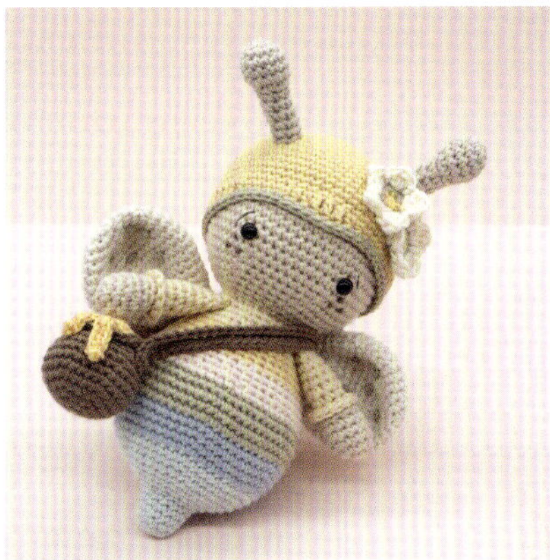

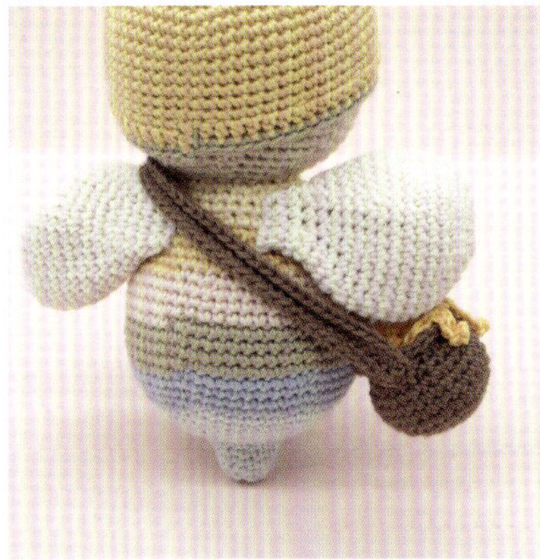

MATERIAL:

Dünnes Baumwollgarn (Krea Deluxe Bio-Baumwolle, Lauflänge 50 g/165 m) in Wollweiß (Nr. 02), Hellgelb (Nr. 04), Gelb (Nr. 05), Sonnengelb (Nr. 06), helles Lachsrosa (Nr. 08), Hellbraun (Nr. 18), Hellblau (Nr. 22), Braun (Nr. 30), Mintgrün (Nr. 32), Khaki (Nr. 39), Beige (Nr. 46); Häkelnadel 2,5 mm; Sicherheitsaugen (6 mm Durchmesser); schwarzes und braunes Stickgarn (DMC 6-fädiges Stickgarn Nr. 310 – 1 Faden für die Augenbrauen verwenden, und Nr. 08 – 3 Fäden für die einzelnen Sommersprossen verwenden); Wollnadel; Stecknadeln; Maschenmarkierer; Kunstfaserfüllwatte

KOPF (in Beige)

1. Rd: 6 fM in einen Fadenring arbeiten [6].

2. Rd: 6x 1 M zun [12].

3. Rd: * 1 fM, 1 M zun; ab * noch 5x wdh [18].

4. Rd: * 2 fM, 1 M zun; ab * noch 5x wdh [24].

5. Rd: * 3 fM, 1 M zun; ab * noch 5x wdh [30].

6. Rd: * 4 fM, 1 M zun; ab * noch 5x wdh [36].

7. Rd: * 5 fM, 1 M zun; ab * noch 5x wdh [42].

8. Rd: * 6 fM, 1 M zun; ab * noch 5x wdh [48].

9. Rd: * 7 fM, 1 M zun; ab * noch 5x wdh [54].

10. Rd: * 8 fM, 1 M zun; ab * noch 5x wdh [60].

11.–20. Rd: 60 fM häkeln [60].

21. Rd: * 8 fM, 1 M abn; ab * noch 5x wdh [54].

22. Rd: * 7 fM, 1 M abn; ab * noch 5x wdh [48].

23. Rd: * 6 fM, 1 M abn; ab * noch 5x wdh [42].

24. Rd: * 5 fM, 1 M abn; ab * noch 5x wdh [36].

25. Rd: * 4 fM, 1 M abn; ab * noch 5x wdh [30].

Die Sicherheitsaugen zwischen der 18. und 19. Rd mit einem Abstand von 11 M einsetzen (Abb. 1).

Mit einem einzelnen schwarzen Faden von der 17. bis 18. Rd über jedem Auge eine Augenbraue aufnähen. Jede Augenbraue sollte etwa so breit wie 2 M sein.

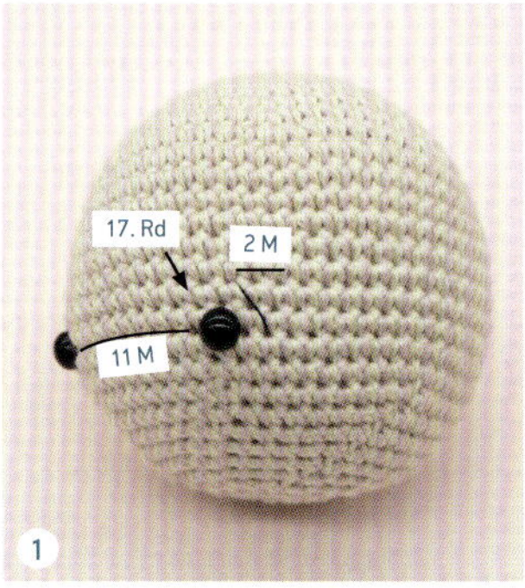

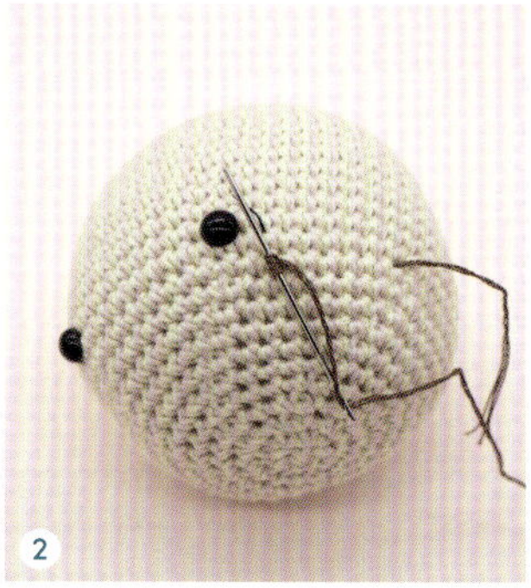

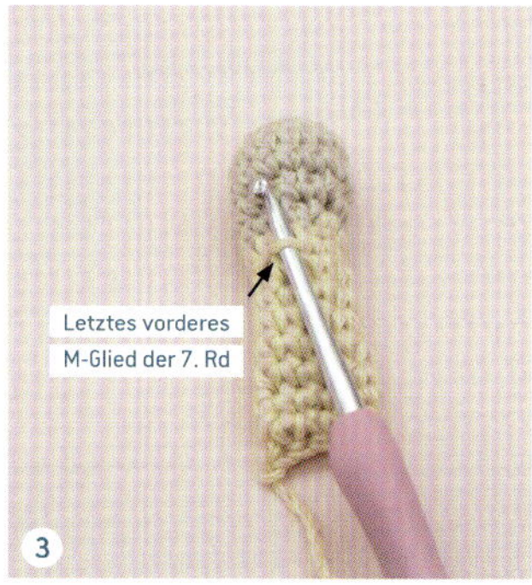

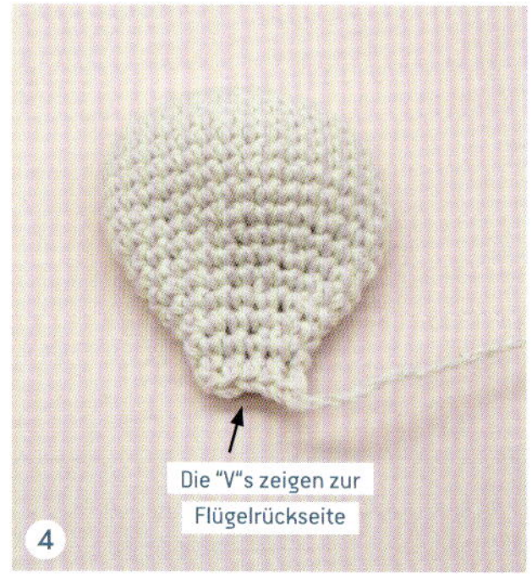

Den Kopf gut mit Füllwatte ausstopfen.
26. Rd: * 3 fM, 1 M abn; ab * noch 5x wdh [24].
27. Rd: * 2 fM, 1 M abn; ab * noch 5x wdh [18].
28. Rd: * 1 fM, 1 M abn; ab * noch 5x wdh [12].
Den Kopf fertig ausstopfen.
29. Rd: 6x 1 M abn [6].
1 Km in die folgende M häkeln , abketten und einen Faden zum Nähen lassen.
Mit der Wollnadel das Fadenende durch die vorderen M-Glieder der letzten 6 M führen. Fest anziehen und den Kopf schließen. Das Garnende vernähen.
Unter jedem Auge mit Knötchenstichen drei Sommersprossen aufsticken. Dafür drei Fäden in Braun verwenden (Abb. 2).

KÖRPER (mit Mintgrün beginnen)
1. Rd: 6 fM in einen Fadenring arbeiten [6].
2. Rd: * 1 fM, 1 M zun; ab * noch 2x wdh [9].
3. Rd: * 2 fM, 1 M zun; ab * noch 2x wdh [12].
4. Rd: 12 fM häkeln [12].
5. Rd: * 3 fM, 1 M zun; ab * noch 2x wdh [15].
6. Rd: 15 fM häkeln [15].
7. Rd: * 4 fM, 1 M zun; ab * noch 2x wdh [18].
8. Rd: * 1 M zun, 1 fM, 1 M zun; ab * noch 5x wdh [30].
9. Rd: 30 fM häkeln [30].
10. Rd: * 1 fM, 1 M zun, 1 fM, 1 M zun, 1 fM; ab * noch 5x wdh [42].
11. Rd: 42 fM häkeln [42].
12. Rd: * 6 fM, 1 M zun; ab * noch 5x wdh [48].
13. Rd: 48 fM häkeln [48].
Mit Hellblau weiterarbeiten,
14. Rd: * 7 fM, 1 M zun; ab * noch 5x wdh [54].
15. Rd: 54 fM häkeln [54].
16. Rd: * 8 fM, 1 M zun; ab * noch 5x wdh [60].
17. Rd: 60 fM häkeln [60].
Mit Khaki weiterarbeiten.
18. Rd: * 29 fM, 1 M zun; ab * noch 1x wdh [62].
19.–21. Rd: 62 fM häkeln [62].
22. Rd: 1 fM, (mit hellem Lachsrosa weiterarbeiten) 28 fM, 1 M abn, 29 fM, 1 M abn [60].
23. Rd: 16 fM, * 1 M abn, 4 fM, 1 M abn, 3 fM; ab * noch 1x wdh, 1 M abn, 4 fM, 1 M abn, 14 fM [54].
Die 24. und 25. sowie die 32. und 33. M der 23. Rd markieren. Sie helfen Ihnen, Körper und Kopf beim Zusammennähen richtig zu positionieren.
24. Rd: 15 fM, * 1 M abn, 10 fM; ab * noch 2x wdh, 3 fM [51].
25. Rd: * 15 fM, 1 M abn; ab * noch 2x wdh [48].
26. Rd: 2 fM, mit Gelb weiterarbeiten, 5 fM, 1 M abn, * 14 fM, 1 M abn; ab * noch 1x wdh, 7 fM [45].
27. Rd: 10 fM, 1 M abn, * 13 fM, 1 M abn; ab * noch 1x wdh, 3 fM [42].
28. Rd: 8 fM, 1 M abn, * 12 fM, 1 M abn; ab * noch 1x wdh, 4 fM [39].
29. Rd: * 11 fM, 1 M abn; ab * noch 2x wdh [36].
30. Rd: 3 fM, mit Hellgelb weiterarbeiten, 2 fM, 1 M abn, * 10 fM, 1 M abn; ab * noch 1x wdh, 5 fM [33].
31. Rd: 6 fM, 1 M abn, * 9 fM, 1 M abn; ab * noch 1x wdh, 3 fM [30].
32. Rd: 2 fM, 1 M abn, * 8 fM, 1 M abn; ab * noch 1x wdh, 6 fM [27].
33. Rd: * 7 fM, 1 M abn; ab * noch 2x wdh [24].
34. Rd: 3 fM häkeln [3]. Die restlichen Maschen nicht bearbeiten.
1 Km in die nächste M häkeln, abketten und einen langen

Faden zum Nähen lassen.
Den Körper gut mit Füllwatte ausstopfen.

MÜTZE (mit Gelb beginnen)

1. Rd: 6 fM in einen Fadenring arbeiten [6].
2. Rd: 6x 1 M zun [12].
3. Rd: * 1 fM, 1 M zun; ab * noch 5x wdh [18].
4. Rd: * 2 fM, 1 M zun; ab * noch 5x wdh [24].
5. Rd: * 3 fM, 1 M zun; ab * noch 5x wdh [30].
6. Rd: * 4 fM, 1 M zun; ab * noch 5x wdh [36].
7. Rd: * 5 fM, 1 M zun; ab * noch 5x wdh [42].
8. Rd: * 6 fM, 1 M zun; ab * noch 5x wdh [48].
9. Rd: * 7 fM, 1 M zun; ab * noch 5x wdh [54].
10. Rd: * 8 fM, 1 M zun; ab * noch 5x wdh [60].
11.–18. Rd: 60 fM häkeln [60].
19. Rd: * 13 fM, 1 M abn; ab * noch 3x wdh [56].
20. Rd: 19 hStb, 5 fM, 2 hStb, 3 Stb, 2 hStb, 5 fM, 20 hStb [56].
Mit Khaki weiterarbeiten.
Beim Häkeln der 21. Rd das gelbe Garn entweder hinter den M mitführen (Jacquard-Technik, Tutorial auf Seite 14) oder nach der 20. Rd abschneiden.
Wenn Sie das Garn abschneiden, einen langen Faden zum Nähen lassen.
21. Rd: 56 fM häkeln [56].
1 Km häkeln, abketten und khakifarbenes Garnende vernähen.

ARM (2x mit Beige beginnen)

1. Rd: 6 fM in einen Fadenring arbeiten [6].
2. Rd: 6x 1 M zun [12].
3. Rd: * 3 fM, 1 M zun; ab * noch 2x wdh [15].
4. Rd: 15 fM häkeln [15].
5. Rd: 2x 1 M abn, 7 fM, 2x 1 M abn [11].
6. Rd: 1 M abn, 7 fM, 1 M abn [9].
Mit Hellgelb weiterarbeiten.
7. Rd: 9 fM häkeln [9].
8. Rd: 9 fM häkeln, dabei ihM [9].
9.–13. Rd: 9 fM häkeln [9].
14. Rd: 4 fM häkeln [4]. Die restlichen Maschen nicht bearbeiten.
Die Hand gut mit Füllwatte ausstopfen. Zum oberen Armrand hin allmählich weniger Füllwatte verwenden.
Das offene Armende flach drücken und 4 fM durch beide Lagen häkeln, um die Öffnung zu schließen. Abketten und einen langen Faden zum Nähen lassen.

ÄRMELMANSCHETTE (2x in Hellgelb)

Am Arm mit Hellgelb im letzten unbearbeiteten vorderen M-Glied der 7. Rd neu anschlingen (Abb. 3).
Die Hand zeigt dabei von Ihnen weg.
1. Rd: 1 Lm häkeln, im selben vorderen M-Glied beginnen, in dem neu angeschlungen wurde: * 2 fM, 1 M zun; ab * noch 2x wdh [12].
1 Km in die nächste M häkeln, abketten und Garnenden vernähen.

FLÜGEL (2x in Wollweiß)

1. Rd: 6 fM in einen Fadenring arbeiten [6].
2. Rd: 6x 1 M zun [12].
3. Rd: * 1 fM, 1 M zun; ab * noch 5x wdh [18].
4. Rd: * 2 fM, 1 M zun; ab * noch 5x wdh [24].
5. Rd: * 3 fM, 1 M zun; ab * noch 5x wdh [30].
6. Rd: * 6 fM, 1 M zun, 7 fM, 1 M zun; ab * noch 1x wdh [34].
7.–11. Rd: 34 fM häkeln [34].
12. Rd: * 6 fM, 1 M abn, 7 fM, 1 M abn; ab * noch 1x wdh [30].
13. Rd: * 3 fM, 1 M abn; ab * noch 5x wdh [24].
14. Rd: 24 fM häkeln [24].
15. Rd: * 2 fM, 1 M abn; ab * noch 5x wdh [18].
16. Rd: 18 fM häkeln [18].
17. Rd: * 1 fM, 1 M abn; ab * noch 5x wdh [12].
18. Rd: 12 fM häkeln [12].
19. Rd: *2 fM, 1 M abn; ab * noch 2x wdh [9].
Die Flügel nicht ausstopfen. Das offene Flügelende flach drücken und 4 fM durch beide Lagen häkeln, um die Öffnung zu schließen.
Abketten und einen langen Faden zum Nähen lassen. Die "V"s der letzten 4 M zeigen nach hinten (Abb. 4).
Die Flügelvorderseite mit Knötchenstichen verzieren. Dafür 1 Faden des khakifarbenen Garns verwenden (Abb. 5).

FÜHLER (2x mit Hellbraun beginnen)

1. Rd: 6 fM in einen Fadenring arbeiten [6].
2. Rd: 6x 1 M zun [12].
3. Rd: * 5 fM, 1 M zun; ab * noch 1x wdh [14].
4.–5. Rd: 14 fM häkeln [14].
6. Rd: 7x 1 M abn [7].
7.–12. Rd: 7 fM häkeln [7].

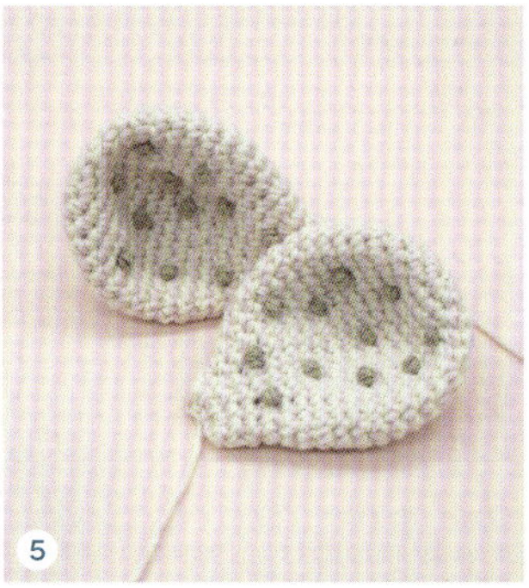

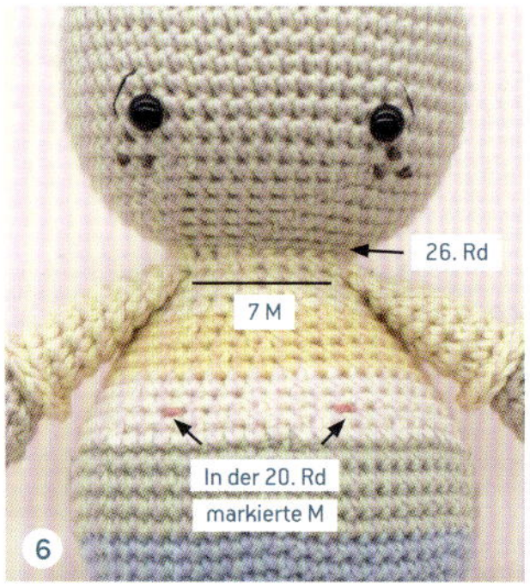

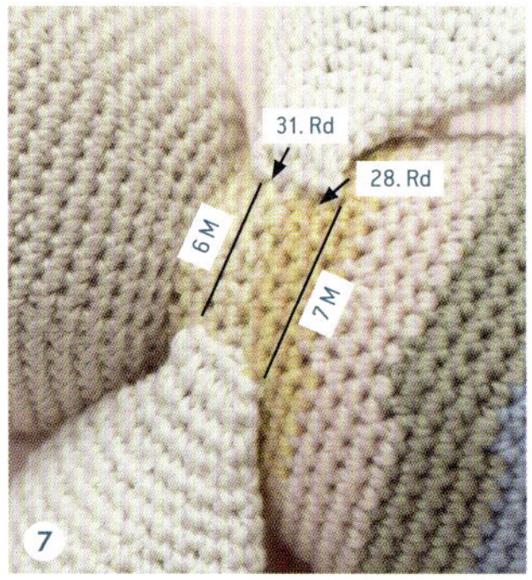

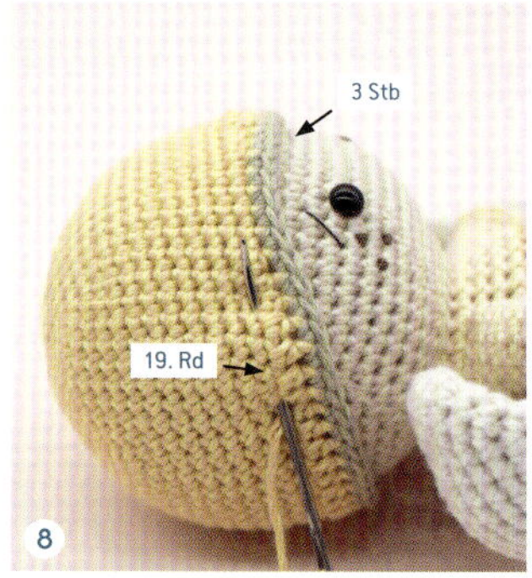

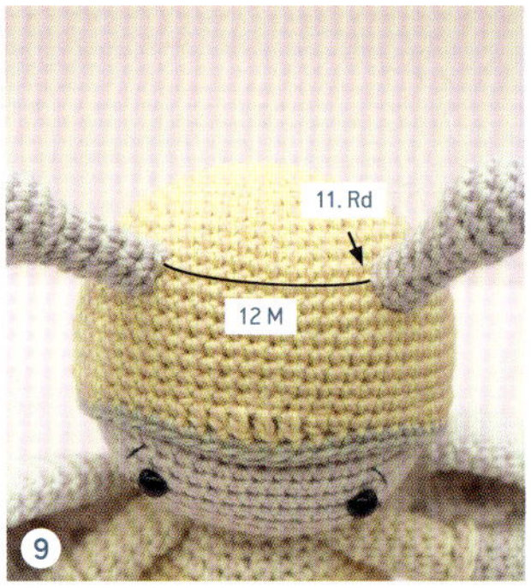

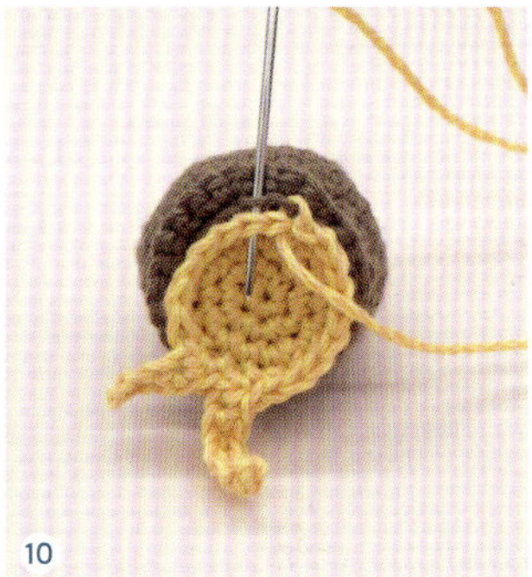

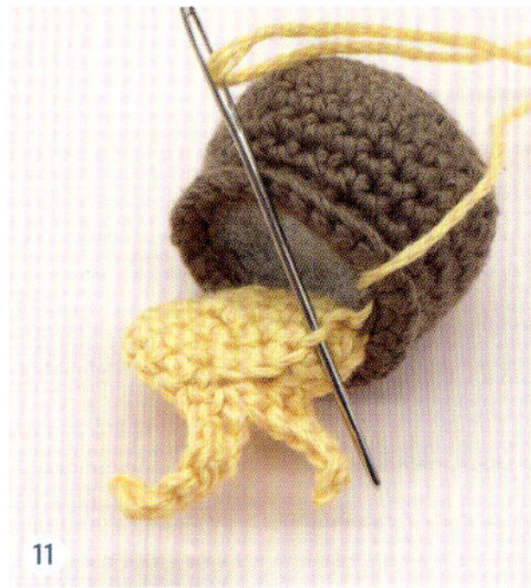

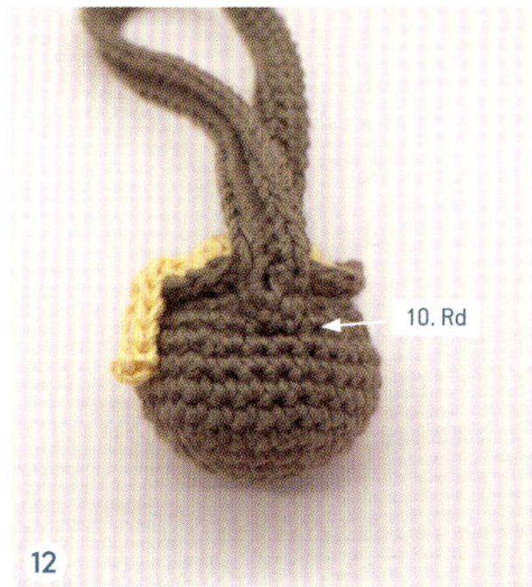

1 Km in die nächste M häkeln, abketten und einen langen Faden zum Nähen lassen.
Die Fühler gut mit Füllwatte ausstopfen.

TOPF (in Braun)

1. Rd: 6 fM in einen Fadenring arbeiten [6].
2. Rd: 6x 1 M zun [12].
3. Rd: * 1 fM, 1 M zun; ab * noch 5x wdh [18].
4. Rd: * 2 fM, 1 M zun; ab * noch 5x wdh [24].
5. Rd: * 3 fM, 1 M zun; ab * noch 5x wdh [30].
6.–8. Rd: 30 fM häkeln [30].
9. Rd: * 8 fM, 1 M abn; ab * noch 2x wdh [27].
10. Rd: 2 fM, 1 M abn, * 7 fM, 1 M abn; ab * noch 1x wdh, 5 fM [24].
11. Rd: * 2 fM, 1 M abn; ab * noch 5x wdh [18].
12. Rd: * 1 fM, 1 M zun; ab * noch 8x wdh, dabei ivM [27].
1 Km in die nächste M häkeln, abketten und einen langen Faden zum Nähen lassen.
Den Topf gut mit Füllwatte ausstopfen.

TRÄGER (in Braun)

Einen langen Anfangsfaden zum Nähen lassen. 60 Lm anschlagen. Entlang beider Seiten der Lm-Kette häkeln.

1. Rd: in die 2. Lm ab der Nadel einstechen, 58 fM, 3 fM in die nächste Lm. Auf der Rückseite der Lm-Kette weiterarbeiten, 57 fM, 1 M zun [120].
1 Km in die nächste M häkeln, abketten und einen langen Faden zum Nähen lassen.

HONIG (in Sonnengelb)

1. Rd: 6 fM in einen Fadenring arbeiten [6].
2. Rd: 6x 1 M zun [12].
3. Rd: * 1 fM, 1 M zun; ab * noch 5x wdh [18].
4. Rd: 6 fM, ivM weiterarbeiten, 1 hStb, 1 Stb, 1 fM, 5 Lm, in die 2. Lm ab der Nadel einstechen, fM in die nächsten 4 Lm, 1 fM zurück in dasselbe vordere M-Glied an der Basis, 1 fM, 7 Lm, in die 2. Lm ab der Nadel einstechen, fM in die nächsten 6 Lm, 1 fM zurück in dasselbe vordere M-Glied an der Basis, ab hier in beide M-Glieder arbeiten, 8 fM [42].
1 Km in die nächste M häkeln, abketten und einen langen Faden zum Nähen lassen.

BLUME (2x, mit Sonnengelb beginnen)

1. Rd: 5 fM in einen Fadenring arbeiten [5].
Mit Khaki weiterarbeiten. Ein langes sonnengelbes Garnende lassen.

2. Rd: 5x 1 M zun [10].
Mit Wollweiß weiterarbeiten.
3. Rd: * 1 Stb + 1 DStb + 1 Stb in die nächste M, 1 Km; ab * noch 4x wdh [20].
Abketten und die wollweißen und khakifarbenen Garnenden vernähen.
Das sonnengelbe Garnende zwischen der 2. und 3. Rd nach außen führen.

FERTIGSTELLUNG

- Den Körper am Kopf festnähen. Die Körperöffnung wird über die 27.–29. Rd auf der Kopfunterseite festgenäht (Abb. 6). Achten Sie darauf, dass sich die Farbwechsel auf der Körperrückseite befinden. Die auf der Körpervorderseite markierten M helfen Ihnen bei der Ausrichtung der beiden Teile.
- Die Arme zwischen der 32. und 33. Rd am Körper befestigen. Vorne liegen 7 M zwischen den beiden Armen (Abb. 6). Die am Arm in der 5. und 6. Rd gehäkelten Abn zeigen zum Körper.
- Die Flügel so hinten am Körper festnähen, dass die Knötchenstiche nach vorne zeigen. Die flachen Enden werden vertikal zwischen der 28. und 31. Rd des Körpers festgenäht (Abb. 7). Zwischen den oberen Flügelenden liegen 6 M und zwischen den unteren Enden 7 M. Damit die Flügel eng am Körper liegen, die Flügelinnenseite mit ein paar zusätzlichen Stichen am Körper fixieren.
-Die Mütze am Kopf festnähen. Die 3 Stb der 20. Rd sollten zwischen der 15. und 16. Rd mittig zwischen den Augen liegen (Abb. 8). Mit dem gelben Garnende zwischen der 19. und 20. Mützenrunde ein paar M am Kopf fixieren (Abb. 8). Dabei nicht jede M festnähen, damit sich die Mütze nicht zusammenzieht.
- Die Fühler an der Mütze befestigen. Die Fühlerbasis wird jeweils zwischen der 11. und 13. Rd an der Mütze festgenäht (Abb. 9). Zählt man die M zwischen der 11. und 12. Rd sollte der Abstand zwischen den beiden Fühlern 12 M betragen.
- Den Honig an den Rändern an die unbearbeiteten hinteren M-Glieder der 11. Rd am Topf nähen. Die ersten 6 und die letzten 8 M durch beide M-Glieder festnähen (Abb. 10), die M unterhalb der Honigtropfen nur am unbearbeiteten hinteren M-Glied festnähen. Fügen Sie vor dem endgültigen Schließen der Naht noch etwas Füllwatte hinzu. Die Honigtropfen mit ein paar Stichen seitlich am Topf befestigen.
-Die Trägerenden von der 10. bis 11. Rd am Topf festnähen (Abb. 12).
- Die Blumen direkt vor dem linken Fühler festnähen.
- Kirby den Topf umhängen. Der Träger liegt dabei auf der Rückseite unterhalb des rechten Flügels.
- Alle Maschenmarkierer entfernen.

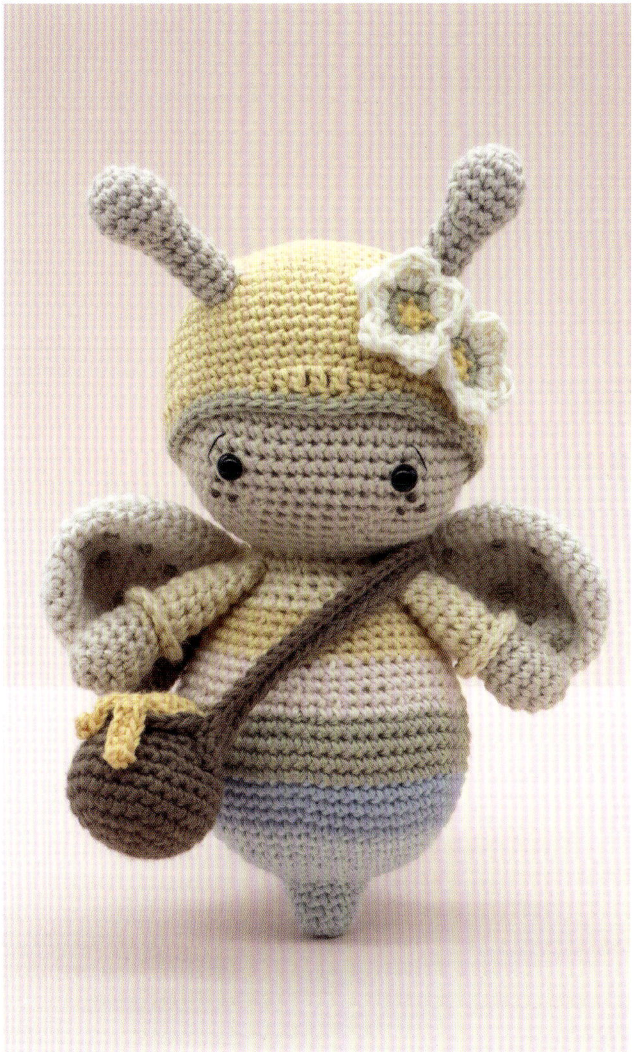

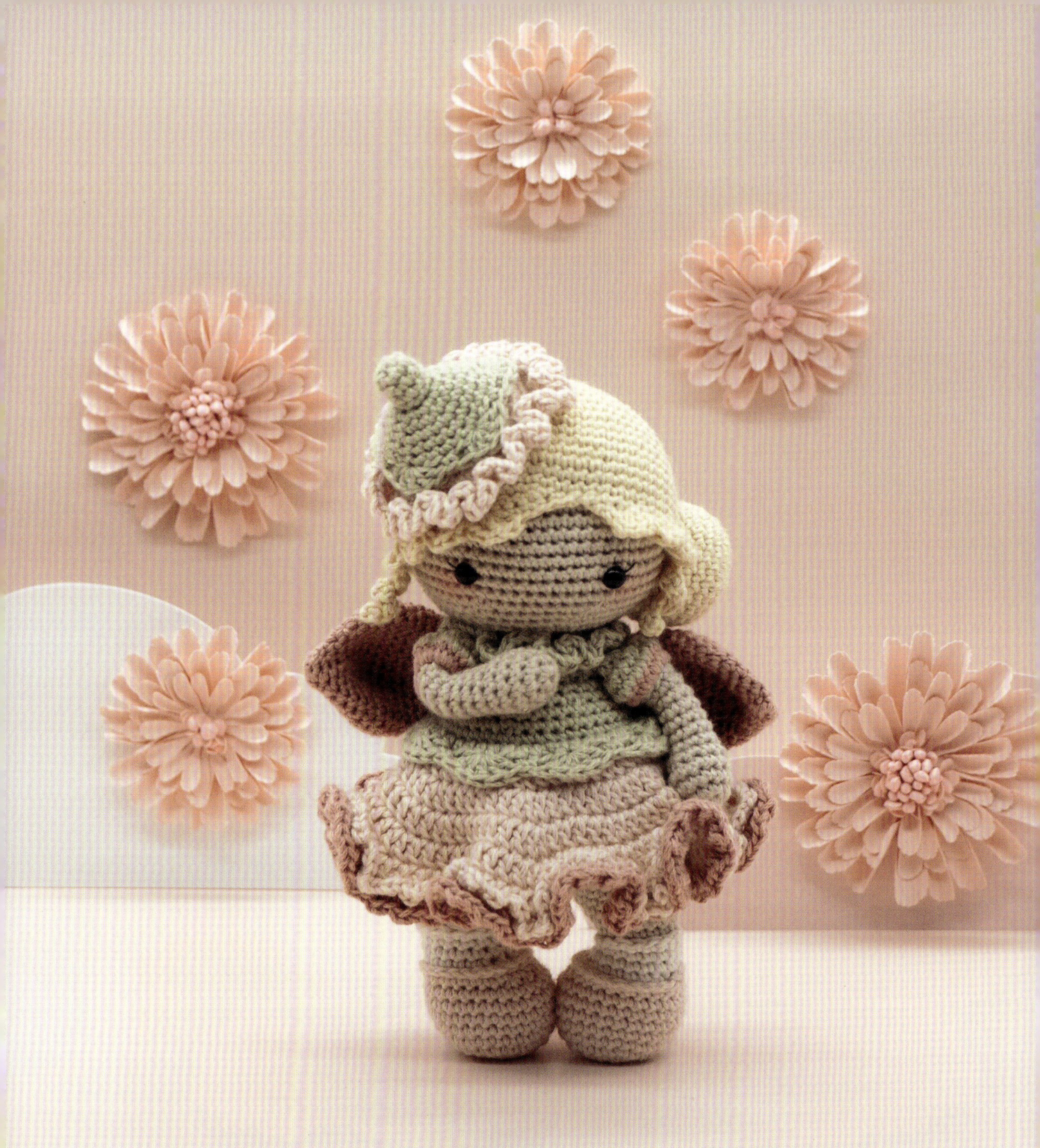

Schwierigkeitsgrad: ●●●
Größe: ca. 19 cm hoch

Amigurumi- Galerie: QR-Code scannen oder www.amigurumi.com/4506 besuchen und Bilder teilen bzw. kreative Anregungen finden.

Hana, die Blumenfee

Hana, die schöne Blumenfee genießt am liebsten die warmen Sonnenstrahlen. Bei jedem Schritt hinterlässt sie einen betörenden Duft. Mit der Hilfe ihrer magischen Freund*innen kümmert sie sich um die leuchtenden Blüten des Zauberwaldes. Hana und Kirby sind unzertrennlich und man kann sie oft zusammen den Wald erkunden sehen. Hana lehrt uns, dass Freundschaft und Zusammenhalt jeden Ort in einen wunderbaren Zufluchtsort verwandeln, an dem die Natur blüht und gedeiht.

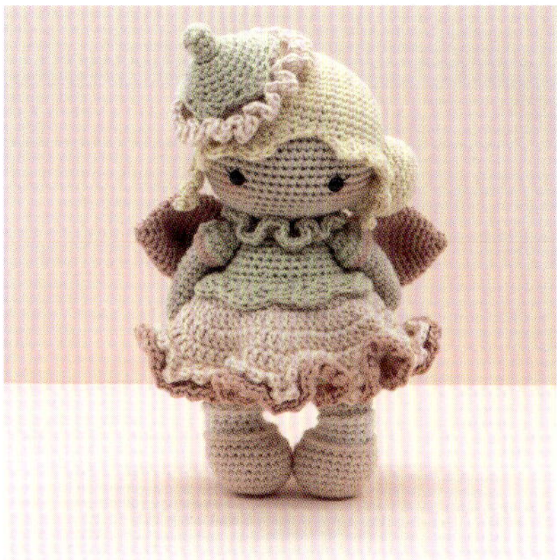

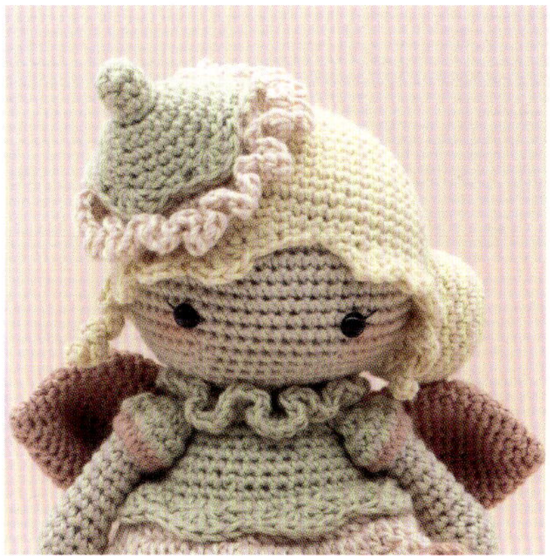

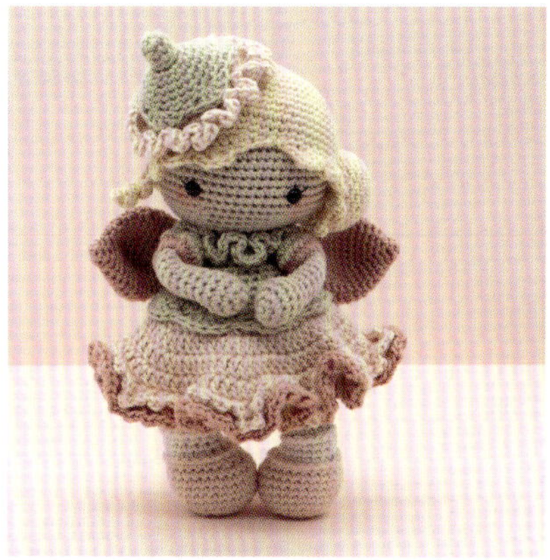

MATERIAL:

Dünnes Baumwollgarn (Krea Deluxe Bio-Baumwolle, Lauflänge 50 g/165 m) in Weiß (Nr. 01), Hellgelb (Nr. 04), helles Lachsrosa (Nr. 08), Rosé (Nr. 13), Hellgrün (Nr. 40), Beige (Nr. 46); Häkelnadel 2,5 mm; Sicherheitsaugen (6 mm Durchmesser); schwarzes Stickgarn (DMC 6-fädiges Stickgarn Nr. 310 – einen Faden für die Wimpern verwenden); Wollnadel; Stecknadeln; Maschenmarkierer; Kunstfaserfüllwatte; optional: Wangenrouge und Pinsel

KOPF (in Beige)

1. Rd: 6 fM in einen Fadenring arbeiten [6].

2. Rd: 6x 1 M zun [12].

3. Rd: * 1 fM, 1 M zun; ab * noch 5x wdh [18].

4. Rd: * 2 fM, 1 M zun; ab * noch 5x wdh [24].

5. Rd: * 3 fM, 1 M zun; ab * noch 5x wdh [30].

6. Rd: * 4 fM, 1 M zun; ab * noch 5x wdh [36].

7. Rd: * 5 fM, 1 M zun; ab * noch 5x wdh [42].

8. Rd: * 6 fM, 1 M zun; ab * noch 5x wdh [48].

9. Rd: * 7 fM, 1 M zun; ab * noch 5x wdh [54].

10. Rd: * 8 fM, 1 M zun; ab * noch 5x wdh [60].

11.–20. Rd: 60 fM häkeln [60].

21. Rd: * 8 fM, 1 M abn; ab * noch 5x wdh [54].

22. Rd: * 7 fM, 1 M abn; ab * noch 5x wdh [48].

23. Rd: * 6 fM, 1 M abn; ab * noch 5x wdh [42].

24. Rd: * 5 fM, 1 M abn; ab * noch 5x wdh [36].

25. Rd: * 4 fM, 1 M abn; ab * noch 5x wdh [30].

Die Sicherheitsaugen zwischen der 18. und 19. Rd mit einem Abstand von 11 M einsetzen. Bevor Sie den Verschluss befestigen, mit 1 Faden schwarzem Stickgarn an jedem Auge 2 Wimpern über die 18. Rd aufnähen (Abb. 1).

Den Kopf gut mit Füllwatte ausstopfen.

26. Rd: * 3 fM, 1 M abn; ab * noch 5x wdh [24].
27. Rd: * 2 fM, 1 M abn; ab * noch 5x wdh [18].
28. Rd: * 1 fM, 1 M abn; ab * noch 5x wdh [12].
Den Kopf fertig ausstopfen.
29. Rd: 6x 1 M abn [6].
1 Km in die folgende M häkeln, abketten und einen Faden zum Nähen lassen.
Mit der Wollnadel das Fadenende durch die vorderen M-Glieder der letzten 6 M führen. Fest anziehen und den Kopf schließen. Das Garnende vernähen.

HAARE (in Hellgelb)
1. Rd: 6 fM in einen Fadenring arbeiten [6].
2. Rd: 6x 1 M zun [12].
3. Rd: * 1 fM, 1 M zun; ab * noch 5x wdh [18].
4. Rd: * 2 fM, 1 M zun; ab * noch 5x wdh [24].
5. Rd: * 3 fM, 1 M zun; ab * noch 5x wdh [30].
6. Rd: * 4 fM, 1 M zun; ab * noch 5x wdh [36].
7. Rd: * 5 fM, 1 M zun; ab * noch 5x wdh [42].
8. Rd: * 6 fM, 1 M zun; ab * noch 5x wdh [48].
9. Rd: * 7 fM, 1 M zun; ab * noch 5x wdh [54].
10. Rd: * 8 fM, 1 M zun; ab * noch 5x wdh [60].
11.–18. Rd: 60 fM häkeln [60].
In R weiterarbeiten.
19. R: 58 fM häkeln, wenden [58]. Die restlichen Maschen nicht bearbeiten.
Die unbearbeitete 60. M der 18. Rd markieren (Abb. 2). Den Maschenmarkierer erst entfernen, wenn die Haare fertig sind.
20. R: 1. M überspringen, 55 fM, 1 M abn, wenden [56].
21. R: 1. M überspringen, 1 fM, * 1 hStb + 3 Stb + 1 hStb in die nächste M (Abb. 3), 1 M überspringen, 1 fM (Abb.4); ab * noch 2x wdh, 9 Lm (Abb. 5), in die 2. Lm ab der Nadel einstechen, * 1 fM in die nächste Lm, in der nächsten Lm 1 M zun; ab * noch 3x wdh, 1 fM zurück in die Basis (Abb. 6), 32 fM, 9 Lm, in die 2. Lm ab der Nadel einstechen, * 1 fM in die nächste Lm, in der nächsten Lm 1 M zun; ab * noch 3x wdh, 1 fM zurück in die Basis, * 1 hStb + 3 Stb + 1 hStb in die nächste M, 1 M überspringen, 1 fM; ab * noch 3x wdh, 1 fM, 1 fM in die 59. M der 18. Rd (Abb. 7), 1 Km in die 60. (markierte) M der 18. Rd [104].
Abketten und einen langen Faden zum Nähen lassen.

HAARKNOTEN (in Hellgelb)
1. Rd: 6 fM in einen Fadenring arbeiten [6].
2. Rd: 6x 1 M zun [12].
3. Rd: * 1 fM, 1 M zun; ab * noch 5x wdh [18].
4. Rd: * 2 fM, 1 M zun; ab * noch 5x wdh [24].
5. Rd: * 5 fM, 1 M zun; ab * noch 3x wdh [28].
6.–8. Rd: 28 fM häkeln [28].
9. Rd: * 5 fM, 1 M abn; ab * noch 3x wdh [24].
1 Km in die nächste M häkeln, abketten und einen langen Faden zum Nähen lassen.
Den Haarknoten gut mit Füllwatte ausstopfen.

LINKES BEIN (mit hellem Lachsrosa beginnen)
1. Rd: 6 fM in einen Fadenring arbeiten [6].
2. Rd: 6x 1 M zun [12].
3. Rd: * 1 fM, 1 M zun; ab * noch 5x wdh [18].
4. Rd: * 2 fM, 1 M zun; ab * noch 5x wdh [24].
5. Rd: * 11 fM, 1 M zun; ab * noch 1x wdh [26].
6.–9. Rd: 26 fM häkeln [26].
10. Rd: 9 fM, 4x 1 M abn, 9 fM [22].
Mit Weiß weiterarbeiten.
11. Rd: diese Rd ihM arbeiten: 7 fM, 4x 1 M abn, 7 fM [18].
12. Rd: 7 fM, 2x 1 M abn, 7 fM [16].
13. Rd: 16 fM häkeln [16].

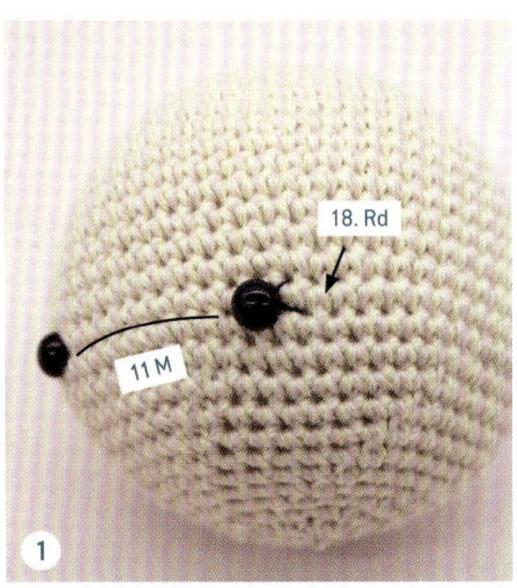

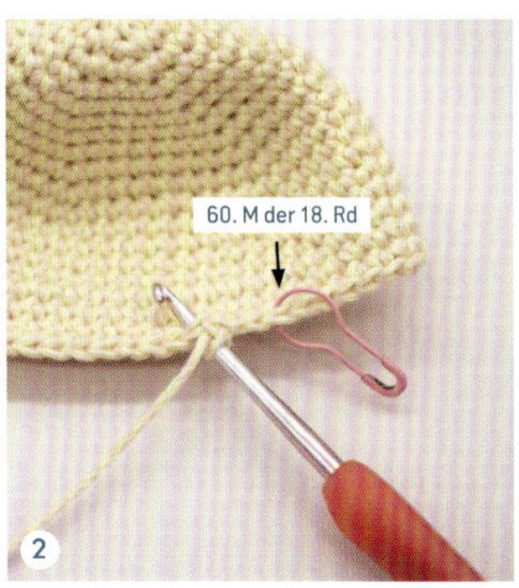

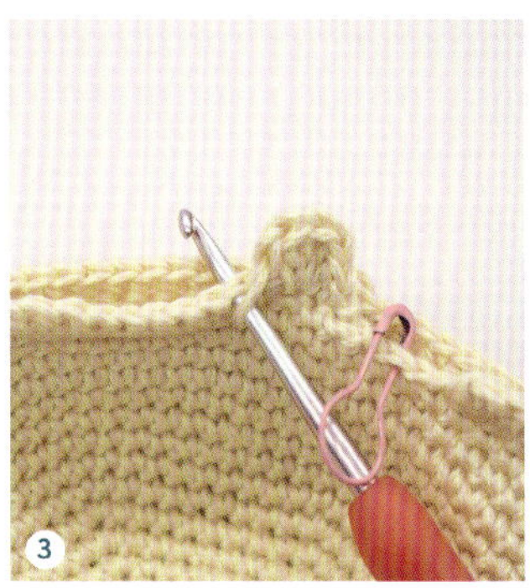

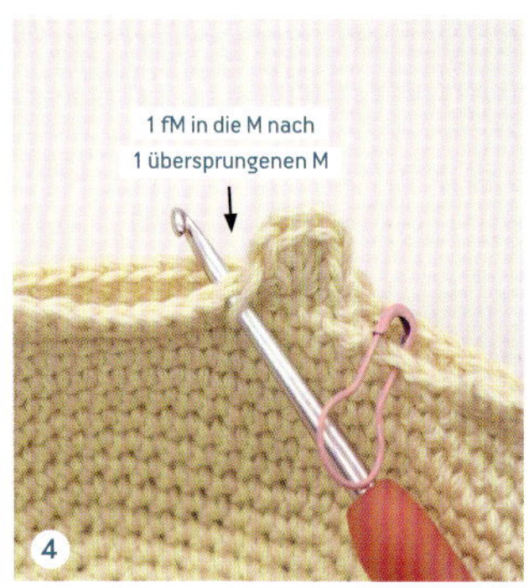

Mit Beige weiterarbeiten.

14. Rd: diese Rd ihM arbeiten: 8 fM, 1 M zun, 7 fM [17].

15. Rd: 9 fM, 1 M zun, 7 fM [18].

16. Rd: 8 fM, 2x 1 M zun, 8 fM [20].

17. Rd: 11 fM häkeln [11]. Die restlichen Maschen nicht bearbeiten.

Die 11. M der 17. Rd markieren. Abketten und einen langen Faden zum Nähen lassen.

Das linke Bein gut mit Füllwatte ausstopfen.

RECHTES BEIN (mit hellem Lachsrosa beginnen)

1.–17. Rd: genau wie das linke Bein häkeln.

Nicht abketten. Das rechte Bein gut mit Füllwatte ausstopfen.

Als Nächstes die Schuhmanschetten häkeln und dann mit dem Körper weitermachen.

SCHUHMANSCHETTE (2x in hellem Lachsrosa)

Am Bein mit hellem lachsrosa Garn im 1. unbearbeiteten vorderen M-Glied der 10. Rd neu anschlingen (Abb. 8).

Das untere Beinende zeigt dabei zu Ihnen.

Die 1. Km der Manschette schön locker häkeln.

1. Rd: 1 Lm, im selben vorderen M-Glied beginnen, in dem neu angeschlungen wurde, 22 Km [22].

1 Km in die nächste M häkeln, abketten und Garnenden vernähen.

SOCKENRAND (2x in Weiß)

Am Bein mit Weiß im 1. unbearbeiteten vorderen M-Glied der 13. Rd neu anschlingen (Abb. 8).

Das untere Beinende zeigt dabei zu Ihnen.

1. Rd: 1 Lm häkeln, im selben vorderen M-Glied beginnen, in dem neu angeschlungen wurde, 16 fM [16].

1 Km in die nächste M häkeln, abketten und Garnenden vernähen.

KÖRPER (mit Beige beginnen)

1. Rd: 4 Lm häkeln, in der M nach der in der 17. Rd am linken Bein markierten M beginnen (Abb. 9), 20 fM rund um das linke Bein, fM auf der einen Seite der nächsten 4 Lm (Abb. 10), 20 fM rund um das rechte Bein (Abb. 11) [48].

2. Rd: fM auf der anderen Seite der 4 Lm (Abb. 12), 44 fM [48].

3.–4. Rd: 48 fM häkeln [48].

Mit dem Garnende des linken Beins eventuelle Lücken zwischen den Beinen schließen.

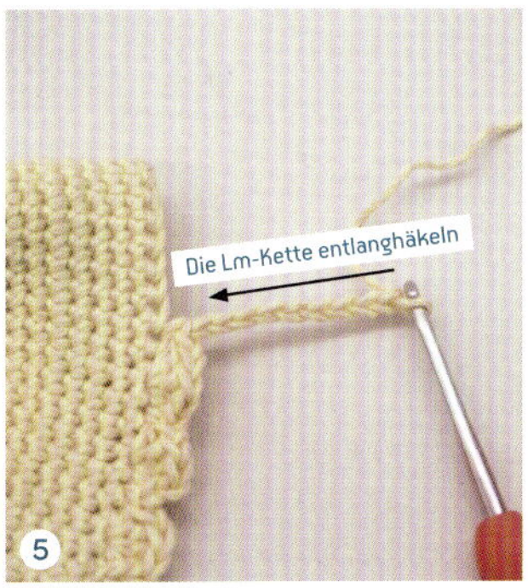

5

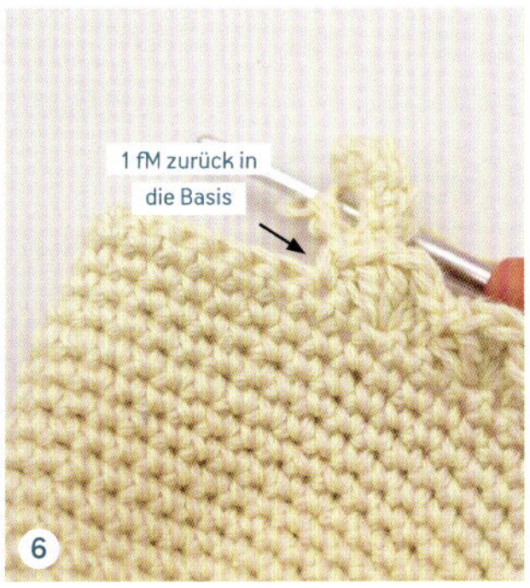

6

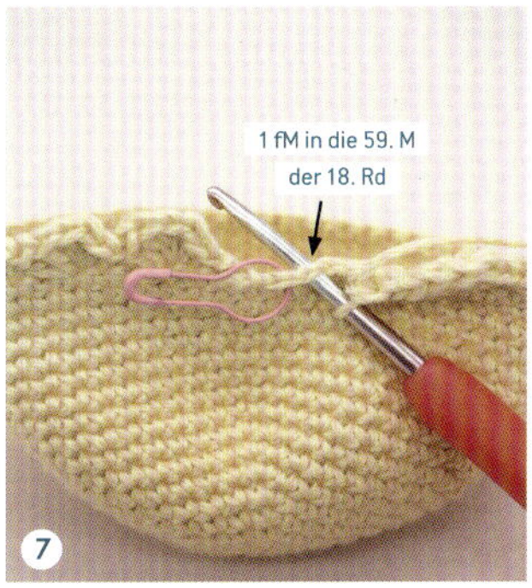

7

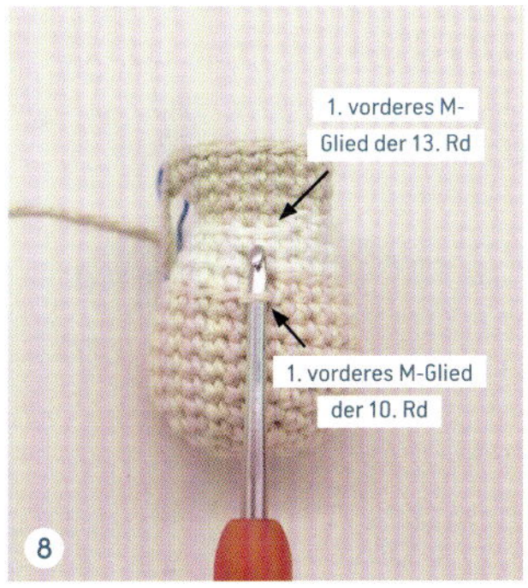

8

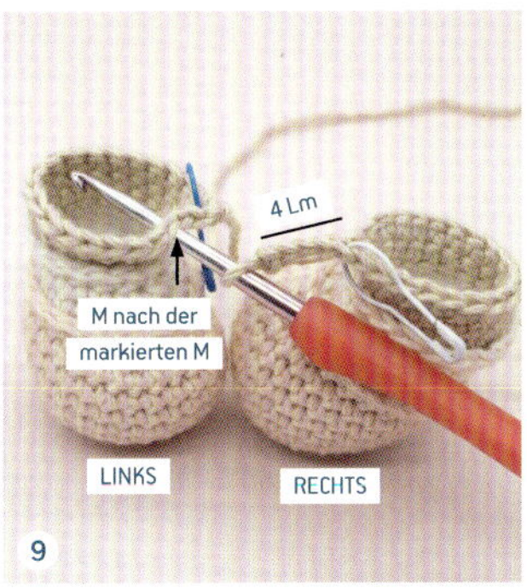

9

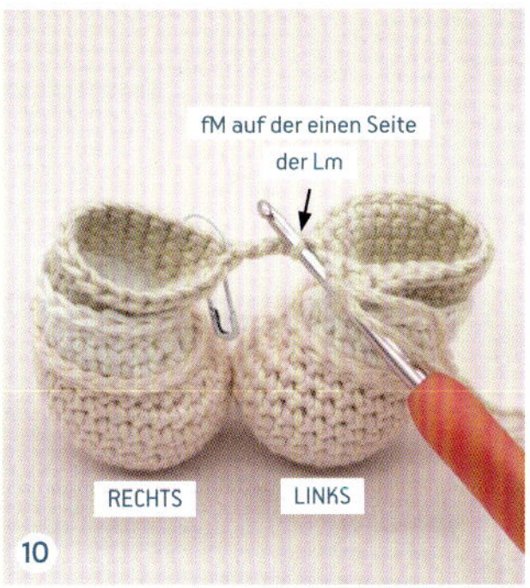

10

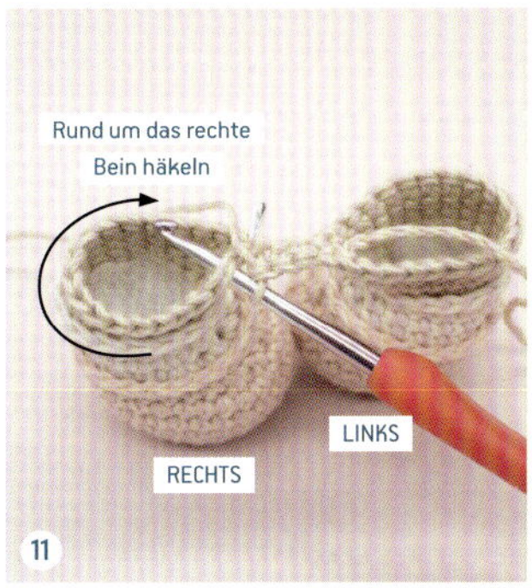

11

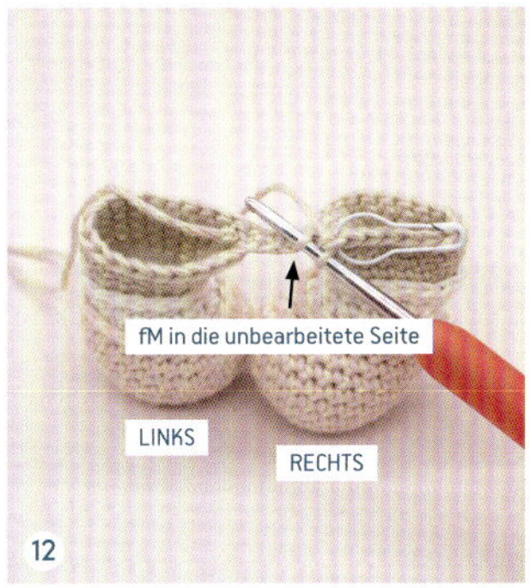

12

5.–13. Rd: 48 fM häkeln [48].
5 fM häkeln. Sie befinden sich jetzt in der Mitte der Körperrückseite. Das ist das neue Ende der Rd.
Mit Hellgrün weiterarbeiten.
14. Rd: 48 fM häkeln [48].
15. Rd: * 14 fM, 1 M abn; ab * noch 2x wdh, dabei ihM [45].
16. Rd: diese Rd ihM arbeiten: 5 fM, 1 M abn, * 13 fM, 1 M abn; ab * noch 1x wdh, 8 fM [42].
17. Rd: 8 fM, 1 M abn, * 12 fM, 1 M abn; ab * noch 1x wdh, 4 fM [39].
18. Rd: * 11 fM, 1 M abn; ab * noch 2x wdh [36].
19. Rd: 3 fM, 1 M abn, * 10 fM, 1 M abn; ab * noch 1x wdh, 7 fM [33].
20. Rd: 6 fM, 1 M abn, * 9 fM, 1 M abn; ab * noch 1x wdh, 3 fM [30].
Beginnen Sie, den Körper gut mit Füllwatte auszustopfen. Die Hüften besonders gut ausstopfen.
21. Rd: 2 fM, 1 M abn, * 8 fM, 1 M abn; ab * noch 1x wdh, 6 fM [27].
22. Rd: * 7 fM, 1 M abn; ab * noch 2x wdh [24].
2 fM häkeln. Sie befinden sich jetzt in der Mitte der Körperrückseite. Das ist das neue Ende der Rd.
Mit Beige weiterarbeiten.
23. Rd: * 6 fM, 1 M abn; ab * noch 2x wdh, dabei ihM [21].
1 Km in die nächste M häkeln, abketten und einen langen Faden zum Nähen lassen.
Den Körper fertig ausstopfen.

ROCK (mit hellem Lachsrosa beginnen)
Am Körper mit hellem Lachsrosa im letzten unbearbeiteten vorderen M-Glied der 14. Rd neu anschlingen (Abb. 13).
In geschlossenen Runden arbeiten.
Die Beine zeigen von Ihnen weg.
1. Rd: 2 Lm häkeln, im selben vorderen M-Glied beginnen, in dem neu angeschlungen wurde: * 5 Stb, 1x 2 Stb; ab * noch 7x wdh, 1 Km in die 1. M [56].
2. Rd: 2 Lm häkeln, in derselben M beginnen, in der die letzte Km gehäkelt wurde, * 6 Stb, 1x 2 Stb; ab * noch 7x wdh, 1 Km in die 1. M [64].
3. Rd: 2 Lm häkeln, in derselben M beginnen, in der die letzte Km gehäkelt wurde, * 7 Stb, 1x 2 Stb; ab * noch 7x wdh, 1 Km in die 1. M. [72].

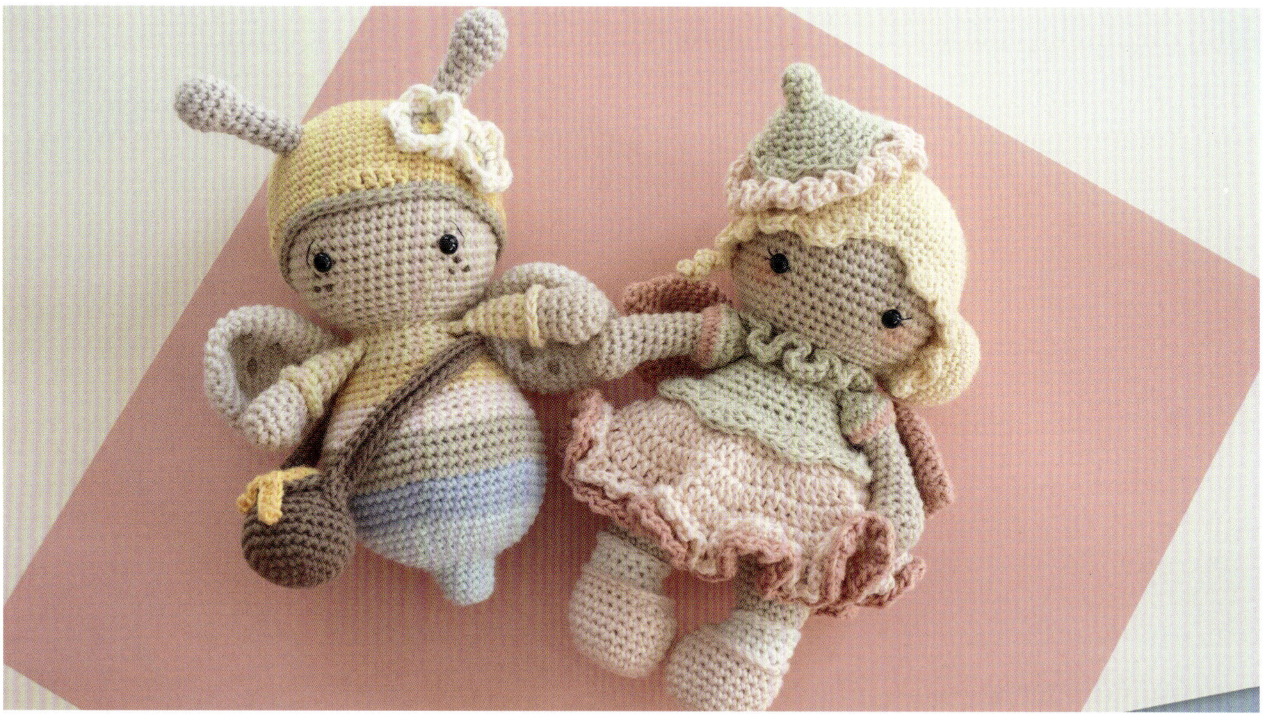

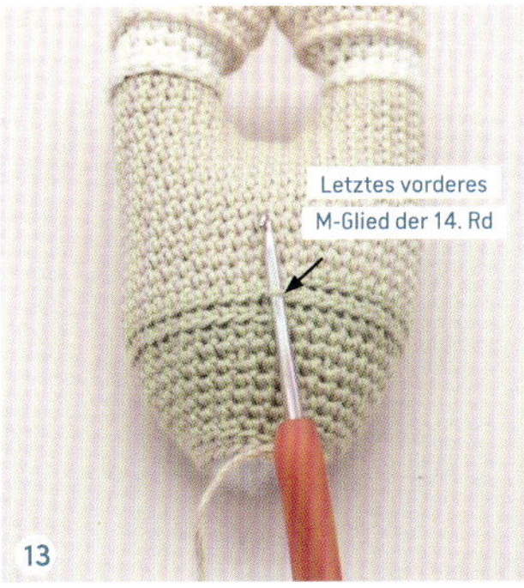

13

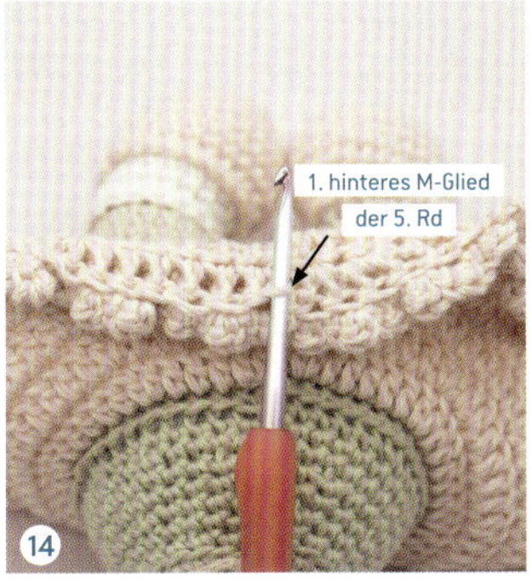

14

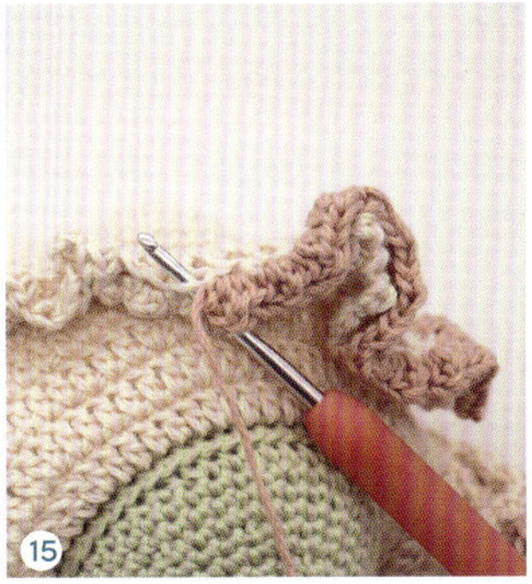
15

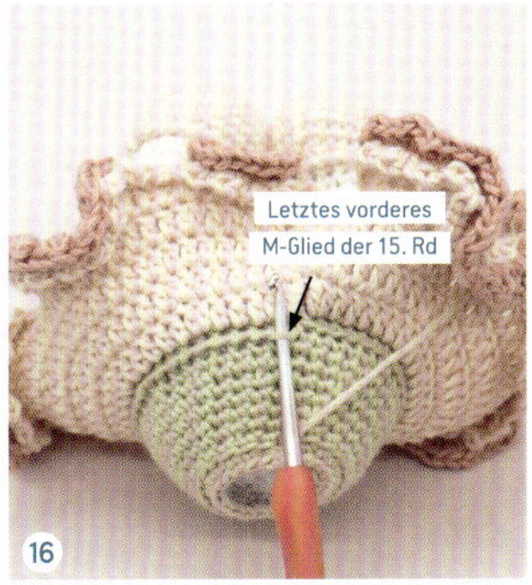

16

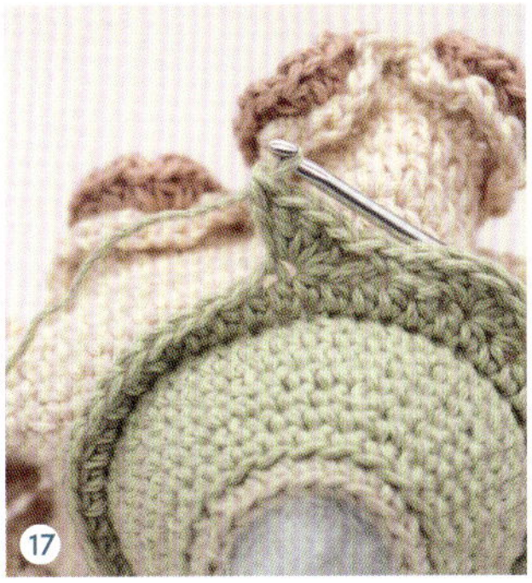
17

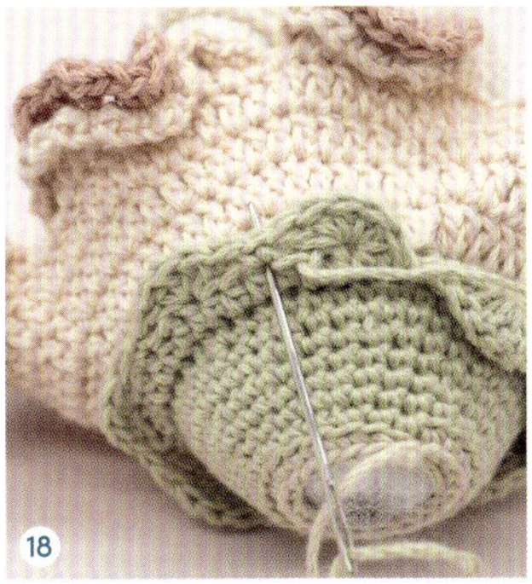
18

4. Rd: 2 Lm häkeln, in derselben M beginnen, in der die letzte Km gehäkelt wurde, * 5 Stb, 1x 2 Stb; ab * noch 11x wdh, 1 Km in die 1. M. [84].

5. Rd: 2 Lm häkeln, in derselben M beginnen, in der die Km gehäkelt wurde, * 6 Stb, 1x2 Stb; ab * noch 11x wdh [96].

6. Rd: diese Runde ivM arbeiten, im 1. Stb der 5. Rd beginnen: * 1 fM + 1 hStb + 1 fM in die nächste M; ab * noch 94x wdh, 1 fM + 1 hStb + 1 Km in die nächste M [288].

Abketten. Mit dem Garnende eventuell vorhandene Lücken an den Rundenübergängen schließen.

Die Garnenden vernähen.

Am Rock mit Rosé im 1. unbearbeiteten hinteren M-Glied der 5. Rd neu anschlingen (Abb. 14).

Die Beine zeigen von Ihnen weg.

7. Rd: 1 Lm häkeln, in derselben M beginnen, in der neu angeschlungen wurde, * 1 hStb + 1 Stb + 1 hStb in die nächste M; ab * noch 95x wdh (Abb. 15) [288].

1 Km in das 1. hintere Maschenglied der 5. Rd häkeln.

Abketten und Garnenden vernähen.

OBERE ROCKLAGE (in Hellgrün)

Am Körper mit Hellgrün im letzten unbearbeiteten vorderen M-Glied der 15. Rd neu anschlingen (Abb. 16).

In geschlossenen Runden arbeiten.

Die Beine zeigen von Ihnen weg.

1. Rd: 1 Lm häkeln, im selben vorderen M-Glied beginnen, in dem neu angeschlungen wurde: * 14 hStb, 1x 2 hStb; ab * noch 2x wdh [48].

2. Rd: 1 Km häkeln, 1 M überspringen, 1x 5 Stb, 2 M überspringen, 1 fM, * 2 M überspringen, 1x 5 Stb (Abb. 17), 2 M überspringen, 1 fM; ab * noch 5x wdh, 2 M überspringen, 1x 5 Stb, 2 M überspringen, 1 Km [49].

Abketten und einen langen Faden zum Nähen lassen.

Das Garnende zum Anfang der oberen Rocklage durch die Maschen führen. Ein paar Maschen zwischen der 1. und 2. Rd der oberen Rocklage an die 14. und 15. Rd am Körper nähen (Abb. 18). Die Garnenden vernähen.

KRAGEN (in Hellgrün)

Am Körper mit Hellgrün im letzten unbearbeiteten vorderen M-Glied der 22. Rd neu anschlingen (Abb. 19).

Die Beine zeigen von Ihnen weg.

1. Rd: 2 Lm häkeln, im selben vorderen M-Glied beginnen, in dem neu angeschlungen wurde: * 1x 3 Stb, 1x 4 Stb; ab * noch 11x wdh [84].

1 Km in die nächste M häkeln, abketten und Garnenden vernähen.

ARM (2x mit Beige beginnen)

1. Rd: 6 fM in einen Fadenring arbeiten [6].

2. Rd: 6x 1 M zun [12].

3. Rd: * 3 fM, 1 M zun; ab * noch 2x wdh [15].

4. Rd: 15 fM häkeln [15].

5. Rd: 2x 1 M abn, 7 fM, 2x 1 M abn [11].

6. Rd: 1 M abn, 7 fM, 1 M abn [9].

7.–12. Rd: 9 fM häkeln [9].

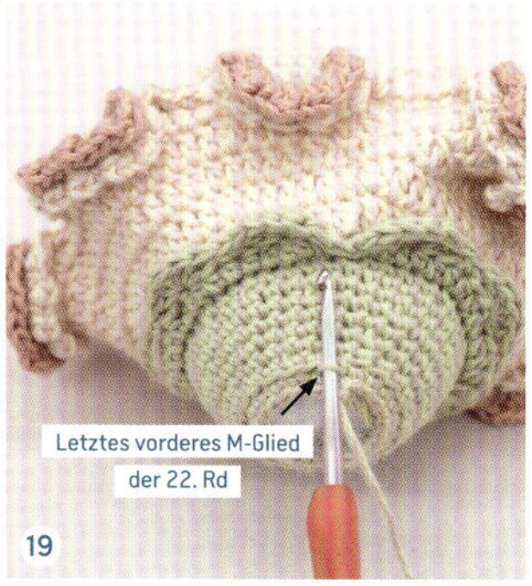

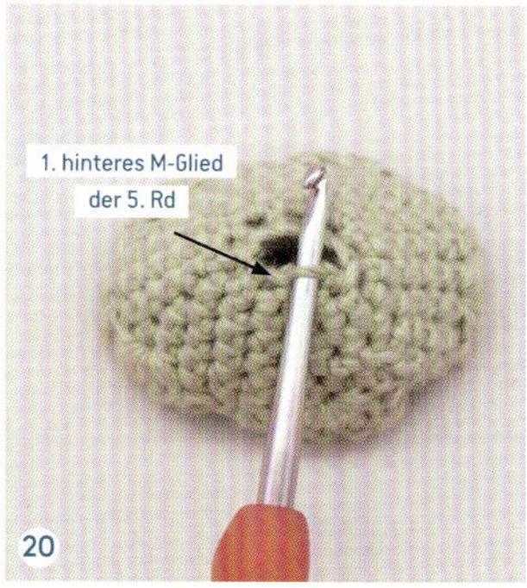

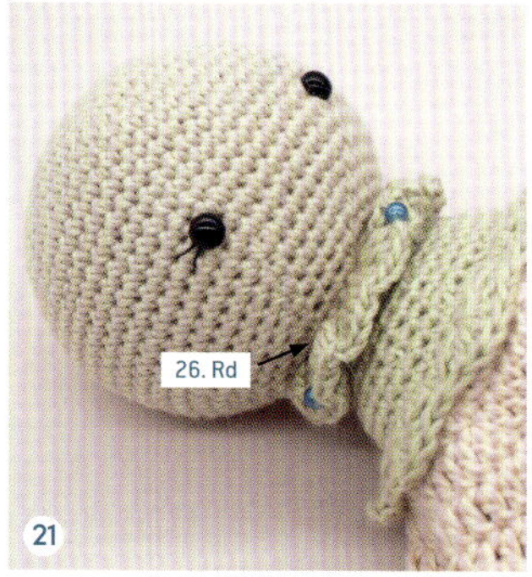

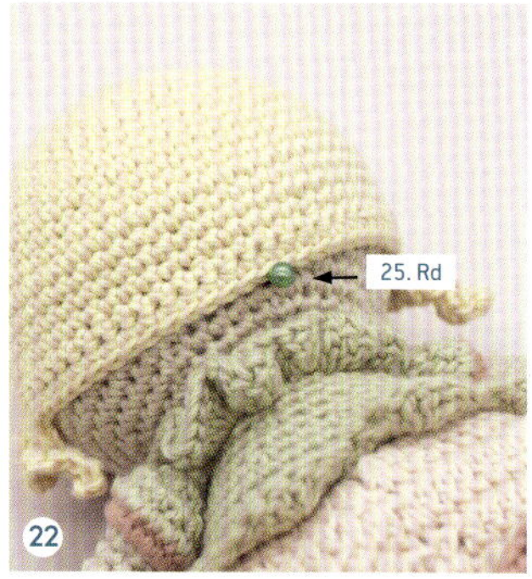

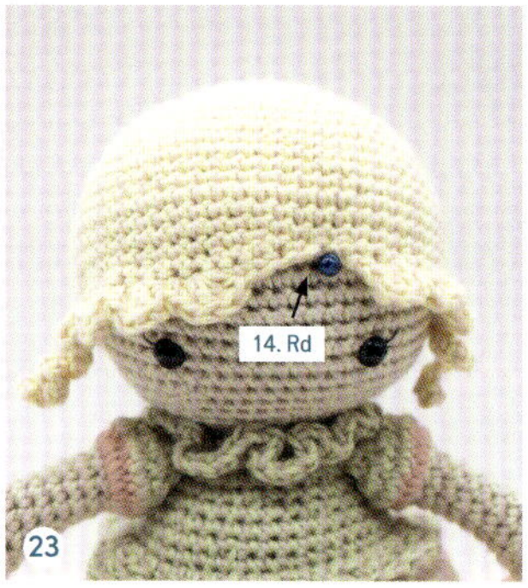

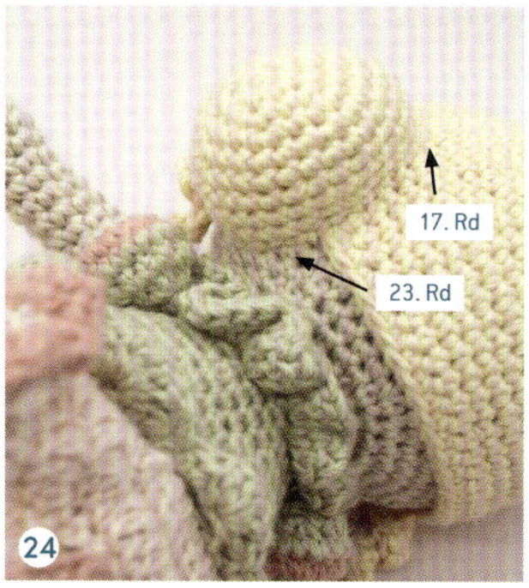

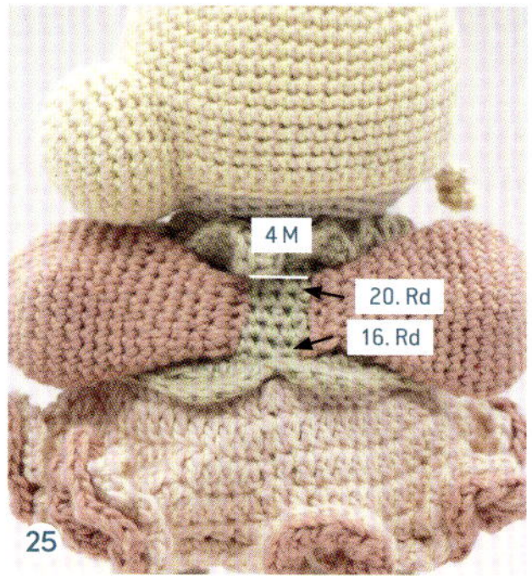

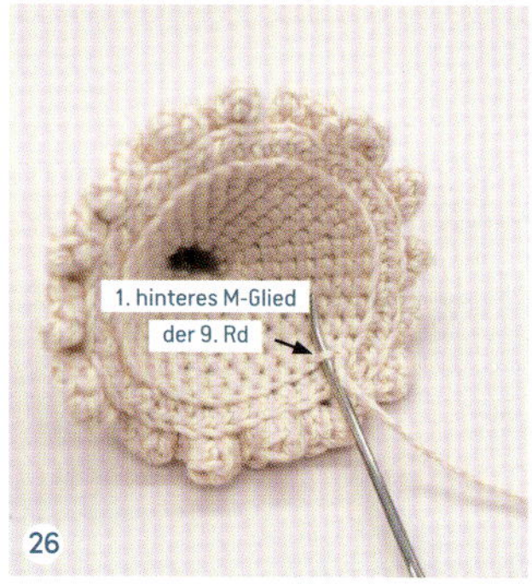

2 fM häkeln. Sie sollten sich jetzt in der Mitte der Arminnenseite befinden. Das ist das neue Ende der Rd.
Mit Rosé weiterarbeiten.
13. Rd: 9x 3 fM häkeln [27].
Mit Hellgrün weiterarbeiten.
14. Rd: 27 fM häkeln [27].
15. Rd: * 1 fM, 1 M abn; ab * noch 8x wdh [18].
16. Rd: 9x 1 M abn [9].
17. Rd: 3 fM häkeln [3]. Die restlichen Maschen nicht bearbeiten.
Die Hand gut mit Füllwatte ausstopfen. Zum oberen Armrand hin allmählich weniger Füllwatte verwenden und die Ärmel nur leicht ausstopfen.
Das offene Armende flach drücken und 4 fM durch beide Lagen häkeln, um die Öffnung zu schließen.
Abketten und einen langen Faden zum Nähen lassen.

FLÜGEL (2x in Rosé)
1. Rd: 4 fM in einen Fadenring arbeiten [4].
2. Rd: * 1 fM, 1 M zun; ab * noch 1x wdh [6].
3. Rd: * 2 fM, 1 M zun; ab * noch 1x wdh [8].
4. Rd: * 1 fM, 1 M zun; ab * noch 3x wdh [12].
5. Rd: * 2 fM, 1 M zun; ab * noch 3x wdh [16].
6. Rd: * 3 fM, 1 M zun; ab * noch 3x wdh [20].
7. Rd: * 4 fM, 1 M zun; ab * noch 3x wdh [24].
8. Rd: * 3 fM, 1 M zun; ab * noch 5x wdh [30].
9.–10. Rd: 30 fM häkeln [30].
11. Rd: * 3 fM, 1 M abn; ab * noch 5x wdh [24].
12. Rd: 24 fM häkeln [24].
13. Rd: * 4 fM, 1 M abn; ab * noch 3x wdh [20].
14. Rd: 20 fM häkeln [20].
15. Rd: * 8 fM, 1 M abn; ab * noch 1x wdh [18].
16. Rd: 18 fM häkeln [18].
17. Rd: * 7 fM, 1 M abn; ab * noch 1x wdh [16].
18. Rd: * 6 fM, 1 M abn; ab * noch 1x wdh [14].
19. Rd: * 5 fM, 1 M abn; ab * noch 1x wdh [12].
20. Rd: * 4 fM, 1 M abn; ab * noch 1x wdh [10].
Die Flügel nicht ausstopfen. Das offene Flügelende flach drücken und 5 fM durch beide Lagen häkeln, um die Öffnung zu schließen. Abketten und einen langen Faden zum Nähen lassen.

GRÜNER HUTTEIL (in Hellgrün)
1. Rd: 6 fM in einen Fadenring arbeiten [6].
2. Rd: * 1 fM, 1 M zun; ab * noch 2x wdh [9].
3.–5. Rd: 9 fM häkeln [9].
6. Rd: 9x 1 M zun, dabei ivM [18].
7. Rd: 18 fM häkeln [18].
8. Rd: * 2 fM, 1 M zun; ab * noch 5x wdh [24].
9. Rd: 24 fM häkeln [24].
10. Rd: * 3 fM, 1 M zun; ab * noch 5x wdh [30].
11. Rd: * 2 M überspringen, 5 Stb in die nächste M, 2 M überspringen, 1 fM; ab * noch 3x wdh, 2 M überspringen, 1x 5 Stb, 2 M überspringen, 1 Km [30].
Abketten und Garnende vernähen.

ROSA HUTTEIL (in hellem Lachsrosa)
Am grünen Hutteil mit hellem Lachsrosa im 1. unbearbeiteten hinteren M-Glied der 5. Rd neu anschlingen (Abb. 20).
Die grüne Hutspitze zeigt zu Ihnen.
1. Rd: 9 fM häkeln [9].
2. Rd: 9x 1 M zun [18].
3. Rd: 18 fM häkeln [18].
4. Rd: * 2 fM, 1 M zun; ab * noch 5x wdh [24].
5. Rd: 24 fM häkeln [24].
6. Rd: * 3 fM, 1 M zun; ab * noch 5x wdh [30].
7. Rd: 30 fM häkeln [30].
8. Rd: * 4 fM, 1 M zun; ab * noch 5x wdh [36].
9. Rd: 36 fM häkeln [36].
10. Rd: 1 Lm häkeln, * 2 hStb, 1x 2 hStb, dabei ivM; ab * noch 11x wdh [48].
11. Rd: diese Rd ivM arbeiten: 1 fM + 1 hStb + 1 fM in alle 48 M [144].
Abketten und einen langen Faden zum Nähen lassen.

FERTIGSTELLUNG
- Den Körper am Kopf festnähen. Die Körperöffnung wird über die 27.- 29. Rd auf der Kopfunterseite festgenäht (Abb. 21). Achten Sie darauf, dass sich die Farbwechsel in der Mitte der Körperrückseite befinden.
- Die Arme zwischen der 22. und 23. Rd am Körper befestigen. Vorne liegen 7 M zwischen den beiden Armen. Die an den Armen von der 5. bis 6. Rd gehäkelten Abn zeigen zum Körper.
- Die Haare am Kopf festnähen. Der hintere Haarrand wird zwischen der 24. und 25. Rd befestigt (Abb. 22). Die vordere Einbuchtung liegt zwischen der 13. und 14. Rd am Kopf (Abb. 23). Die Locken gleichmäßig auf beiden Seiten der Augen verteilen. Zwischen der 19. und 20. R ein paar Haarmaschen am Kopf fixieren. Den seitlichen Pony nicht befestigen.
- Den Haarknoten nach Belieben am Kopf festnähen. In unserem Beispiel wurde das obere Ende des Haarknotens zwischen der 16. und 17. Rd der Haare und der 23. und 24. Rd des Kopfes festgenäht (Abb. 24).
- Die Flügel auf der Körperrückseite befestigen. Die flachen Enden werden vertikal im Abstand von 4 M zwischen der 16. und 20. Rd des Körpers festgenäht (Abb. 25). Damit die Flügel eng am Körper liegen, die Flügelinnenseite mit ein paar Stichen am Körper fixieren.
- Das Garnende des rosa Hutteils durch das 1. unbearbeitete hintere M-Glied der 9. Rd ziehen (Abb. 26). Den Hut in den unbearbeiteten hinteren M-Gliedern der 9. Rd am Haar festnähen. In unserem Beispiel wurde der Hut, leicht nach rechts geneigt, zwischen der 7. und 19. Rd am Haar befestigt.
- Wenn Sie möchten, können Sie auf Hanas Wangen Rouge auftragen, damit sie noch niedlicher aussieht.
- Alle Maschenmarkierer entfernen.

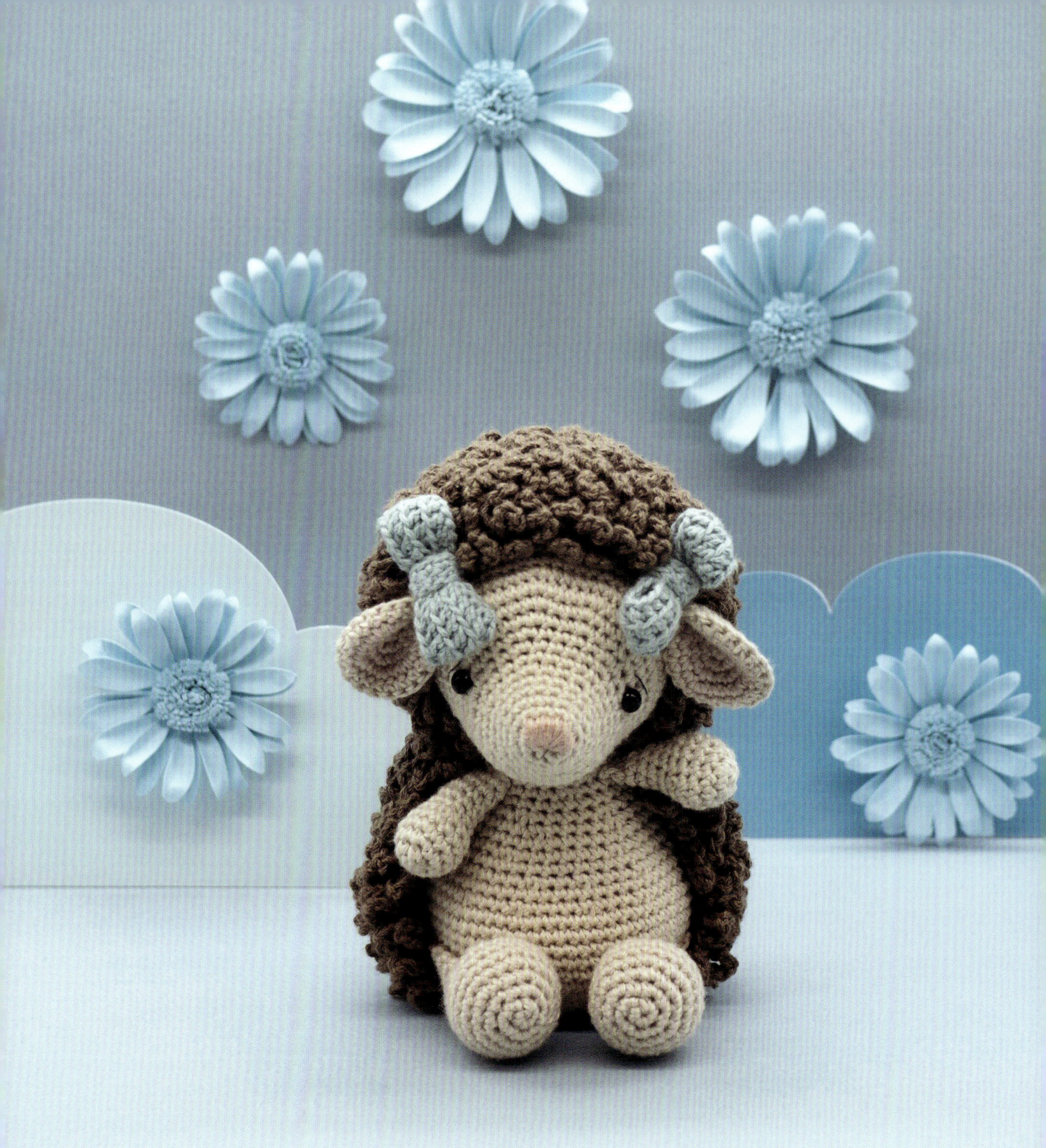

Schwierigkeitsgrad: ● ● ○
Größe: ca. 14 cm hoch.

Amigurumi-Galerie: QR-Code scannen oder www.amigurumi.com/4507 besuchen und Bilder teilen bzw. kreative Anregungen finden.

Holly, das Igelmädchen

Holly, das Igelmädchen ist der Liebling des Waldes. Wahnsinnig gerne wäre sie bei den Mondscheintreffen hoch oben in den Bäumen dabei, doch auf Bäume zu klettern ist für sie ziemlich herausfordernd! So haben die Waldbewohner*innen einen entzückenden Kompromiss gefunden: Sie leisten Holly auf dem Waldboden Gesellschaft und sitzen mit ihr um ein Lagerfeuer, an dem sie Marshmallows rösten und Tassen mit dampfend heißem Kakao trinken, der mit Kirbys Honig gesüßt ist. Holly liebt auch Umarmungen, doch das gestaltet sich wiederum für die Feen und Elfen sowie die anderen Tiere schwierig. Dennoch behält sie ihr sympathisches Wesen bei und spendet allen Trost, die im Zauberwald ihren Weg kreuzen.

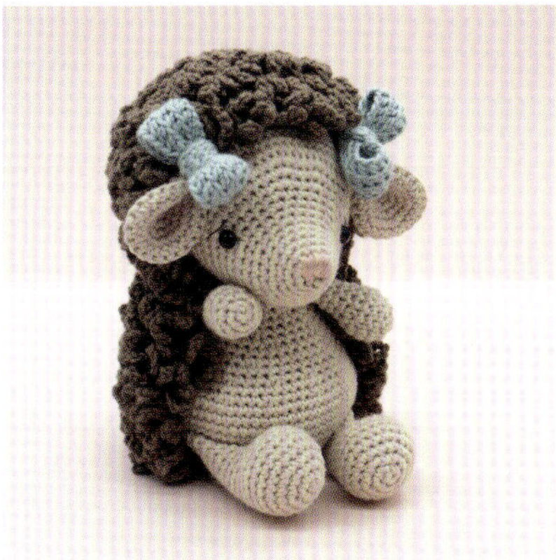

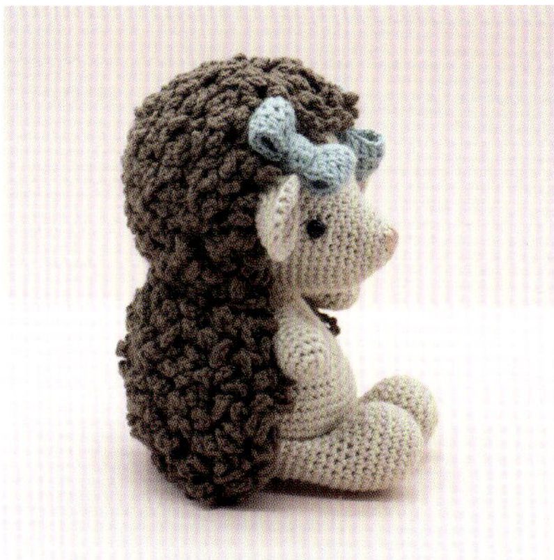

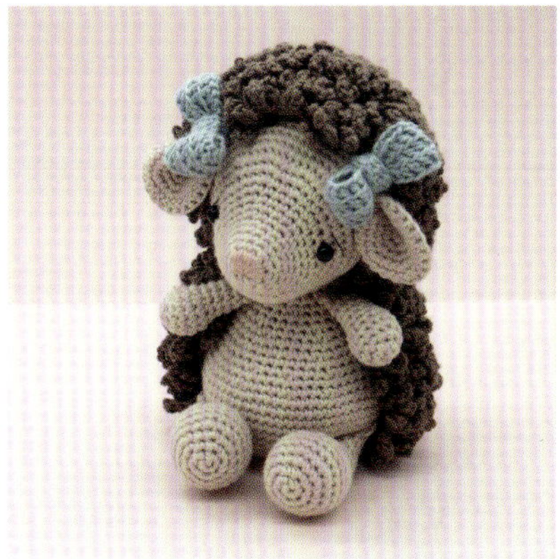

MATERIAL:

Dünnes Baumwollgarn (Krea Deluxe Bio-Baumwolle, Lauflänge 50 g/165 m) in Rosa (Nr. 07), Braun (Nr. 30 – 2 Knäuel), dunkles Mintgrün (Nr. 33), Beige (Nr. 46), Häkelnadel 2,5 mm; Sicherheitsaugen (6,0 mm Durchmesser); schwarzes und rosafarbenes Stickgarn (DMC 6-fädiges Stickgarn Nr. 310 – einen Faden für die Augenbrauen verwenden, und Nr. 224 – 6 Fäden für die Nase verwenden); Wollnadel; Stecknadeln; Maschenmarkierer; Kunstfaserfüllwatte

KOPF (in Beige)

1. Rd: 6 fM in einen Fadenring arbeiten [6].
2. Rd: 6x 1 M zun [12].
3. Rd: * 3 fM, 1 M zun; ab * noch 2x wdh [15].
4. Rd: * 4 fM, 1 M zun; ab * noch 2x wdh [18].
5. Rd: 2 fM, 1 M zun, 12 fM, 1 M zun, 2 fM [20].
6. Rd: 1 fM, 1 M zun, 16 fM, 1 M zun, 1 fM [22].
7. Rd: 3 fM, * 1 M zun, 2 fM; ab * noch 5x wdh, 1 fM [28].
8. Rd: 28 fM häkeln [28].
9. Rd: 7 fM, * 1 M zun, 3 fM, 1 M zun, 4 fM; ab * noch 1x wdh, 3 fM [32].

Die 12. und 13. sowie die 22. und 23. M der 9. Rd markieren. Sie dienen beim Aufnähen der Nase als Orientierungshilfe (Abb. 1).
10. Rd: 9 fM, * 1 M zun, 3 fM, 1 M zun, 4 fM; ab * noch 1x wdh, 5 fM [36].
11. Rd: 10 fM, * 1 M zun, 2 fM, 1 M zun, 3 fM; ab * noch 2x wdh, 5 fM [42].

Mit rosafarbenem Stickgarn von der 1.–2. Rd die Nase aufsticken. Dabei an den markierten M orientieren. Das obere Nasenende ist so breit wie 5 M, das untere Nasenende geht durch den Fadenring (Abb. 1).

12. Rd: 12 fM, * 1 M zun, 3 fM; ab * noch 1x wdh, 1 M zun, 2 fM, 1 M zun, * 3 fM, 1 M zun; ab * noch 1x wdh, 10 fM [48].
13. Rd: 14 fM, * 1 M zun, 3 fM; ab * noch 1x wdh, 1 M zun, 4 fM, 1 M zun, * 3 fM, 1 M zun; ab * noch 1x wdh, 12 fM [54].
14.–24. Rd: 54 fM häkeln [54].
25. Rd: * 7 fM, 1 M abn; ab * noch 5x wdh [48].
26. Rd: * 6 fM, 1 M abn; ab * noch 5x wdh [42]
Die Sicherheitsaugen zwischen der 10. und 11. Rd mit einem Abstand von 16 M einsetzen (Abb. 2). Die markierten M als Orientierungshilfe beim Positionieren der Augen verwenden. Mit einem einzelnen schwarzen Faden in der 12. Rd über jedem Auge eine Augenbraue aufnähen. Jede Augenbraue sollte etwa so breit wie 3 M sein.
Den Kopf gut mit Füllwatte ausstopfen.
27. Rd: * 5 fM, 1 M abn; ab * noch 5x wdh [36].
28. Rd: * 4 fM, 1 M abn; ab * noch 5x wdh [30].
29. Rd: * 3 fM, 1 M abn; ab * noch 5x wdh [24].
30. Rd: 24 fM häkeln [24].
31. Rd: * 2 fM, 1 M abn; ab * noch 5x wdh [18].
32. Rd: * 1 fM, 1 M abn; ab * noch 5x wdh [12].
Den Kopf fertig ausstopfen.
33. Rd: 6x 1 M abn [6].
1 Km in die nächste M häkeln , abketten und einen Faden zum Nähen lassen.
Mit der Wollnadel das Fadenende durch die vorderen M-Glieder der letzten 6 M führen. Fest anziehen und den Kopf schließen. Das Garnende vernähen.

KÖRPER (in Beige)
1. Rd: 6 fM in einen Fadenring arbeiten [6].
2. Rd: 6x 1 M zun [12].
3. Rd: * 1 fM, 1 M zun; ab * noch 5x wdh [18].
4. Rd: * 2 fM, 1 M zun; ab * noch 5x wdh [24].
5. Rd: * 3 fM, 1 M zun; ab * noch 5x wdh [30].
6. Rd: * 4 fM, 1 M zun; ab * noch 5x wdh [36].
7. Rd: * 5 fM, 1 M zun; ab * noch 5x wdh [42].
8. Rd: * 6 fM, 1 M zun; ab * noch 5x wdh [48].
9. Rd: * 7 fM, 1 M zun; ab * noch 5x wdh [54].
10. Rd: * 8 fM, 1 M zun; ab * noch 5x wdh [60].
11.–16. Rd: 60 fM häkeln [60].
17. Rd: 15 fM, * 1 M abn, 4 fM, 1 M abn, 3 fM; ab * noch 2x wdh, 12 fM [54].
18. Rd: 54 fM häkeln [54].
19. Rd: 14 fM, * 1 M abn, 3 fM; ab * noch 1x wdh, 1 M abn, 2 fM, 1 M abn, * 3 fM, 1 M abn; ab * noch 1x wdh, 14 fM [48].
Die 20. und 21. sowie die 28. und 29. M der 19. Rd markieren. Das hilft Ihnen, Körper und Kopf beim Zusammennähen richtig zu positionieren.
20. Rd: 48 fM häkeln [48].
21. Rd: 12 fM, * 1 M abn, 5 fM, 1 M abn, 6 fM; ab * noch 1x wdh, 6 fM [44].
22. Rd: 44 fM häkeln [44].
23. Rd: 10 fM, * 1 M abn, 5 fM, 1 M abn, 4 fM; ab * noch 1x wdh, 8 fM [40].
24. Rd: 10 fM, * 1 M abn, 4 fM; ab * noch 3x wdh, 6 fM [36].
25. Rd: * 10 fM, 1 M abn; ab * noch 2x wdh [33].
26. Rd: 5 fM, 1 M abn, * 9 fM, 1 M abn; ab * noch 1x wdh, 4 fM [30].
27. Rd: 2 fM, 1 M abn, * 8 fM, 1 M abn; ab * noch 1x wdh, 6 fM [27].
28. Rd: * 7 fM, 1 M abn; ab * noch 2x wdh [24].
1 Km in die nächste M häkeln, abketten und einen langen Faden zum Nähen lassen.
Den Körper gut mit Füllwatte ausstopfen.

ARM (2x in Beige)
1. Rd: 6 fM in einen Fadenring arbeiten [6].
2. Rd: 6x 1 M zun [12].
3. Rd: * 3 fM, 1 M zun; ab * noch 2x wdh [15].
4. Rd: 15 fM häkeln [15].
5. Rd: * 3 fM, 1 M abn; ab * noch 2x wdh [12].
6. Rd: * 2 fM, 1 M abn; ab * noch 2x wdh [9].
7.–10. Rd: 9 fM häkeln [9].
Die Hand gut mit Füllwatte ausstopfen. Zum oberen Armrand hin allmählich weniger Füllwatte verwenden.
Das offene Armende flach drücken und 4 fM durch beide Lagen häkeln, um die Öffnung zu schließen.
Abketten und einen langen Faden zum Nähen lassen.

BEIN (2x in Beige)
1. Rd: 6 fM in einen Fadenring arbeiten [6].
2. Rd: 6x 1 M zun [12].
3. Rd: * 1 fM, 1 M zun; ab * noch 5x wdh [18].
4. Rd: * 2 fM, 1 M zun; ab * noch 5x wdh [24].
5.–8. Rd: 24 fM häkeln [24].
9. Rd: 2x 1 M abn, 16 fM, 2x 1 M abn [20].

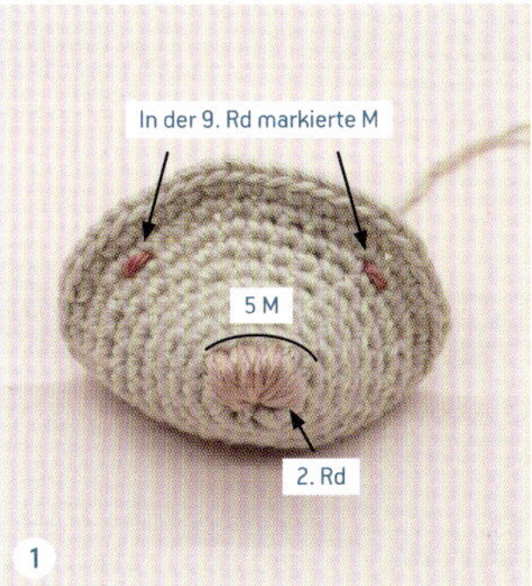

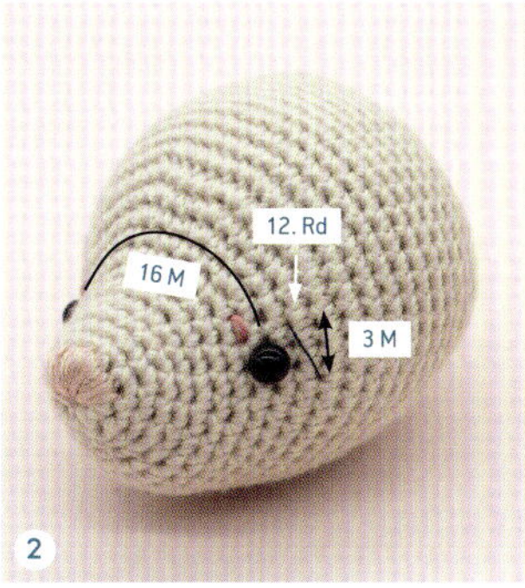

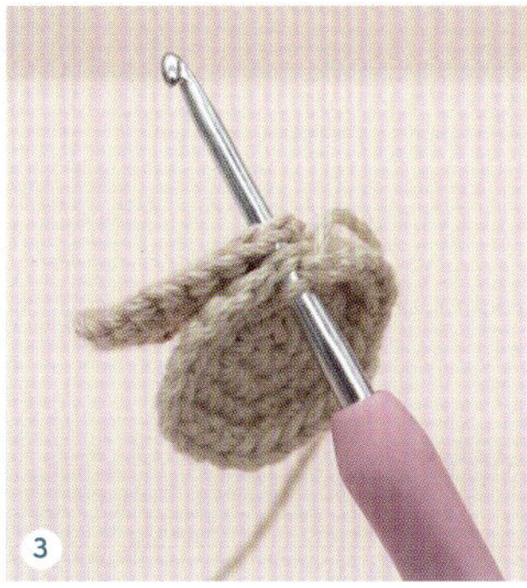

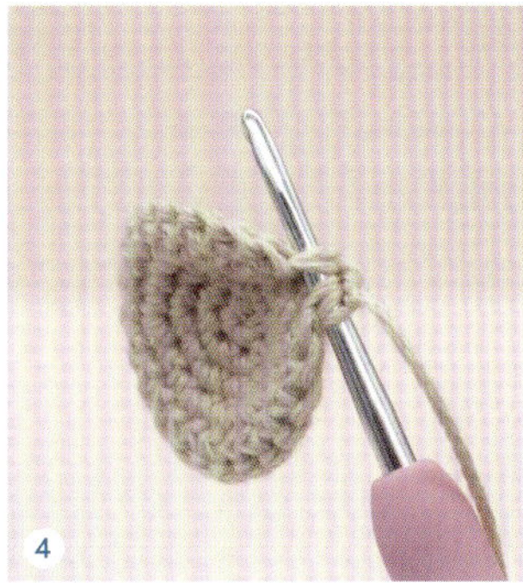

10. Rd: 2x 1 M abn, 12 fM, 2x 1 M abn [16].
11. Rd: 1 M abn, 12 fM, 1 M abn [14].
12. Rd: 1 M abn, 10 fM, 1 M abn [12].
13.–16. Rd: 12 fM häkeln [12].
17. Rd: rechtes Bein: 3 fM häkeln [3]. Die restlichen Maschen nicht bearbeiten.
17. Rd: linkes Bein: 8 fM häkeln [8]. Die restlichen Maschen nicht bearbeiten.
Den Fuß gut mit Füllwatte ausstopfen. Zum oberen Beinrand hin allmählich weniger Füllwatte verwenden.
Das offene Beinende flach drücken und 6 fM durch beide Lagen häkeln, um die Öffnung zu schließen.
Abketten und einen langen Faden zum Nähen lassen.

INNERES OHR (2x in Rosa)

1. Rd: 6 fM in einen Fadenring arbeiten [6].
2. Rd: 6x 1 M zun [12].
3. Rd: * 1 fM, 1 M zun; ab * noch 5x wdh [18].
4. Rd: * 2 fM, 1 M zun; ab * noch 5x wdh [24].
Abketten und Garnenden vernähen.

ÄUSSERES OHR (2x in Beige)

1.–4. Rd: genau wie das innere Ohr häkeln.
Nicht abketten.
In der nächsten Rd verbinden wir das innere mit dem äußeren Ohr. Die beiden Ohrteile mit den Rückseiten aufeinanderlegen.
5. Rd: das äußere Ohr zeigt zu Ihnen. 24 fM durch beide Teile arbeiten [24]. (Abb. 3)
Das zusammengehäkelte Ohr in der Mitte falten und durch beide Lagen arbeiten: 1 Lm, 1 fM, 1 Km in die nächste M (Abb. 4).
Abketten und einen langen Faden zum Nähen lassen.

BASIS FÜR DIE KOPFSTACHELN (in Braun)

1. Rd: 6 fM in einen Fadenring arbeiten [6].
2. Rd: 6x 1 M zun [12].
3. Rd: * 1 fM, 1 M zun; ab * noch 5x wdh, dabei ihM [18].
4. Rd: * 2 fM, 1 M zun; ab * noch 5x wdh [24].
5. Rd: * 3 fM, 1 M zun; ab * noch 5x wdh, dabei ihM [30].
6. Rd: * 4 fM, 1 M zun; ab * noch 5x wdh [36].
7. Rd: * 5 fM, 1 M zun; ab * noch 5x wdh, dabei ihM [42].
8. Rd: * 6 fM, 1 M zun; ab * noch 5x wdh [48].
9. Rd: * 7 fM, 1 M zun; ab * noch 5x wdh, dabei ihM [54].
10. Rd: 54 fM häkeln [54].
11. Rd: 54 fM häkeln, dabei ihM [54].
12. Rd: 54 fM häkeln [54].
13. Rd: 54 fM, dabei ihM, 1 Lm, wenden [54].
In R weiterarbeiten.
14. R: 50 fM, 1 Lm, wenden [50]. Die restlichen Maschen nicht bearbeiten.
15. R: 50 fM ihM, 1 Lm, wenden [50].
16. R: 50 fM, 1 Lm, wenden [50].
17. R: 50 fM ihM, 1 Lm, wenden [50].
18. R: 50 fM häkeln [50].
Abketten und einen langen Faden zum Nähen lassen.

BASIS FÜR DIE KÖRPERSTACHELN (in Braun)

Einen langen Anfangsfaden zum Nähen lassen. 17 Lm anschlagen. In R arbeiten.
1. R: in die 2. Lm ab der Nadel einstechen, 16 fM, 1 Lm, wenden [16].
2. R: * 1 M zun, 4 fM; ab * noch 2x wdh, dabei ivM, 1 M zun, 1 Lm, wenden [20].
3. R: 1 M zun, 5 fM, 1 M zun, 6 fM, 1 M zun, 5 fM, 1 M zun, 1 Lm, wenden [24].

4. R: 1 M ivM zun, 7 fM, 1 M zun, 6 fM, 1 M zun, 7 fM, 1 M zun, 1 Lm, wenden [28].
5. R: * 1 M zun, 8 fM; ab * noch 2x wdh, 1 M zun, 1 Lm, wenden [32].
6. R: 32 fM ivM, 1 Lm, wenden [32].
7. R: 32 fM, 1 Lm, wenden [32].
8.–17. R: die 6. und 7. R abwechselnd wiederholen.
18. R: * 1 M abn, 13 fM; ab * noch 1x wdh, dabei ivM, 1 M abn, 1 Lm, wenden [29].
19. R: 1 M abn, 11 fM, 1 M abn, 12 fM, 1 M abn, 1 Lm, wenden [26].
20. R: * 1 M abn, 10 fM; ab * noch 1x wdh, dabei ivM, 1 M abn, 1 Lm, wenden [23].
21. R: 1 M abn, 9 fM, 1 M abn, 8 fM, 1 M abn [20].
Für saubere Kanten einmal rund um das Häkelteil arbeiten (Abb. 5).
22. Rd: fM in die nächsten 21 Reihenenden auf der rechten Seite nach oben häkeln, fM in die unbearbeitete Seite der nächsten 16 Lm an der Oberkante, fM in die nächsten 21 Reihenenden auf der linken Seite nach unten häkeln [58].
1 Km in die nächste M häkeln, abketten und einen langen Faden zum Nähen lassen.

SCHLEIFE (2x in dunklem Mintgrün)
Einen langen Anfangsfaden lassen. 25 Lm anschlagen. In Rd arbeiten.
1. Rd: mit einer Km in die 1. M zu einem Ring schließen, 1 Lm, in der Lm weitermachen, in der die Km gehäkelt wurde, 25 hStb, 1 Km in die 1. M [25].
2.–3. Rd: 1 Lm, in derselben M weitermachen, in der die letzte Km gehäkelt wurde, 25 hStb ihM [25].
1 Km in die folgende M häkeln , abketten und einen langen Faden zum Nähen lassen.
Um die Schleife zusammenzuziehen, die Garnenden ein paar Mal um die Mitte der Schleife schlingen, verknoten und die Garnenden auf der Rückseite der Schleife vernähen.

SCHLEIFENRING (2x in dunklem Mintgrün)
9 Lm anschlagen. In R arbeiten.
1. R: in die 2. Lm ab der Nadel einstechen, 8 fM, 1 Lm, wenden [8].
2. R: 8 fM häkeln [8].

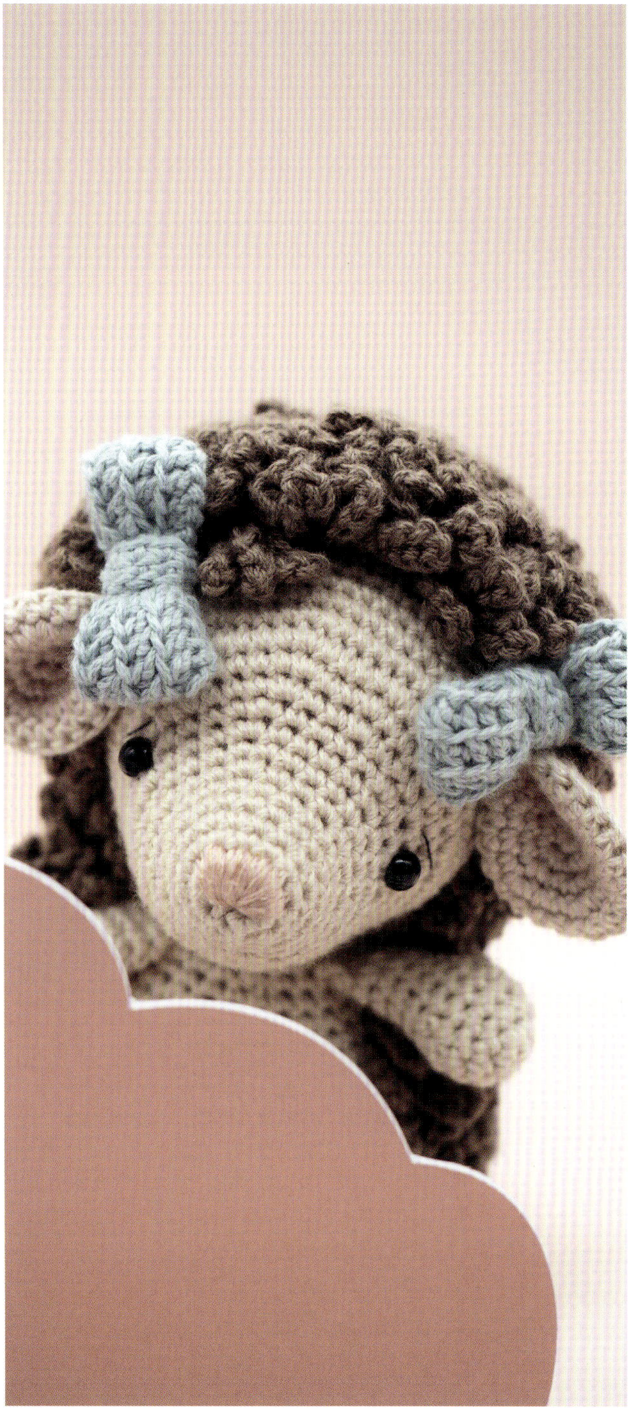

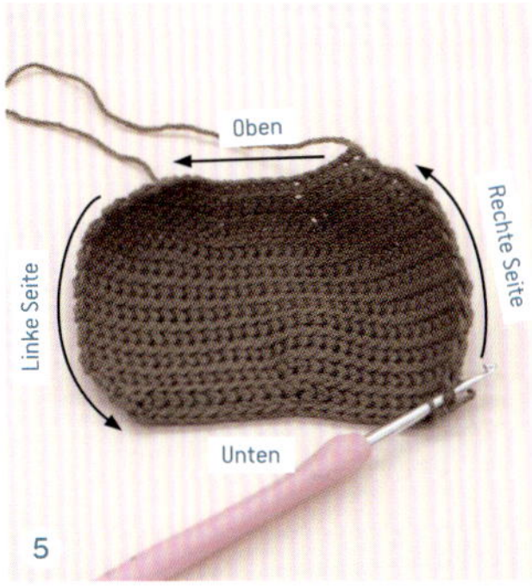

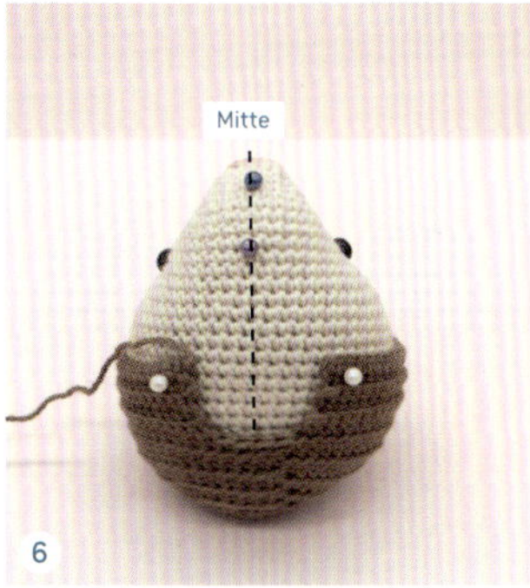

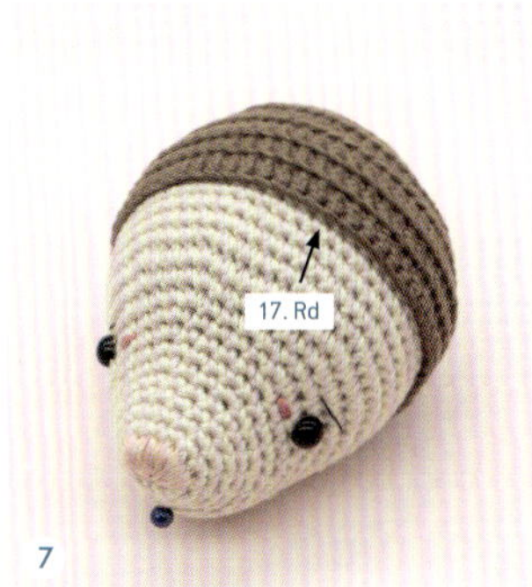

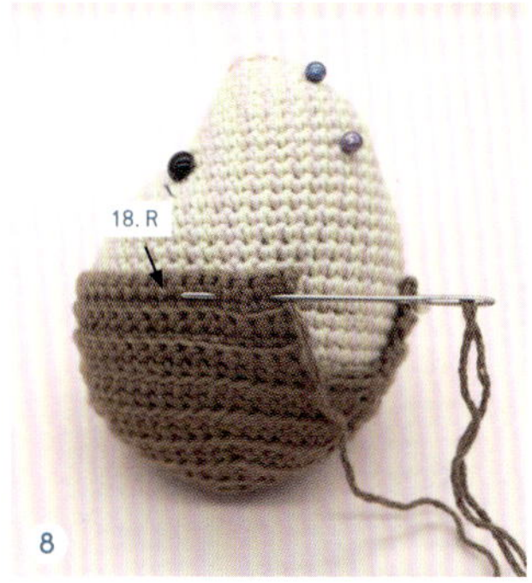

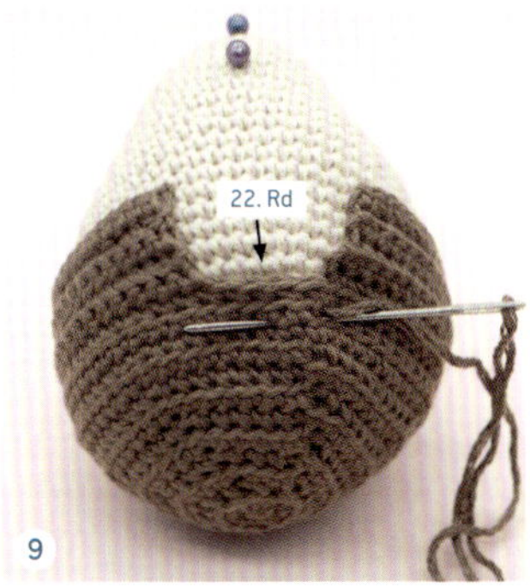

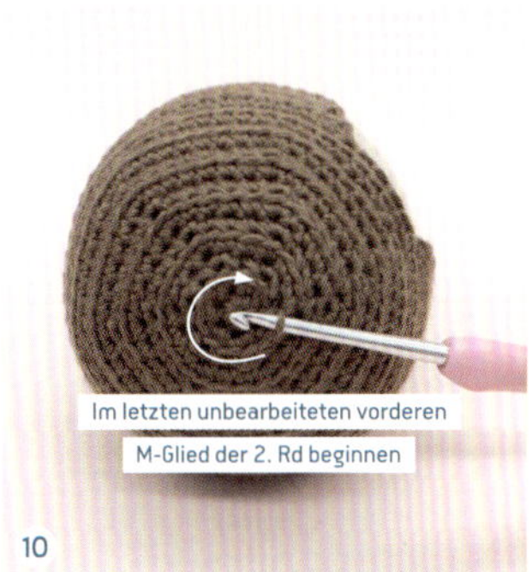

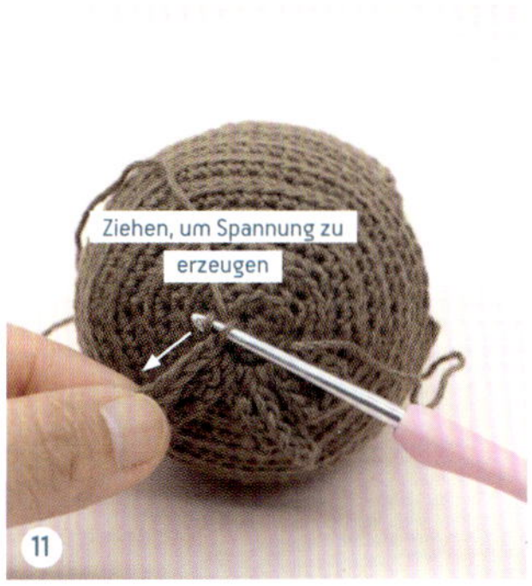

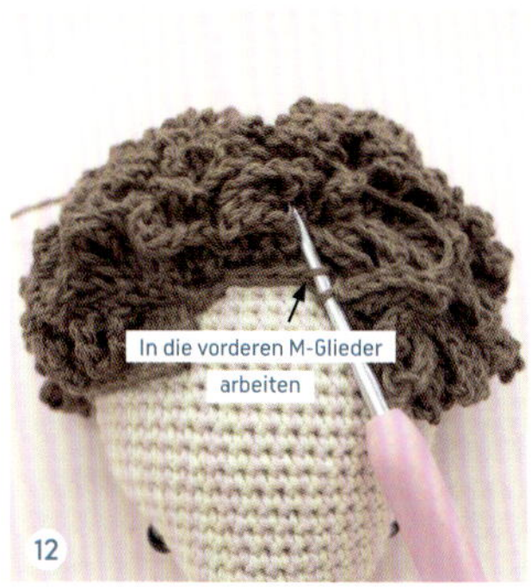

Abketten und einen langen Faden zum Nähen lassen. Den Schleifenring um die Mitte der Schleife legen. Die Enden auf der Rückseite zusammennähen. Den Ring mit ein paar Stichen an der Schleife fixieren, damit er nicht verrutscht.
Abketten und einen langen Faden zum Nähen lassen.

KOPFSTACHELN

- Die Basis für die Kopfstacheln am Kopf festnähen. Zuerst die Mitte am unteren Kopfende suchen. Nase und Augen dabei als Orientierungshilfe verwenden (blaue und lila Stecknadel, Abb. 6). Die Basis für die Kopfstacheln zuerst feststecken. Die Vorderkante der Basis liegt zwischen der 17. und 18. Rd am Kopf (Abb. 7). Zwischen der 17. und 18. Rd durch die Stachelbasis und den Kopf nähen (Abb 8). Dabei die vorderen M-Glieder der 18. R für das Häkeln der Stacheln freihalten. Zum Schluss rund um die Aussparung auf der Basisunterseite nähen (Abb. 9). Diese Kante liegt zwischen der 22. und 23. Rd des Kopfes. Darauf achten, dass die unbearbeiteten vorderen M-Glieder der Basis frei bleiben, da hier die Stacheln gehäkelt werden.
- In den unbearbeiteten vorderen M-Gliedern der Basis die Stacheln arbeiten. Mit braunem Garn im letzten unbearbeiteten vorderen M-Glied der 2. Rd neu anschlingen (Abb. 10). Die Nase zeigt dabei von Ihnen weg. In derselben M beginnen, in der neu angeschlungen wurde, * 10 Lm, 1 Km in das nächste vordere M-Glied; im Uhrzeigersinn in jedem vorderen M-Glied wiederholen.
Ein nützlicher Tipp: an der Schlinge aus 10 Lm ziehen, um Spannung zu erzeugen (Abb. 11). So lassen sich die Km leichter arbeiten.
Weitermachen, bis Sie das letzte M-Glied der 14. R erreicht haben. Für die 4 unbearbeiteten vorderen M-Glieder der 13. Rd: * 10 Lm, 1 Km in das nächste vordere M-Glied (Abb. 12). Dann in den unbearbeiteten vorderen M-Gliedern der 16. R weitermachen. Sind Sie am Ende der R angelangt, den Kopf so drehen, dass die Nase von Ihnen weg zeigt. Zuletzt in die unbearbeiteten vorderen M-Glieder der 18. R Stacheln häkeln (Abb. 13). Abketten und Garnenden vernähen.

KÖRPERSTACHELN

- Den Körper am Kopf festnähen. Dabei die markierten M als Orientierungshilfe verwenden. Die Körperöffnung wird

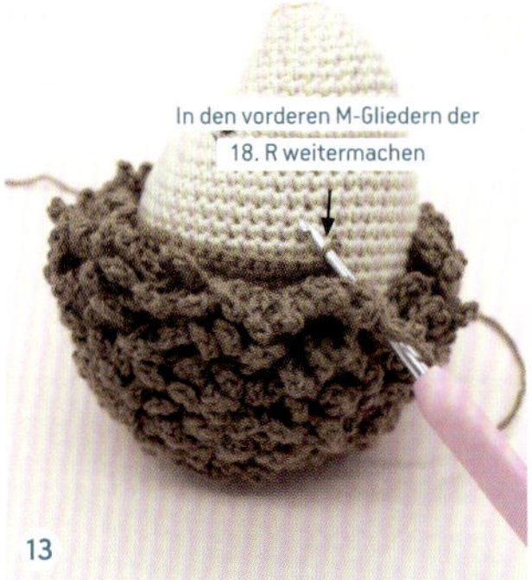

13

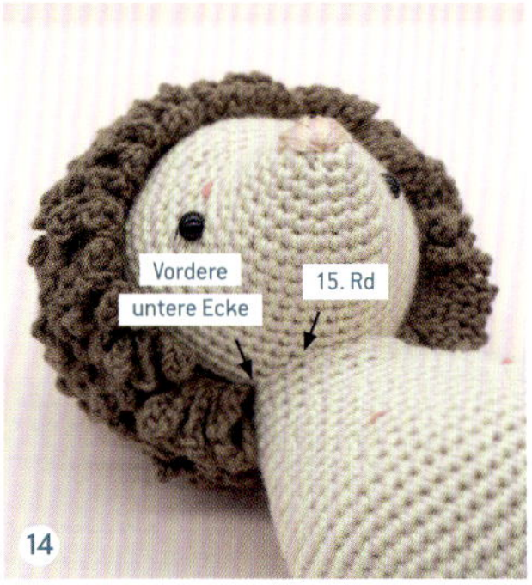

14

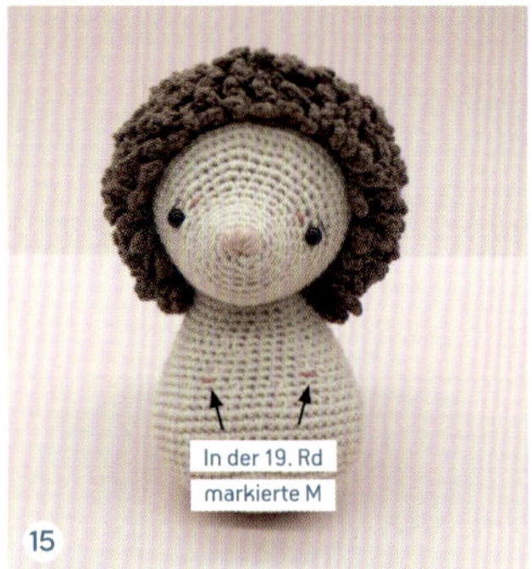

15

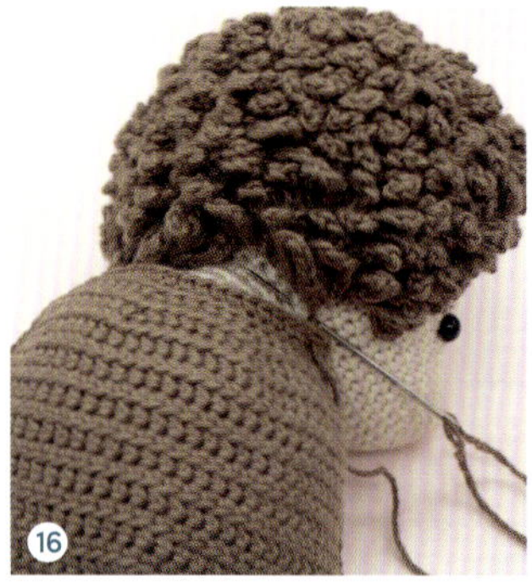
16

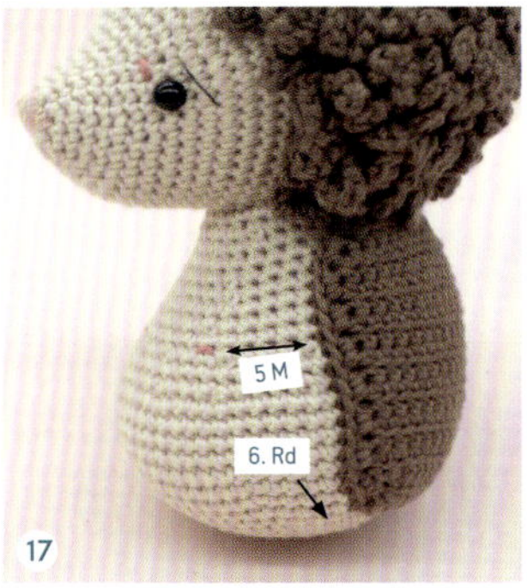

17

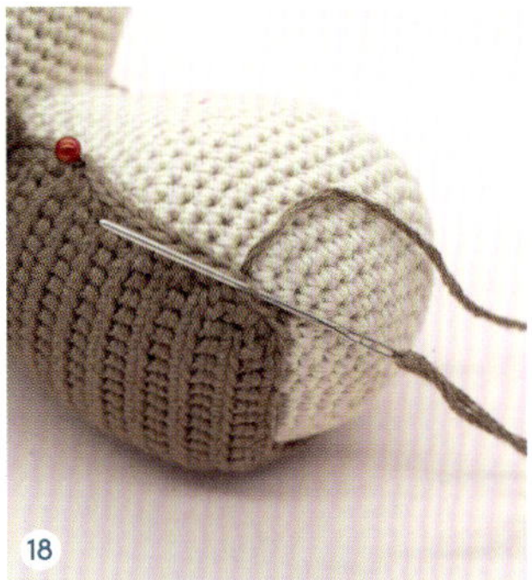
18

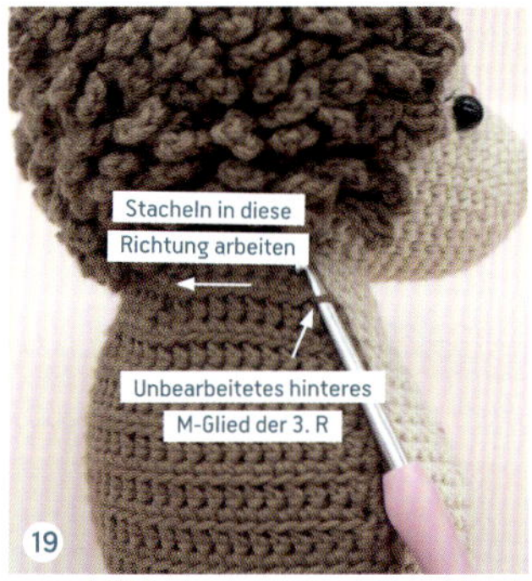

19

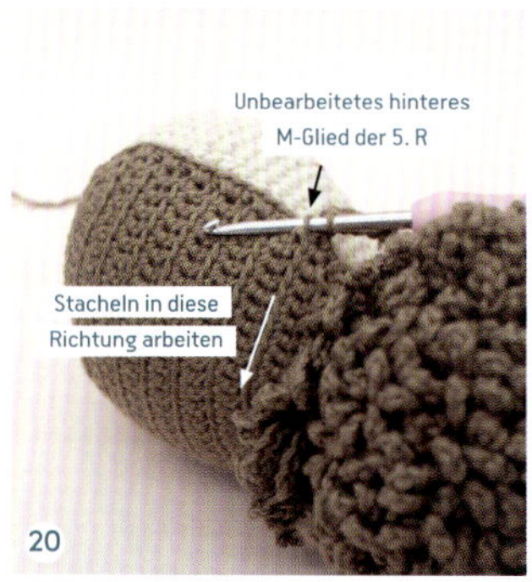

20

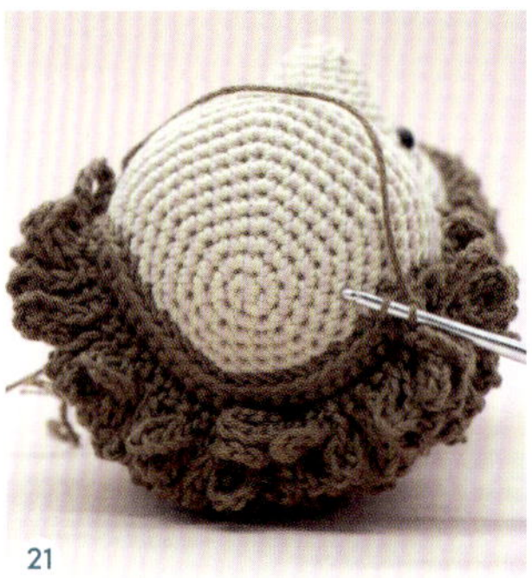
21

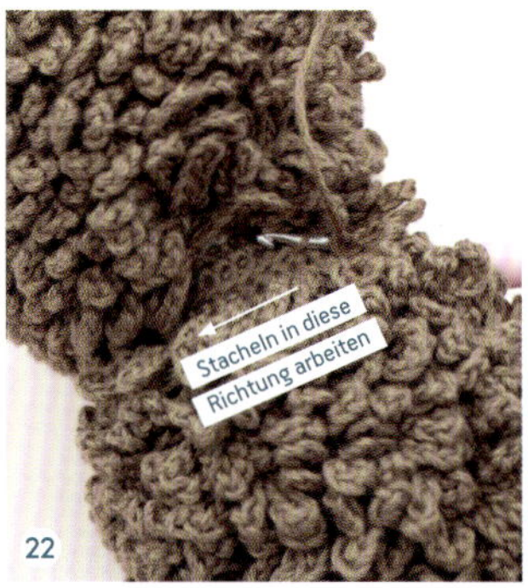

22

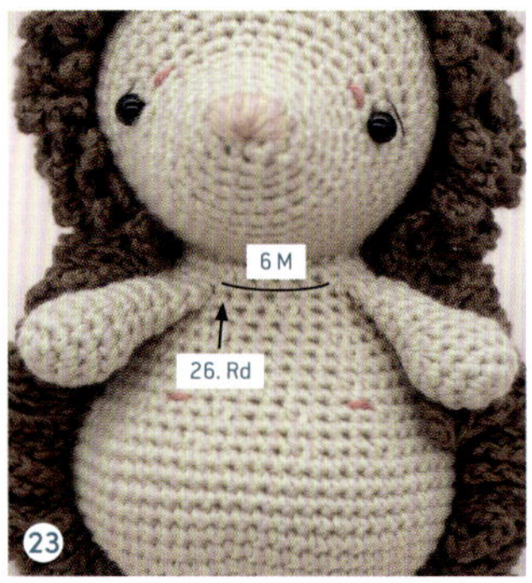

23

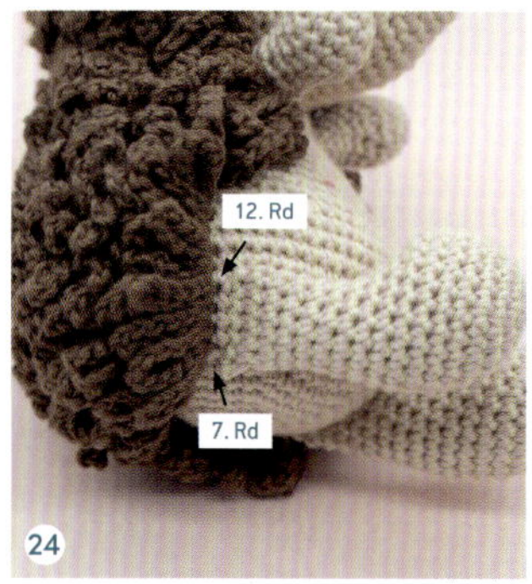

24

über die 15.–22. Rd auf der Kopfunterseite festgenäht (Abb. 14). Die auf der Körpervorderseite markierten M helfen Ihnen bei der Ausrichtung der beiden Teile (Abb. 15). Die vorderen, unteren Ecken der Basis für die Kopfstacheln liegen auf Höhe der Naht.

- Die Basis für die Körperstacheln am Körper feststecken. Die unbearbeiteten hinteren M-Glieder zeigen dabei nach außen, da hier die Stacheln gehäkelt werden. Zuerst die Oberkante an der Naht zwischen Kopf und Körper festnähen (Abb. 16). Die vorderen, oberen Ecken sollten an die vorderen, unteren Ecken der Basis für die Kopfstacheln anschließen. Darauf achten, dass die Basis mittig auf der Körperrückseite befestigt wird. Dabei die in der 19. Rd am Körper markierten M als Orientierungshilfe nutzen. Die Basisunterkante wird zwischen der 5. und 6. Rd am Körper befestigt. Zwischen den Seitenkanten und den markierten Mliegen etwa 5 M. (Abb. 17). Die Unter- und Seitenkante nur an den hinteren M-Gliedern festnähen. Die vorderen M-Glieder für die Stacheln freihalten (Abb. 18).

- Die Stacheln auf der Körperrückseite häkeln. Das untere

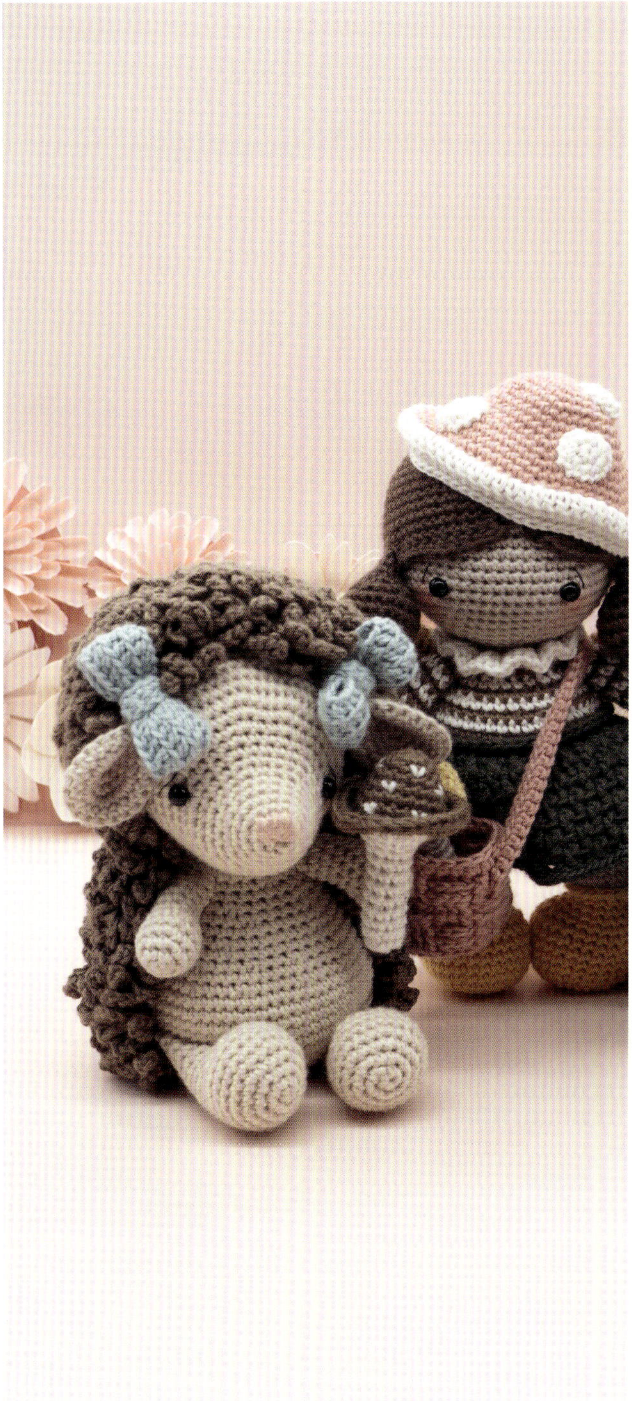

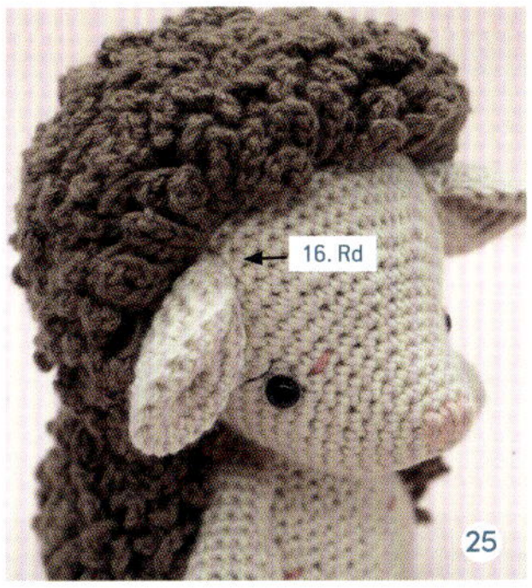

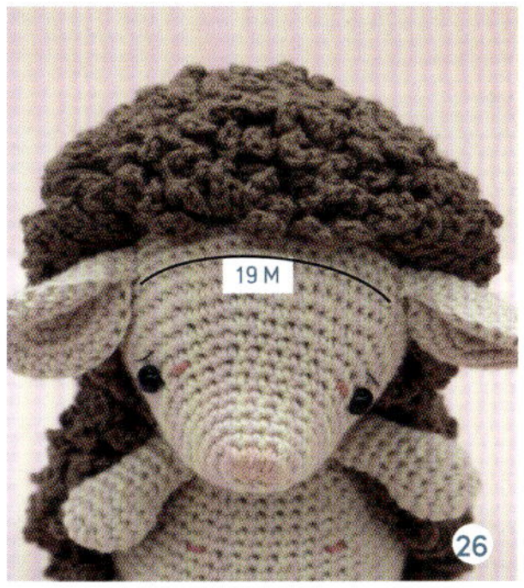

Körperende zeigt zu Ihnen. Mit braunem Garn im 1. unbearbeiteten hinteren M-Glied der 3. R auf der rechten Seite der Basis neu anschlingen (Abb. 19). Dann wie folgt häkeln: * 10 Lm, 1 Km in das nächste hintere M-Glied; ab * in jedem hinteren M-Glied wiederholen. Sobald Sie das R-Ende erreicht haben, den Körper wenden (Abb. 20). In R weiterarbeiten, bis Sie das untere Basisende erreicht haben. Jetzt die Stacheln auf der Körperunterseite und am rechten Rand häkeln. Dabei in die nicht festgenähten vorderen M-Glieder arbeiten (Abb. 21). Wenn Sie oben angekommen sind, weiter Stacheln in die unbearbeiteten hinteren M-Glieder der 1. Basisreihe häkeln (Abb. 22). Danach am linken Rand Stacheln häkeln. Dabei in die nicht festgenähten vorderen M-Glieder arbeiten. Abketten und Garnenden vernähen.

FERTIGSTELLUNG

- Die Arme zwischen der 26. und 27. Rd am Körper befestigen (Abb. 23). Vorne liegen 6 M zwischen den beiden Armen. Die hinteren Enden schließen direkt an die Basis für die Körperstacheln an.
- Die flachen Beinenden zwischen der 7. und 12. Rd, direkt vor der Basis für die Körperstacheln festnähen (Abb. 24). Damit die Beine eng am Körper liegen, die Beininnenseite mit ein paar zusätzlichen Stichen am Körper fixieren.
- Das flache Ohrende zwischen der 16. und 17. Rd am Kopf festnähen (Abb. 25). Der Abstand zwischen den vorderen Ecken beträgt 19 M (Abb. 26).
- Über jedem Ohr eine Schleife anbringen.
- Alle Maschenmarkierer entfernen.

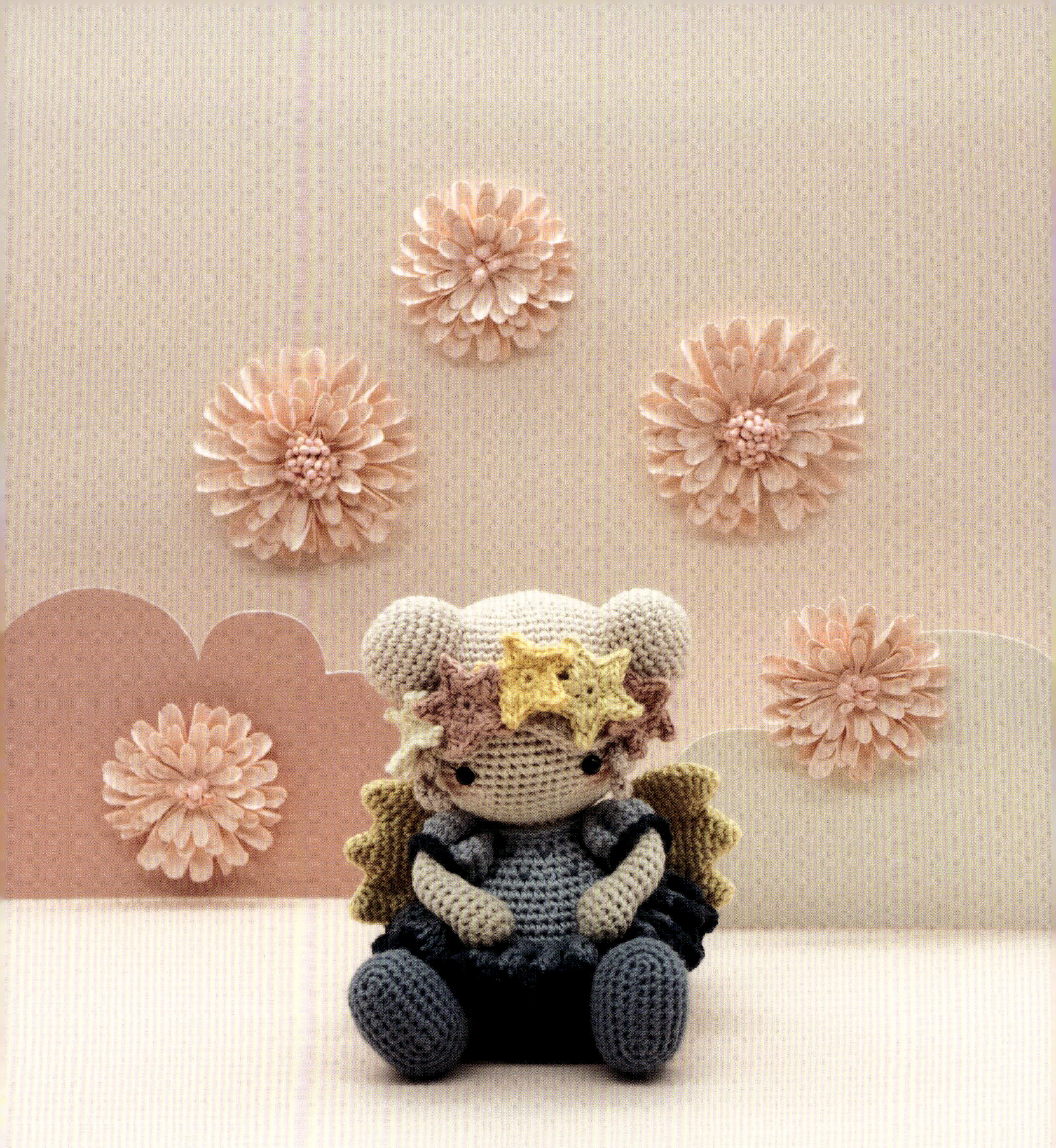

Schwierigkeitsgrad: ●●○
Größe: ca. 13 cm hoch

Amigurumi-Galerie: QR-Code scannen oder www.amigurumi.com/4508 besuchen und Bilder teilen bzw. kreative Anregungen finden.

Heidi, die Sternenfee

Heidi ist eine sehr sanfte und freundliche Sternenfee. Sie versprüht Glanz und Glitzer im Zauberwald und verleiht auch dem entlegensten Winkel des Waldes einen Hauch Magie. Heidi ist immer fröhlich und liebt es, im Schein der Sterne glanzvolle Partys zu veranstalten. An ihren Sinn für Mode kommt (außer Bogart) so schnell niemand heran und ihre schicken Outfits sind so beeindruckend wie der Nachthimmel. In ihrer Gegenwart erfüllen Gelächter und Freude die Luft, wenn Feen, Elfen und Tiere miteinander feiern.

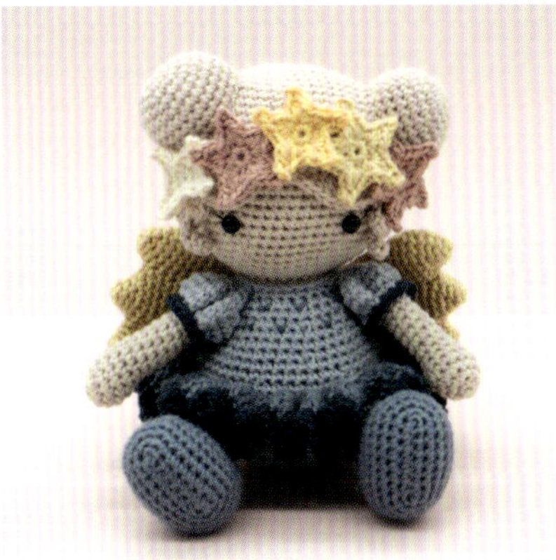

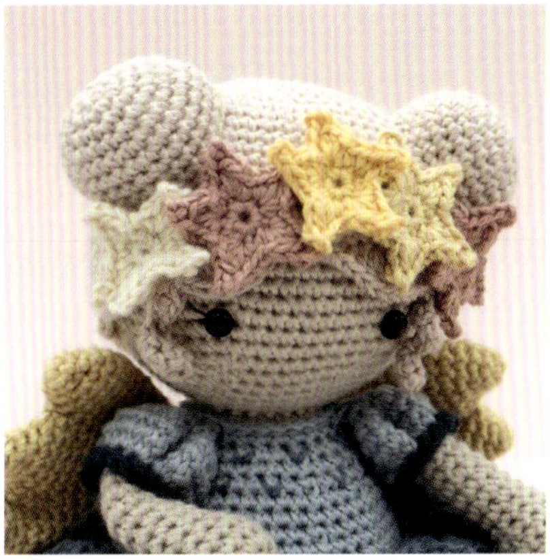

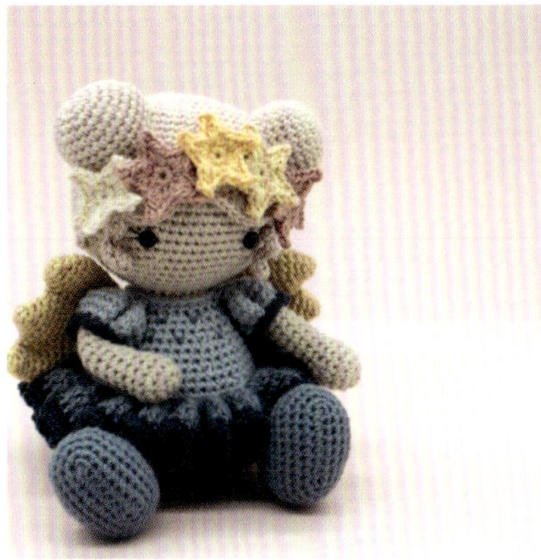

MATERIAL

Dünnes Baumwollgarn (Krea Deluxe Bio-Baumwolle, Lauflänge 50 g/165 m) in Blassgelb (Nr. 03), Gelb (Nr. 05), Sonnengelb (Nr. 06), Puderrosa (Nr. 07), Rosé (Nr. 13), Taubenblau (Nr. 21), helles Taubenblau (Nr. 25), Marineblau (Nr. 27), Beige (Nr. 46); Häkelnadel 2,5 mm; Sicherheitsaugen (6 mm Durchmesser); schwarzes Stickgarn (DMC 6-fädiges Stickgarn Nr. 310 – einen Faden für die Wimpern verwenden); Wollnadel; Stecknadeln; Maschenmarkierer; Kunstfaserfüllwatte; optional: Wangenrouge und Pinsel

KOPF (in Beige)

1. Rd: 6 fM in einen Fadenring arbeiten [6].
2. Rd: 6x 1 M zun [12].
3. Rd: * 1 fM, 1 M zun; ab * noch 5x wdh [18].
4. Rd: * 2 fM, 1 M zun; ab * noch 5x wdh [24].
5. Rd: * 3 fM, 1 M zun; ab * noch 5x wdh [30].
6. Rd: * 4 fM, 1 M zun; ab * noch 5x wdh [36].
7. Rd: * 5 fM, 1 M zun; ab * noch 5x wdh [42].
8. Rd: * 6 fM, 1 M zun; ab * noch 5x wdh [48].
9. Rd: * 7 fM, 1 M zun; ab * noch 5x wdh [54].
10. Rd: * 8 fM, 1 M zun; ab * noch 5x wdh [60].
11.–20. Rd: 60 fM häkeln [60].
21. Rd: * 8 fM, 1 M abn; ab * noch 5x wdh [54].
22. Rd: * 7 fM, 1 M abn; ab * noch 5x wdh [48].
23. Rd: * 6 fM, 1 M abn; ab * noch 5x wdh [42].
24. Rd: * 5 fM, 1 M abn; ab * noch 5x wdh [36].
25. Rd: * 4 fM, 1 M abn; ab * noch 5x wdh [30].

Die Sicherheitsaugen zwischen der 18. und 19. Rd mit einem Abstand von 11 M einsetzen (Abb. 1).

Mit einem einzelnen schwarzen Faden in der 18. Rd über jedem Auge 2 Wimpern aufnähen.

Den Kopf gut mit Füllwatte ausstopfen.

26. Rd: * 3 fM, 1 M abn; ab * noch 5x wdh [24].
27. Rd: * 2 fM, 1 M abn; ab * noch 5x wdh [18].
28. Rd: * 1 fM, 1 M abn; ab * noch 5x wdh [12].
Den Kopf fertig ausstopfen.
29. Rd: 6x 1 M abn [6].
1 Km in die folgende M häkeln, abketten und einen Faden zum Nähen lassen.
Mit der Wollnadel das Fadenende durch die vorderen M-Glieder der letzten 6 M führen. Fest anziehen und den Kopf schließen. Das Garnende vernähen.

HAARE (in Puderrosa)
1. Rd: 6 fM in einen Fadenring arbeiten [6].
2. Rd: 6x 1 M zun [12].
3. Rd: * 1 fM, 1 M zun; ab * noch 5x wdh [18].
4. Rd: * 2 fM, 1 M zun; ab * noch 5x wdh [24].
5. Rd: * 3 fM, 1 M zun; ab * noch 5x wdh [30].
6. Rd: * 4 fM, 1 M zun; ab * noch 5x wdh [36].
7. Rd: * 5 fM, 1 M zun; ab * noch 5x wdh [42].
8. Rd: * 6 fM, 1 M zun; ab * noch 5x wdh [48].
9. Rd: * 7 fM, 1 M zun; ab * noch 5x wdh [54].
10. Rd: * 8 fM, 1 M zun; ab * noch 5x wdh [60].
11.–19. Rd: 60 fM häkeln [60].
In R weiterarbeiten.
20. R: 59 fM häkeln, wenden [59]. Die letzte M nicht bearbeiten.
Die unbearbeitete 60. M der 19. Rd markieren. Den Maschenmarkierer erst entfernen, wenn die Haare fertig sind.
21. R: 1. M überspringen, 56 fM, 1 M abn, wenden [57].
22. R: 1. M überspringen, 1 hStb, 1x 2 hStb, 1x 2 Stb, 1 Stb, 1x 2 Stb, 2 hStb, 2 fM, 9 Lm (Abb. 2), in die 2. Lm ab der Nadel einstechen, * 1 fM in die nächste Lm, in der nächsten Lm 1 M zun; ab * noch 3x wdh, 1 fM zurück in die Basis der 21. R, * 4 fM, 1 M überspringen, 1 fM, 1 M überspringen; ab * noch 9x wdh, 1x 4 fM, 1 fM, 9 Lm, in die 2. Lm ab der Nadel einstechen, * 1 fM in die nächste Lm, in der nächsten Lm 1 M zun; ab * noch 3x wdh, 1 fM zurück in die Basis der 21. R, 1 hStb, 2x 2 Stb, 1 hStb, 1 fM, 1 Km in die markierte 60. M der 20. Rd (Abb. 3) [119].
Abketten und einen langen Faden zum Nähen lassen.

HAARKNOTEN (2x in Puderrosa)
1. Rd: 6 fM in einen Fadenring arbeiten [6].
2. Rd: 6x 1 M zun [12].
3. Rd: * 1 fM, 1 M zun; ab * noch 5x wdh [18].
4. Rd: * 2 fM, 1 M zun; ab * noch 5x wdh [24].
5. Rd: * 5 fM, 1 M zun; ab * noch 3x wdh [28].
6.–8. Rd: 28 fM häkeln [28].
9. Rd: * 5 fM, 1 M abn; ab * noch 3x wdh [24].
1 Km in die nächste M häkeln, abketten und einen langen Faden zum Nähen lassen.
Den Haarknoten gut mit Füllwatte ausstopfen.

KÖRPER (in hellem Taubenblau)
1. Rd: 6 fM in einen Fadenring arbeiten [6].
2. Rd: 6x 1 M zun [12].
3. Rd: * 1 fM, 1 M zun; ab * noch 5x wdh [18].
4. Rd: * 2 fM, 1 M zun; ab * noch 5x wdh [24].
5. Rd: * 3 fM, 1 M zun; ab * noch 5x wdh [30].
6. Rd: * 4 fM, 1 M zun; ab * noch 5x wdh [36].
7. Rd: * 5 fM, 1 M zun; ab * noch 5x wdh [42].
8. Rd: * 6 fM, 1 M zun; ab * noch 5x wdh [48].
9. Rd: * 7 fM, 1 M zun; ab * noch 5x wdh [54].
10. Rd: * 8 fM, 1 M zun; ab * noch 5x wdh [60].
11.–15. Rd: 60 fM häkeln [60].
16. Rd: * 8 fM, 1 M abn; ab * noch 5x wdh [54].
17. Rd: 54 fM häkeln, dabei ihM [54].
18. Rd: * 7 fM, 1 M abn; ab * noch 5x wdh [48].
19. Rd: 48 fM häkeln [48].
20. Rd: 2 fM, 1 M abn, * 6 fM, 1 M abn; ab * noch 4x wdh, 4 fM [42].
21. Rd: 42 fM häkeln [42].
22. Rd: 5 fM, 1 M abn, * 12 fM, 1 M abn; ab * noch 1x wdh, 7 fM [39].
23. Rd: 8 fM, 1 M abn, * 11 fM, 1 M abn; ab * noch 1x wdh, 3 fM [36].
24. Rd: 4 fM, 1 M abn, * 10 fM, 1 M abn; ab * noch 1x wdh, 6 fM [33].
25. Rd: 7 fM, 1 M abn, * 9 fM, 1 M abn; ab * noch 1x wdh, 2 fM [30].
26. Rd: 2 fM, 1 M abn, * 8 fM, 1 M abn; ab * noch 1x wdh, 6 fM [27].
2 fM häkeln. Sie befinden sich jetzt in der Mitte der Körperrückseite (Abb. 4). Das ist das neue Ende der Rd.
Mit Beige weiterarbeiten.
27. Rd: * 7 fM, 1 M abn; ab * noch 2x wdh, dabei ihM [24].

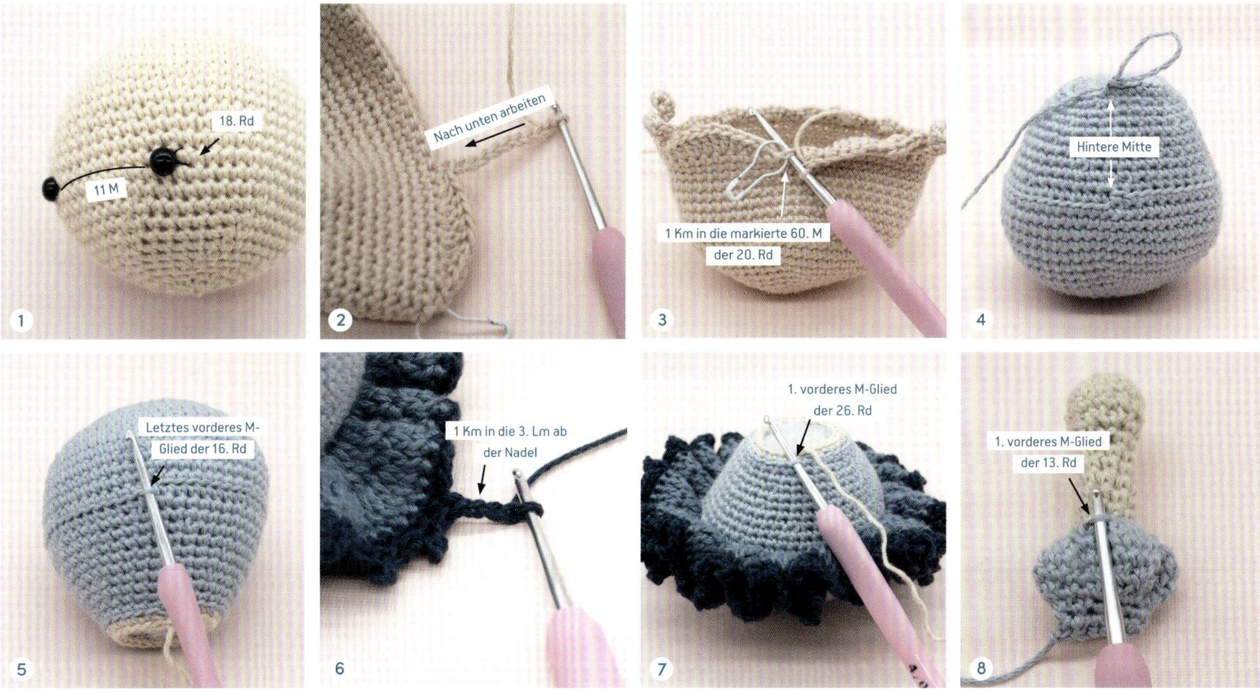

1 Km in die nächste M häkeln, abketten und einen langen Faden zum Nähen lassen.
Den Körper fertig ausstopfen.

ROCK (mit Taubenblau beginnen)

Am Körper mit Taubenblau im letzten unbearbeiteten vorderen M-Glied der 16. Rd neu anschlingen (Abb. 5). In geschlossenen Runden arbeiten.
Das untere Körperende zeigt von Ihnen weg.
1. Rd: 2 Lm häkeln, im selben vorderen M-Glied beginnen, in dem neu angeschlungen wurde, jeweils 3 Stb in die nächsten 54 M häkeln, 1 Km in die 1. M [162].
2. Rd: 2 Lm, in derselben M beginnen, in der die letzte Km gehäkelt wurde, * 1 Stb, 1x 2 Stb; ab * noch 80x wdh [243].
Mit Marineblau weiterarbeiten.
3. Rd: 243 fM häkeln [243].
4. Rd: * 1 fM, ein 3-Lm-Pikot (Abb. 6), 2 fM; ab * noch 80x wdh [328].
1 Km in die nächste M, abketten und Garnenden vernähen.

KRAGEN (in hellem Taubenblau)

Am Körper mit hellem Taubenblau im 1. unbearbeiteten vorderen M-Glied der 26. Rd neu anschlingen (Abb. 7).
Das untere Körperende zeigt zu Ihnen.
Die 1. Km des Kragens schön locker häkeln.
1. Rd: 1 Lm häkeln, im selben vorderen M-Glied beginnen, in dem neu angeschlungen wurde, 27 Km [27].
1 Km in die nächste M häkeln, abketten und Garnenden vernähen.

ARM (2x mit Beige beginnen)

1. Rd: 6 fM in einen Fadenring arbeiten [6].
2. Rd: 6x 1 M zun [12].
3. Rd: * 3 fM, 1 M zun; ab * noch 2x wdh [15].
4. Rd: 15 fM häkeln [15].
5. Rd: 2x 1 M abn, 7 fM, 2x 1 M abn [11].
6. Rd: 1 M abn, 7 fM, 1 M abn [9].
7.–12. Rd: 9 fM häkeln [9].
1 fM häkeln. Sie sollten sich jetzt in der Mitte der Arminnenseite befinden. Das ist das neue Ende der Rd.
Mit hellem Taubenblau weiterarbeiten.
13. Rd: * 1 fM, 1 M zun; ab * noch 3x wdh, 1 fM [13].
14. Rd: jeweils 3 fM in alle 13 M häkeln, dabei ihM [39].
15.–16. Rd: 39 fM häkeln [39].
17. Rd: 19x 1 M abn, 1 fM [20].

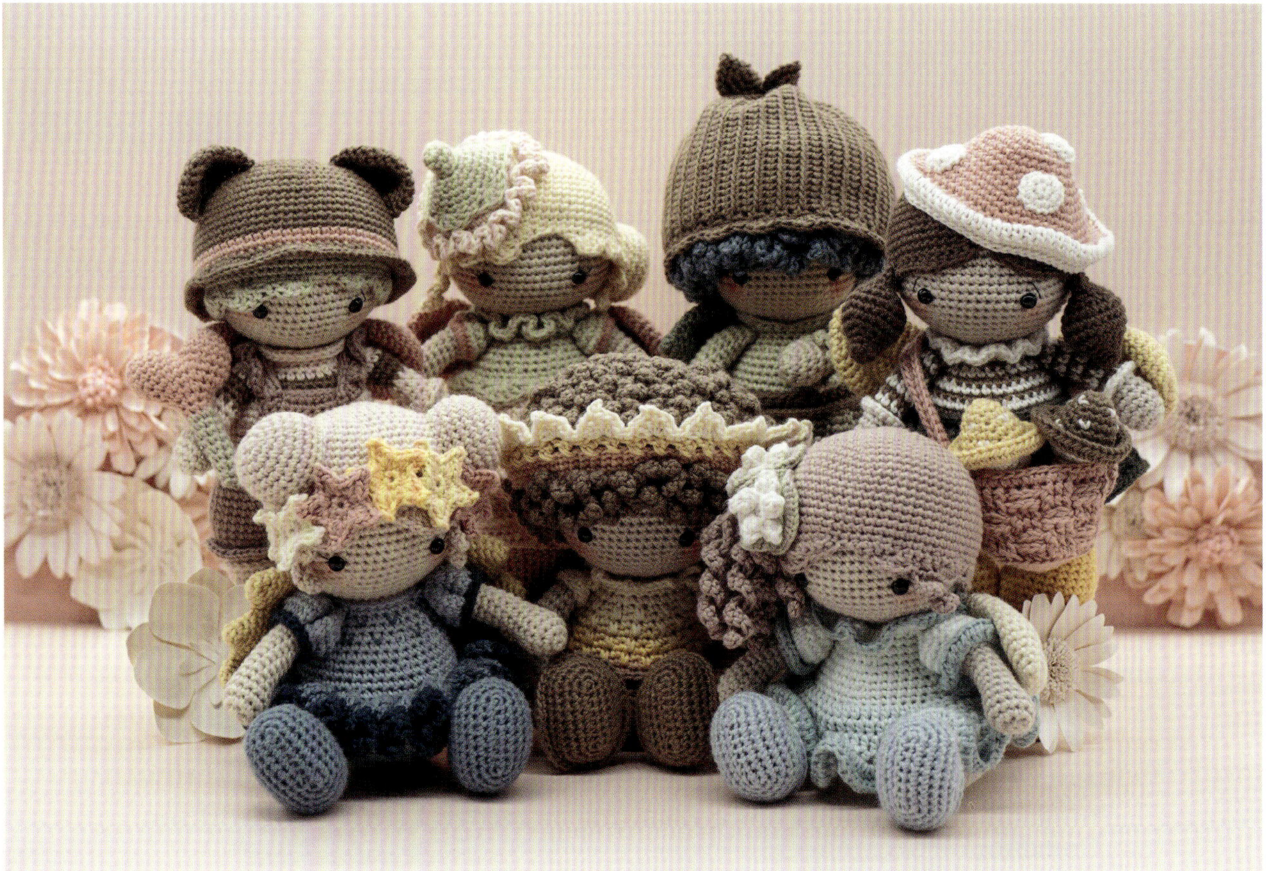

18. Rd: 10x 1 M abn [10].
19. Rd: 4 fM häkeln [4]. Die restlichen Maschen nicht bearbeiten.
Die Hand gut mit Füllwatte ausstopfen. Zum oberen Armrand und zum Ärmel hin allmählich weniger Füllwatte verwenden. Das offene Armende flach drücken und 5 fM durch beide Lagen häkeln, um die Öffnung zu schließen.
Abketten und einen langen Faden zum Nähen lassen.
Der Farbwechsel sollte sich auf der Arminnenseite befinden.

ÄRMELMANSCHETTE (2x in Marineblau)

Am Arm mit Marineblau im 1. unbearbeiteten vorderen M-Glied der 13. Rd neu anschlingen (Abb. 8).
Die Hand zeigt von Ihnen weg.
1. Rd: 1 Lm häkeln, im selben vorderen M-Glied beginnen, in dem neu angeschlungen wurde: * 1 fM, 1 M zun; ab * noch 5x wdh, 1 fM [19].
1 Km in die nächste M häkeln, abketten und Garnenden vernähen.

BEIN (2x mit Taubenblau beginnen)

9 Lm anschlagen. Entlang beider Seiten der Lm-Kette häkeln.
1. R: in die 2. Lm ab der Nadel einstechen, 7 fM, 3 fM in die nächste Lm. Auf der Rückseite der Lm-Kette weiterarbeiten. 6 fM, 1 M zun [18].
2. Rd: 1 M zun, 6 fM, 3x 1 M zun, 6 fM, 2x 1 M zun [24].
3. Rd: 1 fM, 1 M zun, 6 fM, * 1 fM, 1 M zun; ab * noch 2x wdh, 6 fM, * 1 fM, 1 M zun; ab * noch 1x wdh [30].
4. Rd: 2 fM, 1 M zun, 6 fM, * 2 fM, 1 M zun; ab * noch 2x wdh, 6 fM, * 2 fM, 1 M zun; ab * noch 1x wdh [36].

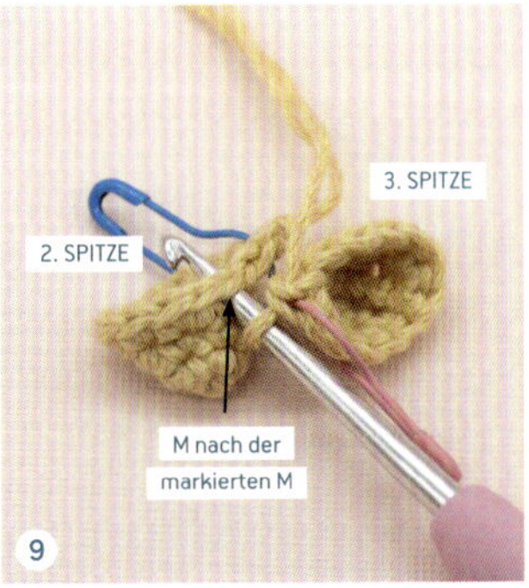

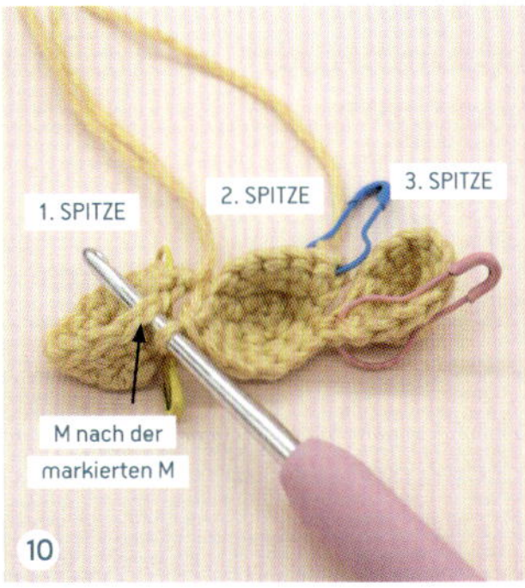

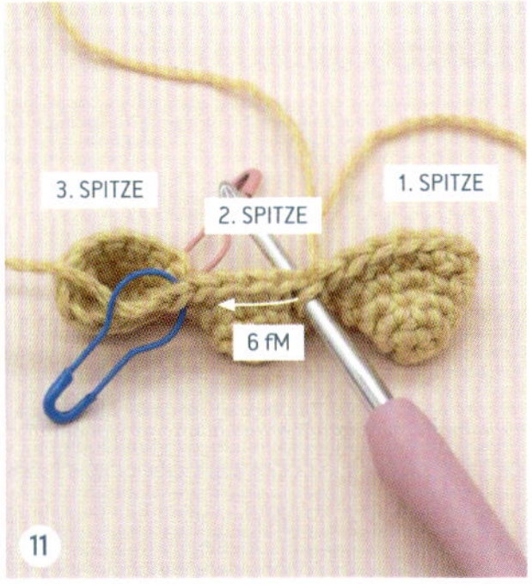

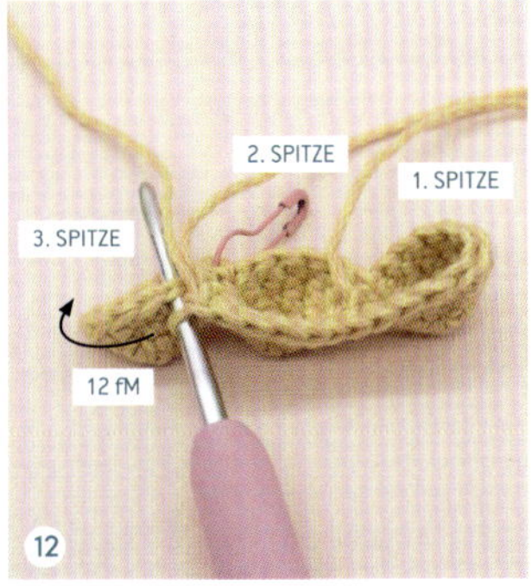

5.–6. Rd: 36 fM häkeln [36].
7. Rd: 7 fM, * 1 M abn, 1 fM; ab * noch 6x wdh, 8 fM [29].
8. Rd: 6 fM, * 1 M abn, 1 fM; ab * noch 4x wdh, 8 fM [24].
Mit Beige weiterarbeiten.
9. Rd: diese Rd ihM arbeiten: 6 fM, * 1 M abn, 1 fM; ab * noch 3x wdh, 6 fM [20].
10. Rd: * 2 fM, 1 M abn; ab * noch 4x wdh [15].
11. Rd: * 3 fM, 1 M abn; ab * noch 2x wdh [12].
12.–22. Rd: 12 fM häkeln [12].
23. Rd: rechtes Bein: 9 fM [9]. Die restlichen Maschen nicht bearbeiten.
23. Rd: linkes Bein: 3 fM [3]. Die restlichen Maschen nicht bearbeiten.
Das Bein gut mit Füllwatte ausstopfen. Zum oberen Beinrand hin allmählich weniger Füllwatte verwenden.
Das offene Beinende flach drücken und 6 fM durch beide Lagen häkeln, um die Öffnung zu schließen.
Abketten und einen langen Faden zum Nähen lassen.

SCHUHMANSCHETTE (2x in Taubenblau)

Am Bein mit taubenblauem Garn im 1. unbearbeiteten vorderen M-Glied der 8. Rd neu anschlingen.
Das untere Beinende zeigt dabei zu Ihnen.
1. Rd: 1 Lm häkeln, im selben vorderen M-Glied beginnen, in dem neu angeschlungen wurde, 24 fM [24].
1 Km in die nächste M, abketten und Garnenden vernähen.

FLÜGEL (2x)

Flügelspitze (6x, 3 für jeden Flügel, in Gelb)

1. Rd: 4 fM in einen Fadenring arbeiten [4].
2. Rd: * 1 fM, 1 M zun; ab * noch 1x wdh [6].
3. Rd: * 2 fM, 1 M zun; ab * noch 1x wdh [8].
4. Rd: * 1 fM, 1 M zun; ab * noch 3x wdh [12].
Die 12. M der 4. Rd markieren. Das hilft Ihnen später beim Verbinden der Flügelspitzen.
2 Flügelspitzen pro Flügel abketten und einen Faden zum Nähen lassen.
Die 3. Flügelspitze nicht abketten. Mit dem restlichen Flügel weitermachen.

Die Flügelspitzen verbinden

1. Rd: in der M nach der an der 2. Flügelspitze markierten M beginnen (Abb. 9), 6 fM entlang der 2. Spitze, in der M nach der an der 1. Spitze markierten M weitermachen (Abb. 10), 12 fM entlang der 1. Spitze, fM in die restlichen 6 M an der 2. Spitze (Abb. 11), 12 fM entlang der 3. Spitze (Abb. 12) [36].
2. Rd: 36 fM häkeln [36].
3. Rd: * 4 fM, 1 M abn; ab * noch 5x wdh [30].
4. Rd: 30 fM häkeln [30].
5. Rd: * 8 fM, 1 M abn; ab * noch 2x wdh [27].
6. Rd: 3 fM, 1 M abn, * 7 fM, 1 M abn; ab * noch 1x wdh, 4 fM [24].
Mit den Garnenden der 1. und 2. Spitze eventuelle Lücken schließen.
7. Rd: 9 fM, 1 M abn, 10 fM, 1 M abn, 1 fM [22].
8. Rd: 8 fM, 1 M abn, 9 fM, 1 M abn, 1 fM [20].
9. Rd: * 8 fM, 1 M abn; ab * noch 1x wdh [18].
10. Rd: * 7 fM, 1 M abn; ab * noch 1x wdh [16].**11. Rd:*** 1 M abn, 6 fM; ab * noch 1x wdh [14].
12. Rd:* 5 fM, 1 M abn; ab * noch 1x wdh [12].
13. Rd:* 1 M abn, 4 fM; ab * noch 1x wdh [10].
Die Flügel nicht ausstopfen. Das offene Flügelende flach

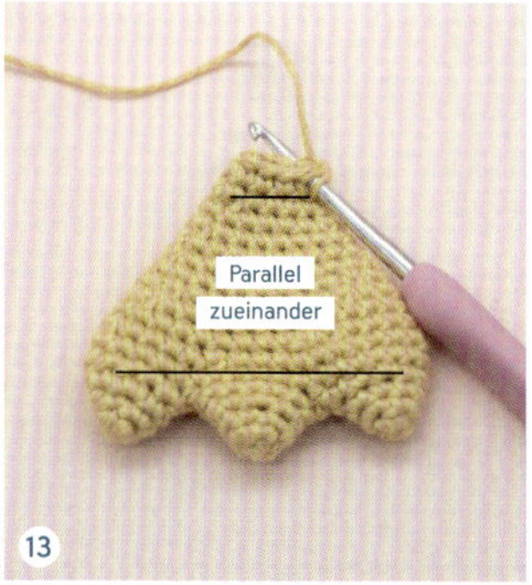

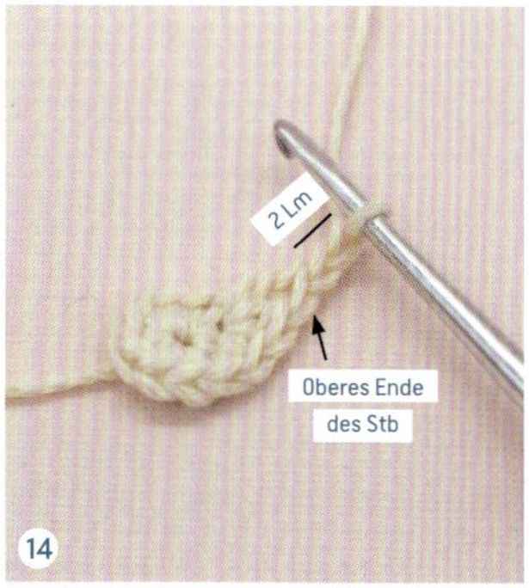

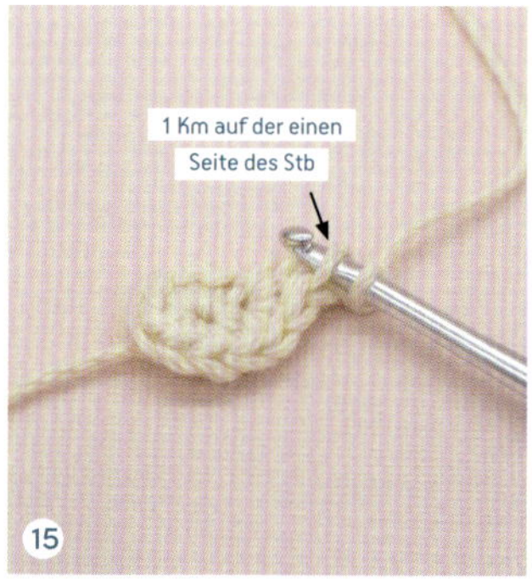

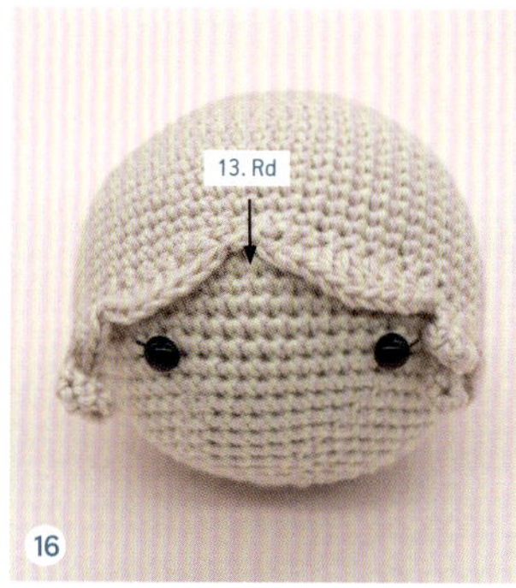

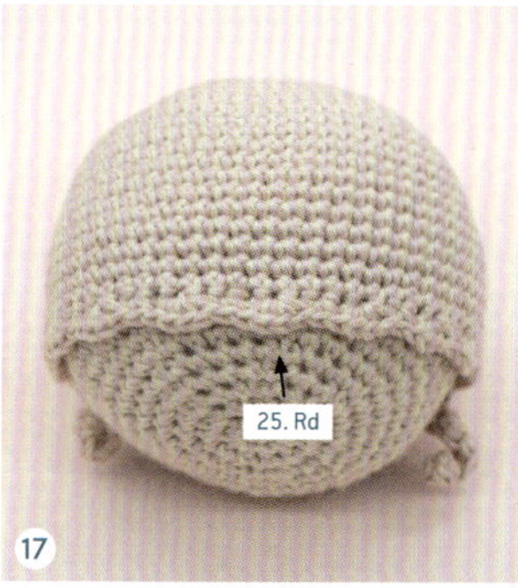

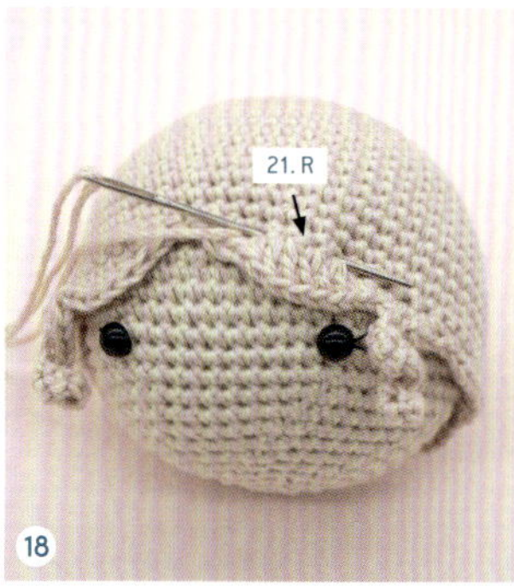

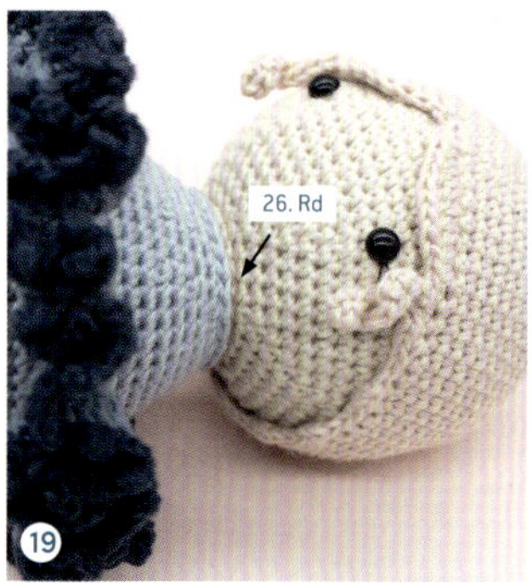

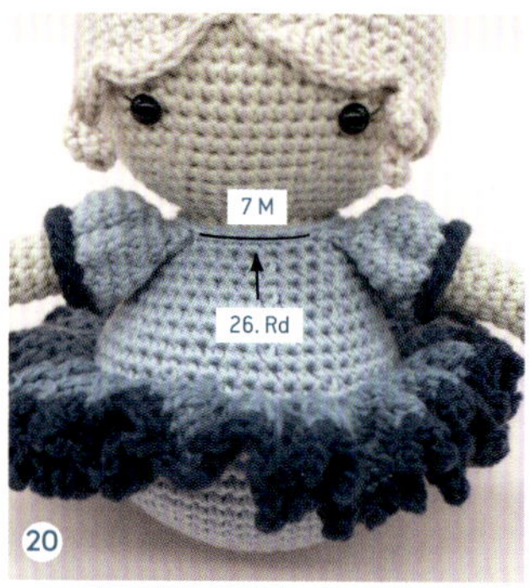

drücken und 5 fM durch beide Lagen häkeln, um die Öffnung zu schließen. Das flache Flügelende ist parallel zu den Flügelspitzen (Abb. 13).

Abketten und einen langen Faden zum Nähen lassen.

STERN (5x: 1x in Blassgelb, 1x in Gelb, 1 x in Sonnengelb, 2 x in Rosé)

1. Rd: 10 fM in einen Fadenring arbeiten [10].

2. Rd: * 1 fM, 1 fM + 1 hStb + 1 Stb + 2 Lm + 1 Km in das hintere M-Glied des letzten Stb (Abb. 14–15) + 1 hStb + 1 fM in die nächste M; ab * noch 4x wdh [45].

1 Km in die nächste M häkeln, abketten und einen langen Faden zum Nähen lassen.

FERTIGSTELLUNG

- Die Haare am Kopf festnähen. Die Locken gleichmäßig auf beiden Seiten verteilen. Die vordere Einbuchtung liegt zwischen der 13. und 14. Rd am Kopf (Abb. 16). Der hintere Haarrand wird zwischen der 24. und 25. Rd befestigt (Abb. 17). Zwischen der 21. und 22. R ein paar Haarmaschen am Kopf fixieren (Abb. 18). Den seitlichen Pony nicht befestigen.

- Den Körper am Kopf festnähen. Die Körperöffnung wird über die 27.- 29. Rd auf der Kopfunterseite festgenäht (Abb. 19).

- Die Arme zwischen der 26. und 27. Rd am Körper befestigen (Abb. 20). Vorne liegen 7 M zwischen den beiden Armen. Die Beine von der 8.-13. Rd am Körper festnähen (Abb. 21).

- Das hintere Beinende sollte direkt hinter der Körpermitte liegen. Damit die Beine eng am Körper liegen, die Beininnenseite mit ein paar zusätzlichen Stichen am Körper fixieren.

- Die Haarknoten an den Haaren festnähen. Die Knotenöffnung wird zwischen der 10.–18. Rd der Haare befestigt (Abb. 22). Zwischen der 9. und 10. Rd gezählt liegen 12 M zwischen den inneren Knotenrändern und zwischen der 18. und 19. Rd gezählt sind es 17 M.

- Die Flügel auf der Körperrückseite befestigen. Die flachen Enden werden vertikal im Abstand von 4 M zwischen der 20. und 24. Rd des Körpers festgenäht (Abb. 23). Damit die Flügel eng am Körper liegen, die Flügelinnenseite mit ein paar zusätzlichen Stichen am Körper fixieren.

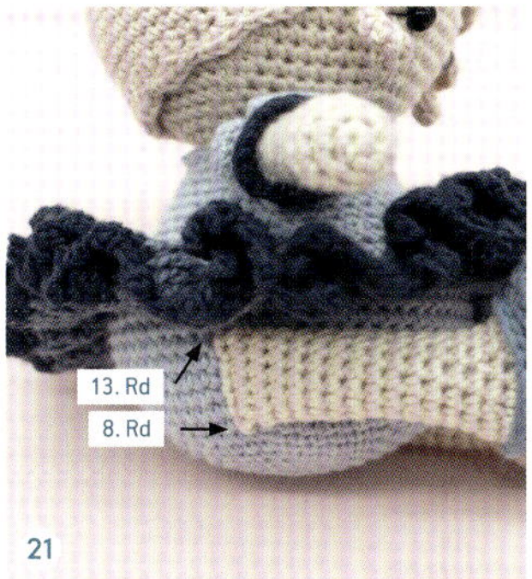

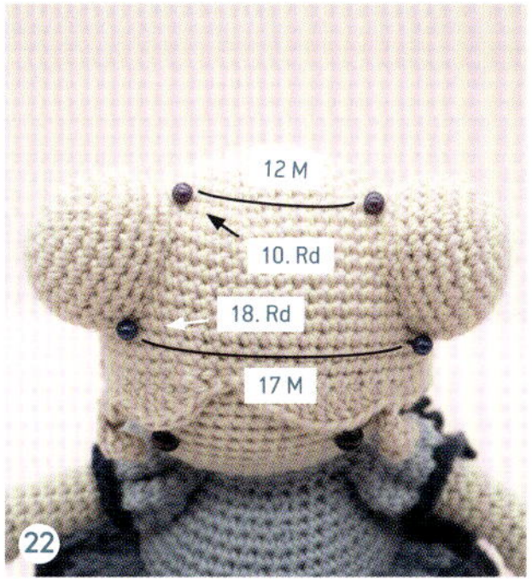

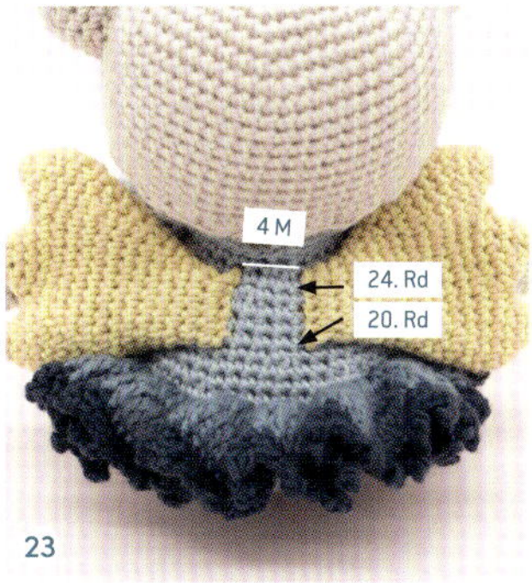

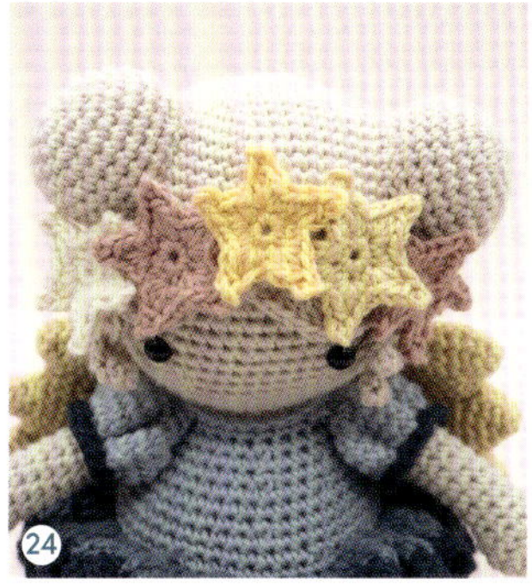

- Die Sterne vorne an den Haaren befestigen (Abb. 24).
- Auf der Körpervorderseite zwischen den Armen mit einem Faden in Taubenblau "V"s entlang der 23. und 25. Rd aufsticken. Jedes "V" ist so breit wie 1 M.
- Wenn Sie möchten, können Sie auf Heidis Wangen Rouge auftragen, damit sie noch niedlicher aussieht.
- Alle Maschenmarkierer entfernen.

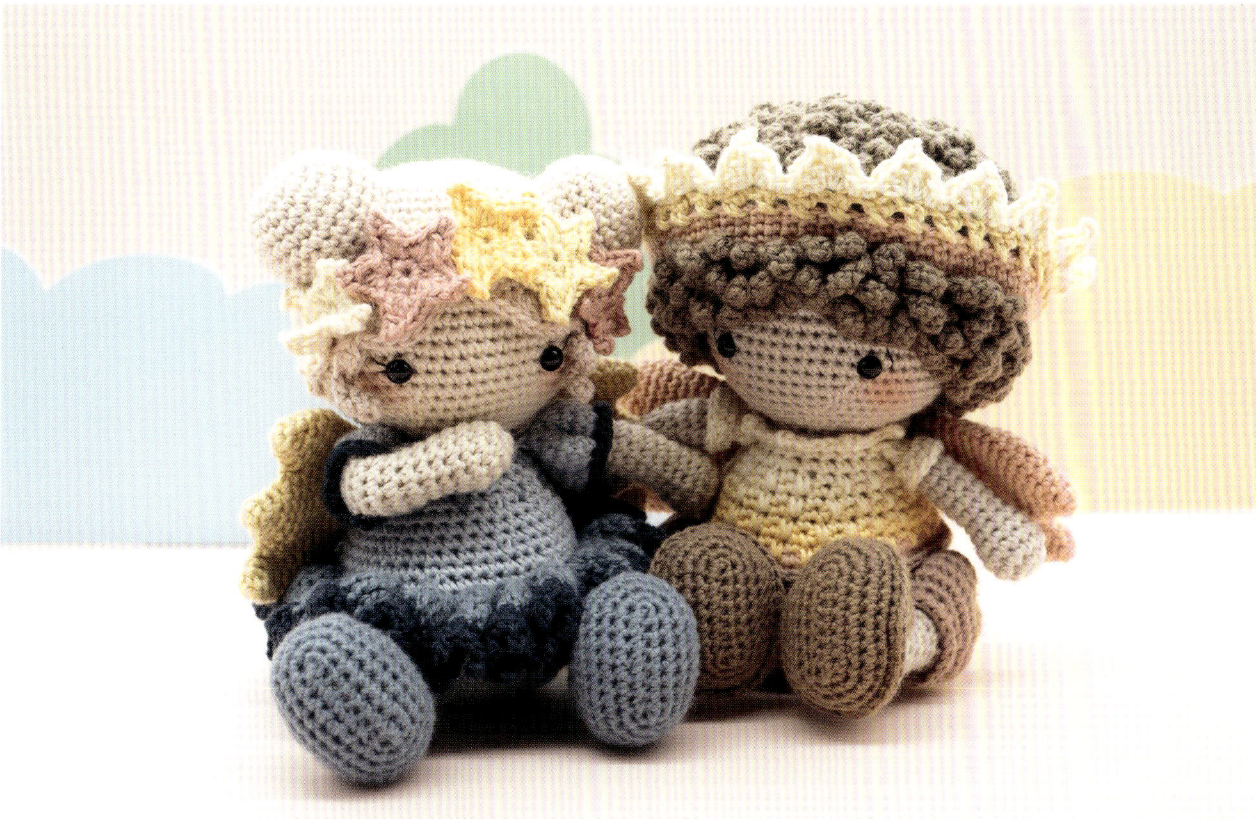

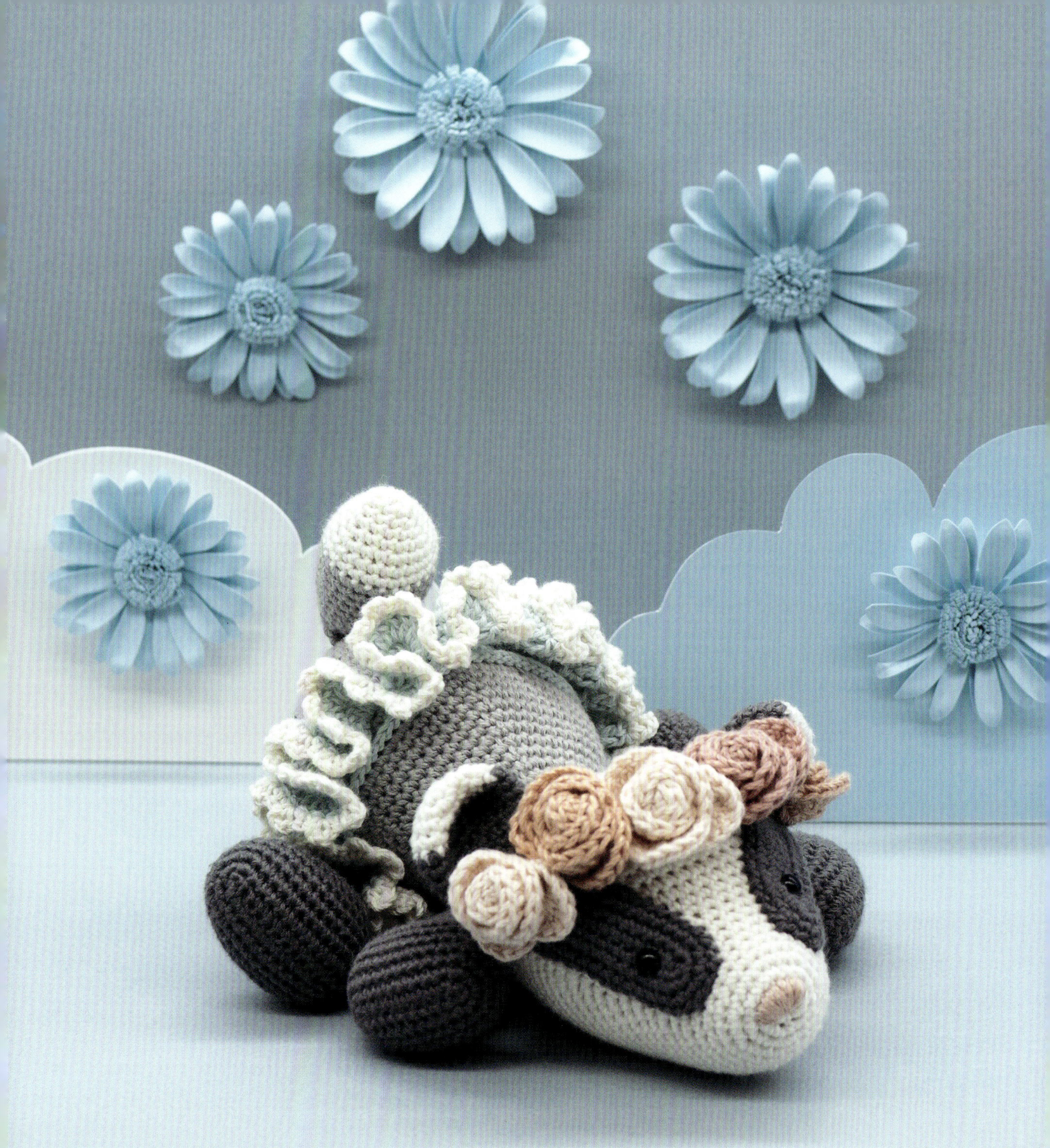

Schwierigkeitsgrad: ● ● ○
Größe: ca. 22 cm lang.

Amigurumi-Galerie: QR-Code scannen oder www.amigurumi.com/4509 besuchen und Bilder teilen bzw. kreative Anregungen finden.

Piper, das Dachsmädchen

Piper, das Dachsmädchen wird erst nachts so richtig aktiv! Sobald sich die Dämmerung über den Wald legt, beginnt sie geschäftig herumzuwuseln. Mit ihrer Checkliste in der Hand sammelt sie Nahrung und Materialien für all ihre Freund*innen aus dem Wald und beweist so ihren enormen Einfallsreichtum. Doch leider ist ihr Sehvermögen etwas eingeschränkt, was oft zu versehentlichen Kollisionen führt. Deshalb wartet Piper schon sehnsüchtig auf ihren Termin beim Optiker. In der Zwischenzeit wird sie von den anderen Waldbewohner*innen durch den Wald geleitet, um ihren Weg zu finden.

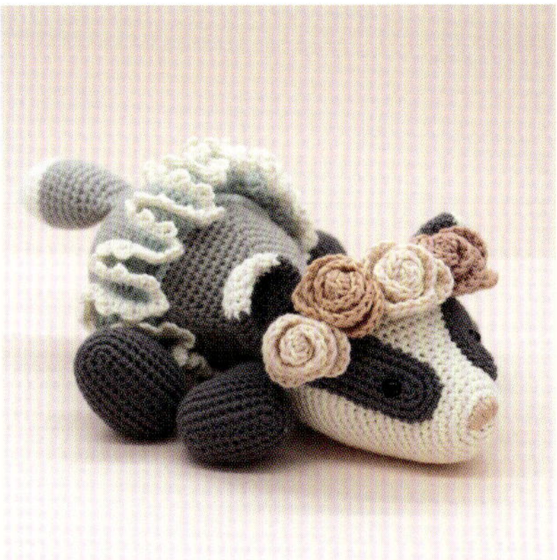

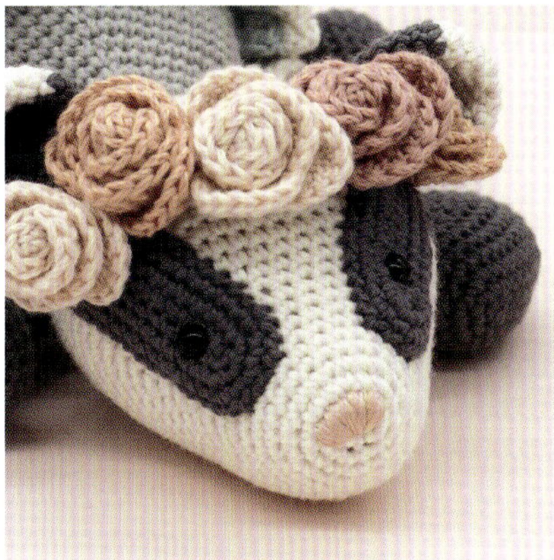

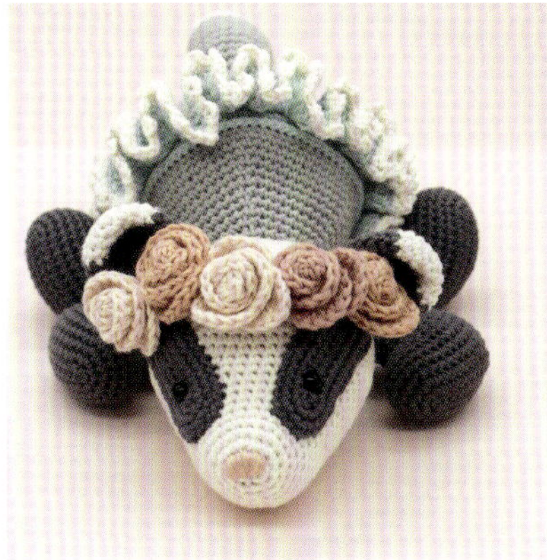

MATERIAL

Dünnes Baumwollgarn (Krea Deluxe Bio-Baumwolle, Lauflänge 50 g/165 m) in Wollweiß (Nr. 02), helles Lachsrosa (Nr. 08), Lachsrosa (Nr. 10), Rosé (Nr. 13), Mintgrün (Nr. 32), Hellgrau (Nr. 48), Dunkelgrau (Nr. 50); Häkelnadel 2,5 mm; Sicherheitsaugen (6 mm Durchmesser); rosa Stickgarn (DMC 6-fädiges Stickgarn #224 – 6 Fäden für die Nase verwenden); Wollnadel; Stecknadeln; Maschenmarkierer; Kunstfaserfüllwatte

AUGENFLECK (2x in Dunkelgrau)

22 Lm anschlagen. Entlang beider Seiten der Lm-Kette häkeln.

1. Rd: in die 2. Lm ab der Nadel einstechen, 20 fM, 3 fM in die nächste Lm. Auf der Rückseite der Lm-Kette weiterarbeiten, 19 fM, 1 M zun [44].

2. Rd: 1 M zun, 19 fM, 3x 1 M zun, 19 fM , 2x 1 M zun [50].

3. Rd: 1 hStb, 1x 2 hStb, 10 hStb, 9 fM, * 1 fM, 1 M zun; ab * noch 2x wdh, 10 fM, 9 hStb, * 1 hStb, 1x 2 hStb; ab * noch 1x wdh [56].

1 Km in die nächste M häkeln, abketten und einen langen Faden zum Nähen lassen.

KOPF (in Wollweiß)

1. Rd: 6 fM in einen Fadenring arbeiten [6].

2. Rd: 6x 1 M zun [12].

3. Rd: * 1 fM, 1 M zun; ab * noch 5x wdh [18].

4. Rd: 1 fM, * 1 M zun, 1 fM; ab * noch 1x wdh, 1 M zun, 6 fM, 1 M zun, * 1 fM, 1 M zun; ab * noch 1x wdh, 1 fM [24].

5. Rd: 24 fM häkeln [24].

6. Rd: 1 fM, 1 M zun, 3 fM, 1 M zun, 12 fM, 1 M zun, 3 fM, 1 M zun, 1 fM [28].

7. Rd: 28 fM häkeln [28].

8. Rd: 7 fM, * 1 M zun, 3 fM, 1 M zun, 4 fM; ab * noch 1x wdh, 3 fM [32].

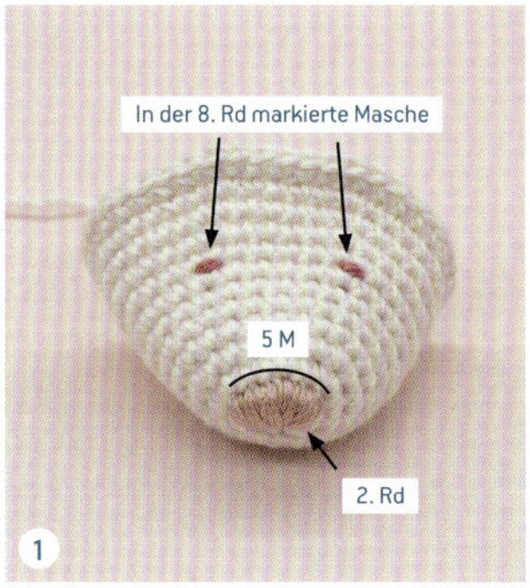

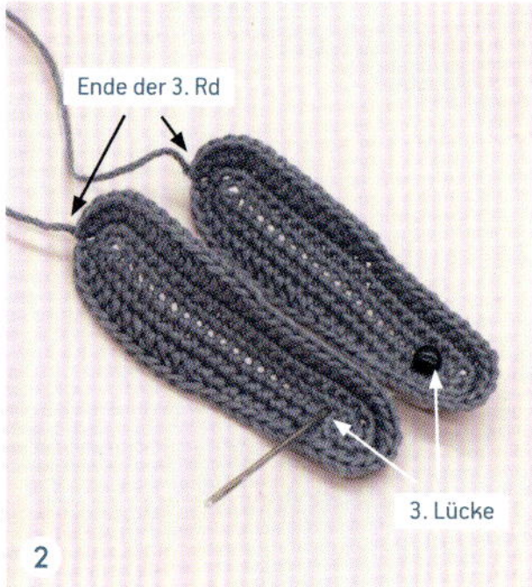

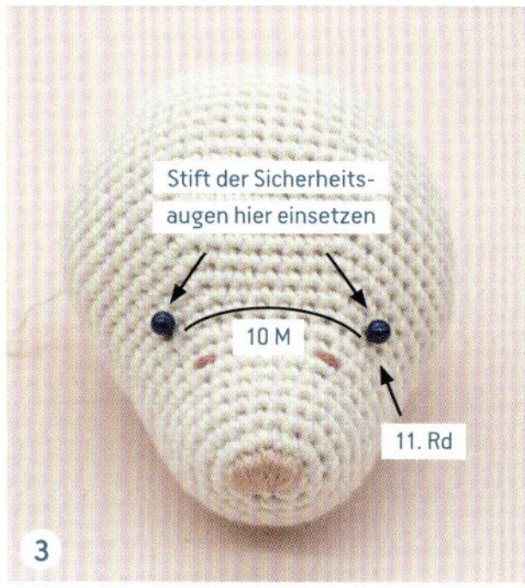

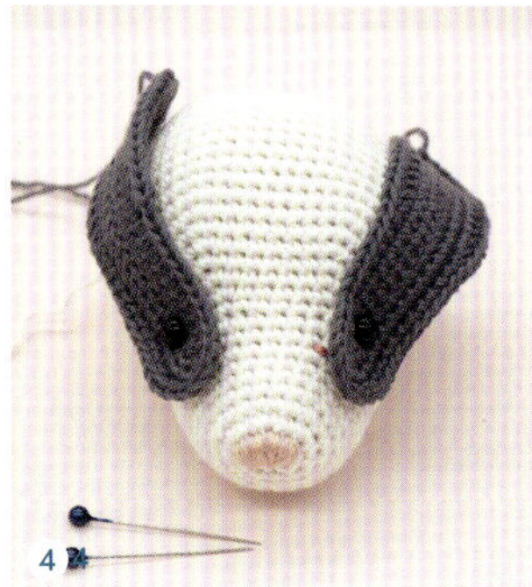

Die 13. und 14. sowie die 19. und 20. M der 8. Rd markieren. Sie dienen beim Aufnähen der Nase als Orientierungshilfe.
9. Rd: 32 fM häkeln [32].
10. Rd: 8 fM, * 1 M zun, 4 fM; ab * noch 3x wdh, 4 fM [36].
11. Rd: 36 fM häkeln [36].
12. Rd: 9 fM, * 1 M zun, 5 fM, 1 M zun, 4 fM; ab * noch 1x wdh, 5 fM [40].
13. Rd: 10 fM, * 1 M zun, 5 fM, 1 M zun, 6 fM; ab * noch 1x wdh, 4 fM [44].
Die Nase mit rosa Stickgarn zwischen der 1. und 2. Rd am Kopf aufnähen. Dabei an den markierten Maschen orientieren. Das obere Nasenende ist so breit wie 5 M, das untere Nasenende geht durch den Fadenring (Abb. 1).
14. Rd: 12 fM, * 1 M zun, 6 fM; ab * noch 3x wdh, 4 fM [48].
15. Rd: 13 fM, * 1 M zun, 7 fM, 1 M zun, 6 fM; ab * noch 1x wdh, 5 fM [52].
16. Rd: 14 fM, * 1 M zun, 7 fM, 1 M zun, 8 fM; ab * noch 1x wdh, 4 fM [56].
17. Rd: 15 fM, * 1 M zun, 8 fM; ab * noch 3x wdh, 5 fM [60].
18.–27. Rd: 60 fM häkeln [60].
28. Rd: * 8 fM, 1 M abn; ab * noch 5x wdh [54].
29. Rd: * 7 fM, 1 M abn; ab * noch 5x wdh [48].
30. Rd: * 6 fM, 1 M abn; ab * noch 5x wdh [42].
31. Rd: * 5 fM, 1 M abn; ab * noch 5x wdh [36].
32. Rd: * 4 fM, 1 M abn; ab * noch 5x wdh [30].
Die Sicherheitsaugen auf den beiden Augenflecken jeweils in der 3. Lücke der Luftmaschenkette einsetzen (Abb. 2). Dann die Stifte der Sicherheitsaugen mit einem Abstand von 10 M zwischen der 11. und 12. Rd am Kopf einsetzen. Dabei an den markierten Maschen orientieren (Abb. 3–4).
Die Verschlüsse an den Sicherheitsaugen anbringen, die Augenflecken aber noch nicht festnähen.
Den Kopf gut mit Füllwatte ausstopfen.
33. Rd: * 3 fM, 1 M abn; ab * noch 5x wdh [24].
34. Rd: 24 fM häkeln [24].
35. Rd: * 2 fM, 1 M abn; ab * noch 5x wdh [18].
36. Rd: * 1 fM, 1 M abn; ab * noch 5x wdh [12].
Den Kopf fertig ausstopfen.
37. Rd: 6x 1 M abn [6].
1 Km in die nächste M häkeln, abketten und einen Faden zum Nähen lassen.
Mit der Wollnadel das Fadenende durch die vorderen M-Glieder der letzten 6 M führen. Fest anziehen und den Kopf schließen.
Das Garnende vernähen.

KÖRPER (mit Hellgrau beginnen)
1. Rd: 6 fM in einen Fadenring arbeiten [6].
2. Rd: 6x 1 M zun [12].
3. Rd: * 1 fM, 1 M zun; ab * noch 5x wdh [18].
4. Rd: * 2 fM, 1 M zun; ab * noch 5x wdh [24].
5. Rd: * 3 fM, 1 M zun; ab * noch 5x wdh [30].
6. Rd: * 4 fM, 1 M zun; ab * noch 5x wdh [36].
7. Rd: * 5 fM, 1 M zun; ab * noch 5x wdh [42].
8. Rd: * 6 fM, 1 M zun; ab * noch 5x wdh [48].
9. Rd: * 7 fM, 1 M zun; ab * noch 5x wdh [54].
10. Rd: * 8 fM, 1 M zun; ab * noch 5x wdh [60].
11. Rd: * 14 fM, 1 M zun; ab * noch 3x wdh [64].
12.–18. Rd: 64 fM häkeln [64].
Mit Mintgrün weiterarbeiten.

19. Rd: 64 fM häkeln [64].
20. Rd: 64 fM häkeln, dabei ihM [64].
21. Rd: 64 fM häkeln [64].
Mit Hellgrau weiterarbeiten.
22. Rd: diese Rd ihM arbeiten: 16 fM, * 1 M abn, 8 fM; ab * noch 3x wdh, 8 fM [60].
23. Rd: 60 fM häkeln [60].
24. Rd: 15 fM, * 1 M abn, 12 fM; ab * noch 1x wdh, 1 M abn, 15 fM [57].
Die 22. und 23. sowie die 35. und 36. M der 24. Rd markieren. Sie helfen Ihnen, Körper und Kopf beim Zusammennähen richtig zu positionieren.
25. Rd: 14 fM, * 1 M abn, 11 fM; ab * noch 2x wdh, 4 fM [54].
26. Rd: 14 fM, * 1 M abn, 10 fM; ab * noch 2x wdh, 4 fM [51].
27. Rd: 12 fM, * 1 M abn, 10 fM; ab * noch 2x wdh, 3 fM [48].
28. Rd: 12 fM, * 1 M abn, 9 fM; ab * noch 2x wdh, 3 fM [45].
29. Rd: 11 fM, * 1 M abn, 8 fM; ab * noch 2x wdh, 4 fM [42].
30. Rd: 10 fM, * 1 M abn, 8 fM; ab * noch 2x wdh, 2 fM [39].
31. Rd: 10 fM, * 1 M abn, 7 fM; ab * noch 2x wdh, 2 fM [36].
32. Rd: 9 fM, * 1 M abn, 6 fM; ab * noch 2x wdh, 3 fM [33].
33. Rd: 9 fM, * 1 M abn, 5 fM; ab * noch 2x wdh, 3 fM [30].
34. Rd: 7 fM, * 1 M abn, 5 fM; ab * noch 2x wdh, 2 fM [27].
35. Rd: 7 fM, * 1 M abn, 4 fM; ab * noch 2x wdh, 2 fM [24].
36. Rd: 2 fM häkeln [2]. Die restlichen Maschen nicht bearbeiten.
1 Km in die nächste M häkeln, abketten und einen langen Faden zum Nähen lassen.
Den Körper gut mit Füllwatte ausstopfen.

ROCKBUND (in Mintgrün)
Am Körper mit mintgrünem Garn im 1. vorderen M-Glied der 21. Rd neu anschlingen (Abb. 5). Die Körperöffnung zeigt dabei von Ihnen weg.
Die 1. Km des Rockbunds schön locker häkeln.
1. Rd: 1 Lm häkeln, im selben vorderen M-Glied beginnen, in dem neu angeschlungen wurde, 64 Km [64].
1 Km in die nächste M häkeln, abketten und Garnenden vernähen.

ROCK (mit Mintgrün beginnen)
Am Körper mit mintgrünem Garn im letzten vorderen M-Glied der 19. Rd neu anschlingen (Abb. 6). Die Körperöffnung zeigt dabei zu Ihnen.
In ganzen Rd arbeiten.

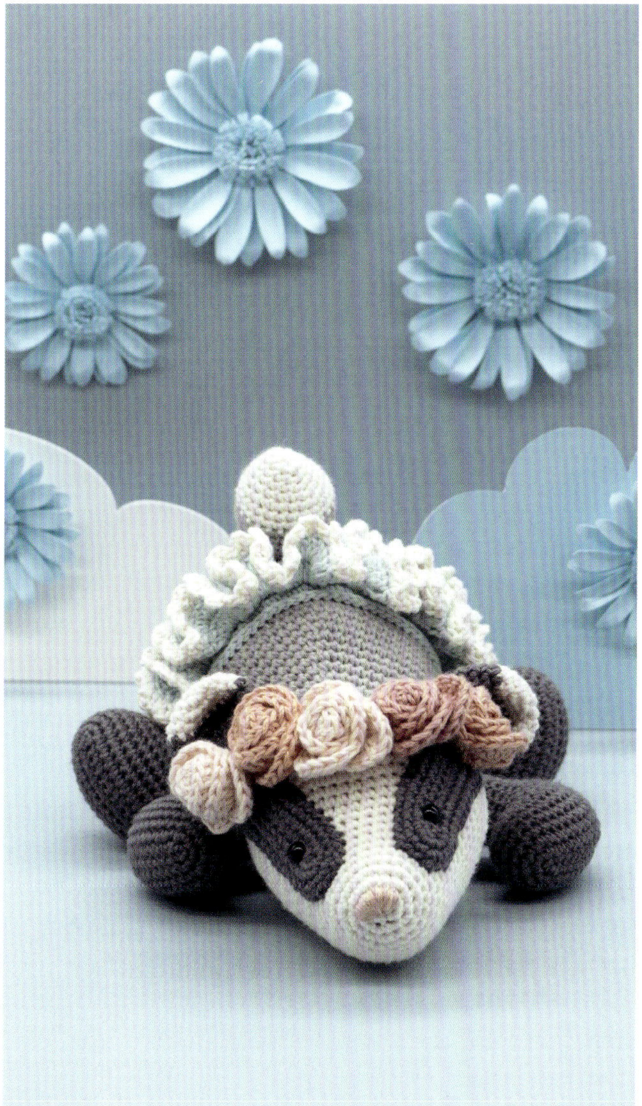

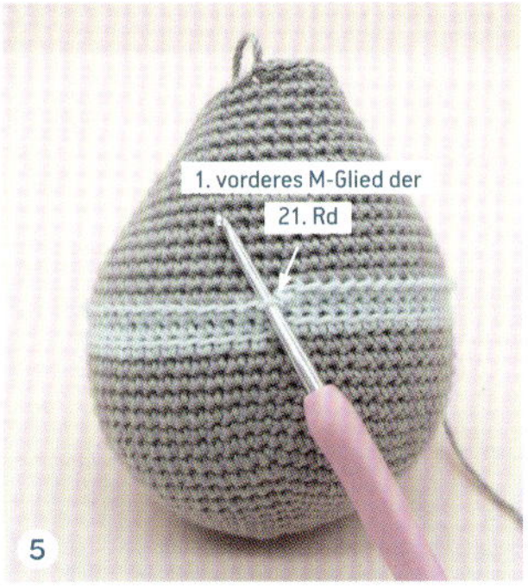

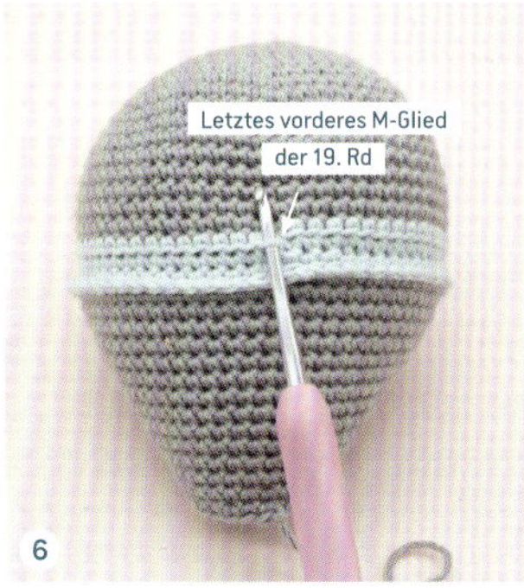

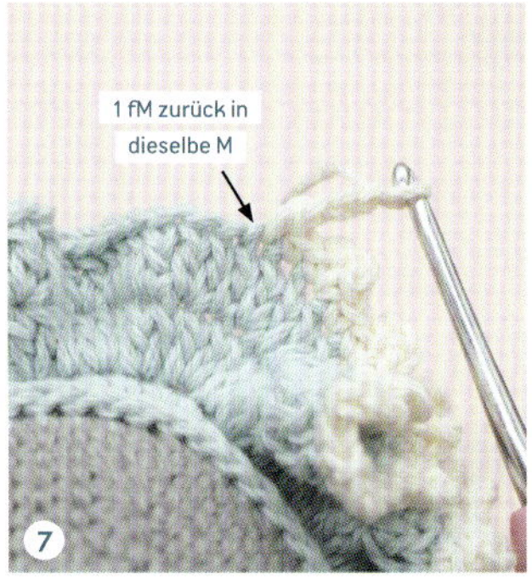

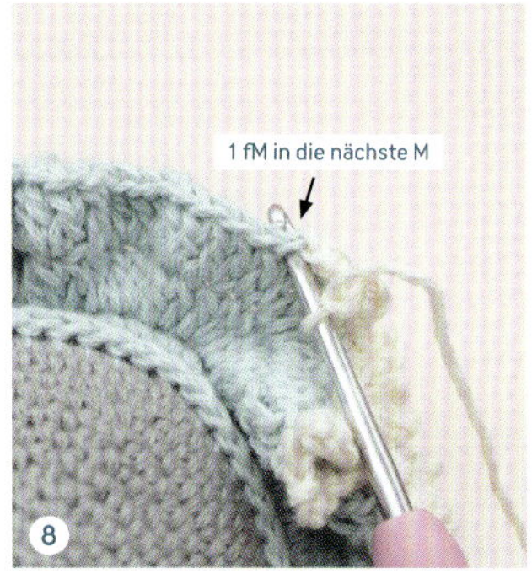

1. Rd: 2 Lm häkeln, im selben vorderen M-Glied beginnen, in dem neu angeschlungen wurde: * 1x 2 Stb, 1x 3 Stb; ab * noch 31x wdh, 1 Km in die 1. M [160].

2. Rd: 2 Lm häkeln, im selben vorderen M-Glied beginnen, in dem die Km gehäkelt wurde: * 1 Stb, 1x 2 Stb; ab * noch 79x wdh, 1 Km in die 1. M [240].

Mit Wollweiß weiterarbeiten.

3. Rd: 1 Lm häkeln, 1 fM + 3 Lm +1 fM in dieselbe M, in der die Km gehäkelt wurde, 1 fM, * 1 fM + 3 Lm + 1 fM in die nächste M (Abb. 7), 1 fM (Abb. 8); ab * noch 118x wdh, 1 Km in die 1. M [360 + 360 Lm].

Abketten und Garnenden vernähen.

VORDERBEIN (2x in Dunkelgrau)

11 Lm anschlagen. Entlang beider Seiten der Lm-Kette häkeln.

1. Rd: in die 2. Lm ab der Nadel einstechen, 9 fM, 3 fM in die nächste Lm. Auf der Rückseite der Lm-Kette weiterarbeiten, 8 fM, 1 M zun [22].

2. Rd: * 1 M zun, 8 fM, 2x 1 M zun; ab * noch 1x wdh [28].

3. Rd: 1 fM, 1 M zun, 8 fM, * 1 fM, 1 M zun; ab * noch 2x wdh, 8 fM, * 1 fM, 1 M zun; ab * noch 1x wdh [34].

4.–7. Rd: 34 fM häkeln [34].

8. Rd: 7 fM, * 1 M abn, 1 fM; ab * noch 6x wdh, 6 fM [27].

9. Rd: 7 fM, * 1 M abn, 1 fM; ab * noch 4x wdh, 5 fM [22].

10. Rd: 4 fM, * 1 M abn, 1 fM; ab * noch 4x wdh, 3 fM [17].

11. Rd: * 1 M abn, 6 fM; ab * noch 1x wdh, 1 fM [15].

12.–15. Rd: 15 fM häkeln [15].

16. Rd: * 1 M abn, 5 fM; ab * noch 1x wdh, 1 fM [13].

17.–20. Rd: 13 fM häkeln [13].

21. Rd: rechtes Bein: 1 fM häkeln [1]. Die restlichen Maschen nicht bearbeiten.

21. Rd: linkes Bein: 9 fM häkeln [9]. Die restlichen Maschen nicht bearbeiten.

Das Vorderbein gut mit Füllwatte ausstopfen. Zum oberen Beinrand hin allmählich weniger Füllwatte verwenden.

Das offene Beinende flach drücken und 6 fM durch beide Lagen häkeln, um die Öffnung zu schließen.

Abketten und einen langen Faden zum Nähen lassen.

HINTERBEIN (2x in Dunkelgrau)

13 Lm anschlagen. Entlang beider Seiten der Lm-Kette häkeln.

1. Rd: in die 2. Lm ab der Nadel einstechen, 11 fM, 3 fM in die nächste Lm. Auf der Rückseite der Lm-Kette weiterarbeiten, 10 fM, 1 M zun [26].

2. Rd: * 1 M zun, 10 fM, 2x 1 M zun; ab * noch 1x wdh [32].

3. Rd: 1 fM, 1 M zun, 10 fM, * 1 fM, 1 M zun; ab * noch 2x wdh, 10 fM, * 1 fM, 1 M zun; ab * noch 1x wdh [38].

4.–7. Rd: 38 fM häkeln [38].

8. Rd: 10 fM, * 1 M abn, 2 fM; ab * noch 4x wdh, 8 fM [33].

9. Rd: 7 fM, * 1 M abn, 1 fM; ab * noch 6x wdh, 5 fM [26].

10. Rd: 6 fM, * 1 M abn, 1 fM; ab * noch 4x wdh, 5 fM [21].

11. Rd: * 5 fM, 1 M abn; ab * noch 2x wdh [18].

12. Rd: 18 fM häkeln [18].

13. Rd: * 1 M abn, 7 fM; ab * noch 1x wdh [16].

14.–15. Rd: 16 fM häkeln [16].

16. Rd: 8 fM, 1 M abn, 6 fM [15].

17.–22. Rd: 15 fM häkeln [15].

23. Rd: rechtes Bein: 10 fM häkeln [10]. Die restlichen Maschen nicht bearbeiten.

23. Rd: linkes Bein: 3 fM häkeln [3]. Die restlichen Maschen nicht bearbeiten.

Das Hinterbein gut mit Füllwatte ausstopfen. Zum oberen Beinrand hin allmählich weniger Füllwatte verwenden.

Das offene Beinende flach drücken und 7 fM durch beide

Lagen häkeln, um die Öffnung zu schließen.
Abketten und einen langen Faden zum Nähen lassen.

OHR (2x mit Wollweiß beginnen)
1. Rd: 6 fM in einen Fadenring arbeiten [6].
2. Rd: 6x 1 M zun [12].
3. Rd: * 1 fM, 1 M zun; ab * noch 5x wdh [18].
4. Rd: * 2 fM, 1 M zun; ab * noch 5x wdh [24].
Mit Dunkelgrau weiterarbeiten.
5.–8. Rd: 24 fM häkeln [24].
9. Rd: * 2 fM, 1 M abn; ab * noch 5x wdh [18].
10. Rd: * 1 fM, 1 M abn; ab * noch 5x wdh [12].
11. Rd: 1 fM [1]. Die restlichen Maschen nicht bearbeiten.
Die Ohren nicht ausstopfen.
Das offene Ohrende flach drücken und 6 fM durch beide Lagen häkeln, um die Öffnung zu schließen.
Abketten und einen langen Faden zum Nähen lassen.

SCHWANZ (mit Wollweiß beginnen)
1. Rd: 6 fM in einen Fadenring arbeiten [6].
2. Rd: * 1 fM, 1 M zun; ab * noch 2x wdh [9].
3. Rd: * 2 fM, 1 M zun; ab * noch 2x wdh [12].
4. Rd: * 3 fM, 1 M zun; ab * noch 2x wdh [15].
5. Rd: * 4 fM, 1 M zun; ab * noch 2x wdh [18].
6. Rd: * 2 fM, 1 M zun; ab * noch 5x wdh [24].
7.–8. Rd: 24 fM häkeln [24].
Mit Hellgrau weiterarbeiten.
9.–13. Rd: 24 fM häkeln [24].
14. Rd: * 6 fM, 1 M abn; ab * noch 2x wdh [21].
15. Rd: 2 fM, 1 M abn, * 5 fM, 1 M abn; ab * noch 1x wdh, 3 fM [18].
16. Rd: 1 fM, 1 M abn, * 4 fM, 1 M abn; ab * noch 1x wdh, 3 fM [15].
17. Rd: * 3 fM, 1 M abn; ab * noch 2x wdh [12].

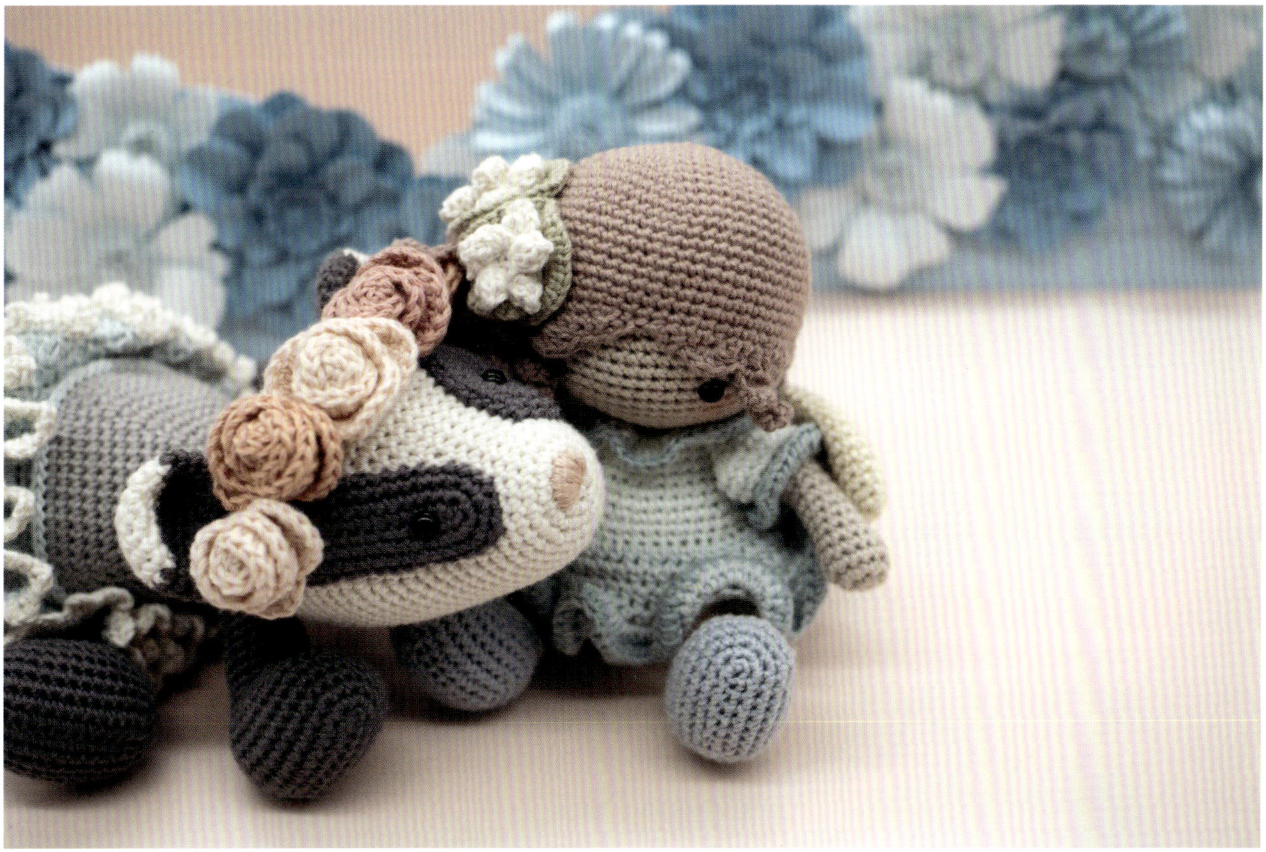

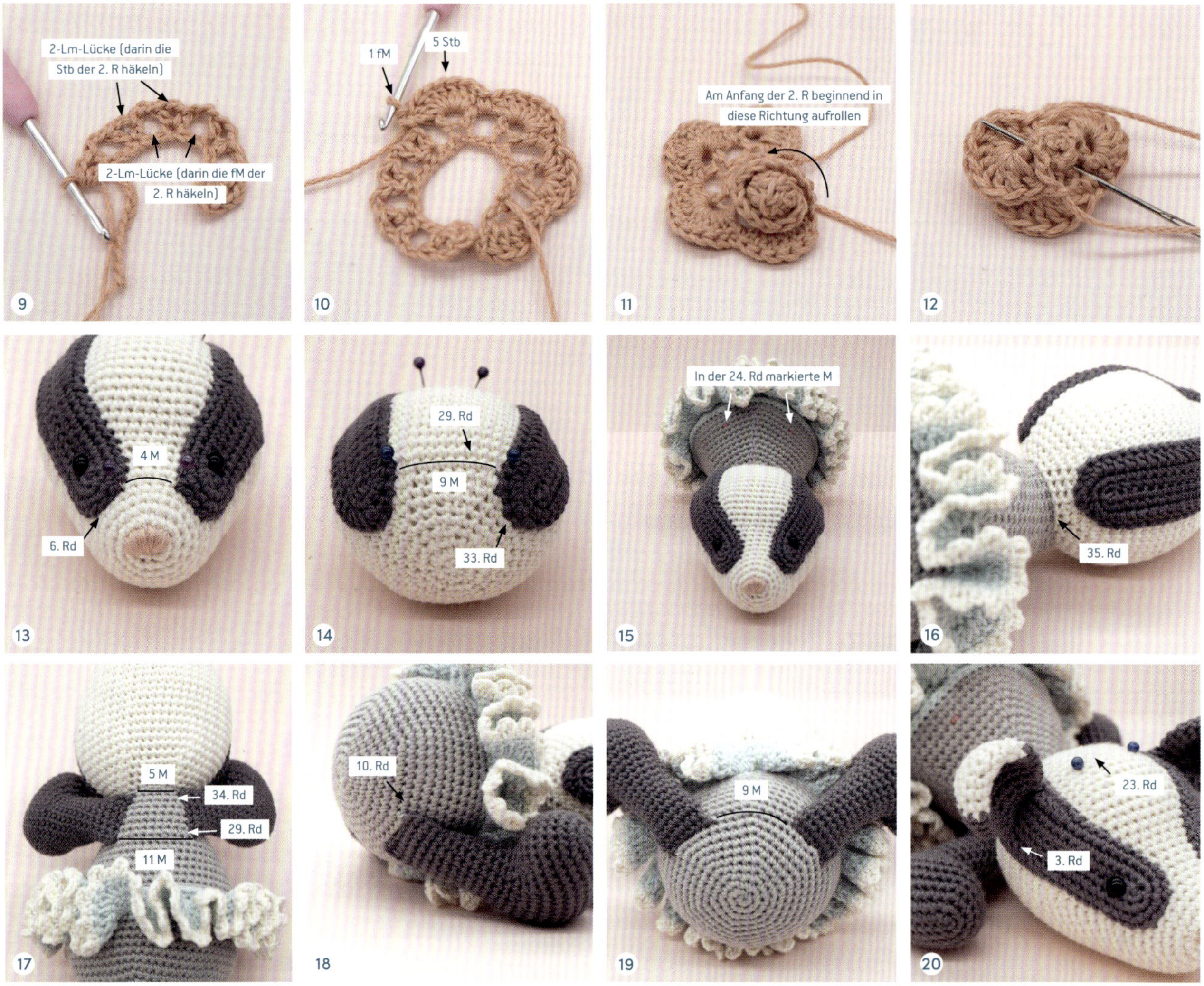

18. Rd: 5 fM häkeln [5]. Die restlichen Maschen nicht bearbeiten.

Den Schwanz gut mit Füllwatte ausstopfen.

Das offene Schwanzende flach drücken und 6 fM durch beide Lagen häkeln, um die Öffnung zu schließen.

Abketten und einen langen Faden zum Nähen lassen.

ROSE (5x: 2x in hellem Lachsrosa, 2x in Lachsrosa, 1 x in Rosé)

Einen langen Anfangsfaden lassen. 26 Lm anschlagen. In R arbeiten.

1. R: in die 5. Lm ab der Nadel einstechen, * 1 hStb, 2 Lm, 1 hStb in dieselbe M, 2 Lm, 2 M überspringen; ab * noch 6x wdh, 1 hStb + 2 Lm + 1 hStb in die nächste M, 3 Lm, wenden [49].

Anmerkung: Die 2 Lm in der 1. R bilden jeweils eine 2-Lm-Lücke, in die wir in der 2. R arbeiten (Abb. 9).

2. R: * 5 Stb in die nächste 2-Lm-Lücke, 1 fM in die nächste 2-Lm-Lücke (Abb. 10); ab * noch 1x wdh, * 7 Stb in die nächste

2-Lm-Lücke, 1 fM in die nächste 2-Lm-Lücke; ab * noch 2x wdh, * 9 Stb in die nächste 2-Lm-Lücke, 1 fM in die nächste 2-Lm-Lücke; ab * noch 2x wdh [66].
Abketten und einen langen Faden zum Nähen lassen.
Die Seite, die beim Häkeln der 2. R zu Ihnen zeigt, ist die Außenseite.
Nach dem Abketten beginnen Sie, die Rose von Ihnen weg einzurollen. Die Außenseite zeigt dabei zu Ihnen (Abb. 11).
Nähen Sie die Rose mit dem Anfangsfaden an der Unterseite gut zusammen, damit sie sich nicht ausrollt (Abb. 12).
Machen Sie das Gleiche mit dem Garnende.
Einen langen Faden zum Nähen lassen.

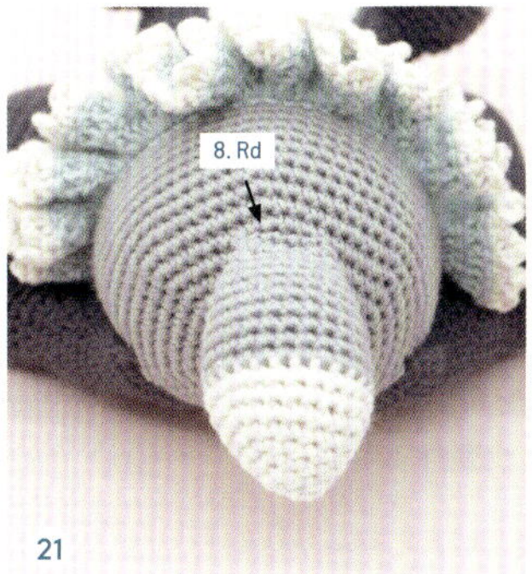

21

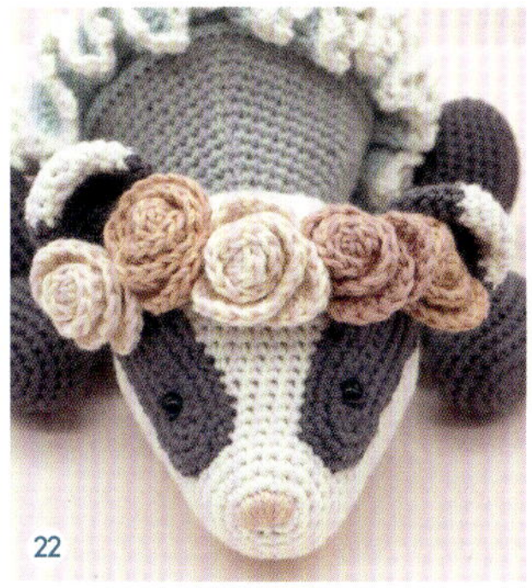
22

FERTIGSTELLUNG

- Die Augenflecken symmetrisch am Kopf festnähen. Die Maschenmarkierer in der 8. Rd entfernen und die Augenflecken vor dem Befestigen feststecken. Die vorderen Enden liegen zwischen der 6. und 7. Rd (Abb. 13) und die hinteren Enden zwischen der 32. und 33. Rd. (Abb. 14). Zählt man die M zwischen der 6. und 7. Rd, sollte der Abstand zwischen den Innenkanten 4 M betragen. Zählt man die M zwischen der 29. und 30. Rd, sollte der Abstand zwischen den Innenkanten 9 M betragen.
- Den Körper am Kopf festnähen. Die auf der Körperoberseite markierten Maschen helfen Ihnen bei der Ausrichtung der beiden Teile (Abb. 15). Das obere Ende der Körperöffnung sitzt zwischen der 34. und 35. Rd der Kopfoberseite (Abb. 16), während das untere Ende zwischen der 33. und 34. Rd auf der Kopfunterseite sitzt.
- Die Vorderbeine an der Unterseite des Körpers festnähen. Die flachen Enden liegen leicht schräg zwischen der 29. und 34. Rd (Abb. 17). Zwischen den vorderen Enden liegen 5 M und zwischen den hinteren Enden 11 M.
- Die flachen Hinterbeinenden zwischen der 10. und 11. Rd am Körper festnähen (Abb. 18). Fixieren Sie die Beine zuerst mit Stecknadeln, und achten Sie darauf, dass Piper beim Sitzen nicht umkippt. Die auf der Körperoberseite markierten M helfen Ihnen bei der Ausrichtung der beiden Teile. Zwischen den inneren Hinterbeinenden liegen 9 M (Abb. 19). Damit die Beine eng am Körper liegen, die Beininnenseite mit ein paar zusätzlichen Stichen am Körper fixieren.
- Die Ohren an den Augenflecken festnähen. Die Ohrenden sollten sich zwischen der 22. und 23. Rd am Kopf befinden (Abb. 20). Die inneren Enden am hinteren Ende der Augenflecken festnähen. Die äußeren Enden zwischen der 2. und 3. Rd der Augenflecken befestigen.
- Den Schwanz zwischen der 8. und 9. Rd des Körpers mittig zwischen den Hinterbeinen befestigen (Abb. 21).
- Die Rosen vor den Ohren am Kopf festnähen (Abb. 22).
- Alle Maschenmarkierer entfernen.

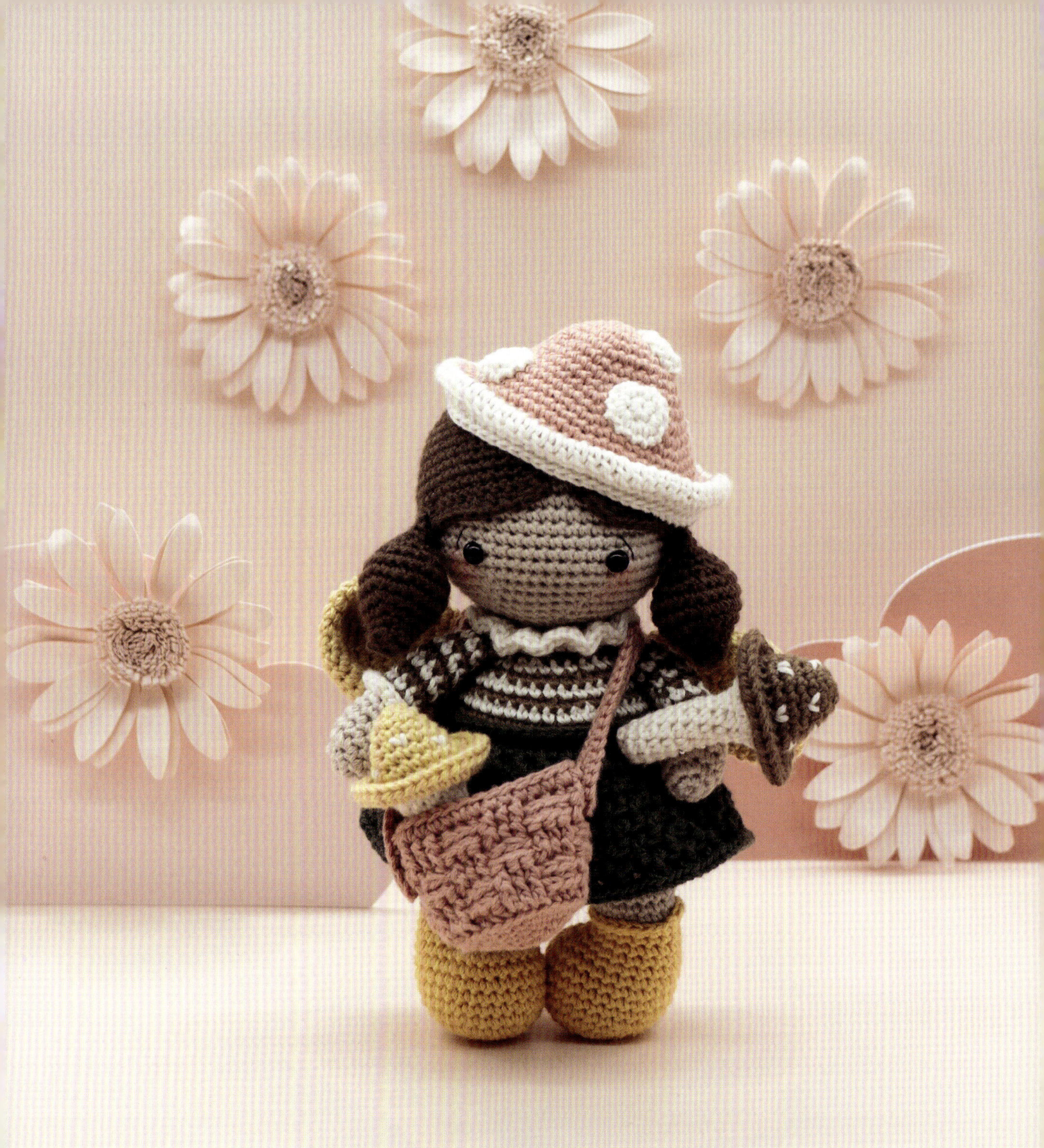

Schwierigkeitsgrad: ●●○
Größe: ca 18 cm hoch

Amigurumi-Galerie: QR-Code scannen oder www.amigurumi.com/4510 besuchen und Bilder teilen bzw. kreative Anregungen finden.

Jules, die Pilzfee

Jules, die Pilzfee ist erfrischend bodenständig. Ihre große Leidenschaft ist das Kochen. Ihr Pilzrisotto und die Trüffel-Fettucine sind im ganzen Wald berühmt und sowohl die Feen und Elfen als auch die Tiere sind verrückt danach. Mit ihrem feinen Gaumen zaubert Jules herrliche Gerichte und verleiht jedem Bissen erdige Aromen, die ein wahres Fest sind. Am meisten freut sie sich, wenn sie ihre Mahlzeiten mit allen Bewohner*innen des Zauberwaldes teilen und mit ihnen um den großen, von Elm gezimmerten Tisch sitzen kann.

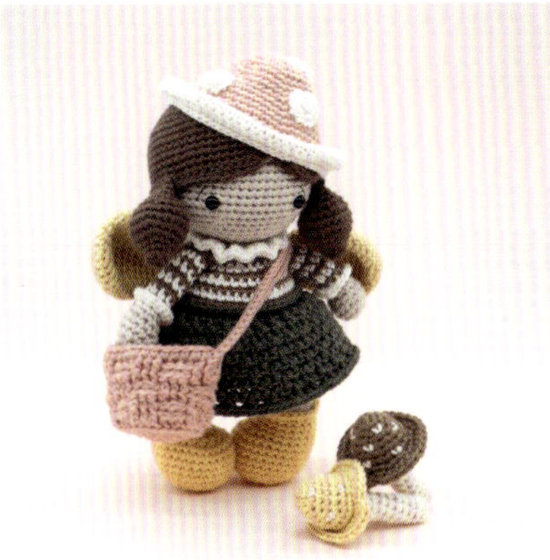

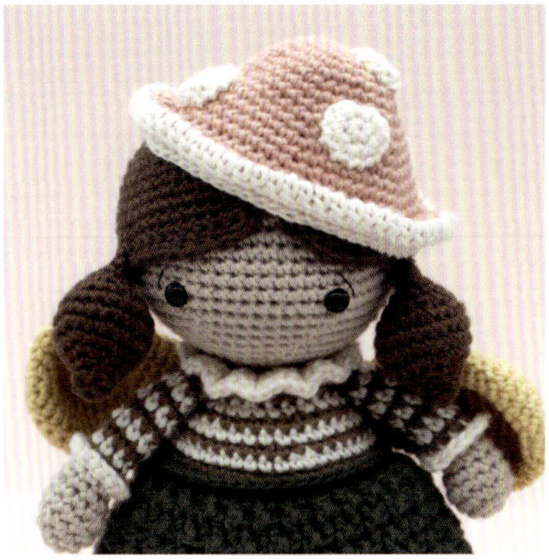

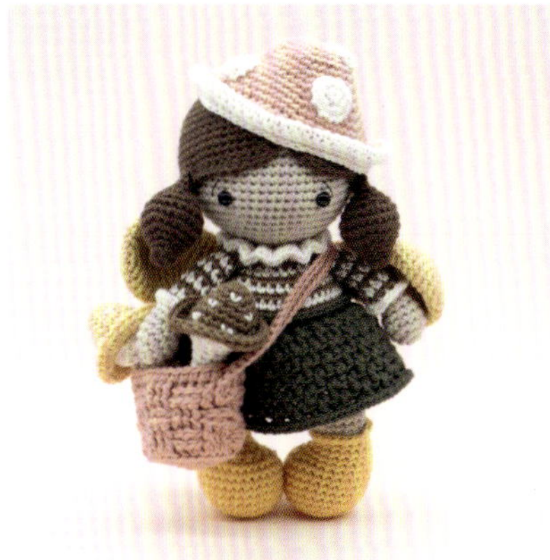

MATERIAL

Dünnes Baumwollgarn (Krea Deluxe Bio-Baumwolle, Lauflänge 50 g/165 m) in Weiß (Nr. 01), Gelb (Nr. 05), Sonnengelb (Nr. 06), Rosé (Nr. 13), Hellbraun (Nr. 18), Dunkelbraun (Nr. 29), Braun (Nr. 30), Tannengrün (Nr. 36); Häkelnadel 2,5 mm; Sicherheitsaugen (6 mm Durchmesser); schwarzes Stickgarn (DMC 6-fädiges Stickgarn Nr. 310 – einen Faden für die Augenbrauen verwenden); Wollnadel; Stecknadeln; Maschenmarkierer; Kunstfaserfüllwatte; optional: Wangenrouge und Pinsel

KOPF (in Hellbraun)

1. Rd: 6 fM in einen Fadenring arbeiten [6].
2. Rd: 6x 1 M zun [12].
3. Rd: * 1 fM, 1 M zun; ab * noch 5x wdh [18].
4. Rd: * 2 fM, 1 M zun; ab * noch 5x wdh [24].
5. Rd: * 3 fM, 1 M zun; ab * noch 5x wdh [30].
6. Rd: * 4 fM, 1 M zun; ab * noch 5x wdh [36].
7. Rd: * 5 fM, 1 M zun; ab * noch 5x wdh [42].
8. Rd: * 6 fM, 1 M zun; ab * noch 5x wdh [48].
9. Rd: * 7 fM, 1 M zun; ab * noch 5x wdh [54].
10. Rd: * 8 fM, 1 M zun; ab * noch 5x wdh [60].
11.–20. Rd: 60 fM häkeln [60].
21. Rd: * 8 fM, 1 M abn; ab * noch 5x wdh [54].
22. Rd: * 7 fM, 1 M abn; ab * noch 5x wdh [48].
23. Rd: * 6 fM, 1 M abn; ab * noch 5x wdh [42].
24. Rd: * 5 fM, 1 M abn; ab * noch 5x wdh [36].
25. Rd: * 4 fM, 1 M abn; ab * noch 5x wdh [30].

Die Sicherheitsaugen zwischen der 18. und 19. Rd mit einem Abstand von 11 M einsetzen (Abb. 1).

Mit einem einzelnen schwarzen Faden von der 17. bis 18. Rd über jedem Auge eine Augenbraue aufnähen. Jede Augenbraue sollte etwa so breit wie 2 M sein (Abb. 2).

Den Kopf gut mit Füllwatte ausstopfen.
26. Rd: * 3 fM, 1 M abn; ab * noch 5x wdh [24].
27. Rd: * 2 fM, 1 M abn; ab * noch 5x wdh [18].
28. Rd: * 1 fM, 1 M abn; ab * noch 5x wdh [12].
Den Kopf fertig ausstopfen.
29. Rd: 6x 1 M abn [6].
1 Km in die folgende M häkeln, abketten und einen Faden zum Nähen lassen.
Mit der Wollnadel das Fadenende durch die vorderen M-Glieder der letzten 6 M führen. Fest anziehen und den Kopf schließen. Das Garnende vernähen.

HAARE (in Dunkelbraun)
1. Rd: 6 fM in einen Fadenring arbeiten [6].
2. Rd: 6x 1 M zun [12].
3. Rd: * 1 fM, 1 M zun; ab * noch 5x wdh [18].
4. Rd: * 2 fM, 1 M zun; ab * noch 5x wdh [24].
5. Rd: * 3 fM, 1 M zun; ab * noch 5x wdh [30].
6. Rd: * 4 fM, 1 M zun; ab * noch 5x wdh [36].
7. Rd: * 5 fM, 1 M zun; ab * noch 5x wdh [42].
8. Rd: * 6 fM, 1 M zun; ab * noch 5x wdh [48].
9. Rd: * 7 fM, 1 M zun; ab * noch 5x wdh [54].
10. Rd: * 8 fM, 1 M zun; ab * noch 5x wdh [60].
11.–18. Rd: 60 fM häkeln [60].
In R weiterarbeiten.
19. R: 59 fM häkeln, wenden [59]. Die letzte M nicht bearbeiten.
Die unbearbeitete 60. M der 18. Rd markieren.
Den Maschenmarkierer erst entfernen, wenn die Haare fertig sind.

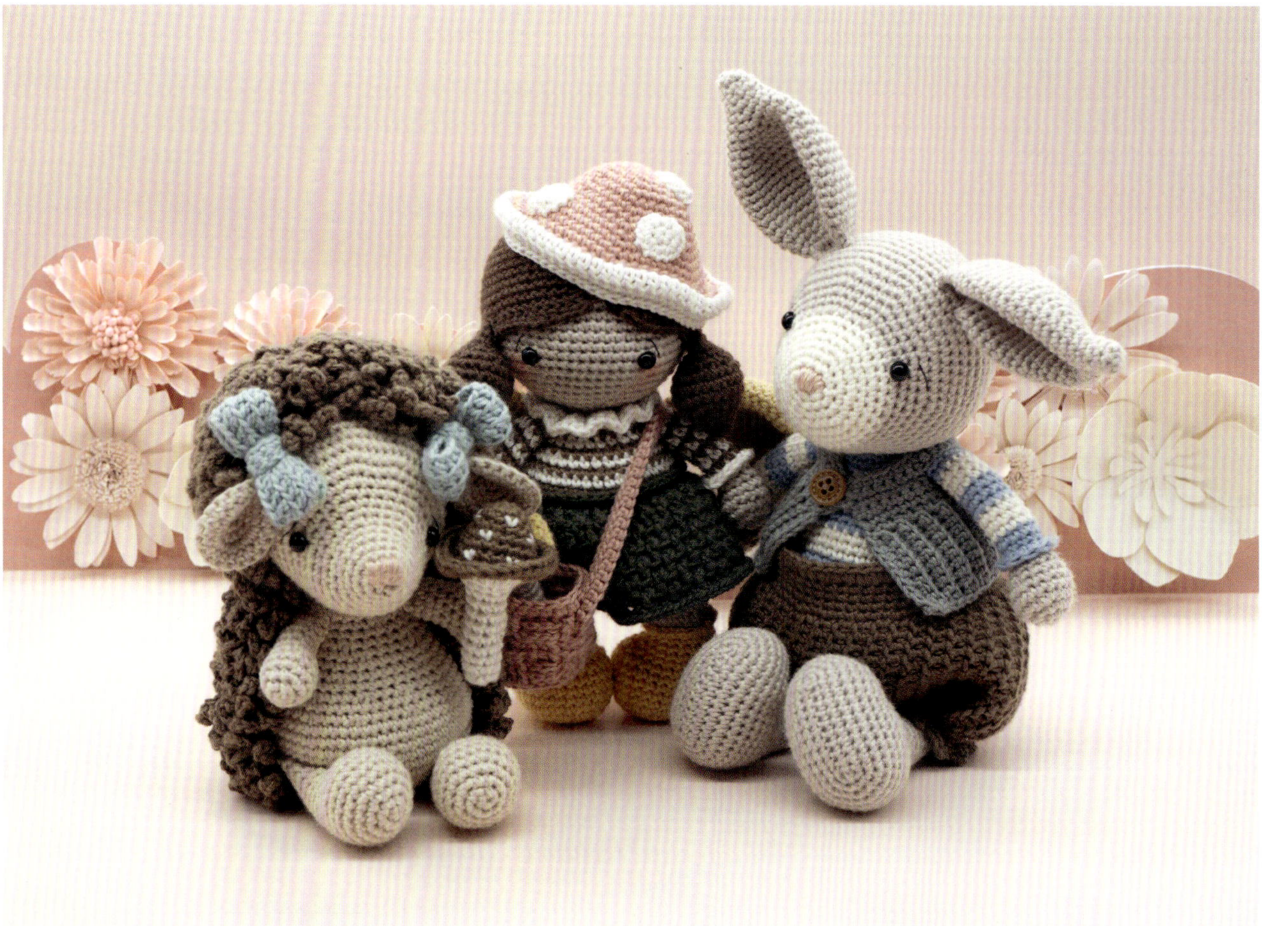

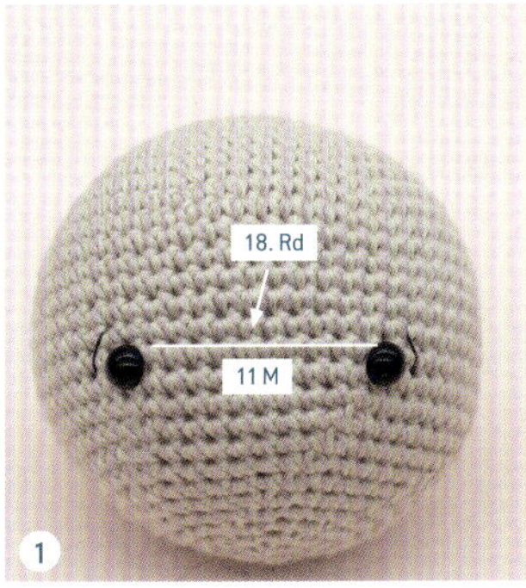

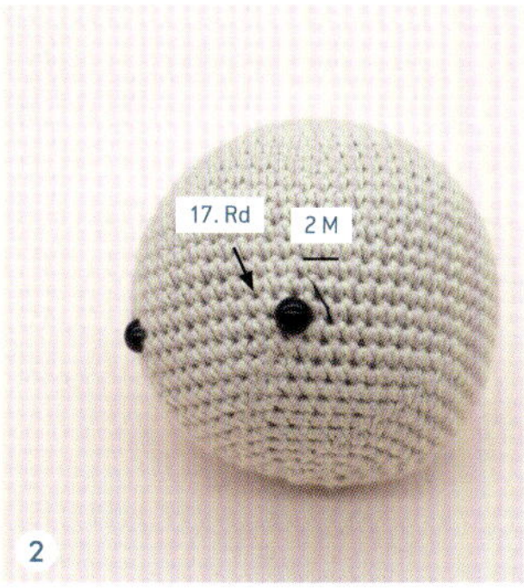

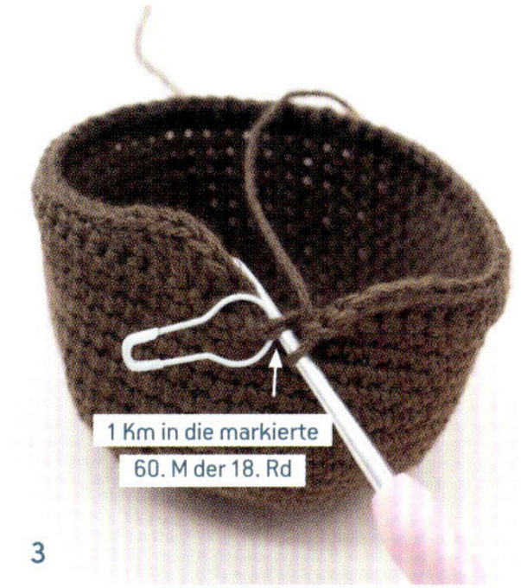

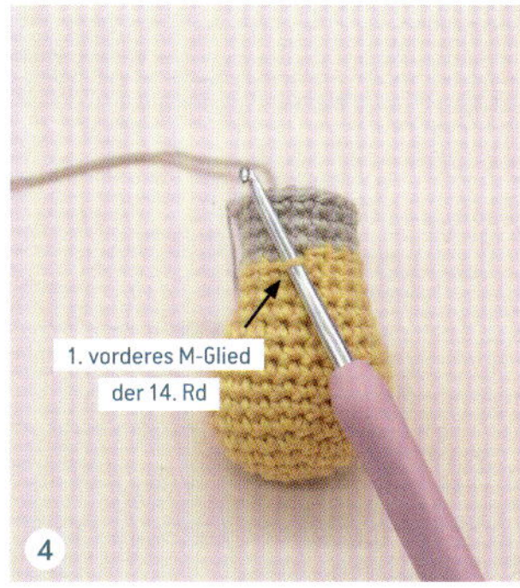

20. R: 1. M überspringen, 56 fM, 1 M abn, wenden [57].
21. R: 1. M überspringen, 1x 2 hStb, 1x 2 Stb, 2 Stb, 2 hStb, 45 fM, 3 hStb, 1 fM, 1 M zun, 1 Km in die markierte 60. M der 18. Rd [60]. (Abb. 3)
Abketten und einen langen Faden zum Nähen lassen.

ZOPF (2x in Dunkelbraun)
1. Rd: 6 fM in einen Fadenring arbeiten [6].
2. Rd: 6 fM häkeln [6].
3. Rd: * 1 fM, 1 M zun; ab * noch 2x wdh [9].
4. Rd: * 2 fM, 1 M zun; ab * noch 2x wdh [12].
5. Rd: * 1 fM, 1 M zun; ab * noch 5x wdh [18].
6. Rd: * 2 fM, 1 M zun; ab * noch 5x wdh [24].
7.–8. Rd: 24 fM häkeln [24].
9. Rd: * 2 fM, 1 M abn; ab * noch 5x wdh [18].
10. Rd: * 1 fM, 1 M abn; ab * noch 5x wdh [12].
11. Rd: * 2 fM, 1 M abn; ab * noch 2x wdh [9].
12. Rd: 9 fM häkeln [9].
Den Zopf gut mit Füllwatte ausstopfen.
Das offene Zopfende flach drücken und 4 fM durch beide Lagen häkeln, um die Öffnung zu schließen.
Abketten und einen langen Faden zum Nähen lassen.

LINKES BEIN (mit Sonnengelb beginnen)
1. Rd: 6 fM in einen Fadenring arbeiten [6].
2. Rd: 6x 1 M zun [12].
3. Rd: * 1 fM, 1 M zun; ab * noch 5x wdh [18].
4. Rd: * 2 fM, 1 M zun; ab * noch 5x wdh [24].
5. Rd: * 5 fM, 1 M zun; ab * noch 3x wdh [28].
6.–10. Rd: 28 fM häkeln [28].
11. Rd: 8 fM, 6x 1 M abn, 8 fM [22].
12. Rd: 7 fM, 4x 1 M abn, 7 fM [18].
13. Rd: 7 fM, 2x 1 M abn, 7 fM [16].
14. Rd: 16 fM häkeln [16].
Mit Hellbraun weiterarbeiten.
15. Rd: diese Rd ihM arbeiten: 8 fM, 1 M zun, 7 fM [17].
16. Rd: 8 fM, 1 M zun, 8 fM [18].
17. Rd: 8 fM, 2x 1 M zun, 8 fM [20].
18. Rd: 11 fM häkeln [11]. Die restlichen Maschen nicht bearbeiten.
Die 11. M der 18. Rd markieren.
Abketten und einen langen Faden zum Nähen lassen.
Das linke Bein gut mit Füllwatte ausstopfen.

RECHTES BEIN (mit Sonnengelb beginnen)
1.–18. Rd: genau wie das linke Bein häkeln.
Nicht abketten.
Das rechte Bein gut mit Füllwatte ausstopfen.
Zuerst die Schuhmanschetten häkeln und dann mit dem Körper weitermachen.

SCHUHMANSCHETTE (2x in Sonnengelb)
Am Bein mit Sonnengelb im 1. unbearbeiteten vorderen M-Glied der 14. Rd neu anschlingen (Abb. 4).
Das untere Beinende zeigt dabei zu Ihnen.
1. Rd: 1 Lm häkeln, im selben vorderen M-Glied beginnen, in dem neu angeschlungen wurde: * 3 fM, 1 M zun; ab * noch 3x wdh [20].
1 Km in die nächste M häkeln, abketten und Garnenden vernähen.

KÖRPER (mit Hellbraun beginnen)
1. Rd: 4 Lm häkeln, in der M nach der am linken Bein markierten 11. M der 18. Rd beginnen (Abb. 5), 20 fM rund um das linke Bein, fM auf der einen Seite der nächsten 4 Lm (Abb. 6), 20 fM um das rechte Bein (Abb. 7) [48].

2. Rd: fM auf der anderen Seite der 4 Lm (Abb. 8), 44 fM [48].
3.–4. Rd: 48 fM häkeln [48].
Mit dem Garnende des linken Beins eventuelle Lücken zwischen den Beinen schließen.
5.–12. Rd: 48 fM häkeln [48].
4 fM häkeln. Sie befinden sich jetzt in der Mitte der Körperrückseite. Das ist das neue Ende der Rd.
Mit Tannengrün weiterarbeiten.
13. Rd: 48 fM häkeln [48].
14. Rd: 48 fM häkeln, dabei ihM [48].
Mit Braun weiterarbeiten.
15. Rd: * 14 fM, 1 M abn; ab * noch 2x wdh, dabei ihM [45].
Mit Weiß weiterarbeiten.
16. Rd: 6 fM, 1 M abn, * 13 fM, 1 M abn; ab * noch 1x wdh, 7 fM [42].
1 fM in die nächste M. Das ist das neue Ende der Rd.
Mit Braun weiterarbeiten.
17. Rd: 2 fM, 1 M abn, * 12 fM, 1 M abn; ab * noch 1x wdh, 10 fM [39].
Mit Weiß weiterarbeiten.
18. Rd: 4 fM, 1 M abn, * 11 fM, 1 M abn; ab * noch 1x wdh, 7 fM [36].
Mit Braun weiterarbeiten.
19. Rd: 8 fM, 1 M abn, * 10 fM, 1 M abn; ab * noch 1x wdh, 2 fM [33].
Mit Weiß weiterarbeiten.
20. Rd: 2 fM, 1 M abn, * 9 fM, 1 M abn; ab * noch 1x wdh, 7 fM [30].
Beginnen Sie, den Körper gut mit Füllwatte auszustopfen.

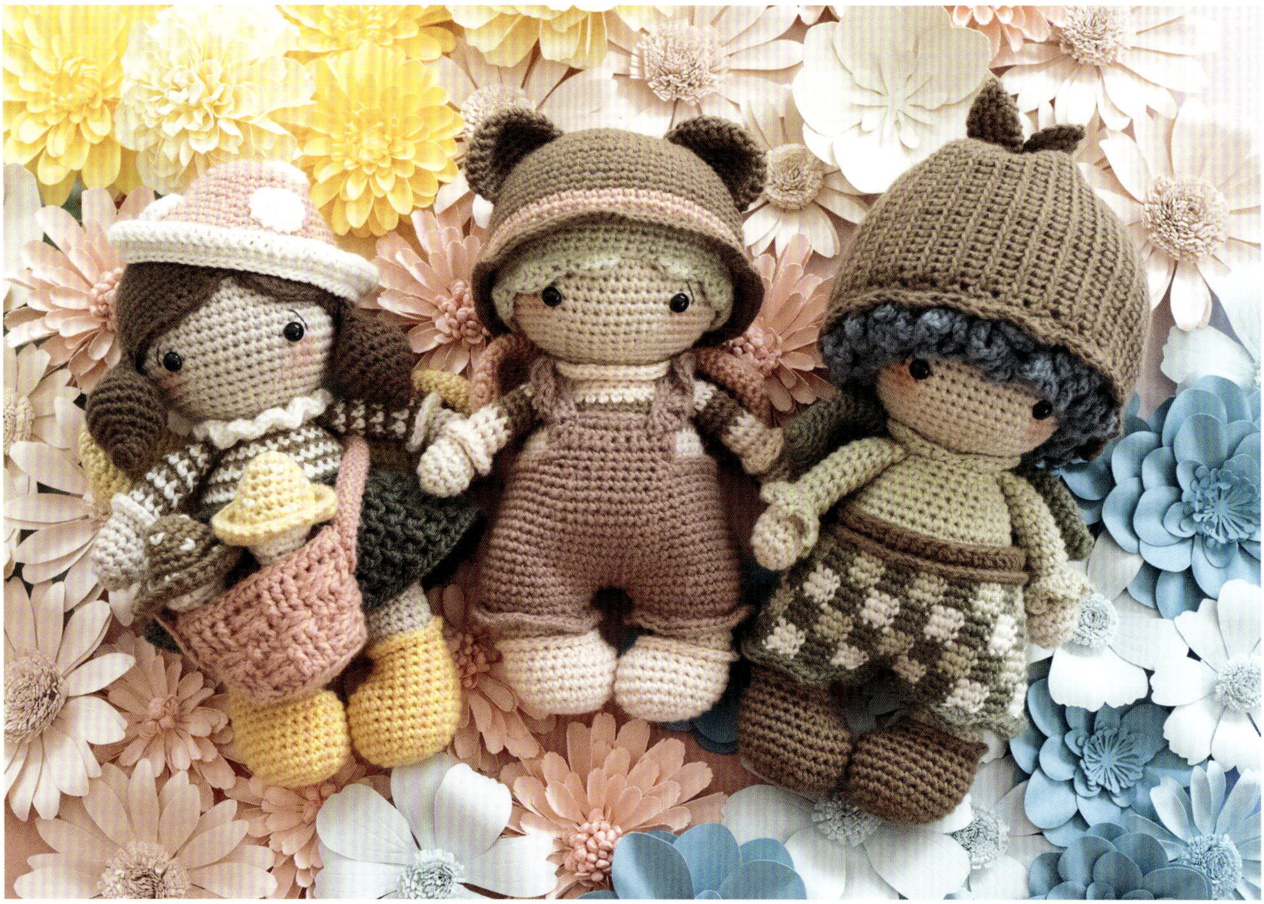

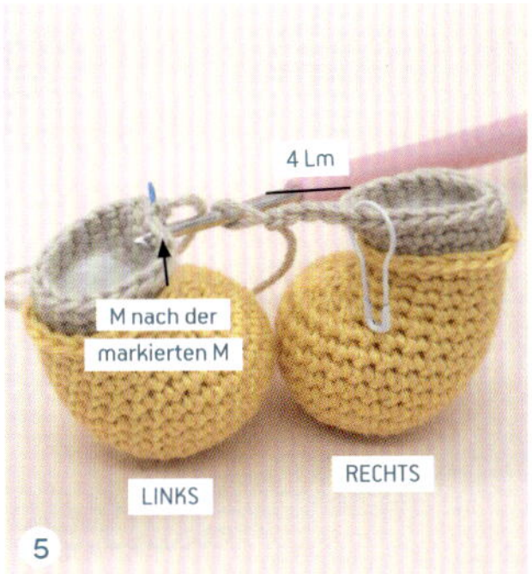

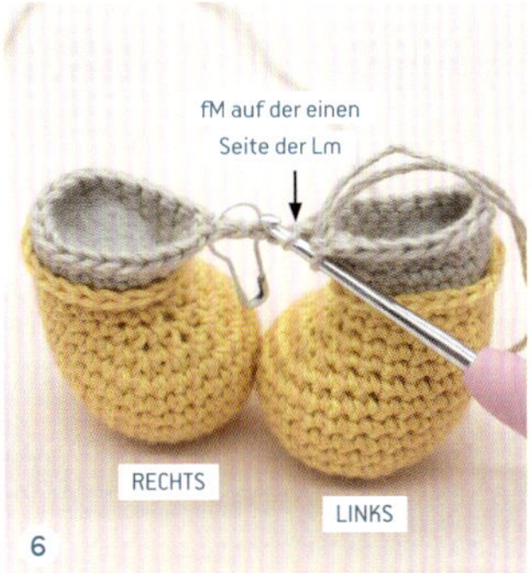

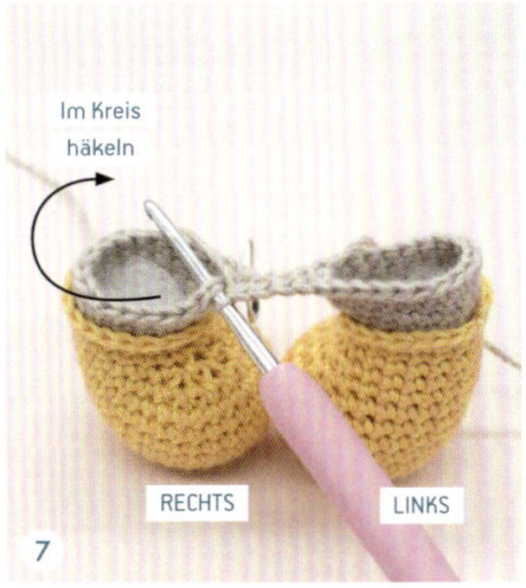

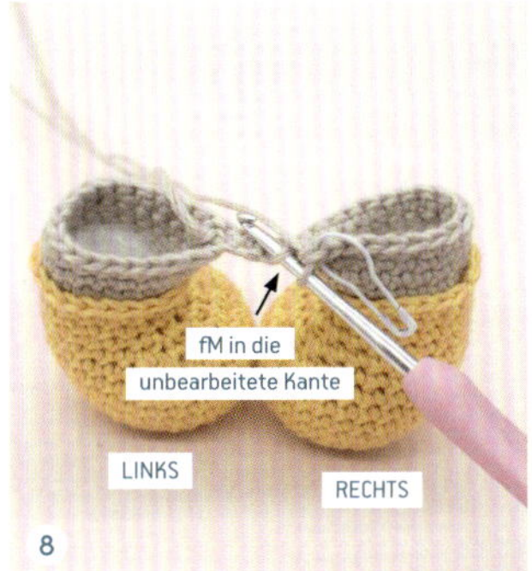

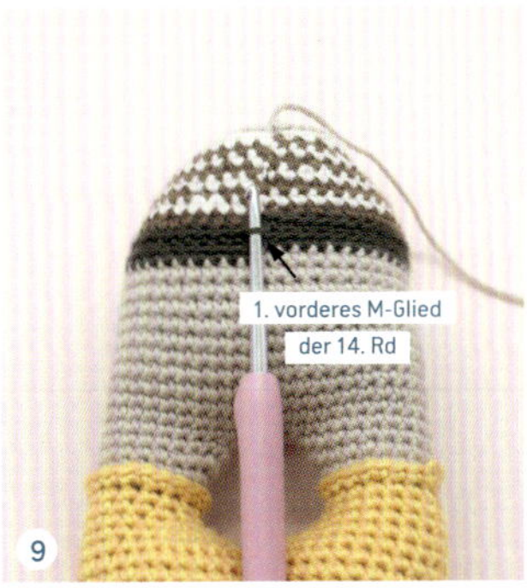

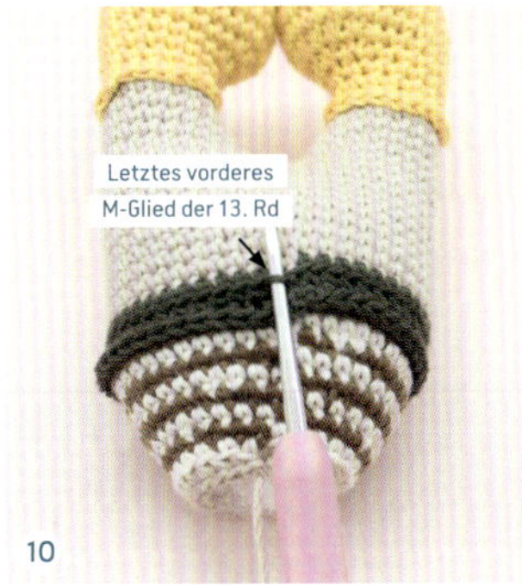

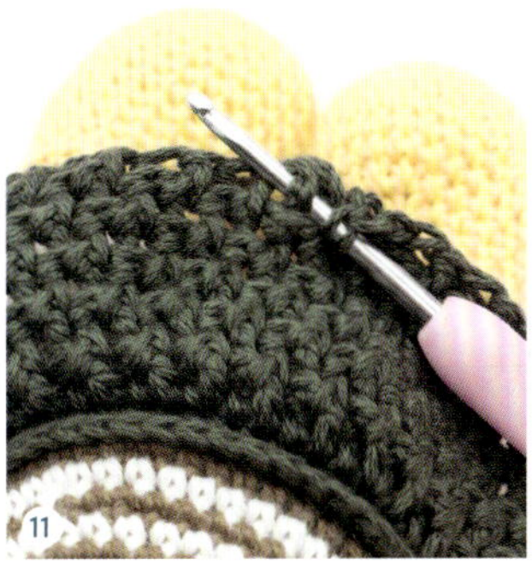

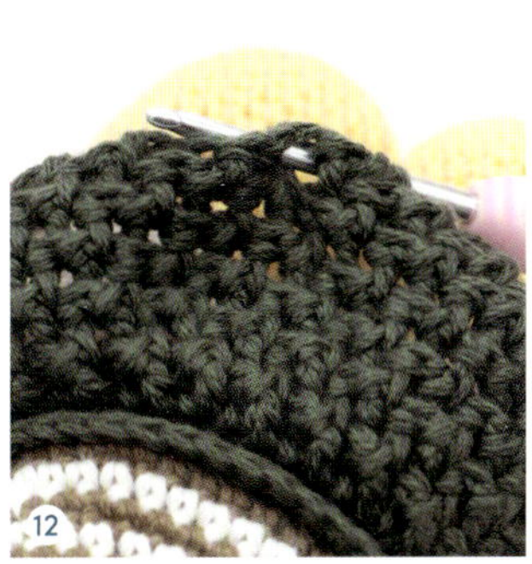

Die Hüften besonders gut ausstopfen.
Mit Braun weiterarbeiten.
21. Rd: 5 fM, 1 M abn, * 8 fM, 1 M abn; ab * noch 1x wdh, 3 fM [27].
Mit Weiß weiterarbeiten.
22. Rd: 6 fM, 1 M abn, * 7 fM, 1 M abn; ab * noch 1x wdh, 1 fM [24].
1 fM häkeln. Sie befinden sich jetzt in der Mitte der Körperrückseite. Das ist das neue Ende der Rd.
Mit Hellbraun weiterarbeiten.

Anmerkung: In der nächsten Runde empfiehlt es sich, das Garn, mit dem gerade nicht gehäkelt wird, für zusätzliche Stabilität hinter dem Arbeitsfaden mitzuführen (Jacquard-Technik, Tutorial auf Seite 14).

23. Rd: * 6 fM, 1 M abn; ab * noch 2x wdh, dabei ihM [21].
1 Km in die nächste M häkeln, abketten und einen langen Faden zum Nähen lassen.
Den Körper fertig ausstopfen.

ROCKBUND (in Tannengrün)
Am Körper mit Tannengrün im 1. unbearbeiteten vorderen M-Glied der 14. Rd neu anschlingen (Abb. 9).
Die Beine zeigen zu Ihnen
1. Rd: 1 Lm häkeln, im selben vorderen M-Glied beginnen, in dem neu angeschlungen wurde, 48 fM [48].
1 Km in die nächste M häkeln, abketten und Garnenden vernähen.

ROCK (in Tannengrün)
Am Körper mit Tannengrün im letzten unbearbeiteten vorderen M-Glied der 13. Rd neu anschlingen (Abb. 10).
In geschlossenen Runden arbeiten.
Die Beine zeigen von Ihnen weg.
1. Rd: 2 Lm häkeln, im selben vorderen M-Glied beginnen, in dem neu angeschlungen wurde: * 5 Stb, 1x 2 Stb; ab * noch 7x wdh, 1 Km in die 1. M [56].
2. Rd: 2 Lm häkeln, in derselben M beginnen, in der die letzte Km gehäkelt wurde, * 1 RStbv (Abb. 11), 1 RStbh (Abb. 12); ab * noch 27x wdh, 1 Km in die 1. M [56]
3. Rd: 2 Lm häkeln, in derselben M beginnen, in der die letzte Km gehäkelt wurde, * 1 RStbh, 1 RStbv; ab * noch 27x wdh,

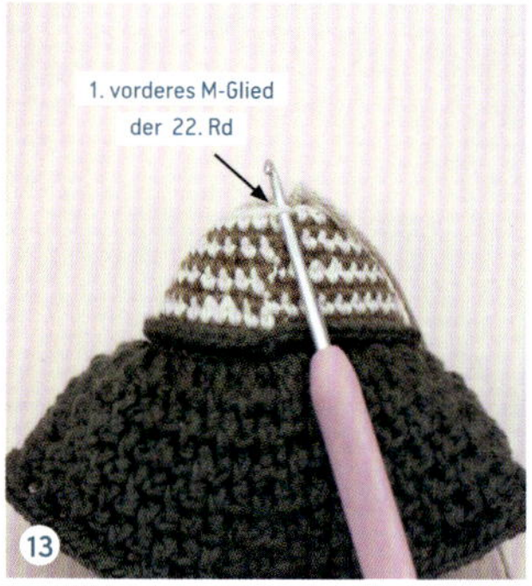

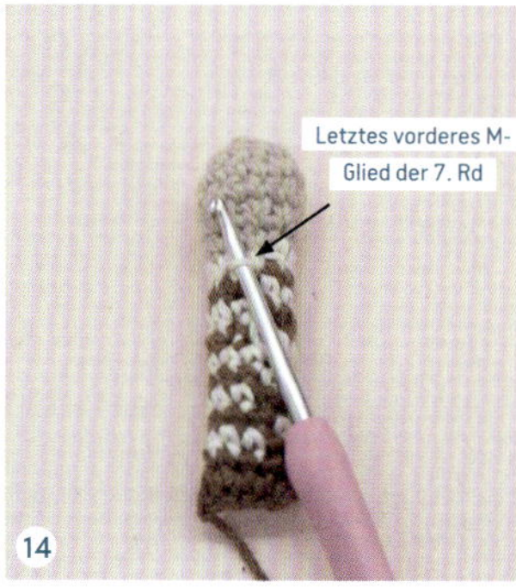

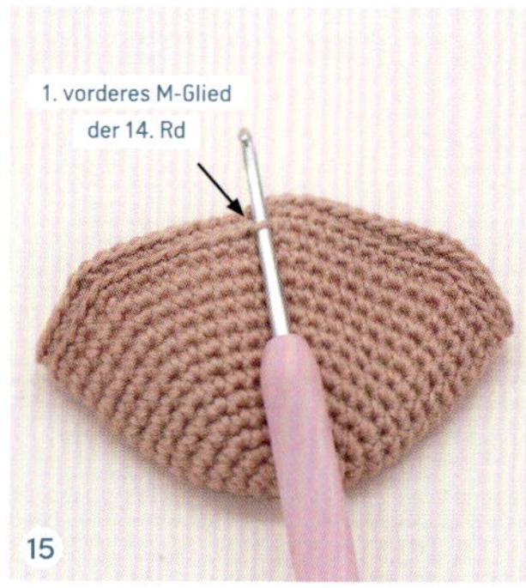

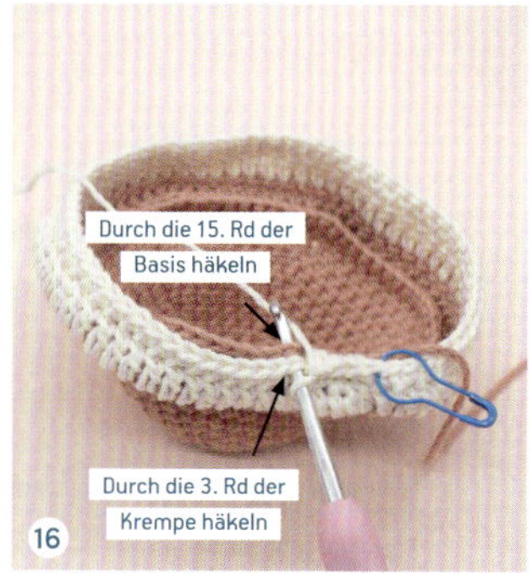

1 Km in die 1. M [56].
4.–7. Rd: die 2. und 3. Rd abwechselnd wiederholen, doch die letzte Km am Ende der 7. Rd nicht häkeln [56].

Anmerkung: In der nächsten Rd gewöhnliche Zunahmen (mit fM) häkeln.

8. Rd: 56x 1 M zun [112].
1 Km in die nächste M häkeln, abketten und Garnenden vernähen.

KRAGEN (in Weiß)
Am Körper mit Weiß im 1. unbearbeiteten vorderen M-Glied der 22. Rd neu anschlingen (Abb. 13).
Die Beine zeigen zu Ihnen.
1. Rd: 2 Lm häkeln, im selben vorderen M-Glied beginnen, in dem neu angeschlungen wurde: * 1x 2 Stb, 1 x 3 Stb; ab * noch 11x wdh [60].
1 Km in die nächste M häkeln, abketten und Garnenden vernähen.

ARM (2x mit Hellbraun beginnen)
1. Rd: 6 fM in einen Fadenring arbeiten [6].
2. Rd: 6x 1 M zun [12].
3. Rd: * 3 fM, 1 M zun; ab * noch 2x wdh [15].
4. Rd: 15 fM häkeln [15].
5. Rd: 2x 1 M abn, 7 fM, 2x 1 M abn [11].
6. Rd: 1 M abn, 7 fM, 1 M abn [9].
Mit Weiß weiterarbeiten.
7. Rd: 9 fM häkeln [9].
Mit Braun weiterarbeiten.
8. Rd: 9 fM ihM [9].
Mit Weiß weiterarbeiten.
9. Rd: 9 fM häkeln [9].
Mit Braun weiterarbeiten.
10. Rd: 9 fM häkeln [9].
Mit Weiß weiterarbeiten.
11. Rd: 9 fM häkeln [9].
1 fM in die nächste M. Das ist das neue Ende der Rd.
Mit Braun weiterarbeiten.
12. Rd: 9 fM häkeln [9].
Mit Weiß weiterarbeiten.
13. Rd: 9 fM häkeln [9].
Mit Braun weiterarbeiten.
14. Rd: 9 fM häkeln [9].
1 fM in die nächste M. Das ist das neue Ende der Rd.
Mit Weiß weiterarbeiten.
15. Rd: 9 fM häkeln [9].
Mit Braun weiterarbeiten.
16. Rd: 9 fM häkeln [9].
17. Rd: 5 fM häkeln [5]. Die restlichen Maschen nicht bearbeiten.
Die Hand gut mit Füllwatte ausstopfen. Zum oberen Armrand hin allmählich weniger Füllwatte verwenden.
Das offene Armende flach drücken und 4 fM durch beide Lagen häkeln, um die Öffnung zu schließen.
Abketten und einen langen Faden zum Nähen lassen. Der Farbwechsel sollte sich auf der Arminnenseite befinden

ÄRMELMANSCHETTE (2x in Weiß)
Am Arm mit Weiß im letzten unbearbeiteten vorderen M-Glied der 7. Rd neu anschlingen (Abb. 14).
Die Hand zeigt von Ihnen weg.

1. Rd: 1 Lm häkeln, im selben vorderen M-Glied beginnen, in dem neu angeschlungen wurde, 9x 1 M zun [18].
1 Km in die nächste M häkeln, abketten und Garnenden vernähen.

FLÜGEL (2x in Gelb)
1. Rd: 6 fM in einen Fadenring arbeiten [6].
2. Rd: 6x 1 M zun [12].
3. Rd: * 1 fM, 1 M zun; ab * noch 5x wdh [18].
4. Rd: * 2 fM, 1 M zun; ab * noch 5x wdh [24].
5. Rd: * 3 fM, 1 M zun; ab * noch 5x wdh [30].
6.–10. Rd: 30 fM häkeln [30].
11. Rd: * 3 fM, 1 M abn; ab * noch 5x wdh [24].
12. Rd: * 4 fM, 1 M abn; ab * noch 3x wdh [20].
13. Rd: 20 fM häkeln [20].
14. Rd: * 8 fM, 1 M abn; ab * noch 1x wdh [18].
15. Rd: 18 fM häkeln [18].
16. Rd: * 7 fM, 1 M abn; ab * noch 1x wdh [16].
17. Rd: 16 fM häkeln [16].
18. Rd: * 6 fM, 1 M abn; ab * noch 1x wdh [14].
19. Rd: 14 fM häkeln [14].
20. Rd: * 5 fM, 1 M abn; ab * noch 1x wdh [12].
21. Rd: * 4 fM, 1 M abn; ab * noch 1x wdh [10].
Die Flügel nicht ausstopfen.
Das offene Flügelende flach drücken und 5 fM durch beide Lagen häkeln, um die Öffnung zu schließen.
Abketten und einen langen Faden zum Nähen lassen.

BASIS FÜR DEN PILZHUT (in Rosé)
1. Rd: 6 fM in einen Fadenring arbeiten [6].
2. Rd: 6x 1 M zun [12].
3. Rd: * 1 fM, 1 M zun; ab * noch 5x wdh [18].
4. Rd: * 2 fM, 1 M zun; ab * noch 5x wdh [24].
5. Rd: * 3 fM, 1 M zun; ab * noch 5x wdh [30].
6. Rd: 30 fM häkeln [30].
7. Rd: * 4 fM, 1 M zun; ab * noch 5x wdh [36].
8. Rd: 36 fM häkeln [36].
9. Rd: * 5 fM, 1 M zun; ab * noch 5x wdh [42].
10. Rd: 42 fM häkeln [42].
11. Rd: * 6 fM, 1 M zun; ab * noch 5x wdh [48].
12. Rd: 48 fM häkeln [48].
13. Rd: * 7 fM, 1 M zun; ab * noch 5x wdh [54].
14. Rd: * 8 fM, 1 M zun; ab * noch 5x wdh [60].
15. Rd: * 9 fM, 1 M zun; ab * noch 5x wdh, dabei ihM [66].
1 Km in die nächste M häkeln, abketten und Garnenden vernähen.

HUTKREMPE (mit Rosé beginnen)
Am Hut mit Rosé im 1. unbearbeiteten vorderen M-Glied der 14. Rd neu anschlingen (Abb. 15).
Die Hutspitze zeigt zu Ihnen.
1. Rd: 2 Lm häkeln, im selben vorderen M-Glied beginnen, in dem neu angeschlungen wurde, * 9 Stb, 1x 2 Stb; ab * noch 5x wdh, 1 Km [66].
Mit Weiß weiterarbeiten.
Für die ersten 2–3 M der 2. Rd das roséfarbene Garn hinter dem weißen Garn führen (Jacquard-Technik, Tutorial auf Seite 14). Danach können Sie das roséfarbene Garn abschneiden und ein langes Garnende zum Nähen lassen.
2. Rd: 2 Lm häkeln, in derselben M beginnen, in der die letzte Km gehäkelt wurde, 66 Stb [66].
3. Rd: 66 fM häkeln [66].
4. Rd: diese Rd gleichzeitig durch die 3. Rd der Krempe und die 15. Rd der Hutbasis häkeln (Abb. 16), 66 fM [66].
1 Km in die nächste M häkeln. Abketten.
Die weißen Garnenden und den roséfarbenen Anfangsfaden vernähen. Das roséfarbene Garnende zum Nähen lassen.

PUNKT (5x in Weiß)
1. Rd: 6 fM in einen Fadenring arbeiten [6].
2. Rd: 6x 1 M zun [12].
1 Km in die nächste M häkeln, abketten und einen langen Faden zum Nähen lassen.

KORB (in Rosé)
1. Rd: 6 fM in einen Fadenring arbeiten [6].
2. Rd: 6x 1 M zun [12].
3. Rd: * 1 fM, 1 M zun; ab * noch 5x wdh [18].
4. Rd: * 2 fM, 1 M zun; ab * noch 5x wdh [24].
5. Rd: * 3 fM, 1 M zun; ab * noch 5x wdh [30].
In geschlossenen Rd weiterhäkeln.
6. Rd: 1 Lm häkeln, 30 hStb ihM, 1 Km in die 1. M [30].
7.–8. Rd: 1 Lm häkeln, in derselben M beginnen, in der die letzte Km gehäkelt wurde, * 3 RhStbv (Abb. 17), 3 RhStbh (Abb. 18); ab * noch 4x wdh, 1 Km in die 1. M [30].

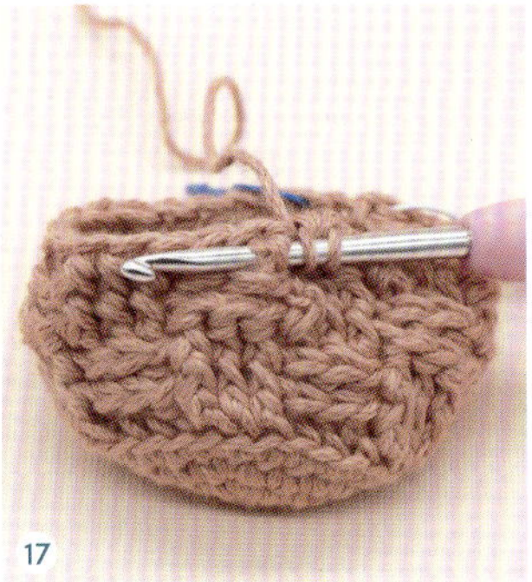
17

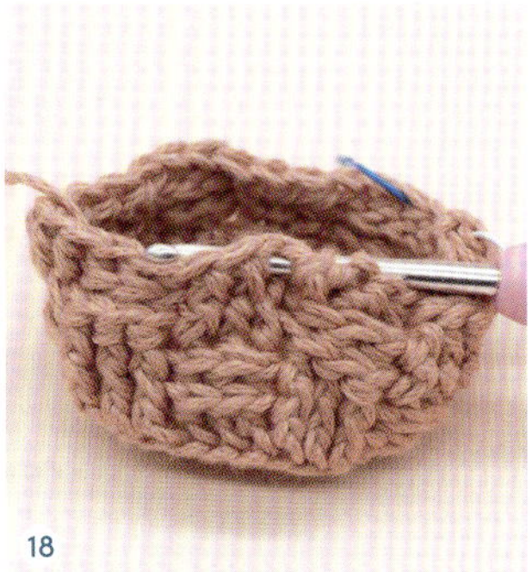
18

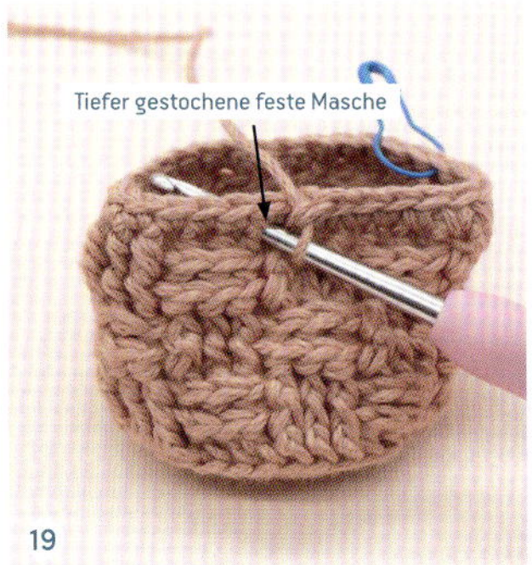

19

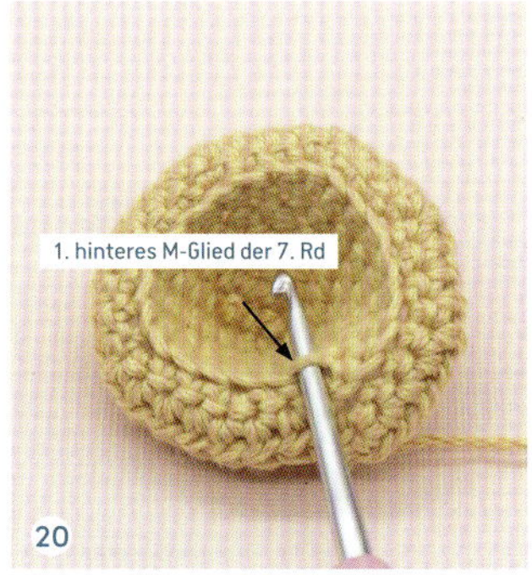

20

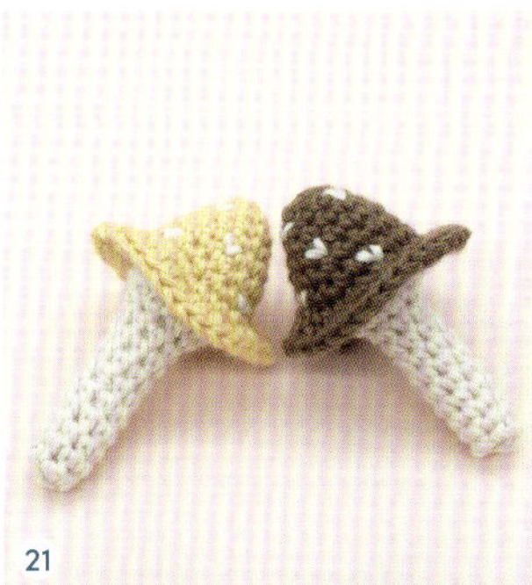
21

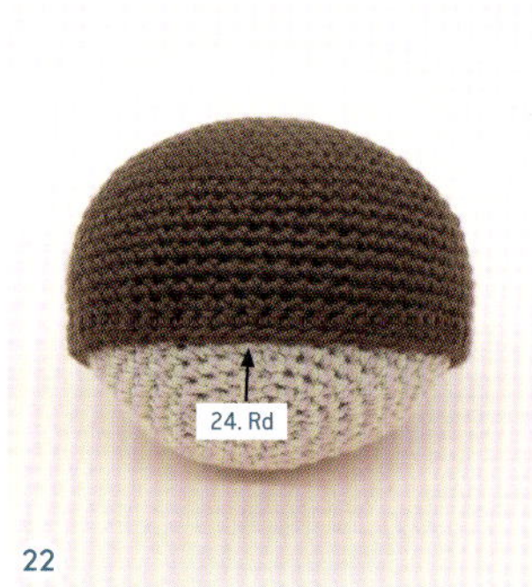

22

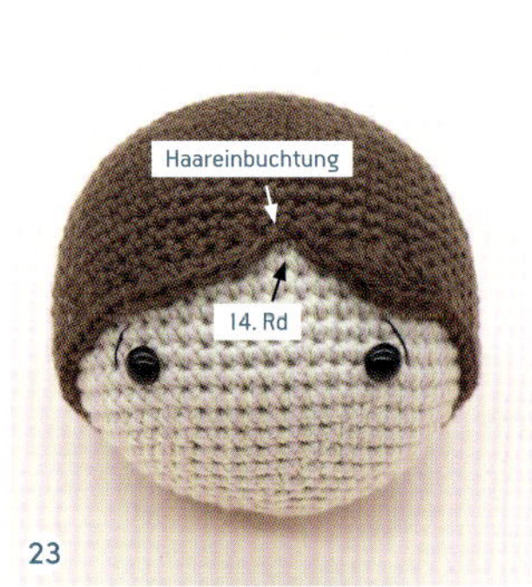

23

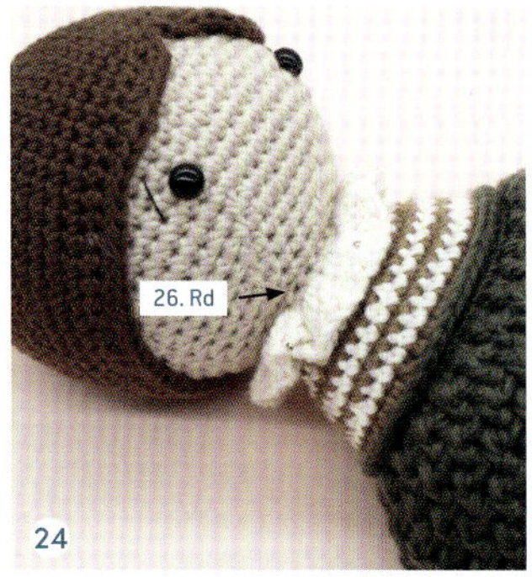

24

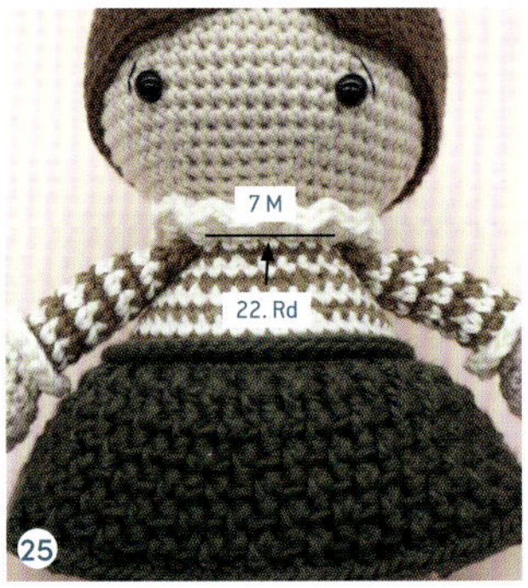

25

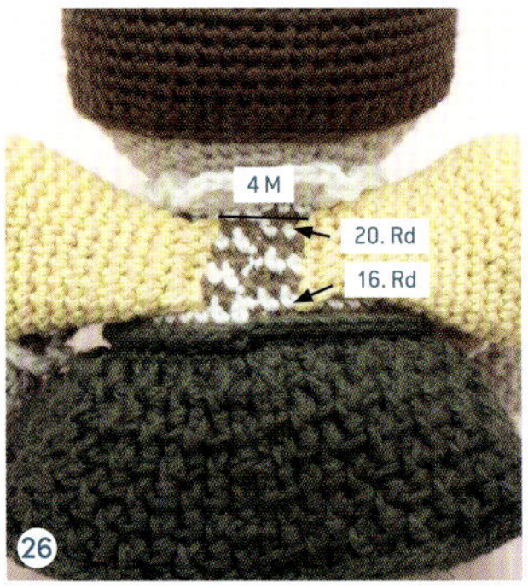

26

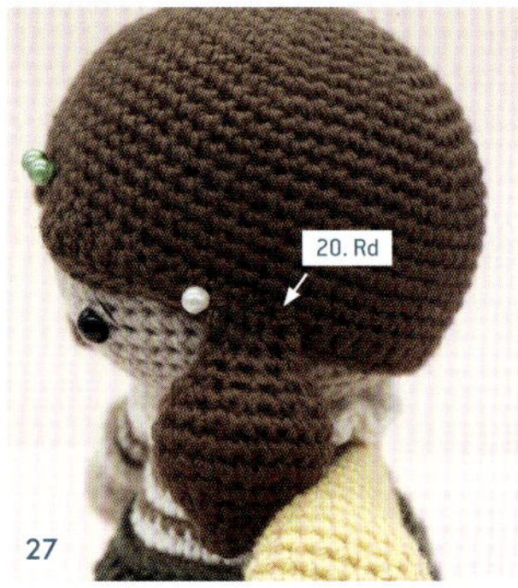

27

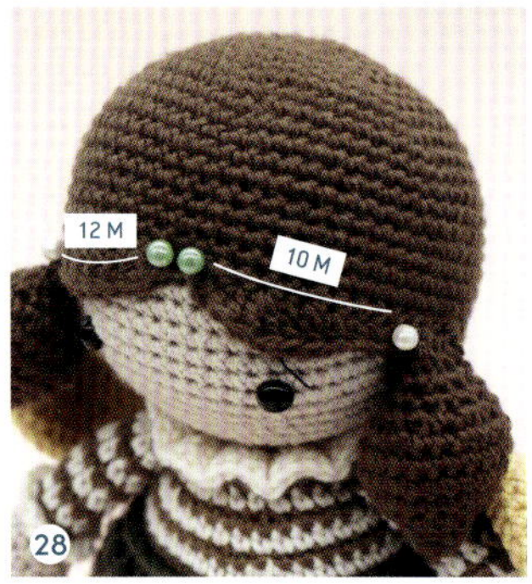

28

9.–10. Rd: 1 Lm häkeln, in derselben M beginnen, in der die letzte Km gehäkelt wurde, * 3 RhStbh, 3 RhStbv; ab * noch 4x wdh, 1 Km in die 1. M [30].

11.–12. Rd: die 7. und 8. Rd abwechselnd wiederholen.

13. Rd: 30 fM häkeln [30].

14. Rd: 30 tiefer gestochene fM [30]. (Abb. 19)

1 Km in die nächste M häkeln, abketten und Garnenden vernähen.

KORBHENKEL (in Rosé)

Einen langen Anfangsfaden zum Nähen lassen. 60 Lm anschlagen. Entlang beider Seiten der Lm-Kette häkeln.

1. Rd: in die 2. Lm ab der Nadel einstechen, 58 fM, 3 fM in die nächste Lm. Auf der Rückseite der Lm-Kette weiterarbeiten, 57 fM, 1 M zun [120].

1 Km in die nächste M häkeln, abketten und einen langen Faden zum Nähen lassen.

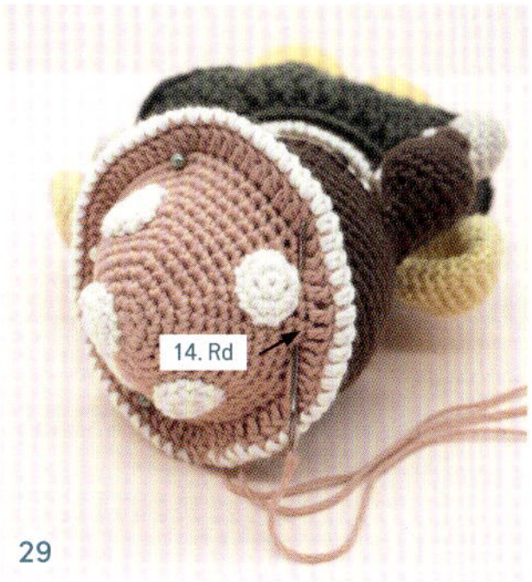

29

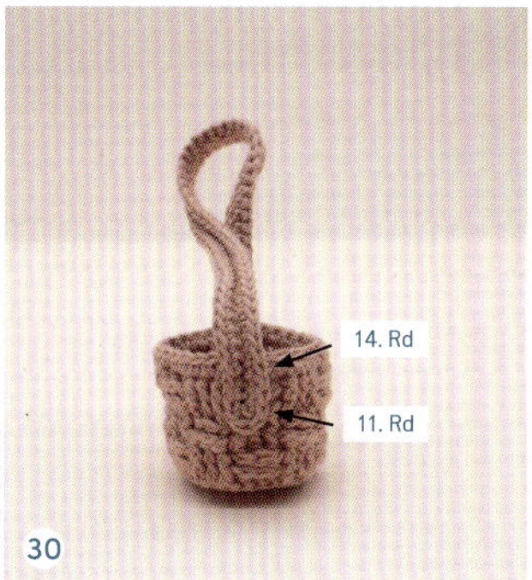

30

PILZKAPPE (2x: 1x in Gelb, 1x in Braun)

1. Rd: 6 fM in einen Fadenring arbeiten [6].
2. Rd: * 1 fM, 1 M zun; ab * noch 2x wdh [9].
3. Rd: * 2 fM, 1 M zun; ab * noch 2x wdh [12].
4. Rd: * 3 fM, 1 M zun; ab * noch 2x wdh [15].
5. Rd: * 4 fM, 1 M zun; ab * noch 2x wdh [18].
6. Rd: * 5 fM, 1 M zun; ab * noch 2x wdh [21].
7. Rd: * 6 fM, 1 M zun; ab * noch 2x wdh [24].
8. Rd: * 2 fM, 1 M zun; ab * noch 7x wdh, dabei ivM [32].
9. Rd: 32 hStb häkeln [32].
1 Km in die folgende M häkeln, abketten und einen Faden zum Nähen lassen.

PILZSTIEL (2x in Weiß)

An der Pilzkappe mit Weiß im 1. unbearbeiteten hinteren M-Glied der 7. Rd neu anschlingen (Abb. 20).
Die Kappenspitze zeigt zu Ihnen.
1. Rd: 1 Lm häkeln, im selben vorderen M-Glied beginnen, in dem neu angeschlungen wurde, 24 fM [24].
2. Rd: 12x 1 M abn [12].
Die Pilzkappe und den Stiel gut mit Füllwatte ausstopfen und beim Häkeln nach und nach weiter ausstopfen.
3. Rd: * 1 fM, 1 M abn; ab * noch 3x wdh [8].
4.–11. Rd: 8 fM häkeln [8].
12. Rd: * 2 fM, 1 M abn; ab * noch 1x wdh [6].
Den Stiel fertig ausstopfen.
1 Km in die nächste M häkeln, abketten und einen Faden zum Nähen lassen.
Mit der Wollnadel das Fadenende durch die vorderen M-Glieder der letzten 6 M führen. Fest anziehen und den Stiel schließen.

Die Garnenden von Kappe und Stiel vernähen. Mit einem Faden in Weiß auf der Pilzkappe verteilt "V"s aufnähen. 1 V ist dabei so groß wie eine Masche (Abb. 21).

FERTIGSTELLUNG

- Die Haare am Kopf festnähen. Der hintere Haarrand wird zwischen der 23. und 24. Rd befestigt (Abb. 22). Die vordere Einbuchtung liegt zwischen der 13. und 14. Rd am Kopf (Abb. 23). Zwischen der 20. und 21. Rd ein paar Haarmaschen am Kopf fixieren. Den Pony auf beiden Seiten nicht befestigen.
- Den Körper am Kopf festnähen. Die Körperöffnung wird über die 27.–29. Rd auf der Kopfunterseite festgenäht (Abb. 24). Achten Sie darauf, dass sich die Farbwechsel in der Mitte der Körperrückseite befinden.
- Die Arme zwischen der 22. und 23. Rd am Körper befestigen (Abb. 25). Vorne liegen 7 M zwischen den beiden Armen. Die Farbwechsel zeigen zum Körper.
- Die Flügel auf der Körperrückseite befestigen. Die flachen Enden werden vertikal im Abstand von 4 M zwischen der 16. und 20. Rd des Körpers festgenäht (Abb. 26). Damit die Flügel eng am Körper liegen, die Flügelinnenseite mit ein paar zusätzlichen Stichen am Körper fixieren.
- Die flachen Zopfenden zwischen der 20. und 21. Rd an den Haaren festnähen (Abb. 27). Das vordere Ende des linken Zopfes sollte etwa 10 M von der Einbuchtung an der Stirn entfernt sein, das des rechten Zopfes etwa 12 M (Abb. 28).
- Die Punkte beliebig am Pilzhut festnähen.
- Das roséfarbene Garnende der Hutkrempe zwischen der 14. und 15. Rd nach außen führen. Den Hut nach Belieben am Kopf feststecken und annähen. In unserem Beispiel wurde der Hut nach links geneigt befestigt. Zwischen der 14. und 15. Rd ein paar Hutmaschen am Kopf fixieren (Abb. 29). So zieht sich der Hut nicht zusammen. Den weißen Hutrand nicht befestigen.
- Die Henkelenden von der 11. bis 14. Rd am Korb festnähen (Abb. 30).
- Die Pilze in den Korb legen und Jules den Korb umhängen.
- Wenn Sie möchten, können Sie auf Jules Wangen Rouge auftragen, damit sie noch niedlicher aussieht.
- Alle Maschenmarkierer entfernen.

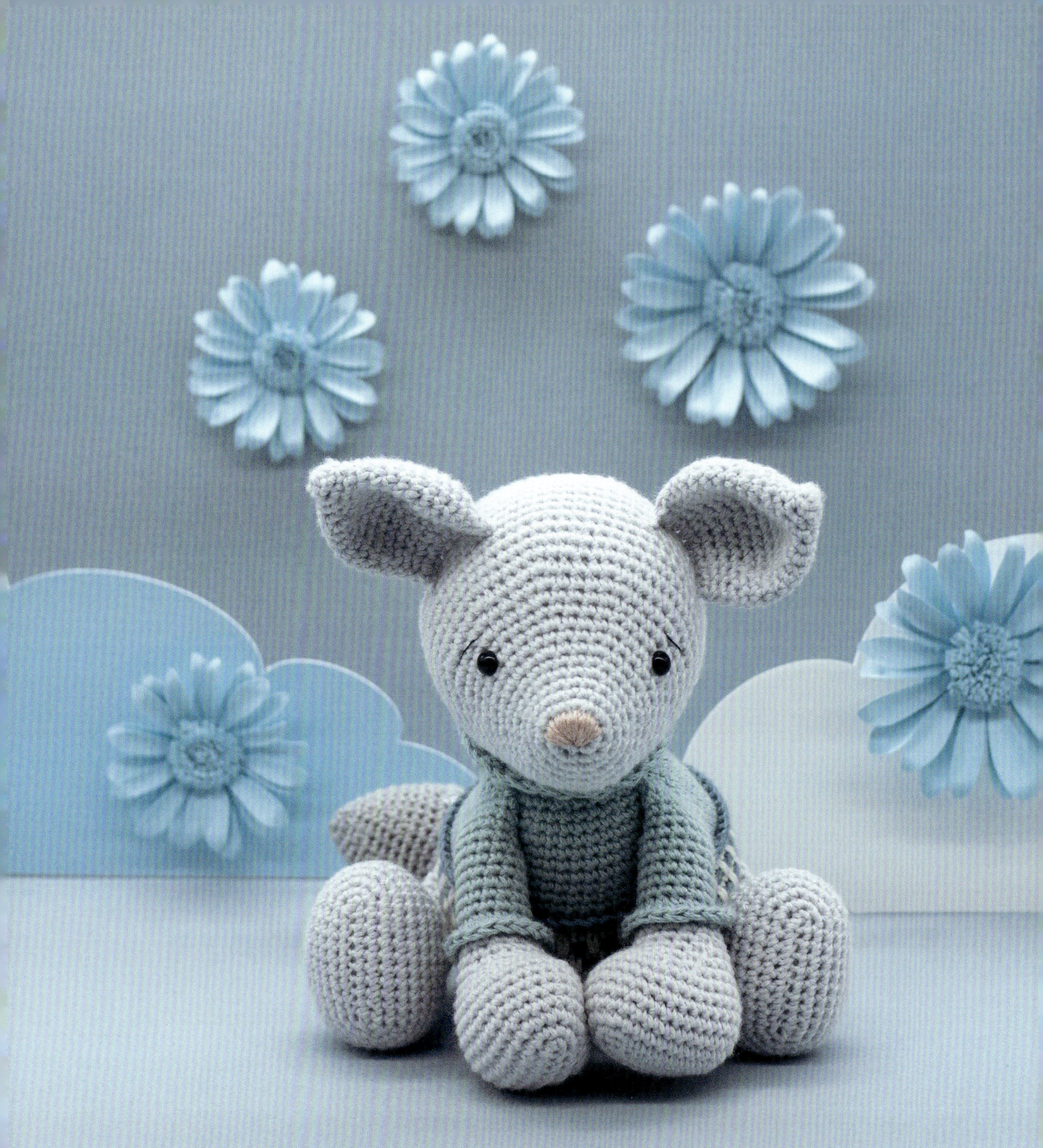

Schwierigkeitsgrad: ● ● ○
Größe: ca. 16 cm hoch

Amigurumi-Galerie: QR-Code scannen oder www.amigurumi.com/4511 besuchen und Bilder teilen bzw. kreative Anregungen finden.

Micco, der Wolf

Micco, der Wolf ist der treueste Gefährte des Waldes und immer für alle da. Jenen, die nicht wissen, wie man Nahrung findet oder warme, gemütliche Behausungen baut, steht er mit Rat und Tat zur Seite. Miccos Wissensdurst ist unersättlich - besonders interessiert er sich für ferne Orte und möchte am liebsten alles über die Welt erfahren. Wann immer jemand in Not ist, schreitet Micco mutig ein. Im Zauberwald beweist er, wie ein loyaler Freund die Welt zu einem besseren Ort machen kann.

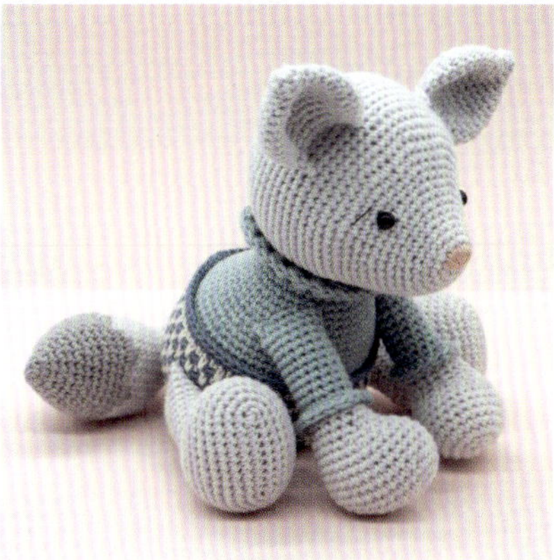

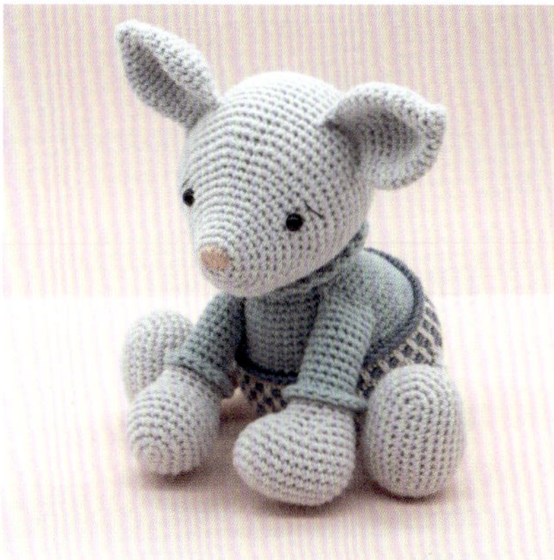

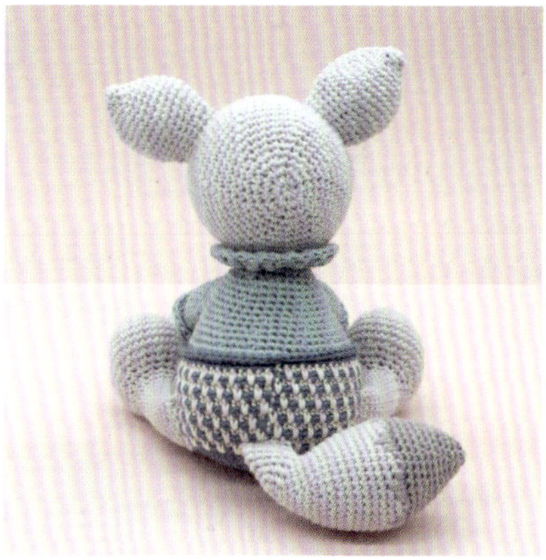

MATERIAL

Dünnes Baumwollgarn (Krea Deluxe Bio-Baumwolle, Lauflänge 50 g/165 m) in Wollweiß (Nr. 02), Taubenblau (Nr. 21), dunkles Mintgrün (Nr. 33), Zartgrau (Nr. 47), Hellgrau (Nr. 48); Häkelnadel 2,5 mm; Sicherheitsaugen (6,0 mm Durchmesser); schwarzes und rosafarbenes Stickgarn (DMC 6-fädiges Stickgarn Nr. 310 – einen Faden für die Augenbrauen verwenden, und Nr. 224 – 6 Fäden für die Nase verwenden); Wollnadel; Stecknadeln;Maschenmarkierer; Kunstfaserfüllwatte

KOPF (in Zartgrau)

1. Rd: 6 fM in einen Fadenring arbeiten [6].

2. Rd: 6x 1 M zun [12].

3. Rd: * 1 fM, 1 M zun; ab * noch 5x wdh [18].

4. Rd: 2 fM, 1 M zun, 12 fM, 1 M zun, 2 fM [20].

5. Rd: 1 fM, 1 M zun, 16 fM, 1 M zun, 1 fM [22].

6. Rd: 3 fM, * 1 M zun, 2 fM; ab * noch 5x wdh, 1 fM [28].

7. Rd: 28 fM häkeln [28].

8. Rd: 6 fM, * 1 M zun, 2 fM; ab * noch 5x wdh, 4 fM [34].

Die 13. und 14. sowie die 21. und 22. M der 8. Rd markieren. Sie dienen beim Aufnähen der Nase als Orientierungshilfe.

9. Rd: 34 fM häkeln [34].

10. Rd: 6 fM, * 1 M zun, 3 fM; ab * noch 5x wdh, 4 fM [40].

Die Nase mit rosa Stickgarn zwischen der 1. und 2. Rd am Kopf aufnähen. Dabei an den markierten Maschen orientieren. Das obere Nasenende ist so breit wie 5 M, das untere Nasenende geht durch den Fadenring (Abb. 1).

11. Rd: 40 fM häkeln [40].

12. Rd: 10 fM, * 1 M zun, 3 fM; ab * noch 5x wdh, 6 fM [46]

13. Rd: 10 fM, * 1 M zun, 4 fM; ab * noch 5x wdh, 6 fM [52].

14. Rd: 14 fM, * 1 M zun, 4 fM; ab * noch 5x wdh, 8 fM [58].

15. Rd: 30 fM, 1 M zun, 26 fM, 1 M zun [60].

Die Sicherheitsaugen zwischen der 10. und 11. Rd mit einem Abstand von 14 M einsetzen (Abb. 2).
Beim Positionieren der Augen die markierten M als Orientierungshilfe verwenden.
Mit einem einzelnen schwarzen Faden in der 13. Rd über jedem Auge eine Augenbraue aufnähen. Jede Augenbraue sollte etwa so breit wie 2 M sein.
Den Kopf gut mit Füllwatte ausstopfen.
16.–25. Rd: 60 fM häkeln [60].
26. Rd: * 8 fM, 1 M abn; ab * noch 5x wdh [54].
27. Rd: * 7 fM, 1 M abn; ab * noch 5x wdh [48].
28. Rd: * 6 fM, 1 M abn; ab * noch 5x wdh [42].
29. Rd: * 5 fM, 1 M abn; ab * noch 5x wdh [36].
30. Rd: * 4 fM, 1 M abn; ab * noch 5x wdh [30].
31. Rd: * 3 fM, 1 M abn; ab * noch 5x wdh [24].
32. Rd: 24 fM häkeln [24].
33. Rd: * 2 fM, 1 M abn; ab * noch 5x wdh [18].
34. Rd: * 1 fM, 1 M abn; ab * noch 5x wdh [12].
Den Kopf fertig ausstopfen.
35. Rd: 6x 1 M abn [6].
1 Km in die nächste M häkeln, abketten und einen Faden zum Nähen lassen.
Mit der Wollnadel das Fadenende durch die vorderen M-Glieder der letzten 6 M führen. Fest anziehen und den Kopf schließen. Das Garnende vernähen.

KÖRPER (mit Taubenblau beginnen)
Anmerkung: Die Hose wird mit tiefer gestochenen Maschen gehäkelt. Doch wenn Sie möchten, können Sie den Körper (1.–23. Rd) in nur einer Farbe und mit festen Maschen häkeln.

1. Rd: 6 fM in einen Fadenring arbeiten [6].
2. Rd: 6x 1 M zun [12].
3. Rd: * 1 fM, 1 M zun; ab * noch 5x wdh [18].
4. Rd: * 2 fM, 1 M zun; ab * noch 5x wdh [24].
5. Rd: * 3 fM, 1 M zun; ab * noch 5x wdh [30].
6. Rd: * 4 fM, 1 M zun; ab * noch 5x wdh [36].
7. Rd: * 5 fM, 1 M zun; ab * noch 5x wdh [42].
8. Rd: * 6 fM, 1 M zun; ab * noch 5x wdh [48].
9. Rd: * 7 fM, 1 M zun; ab * noch 5x wdh [54].
10. Rd: * 8 fM, 1 M zun; ab * noch 5x wdh [60].
11. Rd: * 29 fM, 1 M zun; ab * noch 1x wdh [62].
Mit Wollweiß weiterarbeiten.
12. Rd: * 1 fM, 1 tiefer gestochene fM; ab * noch 30x wdh, dabei ihM [62]. (Abb. 3)

Anmerkung: Wenn Sie beim Häkeln einer tiefer gestochenen Masche 2 Schlingen auf der Nadel haben, beide Schlingen nach oben ziehen, bis sie sich auf derselben Höhe befinden.

Mit Taubenblau weiterarbeiten.
13. Rd: 62 fM häkeln [62].
Mit Wollweiß weiterarbeiten.
14. Rd: * 1 tiefer gestochene fM, 1 fM ihM; ab * noch 30x wdh [62] (Abb. 4)
Mit Taubenblau weiterarbeiten,
15. Rd: 62 fM häkeln [62].
Mit Wollweiß weiterarbeiten.
16.–23. Rd: die 12.–15. Rd 2x wdh.
Mit dunklem Mintgrün weiterarbeiten.
24. Rd: * 29 fM, 1 M abn; ab * noch 1x wdh, dabei ihM [60].
25. Rd: 60 fM häkeln [60].
26. Rd: * 3 fM, 1 M abn; ab * noch 1x wdh, 4 fM, 1 M abn, 30 fM, 1 M abn, 4 fM, 1 M abn, 3 fM, 1 M abn, 1 fM [54].
27. Rd: 54 fM häkeln [54].
28. Rd: * 3 fM, 1 M abn; ab * noch 2x wdh, 26 fM, * 1 M abn, 3 fM; ab * noch 1x wdh, 1 M abn, 1 fM [48].
29. Rd: 48 fM häkeln [48].
30. Rd: 2 fM, 1 M abn, 3 fM, 1 M abn, 2 fM, 1 M abn, 24 fM, 1 M abn, 2 fM, 1 M abn, 3 fM, 1 M abn [42].
Die 1. und 2. M der 30. Rd markieren. Die Markierungen kennzeichnen die Mitte der Körperrückseite.
31. Rd: 42 fM häkeln [42].
32. Rd: * 12 fM, 1 M abn; ab * noch 2x wdh [39].
33. Rd: 5 fM, 1 M abn, * 11 fM, 1 M abn; ab * noch 1x wdh, 6 fM [36].
34. Rd: 8 fM, 1 M abn, * 10 fM, 1 M abn; ab * noch 1x wdh, 2 fM [33].
35. Rd: 4 fM, 1 M abn, * 9 fM, 1 M abn; ab * noch 1x wdh, 5 fM [30].
36. Rd: 2 fM, 1 M abn, * 8 fM, 1 M abn; ab * noch 1x wdh, 6 fM [27].
37. Rd: * 7 fM, 1 M abn; ab * noch 2x wdh [24].
2 fM häkeln. Sie befinden sich jetzt in der Mitte der Körperrückseite, in einer Linie mit den markierten M.
Das ist das neue Ende der Rd.

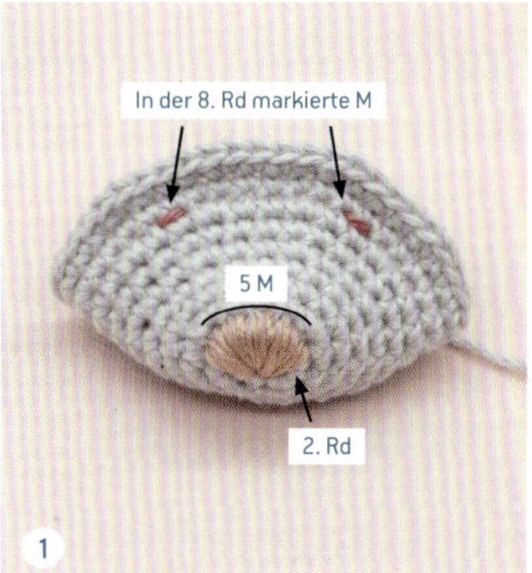

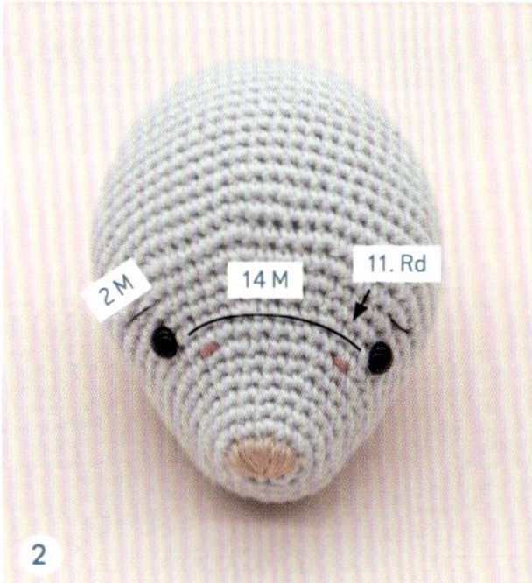

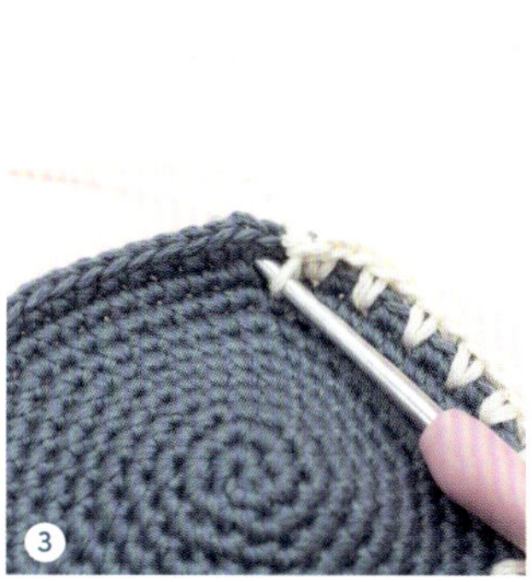

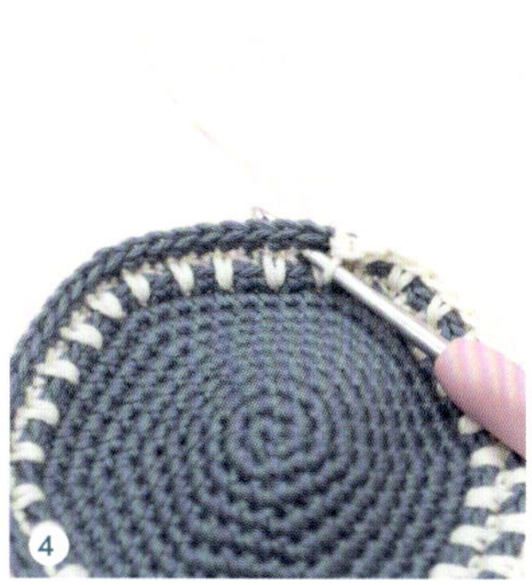

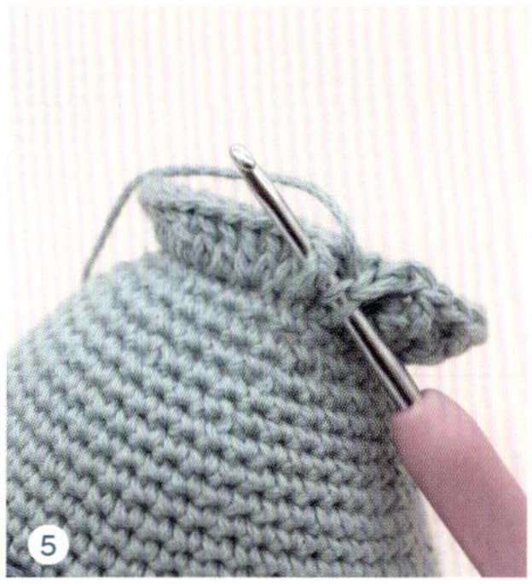

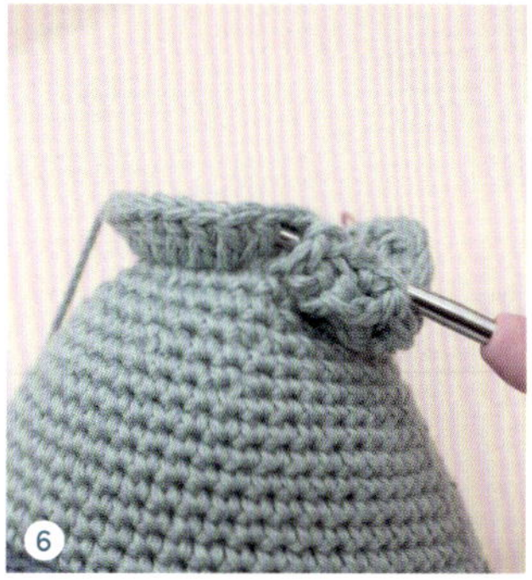

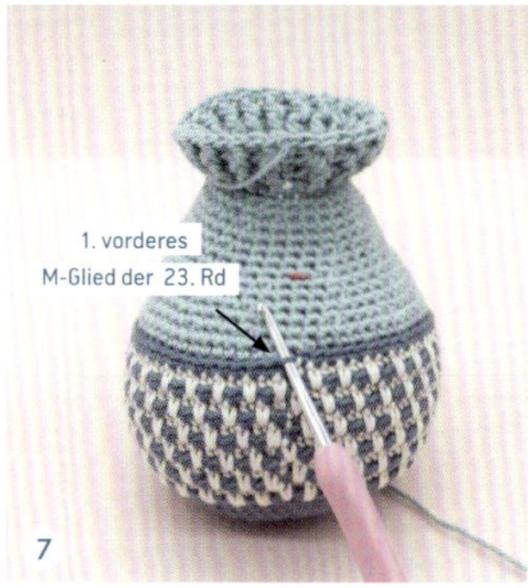

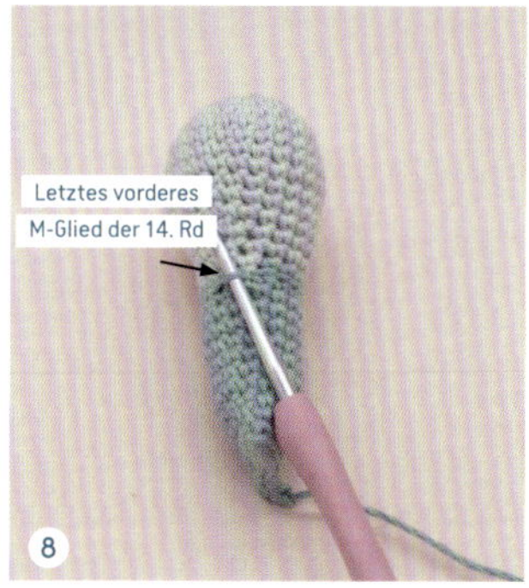

In geschlossenen Rd weiterhäkeln.

38. Rd: 2 Lm häkeln, * 1 Stb, 1x 2 Stb, dabei ivM; ab * noch 11x wdh, 1 Km in die 1. M [36].

39.–40. Rd: 2 Lm häkeln, in derselben M beginnen, in der die letzte Km gehäkelt wurde, * 1 RStbv (Abb. 5), 1 RStbh (Abb. 6); ab * noch 17x wdh, 1 Km in die 1. M [36].

Abketten und einen langen Faden zum Nähen lassen.

Den Körper gut mit Füllwatte ausstopfen.

HOSENBUND (in Taubenblau)

Am Körper mit taubenblauem Garn im 1. unbearbeiteten vorderen M-Glied der 23. Rd neu anschlingen (Abb. 7).

Die Körperöffnung zeigt dabei von Ihnen weg.

1. Rd: 1 Lm häkeln, im selben vorderen M-Glied beginnen, in dem neu angeschlungen wurde, 62 fM [62].

Abketten und Garnenden vernähen.

VORDERBEIN (2x mit Zartgrau beginnen)

10 Lm anschlagen. Entlang beider Seiten der Lm-Kette häkeln.

1. Rd: in die 2. Lm ab der Nadel einstechen, 8 fM, 3 fM in die nächste Lm. Auf der Rückseite der Lm-Kette weiterarbeiten. 7 fM, 1 M zun [20].

2. Rd: * 1 M zun, 7 fM, 2x 1 M zun; ab * noch 1x wdh [26].

3. Rd: 1 fM, 1 M zun, 7 fM, * 1 fM, 1 M zun; ab * noch 2x wdh, 7 fM, * 1 fM, 1 M zun; ab * noch 1x wdh [32].

4.–8. Rd: 32 fM häkeln [32].

9. Rd: 7 fM, * 1 M abn, 1 fM; ab * noch 5x wdh, 7 fM [26].

10. Rd: 6 fM, * 1 M abn, 1 fM; ab * noch 4x wdh, 5 fM [21].

11. Rd: * 5 fM, 1 M abn; ab * noch 2x wdh [18].

12. Rd: * 4 fM, 1 M abn; ab * noch 2x wdh [15].

13. Rd: 15 fM häkeln [15].

1 fM. Das ist das neue Ende der Rd.

Mit dunklem Mintgrün weiterarbeiten.

14. Rd: 15 fM häkeln [15].

15. Rd: 15 fM häkeln, dabei ihM [15].

16.–24. Rd: 15 fM häkeln [15].

25. Rd: rechtes Bein: 10 fM häkeln [10]. Die restlichen Maschen nicht bearbeiten.

25. Rd: linkes Bein: 2 fM häkeln [2]. Die restlichen Maschen nicht bearbeiten.

Das Bein gut mit Füllwatte ausstopfen.

Das offene Ende des Vorderbeins flach drücken und 7 fM durch beide Lagen häkeln, um die Öffnung zu schließen.

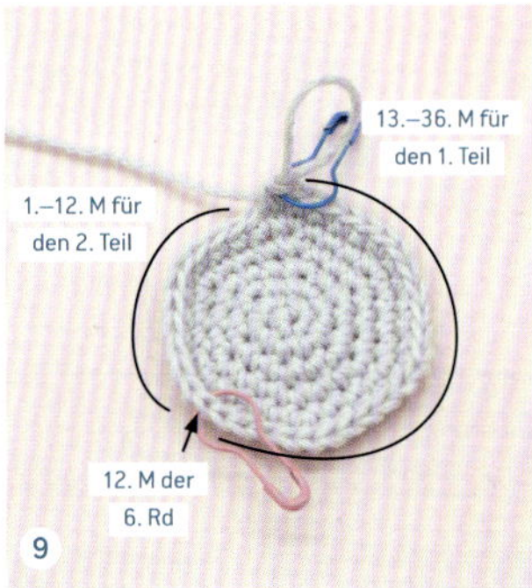

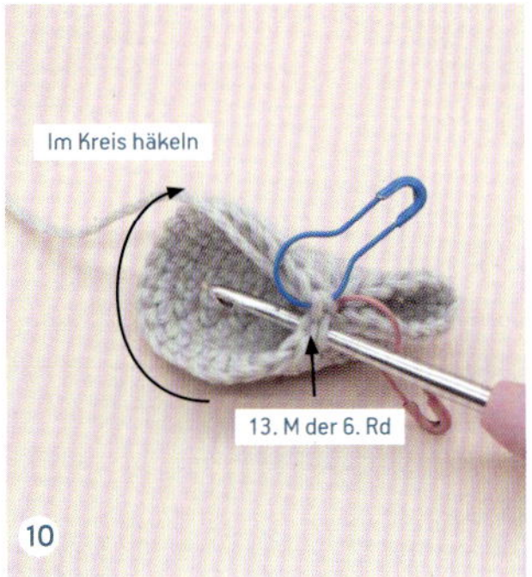

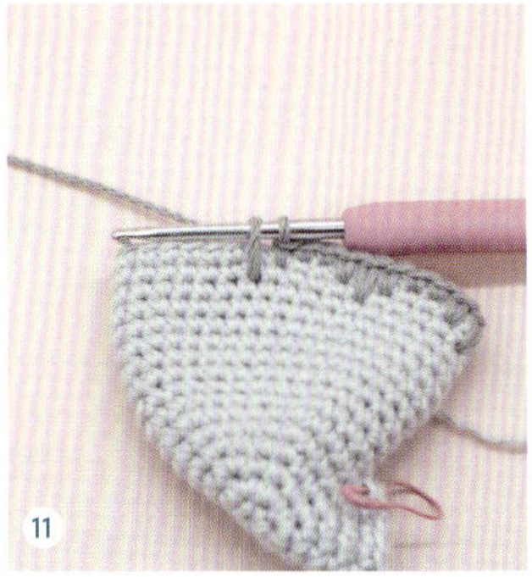

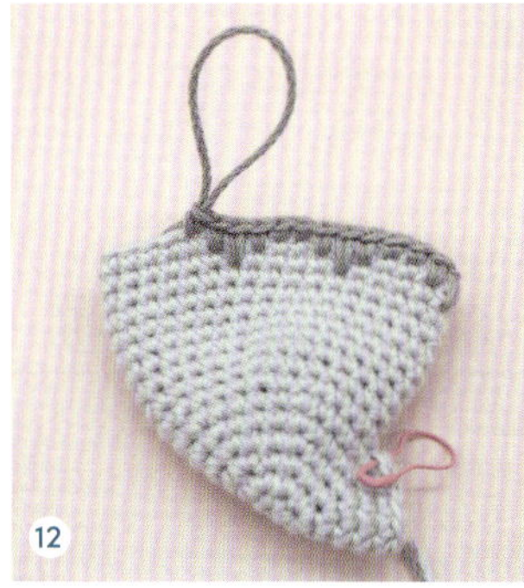

Abketten und einen langen Faden zum Nähen lassen.
Das flache Ende sollte parallel zur Luftmaschenkette an der Basis sein. Wenn nötig, die Anzahl der M in der 25. Rd anpassen.

ÄRMELMANSCHETTE (2x in dunklem Mintgrün)
Am Vorderbein mit dunklem Mintgrün im letzten unbearbeiteten vorderen M-Glied der 14. Rd neu anschlingen (Abb. 8).
Das untere Vorderbeinende zeigt dabei von Ihnen weg.
1. Rd: 1 Lm häkeln, im selben vorderen M-Glied beginnen, in dem neu angeschlungen wurde, * 2 hStb, 1x 2 hStb; ab * noch 4x wdh, 1 Km in die 1. M [20].
Abketten und Garnenden vernähen.

HINTERBEIN (2x in Zartgrau)
11 Lm anschlagen. Entlang beider Seiten der Lm-Kette häkeln.
1. Rd: in die 2. Lm ab der Nadel einstechen, 9 fM, 3 fM in die nächste Lm. Auf der Rückseite der Lm-Kette weiterarbeiten. 8 fM, 1 M zun [22].
2. Rd: * 1 M zun, 8 fM, 2x 1 M zun; ab * noch 1x wdh [28].
3. Rd: 1 fM, 1 M zun, 8 fM, * 1 fM, 1 M zun; ab * noch 2x wdh, 8 fM, * 1 fM, 1 M zun; ab * noch 1x wdh [34].
4. Rd: 2 fM, 1 M zun, 8 fM, * 2 fM, 1 M zun; ab * noch 2x wdh, 8 fM, * 2 fM, 1 M zun; ab * noch 1x wdh [40].
5.–9. Rd: 40 fM häkeln [40].
10. Rd: 8 fM, * 1 M abn, 1 fM; ab * noch 7x wdh, 8 fM [32].
11. Rd: 4 fM, * 1 M abn, 1 fM; ab * noch 7x wdh, 4 fM [24].
12. Rd: * 2 fM, 1 M abn; ab * noch 5x wdh [18].
13. Rd: 6 fM, 1 M abn, 2 fM, 1 M abn, 6 fM [16].
14.–23. Rd: 16 fM häkeln [16].
24. Rd: rechtes Bein: 11 fM häkeln [11]. Die restlichen Maschen nicht bearbeiten.
24. Rd: linkes Bein: 2 fM häkeln [2]. Die restlichen Maschen nicht bearbeiten.
Den Fuß gut mit Füllwatte ausstopfen. Zum oberen Beinrand hin allmählich weniger Füllwatte verwenden.
Das offene Ende des Hinterbeins flach drücken und 8 fM durch beide Lagen häkeln, um die Öffnung zu schließen.
Abketten und einen langen Faden zum Nähen lassen.
Das flache Ende sollte parallel zur Luftmaschenkette an der Basis sein. Wenn nötig, die Anzahl der M in der 24. Rd anpassen.

OHR (2x in Zartgrau)
1. Rd: 6 fM in einen Fadenring arbeiten [6].
2. Rd: 6 fM häkeln [6].
3. Rd: * 1 fM, 1 M zun; ab * noch 2x wdh [9].
4. Rd: * 2 fM, 1 M zun; ab * noch 2x wdh [12].
5. Rd: * 1 fM, 1 M zun; ab * noch 5x wdh [18].
6. Rd: * 2 fM, 1 M zun; ab * noch 5x wdh [24].
7. Rd: 24 fM häkeln [24].
8. Rd: * 3 fM, 1 M zun; ab * noch 5x wdh [30].
9. Rd: 30 fM häkeln [30].
10. Rd: * 4 fM, 1 M zun; ab * noch 5x wdh [36].
11. Rd: 36 fM häkeln [36].
12. Rd: * 4 fM, 1 M abn; ab * noch 5x wdh [30].
13. Rd: * 3 fM, 1 M abn; ab * noch 5x wdh [24].
14. Rd: * 6 fM, 1 M abn; ab * noch 2x wdh [21].
15. Rd: * 5 fM, 1 M abn; ab * noch 2x wdh [18].
Die Ohren nicht ausstopfen.
Das offene Ohrende flach drücken und 9 fM durch beide Lagen häkeln, um die Öffnung zu schließen.
Abketten und einen langen Faden zum Nähen lassen.

SCHWANZ

Basis (in Zartgrau)

1. Rd: 6 fM in einen Fadenring arbeiten [6].
2. Rd: 6x 1 M zun [12].
3. Rd: * 1 fM, 1 M zun; ab * noch 5x wdh [18].
4. Rd: * 2 fM, 1 M zun; ab * noch 5x wdh [24].
5. Rd: * 3 fM, 1 M zun; ab * noch 5x wdh [30].
6. Rd: * 4 fM, 1 M zun; ab * noch 5x wdh [36].
Teilen Sie die 6. Rd nun in einen großen (Teil 1) und in einen kleinen Bereich (Teil 2). Sie werden getrennt voneinander gearbeitet.
Für Teil 1 häkeln Sie über 24 M der 6. Rd und für Teil 2 über die restlichen 12 M. Die 12. M der 6. Rd markieren (Abb. 9).

Teil 1 (in Zartgrau)

Die M für Teil 1 befinden sich links von Ihnen.
Die ersten 12 M überspringen und in der 13. M der 6. Rd beginnen (Abb. 10).
7. Rd: * 7 fM, 1 M zun; ab * noch 2x wdh [27].
8. Rd: * 8 fM, 1 M zun; ab * noch 2x wdh [30].
9. Rd: * 5 fM, 1 M zun; ab * noch 4x wdh [35].
10.–16. Rd: 35 fM häkeln [35].
Mit Hellgrau weiterarbeiten.

Anmerkung: Wenn Sie beim Häkeln einer tiefer gestochenen Masche 2 Schlingen auf der Nadel haben, beide Schlingen nach oben ziehen, bis sie sich auf derselben Höhe befinden (Abb. 11).

17. Rd: * 1 fM, 1 tiefer gestochene fM, 1 fM 2 Rd tiefer gestochen, 1 tiefer gestochene fM, 1 fM; ab * noch 6x wdh [35]. (Abb. 12)
18. Rd: 35 fM häkeln [35].
19. Rd: 15 fM, 1 M abn, 16 fM, 1 M abn [33].
20. Rd: * 9 fM, 1 M abn; ab * noch 2x wdh [30].
21. Rd: 3 fM, 1 M abn, * 8 fM, 1 M abn; ab * noch 1x wdh, 5 fM [27].
22. Rd: 6 fM, 1 M abn, * 7 fM, 1 M abn; ab * noch 1x wdh, 1 fM [24].
Den Schwanz gut mit Füllwatte ausstopfen und beim Häkeln nach und nach weiter ausstopfen.
23. Rd: * 2 fM, 1 M abn; ab * noch 5x wdh [18].
24. Rd: 18 fM häkeln [18].
25. Rd: * 1 fM, 1 M abn; ab * noch 5x wdh [12].
26. Rd: 2 fM häkeln [12].
Den Schwanz fertig ausstopfen.
27. Rd: 6x 1 M abn [6].
1 Km in die nächste M häkeln, abketten und einen Faden zum Nähen lassen.
Mit der Wollnadel das Fadenende durch die vorderen M-Glieder der letzten 6 M führen.
Fest anziehen und den Schwanz schließen.
Das Garnende vernähen.

Teil 2 (in Zartgrau)

Der 1. Teil befindet sich rechts von Ihnen.

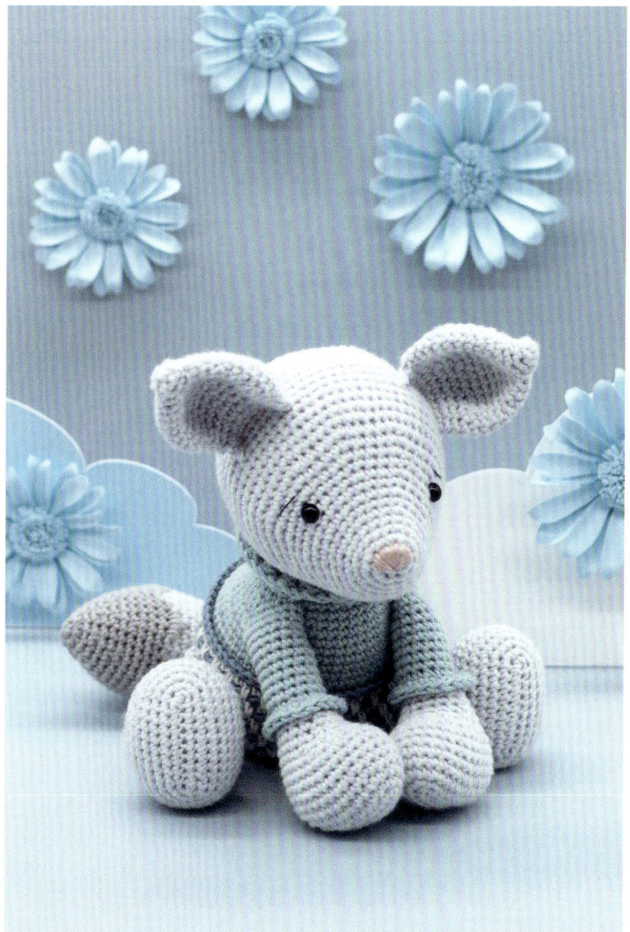

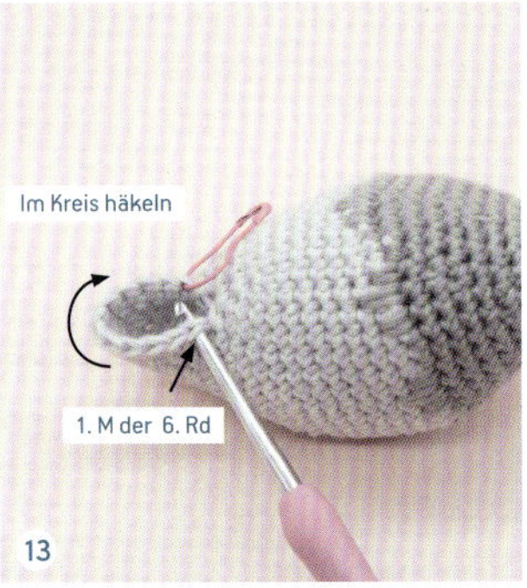

13

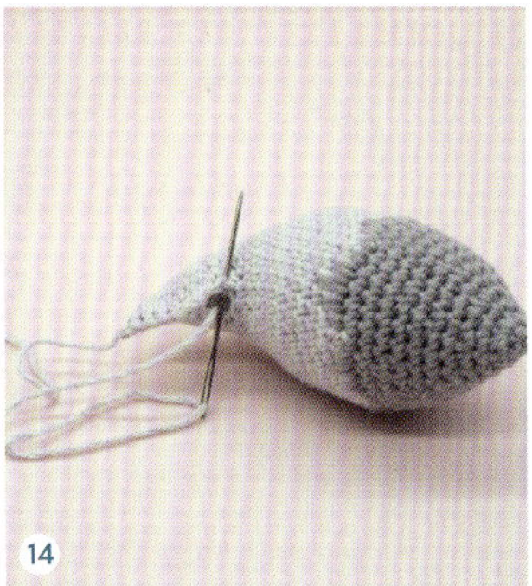
14

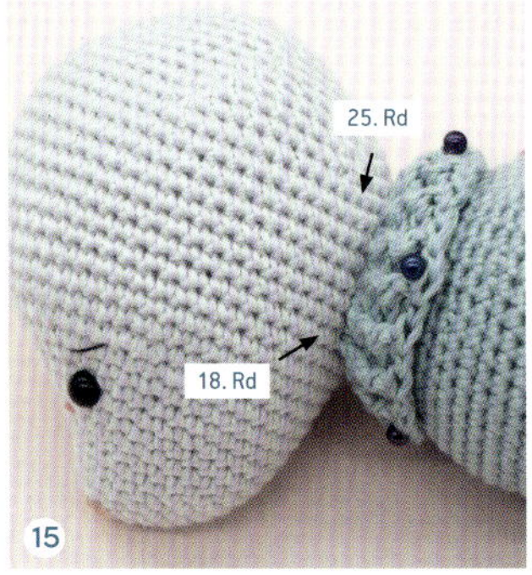

15

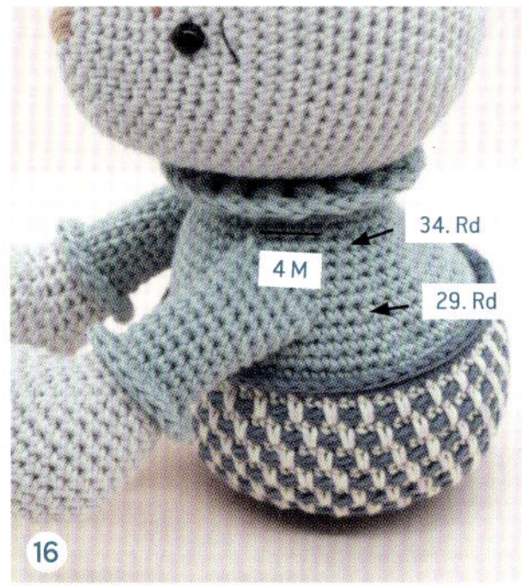

16

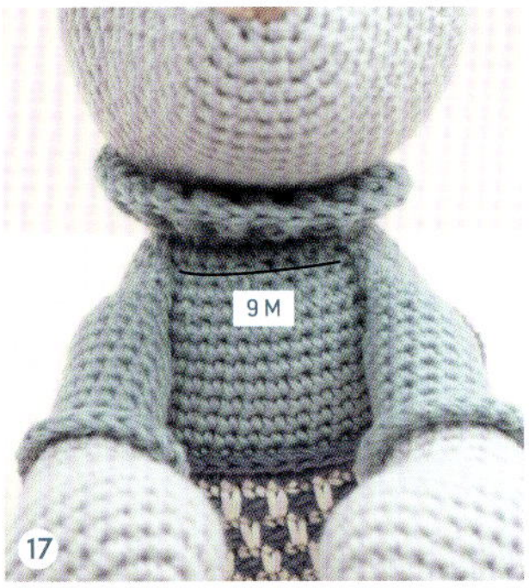

17

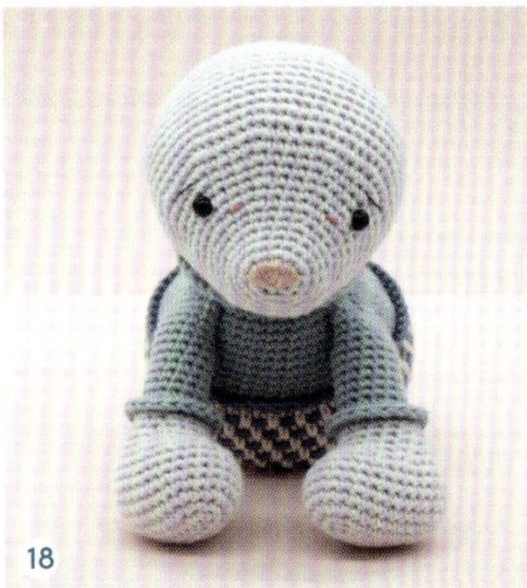
18

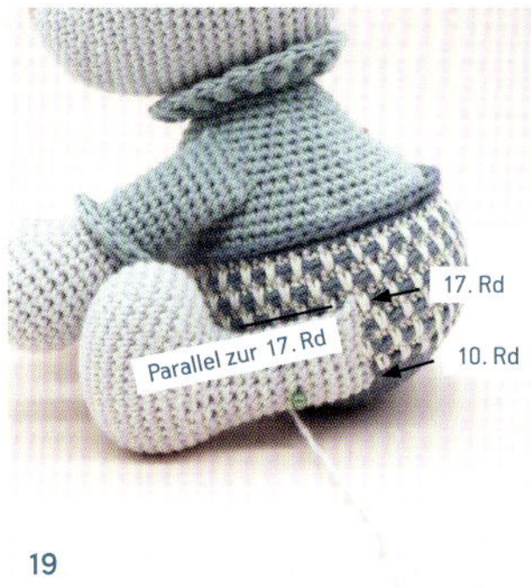

19

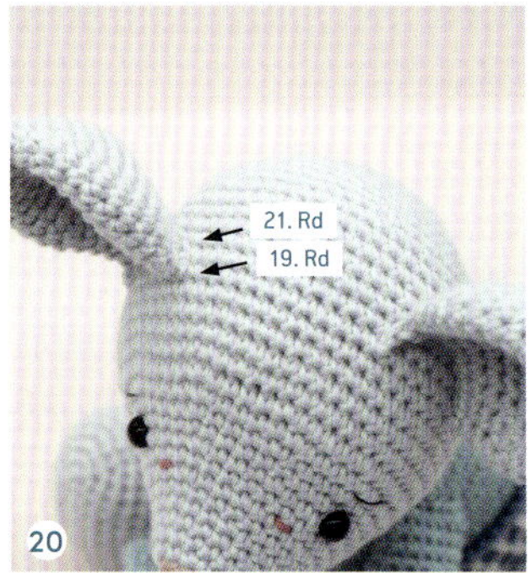

20

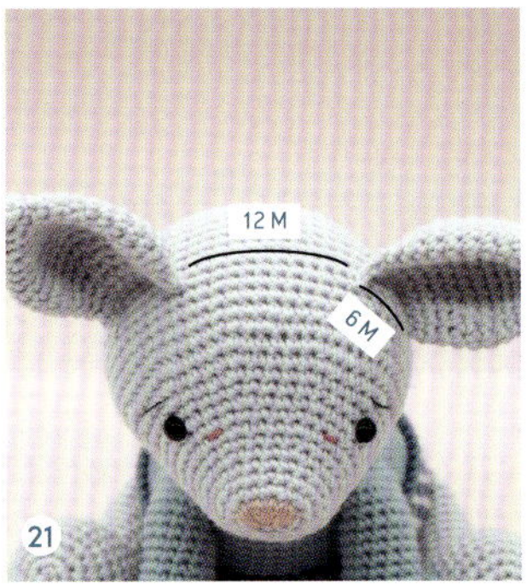

21

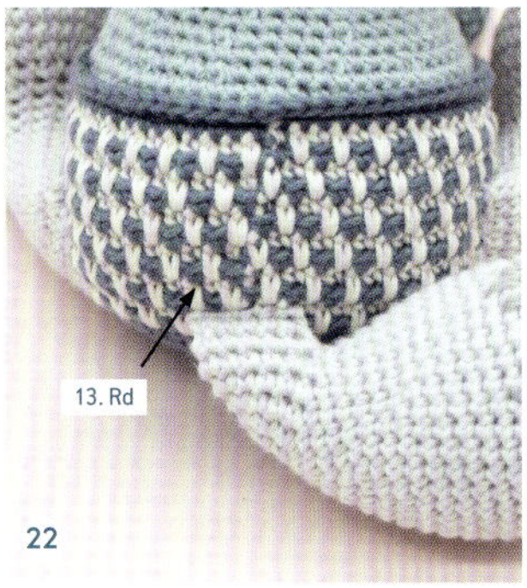

22

Mit Zartgrau in der 1. M der 6. Rd neu anschlingen (Abb. 13). Einen langen Anfangsfaden lassen.

7. Rd: 12 fM häkeln [12].

Gut mit Füllwatte ausstopfen.

Das offene Schwanzende flach drücken und 6 fM durch beide Lagen häkeln, um die Öffnung zu schließen.

Abketten und einen langen Faden zum Nähen lassen.

Mithilfe des Anfangsfadens die Lücken zwischen den beiden Schwanzteilen zunähen (Abb. 14).

FERTIGSTELLUNG

- Das Garnende der 40. Rd am Körper durch die unbearbeiteten hinteren M-Glieder der 37. Rd fädeln, um den Körper am Kopf festnähen zu können. Die Körperöffnung wird über die 18.–25. Rd auf der Kopfunterseite festgenäht (Abb. 15). Das geht leicher von der Hand, wenn Sie zuerst den Kragen feststecken. Die in der 30. Rd am Körper markierten M zeigen Ihnen an, wo am Hinterkopf die Mitte liegt.
- Die flachen Vorderbeinenden zwischen der 29. und 34. Rd am Körper festnähen. Die Vorderbeine leicht schräg befestigen. Zwischen den hinteren und den vorderen Enden liegen etwa 4 M (Abb. 16). Zwischen den vorderen Beinenden liegen 9 M (Abb. 17). Damit die Beine eng am Körper liegen, die Beininnenseite mit ein paar zusätzlichen Stichen am Körper fixieren (Abb. 18).
- Die Hinterbeine vor dem Festnähen mit Stecknadeln feststecken und darauf achten, dass Micco gut sitzt. Die Hinterbeine zwischen der 10. und 17. Rd am Körper festnähen (Abb. 19). Damit die Beine eng am Körper liegen, die

Beininnenseite mit ein paar zusätzlichen Stichen am Körper fixieren.

- Die Ohren von der 19. bis zur 21. Rd am Kopf festnähen (Abb. 20). Zwischen den inneren Enden liegen 12 M (Abb. 21). Zwischen den beiden Enden eines Ohrs liegen 6 M.
- Das flache Schwanzende zwischen der 12. und 13. Rd mittig auf der Körperrückseite (Abb. 22) festnähen. In unserem Beispiel zeigt der Schwanz nach rechts.
- Alle Maschenmarkierer entfernen.

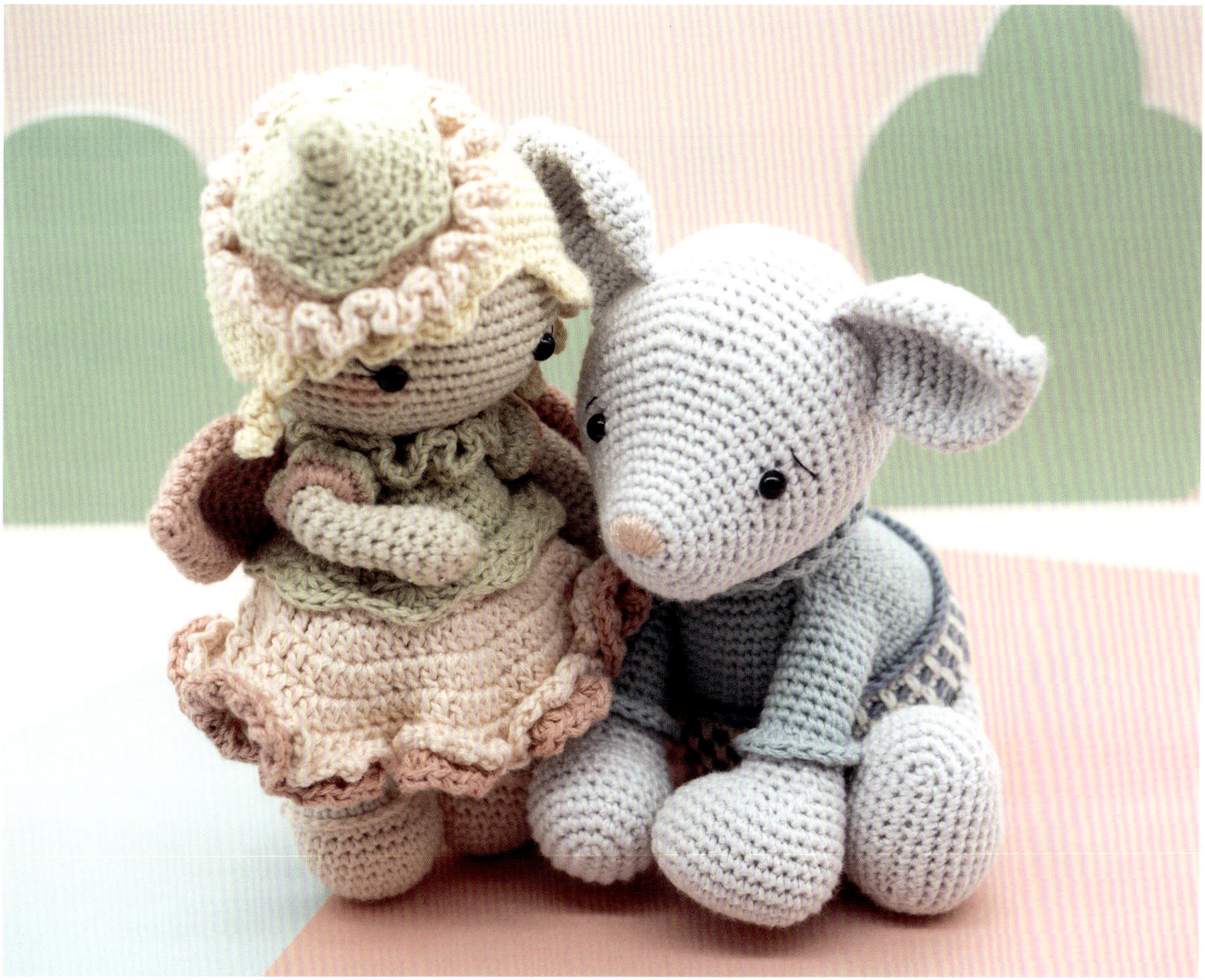

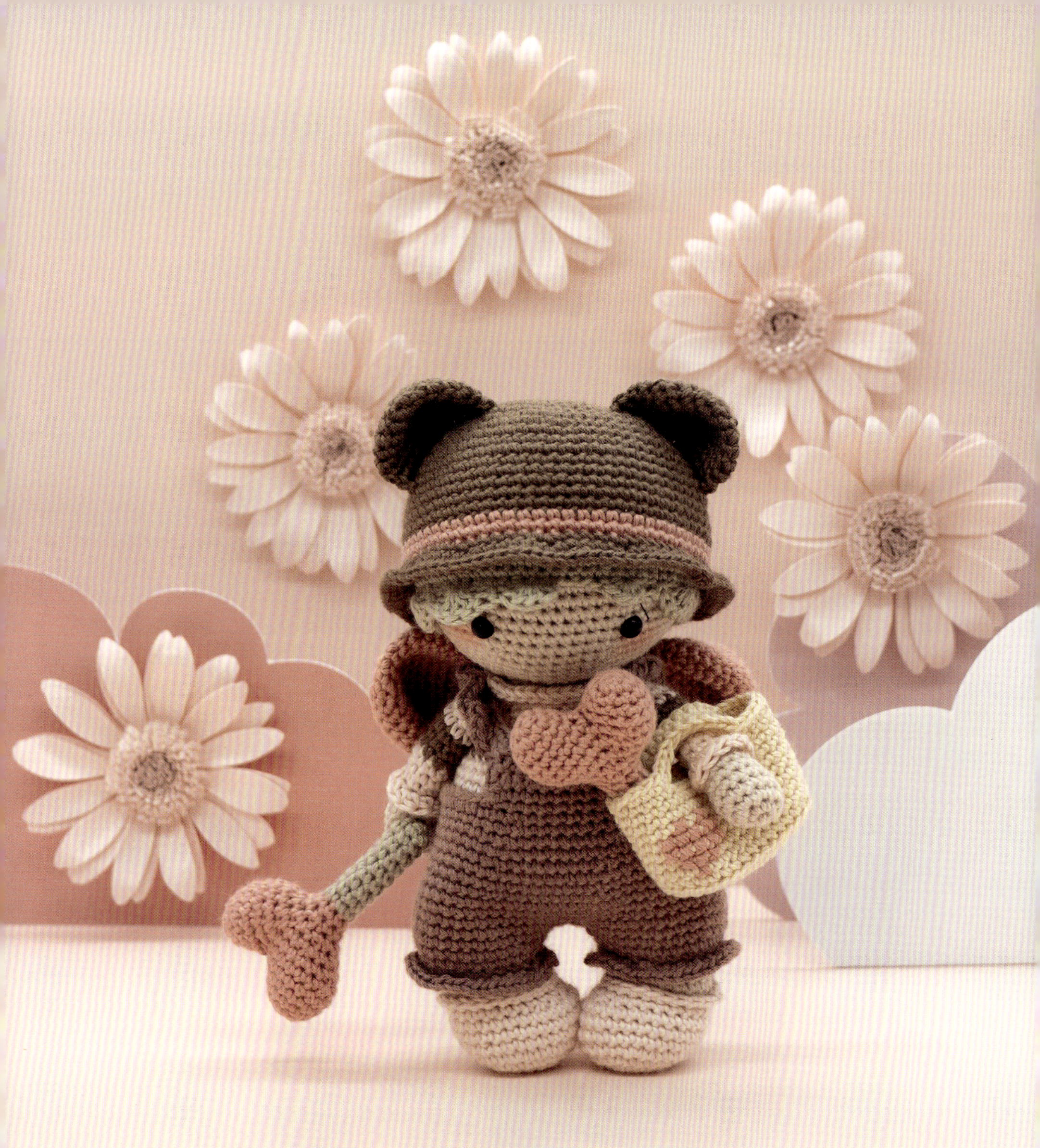

Schwierigkeitsgrad: ●●○
Größe: ca. 18 cm hoch

Amigurumi-Galerie: QR-Code scannen oder www.amigurumi.com/4512 besuchen und Bilder teilen bzw. kreative Anregungen finden.

Tipu, die Tierfee

Tipu, die Tierfee sprüht nur so vor Begeisterung und hat immer gute Laune. Sie ist aufrichtig und mitfühlend und alle Tiere des Zauberwaldes haben einen besonderen Platz in ihrem Herzen. Immer wenn sie auf ein verletztes Tier oder jemanden in Not trifft, kommt sie sofort zu Hilfe, bringt ihnen nahrhafte Mahlzeiten von Jules, Heilsalben von Elm und berührt sie mit ihrem magischen Herzzauberstab, der Liebe verströmt. Obwohl sie die jüngste der Feen ist, ist Tipus Mitgefühl grenzenlos. Mit ihrer jugendlichen Energie und liebevollen Fürsorge schafft sie eine herzerwärmende Atmosphäre, in der sich die Tiere sicher und geliebt fühlen.

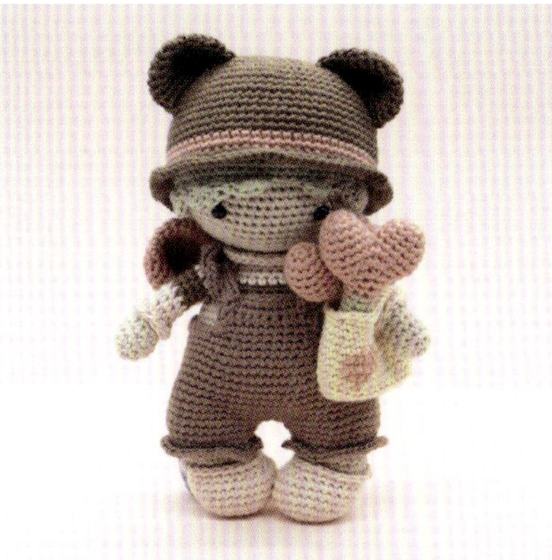

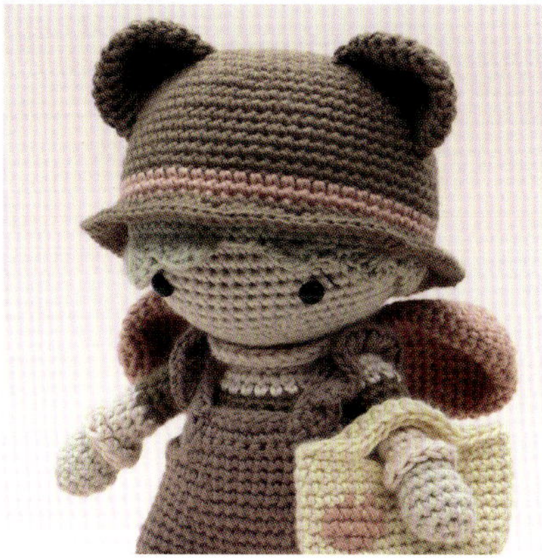

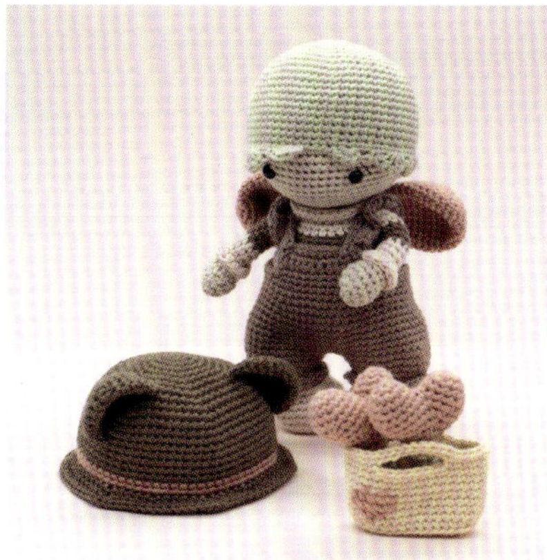

MATERIAL

Dünnes Baumwollgarn (Krea Deluxe Bio-Baumwolle, Lauflänge 50 g/165 m) in Hellgelb (Nr. 04), helles Lachsrosa (Nr. 08), Rosé (Nr. 13), dunkles Altrosa (Nr. 16), Braun (Nr. 30), Hellgrün (Nr. 40), Beige (Nr. 46); Häkelnadel 2,5 mm; Sicherheitsaugen (6 mm Durchmesser); schwarzes Stickgarn (DMC 6-fädiges Stickgarn Nr. 310 – einen Faden für die Augenbrauen verwenden); Wollnadel; Stecknadeln; Maschenmarkierer; Kunstfaserfüllwatte; optional: Wangenrouge und Pinsel

KOPF (in Beige)

1. Rd: 6 fM in einen Fadenring arbeiten [6].
2. Rd: 6x 1 M zun [12].
3. Rd: * 1 fM, 1 M zun; ab * noch 5x wdh [18].
4. Rd: * 2 fM, 1 M zun; ab * noch 5x wdh [24].
5. Rd: * 3 fM, 1 M zun; ab * noch 5x wdh [30].
6. Rd: * 4 fM, 1 M zun; ab * noch 5x wdh [36].
7. Rd: * 5 fM, 1 M zun; ab * noch 5x wdh [42].
8. Rd: * 6 fM, 1 M zun; ab * noch 5x wdh [48].
9. Rd: * 7 fM, 1 M zun; ab * noch 5x wdh [54].
10. Rd: * 8 fM, 1 M zun; ab * noch 5x wdh [60].
11.–20. Rd: 60 fM häkeln [60].
21. Rd: * 8 fM, 1 M abn; ab * noch 5x wdh [54].
22. Rd: * 7 fM, 1 M abn; ab * noch 5x wdh [48].
23. Rd: * 6 fM, 1 M abn; ab * noch 5x wdh [42].
24. Rd: * 5 fM, 1 M abn; ab * noch 5x wdh [36].
25. Rd: * 4 fM, 1 M abn; ab * noch 5x wdh [30].
Die Sicherheitsaugen zwischen der 18. und 19. Rd mit einem Abstand von 11 M einsetzen (Abb. 1).
Mit einem einzelnen schwarzen Faden von der 17. bis 18. Rd über jedem Auge eine Augenbraue aufnähen. Jede Augenbraue sollte etwa so breit wie 2 M sein.
Den Kopf gut mit Füllwatte ausstopfen.
26. Rd: * 3 fM, 1 M abn; ab * noch 5x wdh [24].

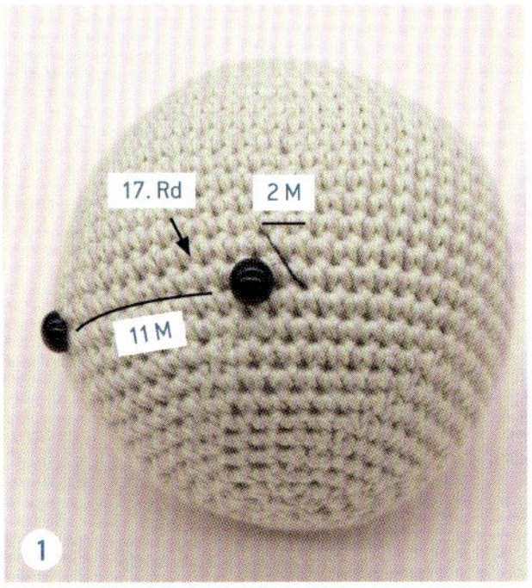

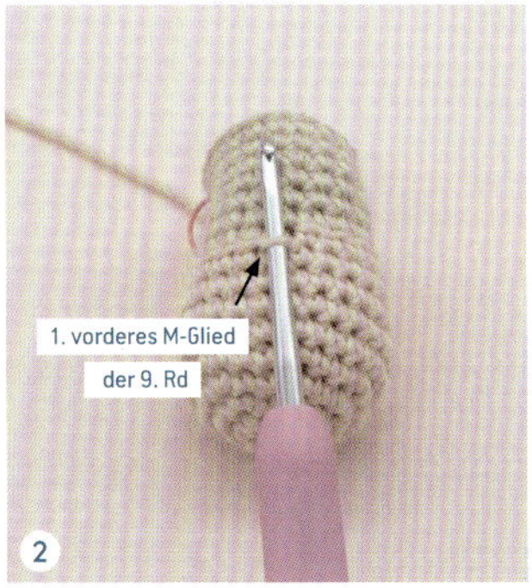

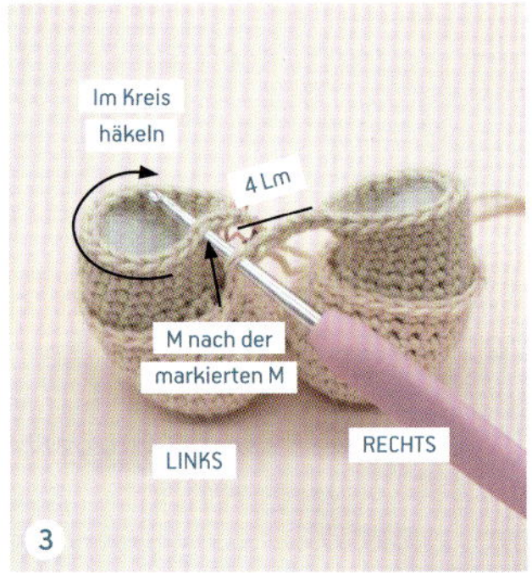

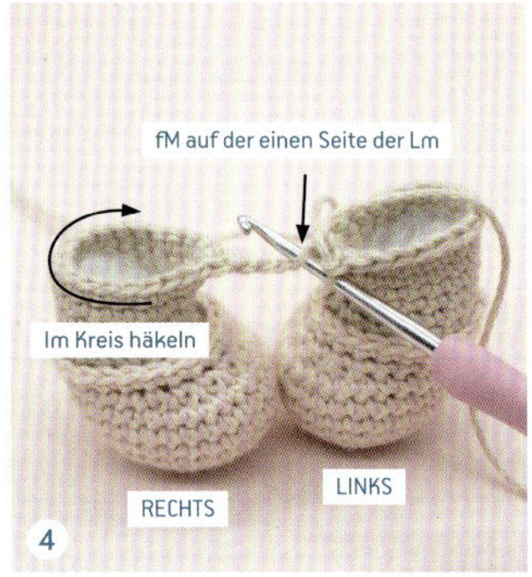

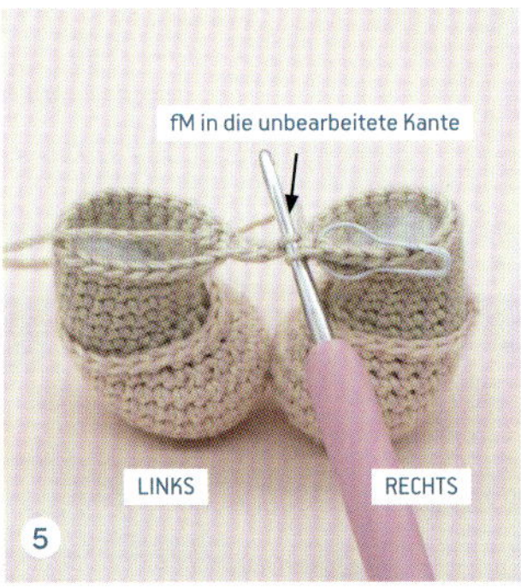

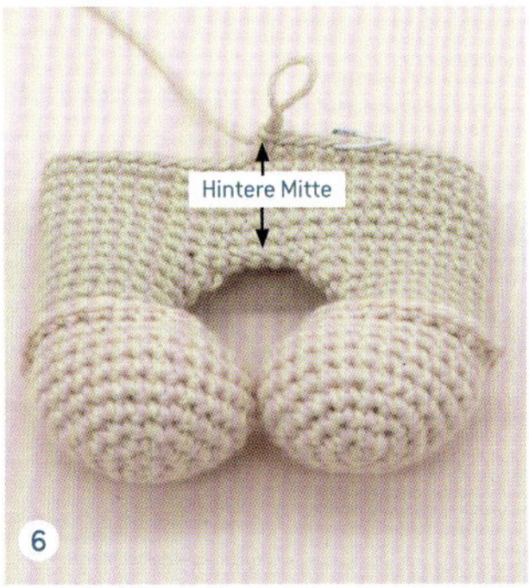

27. Rd: * 2 fM, 1 M abn; ab * noch 5x wdh [18].
28. Rd: * 1 fM, 1 M abn; ab * noch 5x wdh [12].
Den Kopf fertig ausstopfen.
29. Rd: 6x 1 M abn [6].
1 Km in die nächste M häkeln, abketten und einen Faden zum Nähen lassen.
Mit der Wollnadel das Fadenende durch die vorderen M-Glieder der letzten 6 M führen. Fest anziehen und den Kopf schließen. Das Garnende vernähen.

HAARE (in Hellgrün)
1. Rd: 6 fM in einen Fadenring arbeiten [6].
2. Rd: 6x 1 M zun [12].
3. Rd: * 1 fM, 1 M zun; ab * noch 5x wdh [18].
4. Rd: * 2 fM, 1 M zun; ab * noch 5x wdh [24].
5. Rd: * 3 fM, 1 M zun; ab * noch 5x wdh [30].
6. Rd: * 4 fM, 1 M zun; ab * noch 5x wdh [36].
7. Rd: * 5 fM, 1 M zun; ab * noch 5x wdh [42].
8. Rd: * 6 fM, 1 M zun; ab * noch 5x wdh [48].
9. Rd: * 7 fM, 1 M zun; ab * noch 5x wdh [54].
10. Rd: * 8 fM, 1 M zun; ab * noch 5x wdh [60].
11.–21. Rd: 60 fM häkeln [60].
In R weiterarbeiten.
22. R: 58 fM häkeln, wenden [58]. Die letzten beiden M nicht bearbeiten.
23. R: 1. M überspringen, 1x 4 hStb, 2 M überspringen, 1 fM, 2 M überspringen, * 1x 5 Stb, 2 M überspringen, 1 fM, 2 M überspringen; ab * noch 7x wdh, 1x 4 hStb, 1 M überspringen, 1 Km [58].
Abketten und einen langen Faden zum Nähen lassen.

LINKES BEIN (mit hellem Lachsrosa beginnen)
1. Rd: 6 fM in einen Fadenring arbeiten [6].
2. Rd: 6x 1 M zun [12].
3. Rd: * 1 fM, 1 M zun; ab * noch 5x wdh [18].
4. Rd: * 2 fM, 1 M zun; ab * noch 5x wdh [24].
5. Rd: * 5 fM, 1 M zun; ab * noch 3x wdh [28].
6.–8. Rd: 28 fM häkeln [28].
9. Rd: 8 fM, 6x 1 M abn, 8 fM [22].
Mit Beige weiterarbeiten.
10. Rd: diese Rd ihM arbeiten: 7 fM, 4x 1 M abn, 7 fM [18].
11. Rd: 7 fM, 2x 1 M abn, 7 fM [16].
12. Rd: 16 fM häkeln [16].
13. Rd: 8 fM, 1 M zun, 7 fM [17].
14. Rd: 8 fM, 1 M zun, 8 fM [18].
15. Rd: 8 fM, 2x 1 M zun, 8 fM [20].
16. Rd: 11 fM häkeln [11].
Die restlichen Maschen nicht bearbeiten.
Abketten und einen Faden zum Nähen lassen.
Das linke Bein gut mit Füllwatte ausstopfen.

RECHTES BEIN (mit hellem Lachsrosa beginnen)

1.–16. Rd: genau wie das linke Bein häkeln.

Nicht abketten. Das rechte Bein gut mit Füllwatte ausstopfen. Zuerst die Schuhmanschetten häkeln und dann mit dem Körper weitermachen.

SCHUHMANSCHETTE (2x in hellem Lachsrosa)

Am Bein mit hellem Lachsrosa im 1. unbearbeiteten vorderen M-Glied der 9. Rd neu anschlingen (Abb. 2).

Das untere Beinende zeigt dabei zu Ihnen.

1. Rd: 1 Lm häkeln, im selben vorderen M-Glied beginnen, in dem neu angeschlungen wurde, 22 fM [22].

1 Km in die nächste M häkeln, abketten und Garnenden vernähen.

KÖRPER (mit Beige beginnen)

1. Rd: 4 Lm häkeln, in der M nach der am linken Bein markierten M beginnen (Abb. 3), 20 fM rund um das linke Bein, fM auf der einen Seite der nächsten 4 Lm (Abb. 4), 20 fM rund um das rechte Bein [48].

2. Rd: fM auf der anderen Seite der 4 Lm (Abb. 5), 44 fM [48].

3.–4. Rd: 48 fM häkeln [48].

Mit dem Garnende des linken Beins eventuelle Lücken zwischen den Beinen schließen.

5.–7. Rd: 48 fM häkeln [48].

3 fM häkeln. Sie befinden sich jetzt in der Mitte der Körperrückseite (Abb. 6). Das ist das neue Ende der Rd.

Mit hellem Lachsrosa weiterarbeiten.

8.–10. Rd: 48 fM häkeln [48].

Mit Braun weiterarbeiten.

11.–13. Rd: 48 fM häkeln [48].

14. Rd: 1 fM, mit hellem Lachsrosa weiterarbeiten, 47 fM [48].

15. Rd: * 14 fM, 1 M abn; ab * noch 2x wdh [45].

16. Rd: 6 fM, 1 M abn, * 13 fM, 1 M abn; ab * noch 1x wdh,

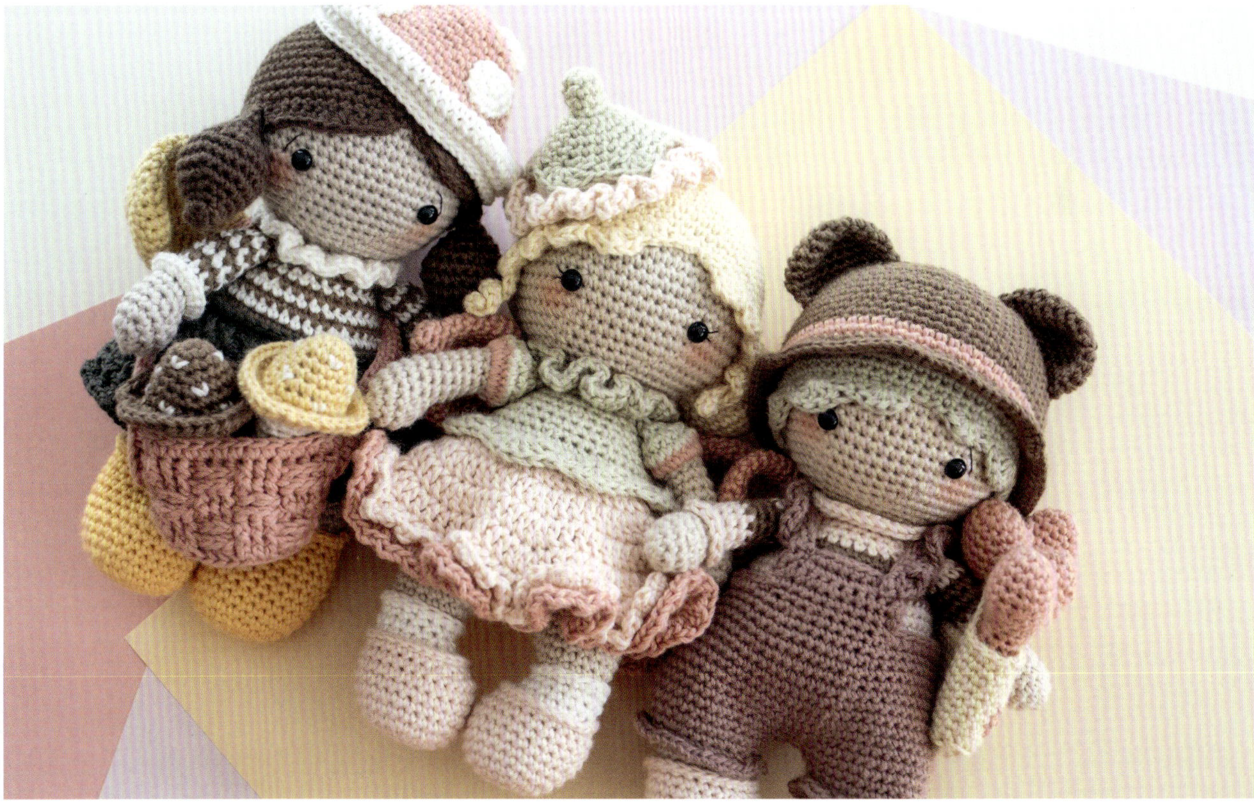

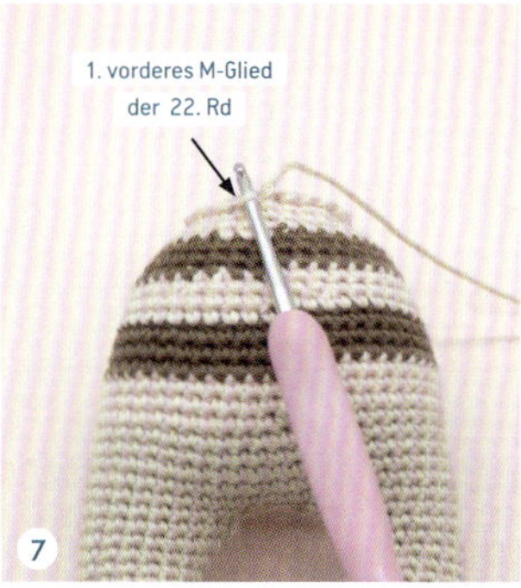

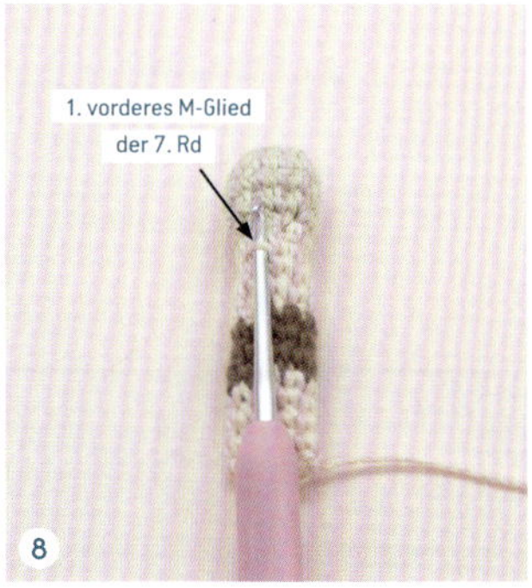

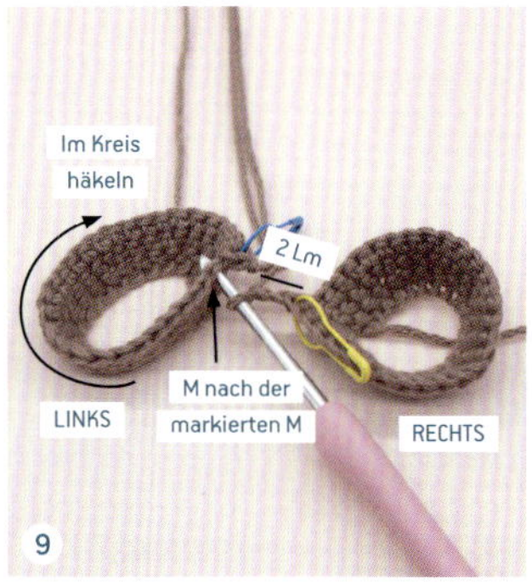

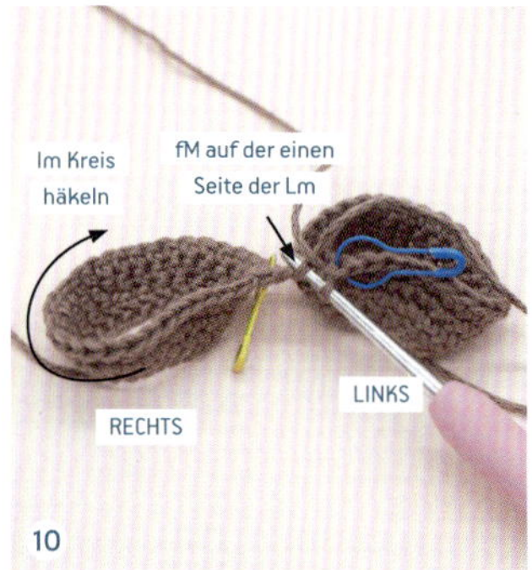

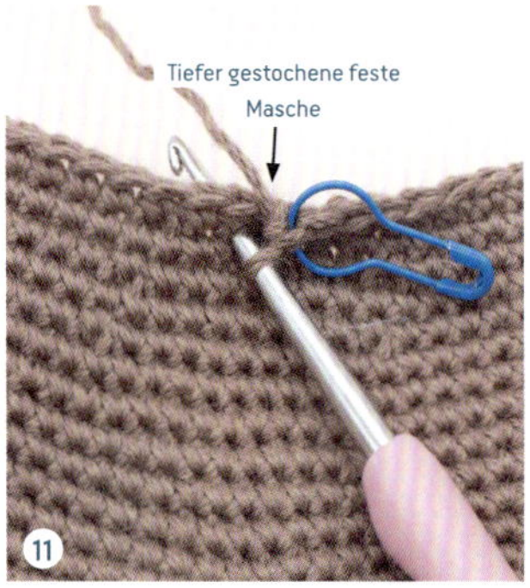

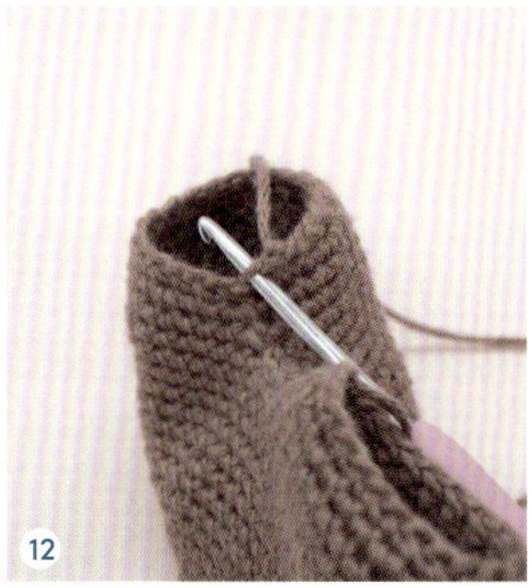

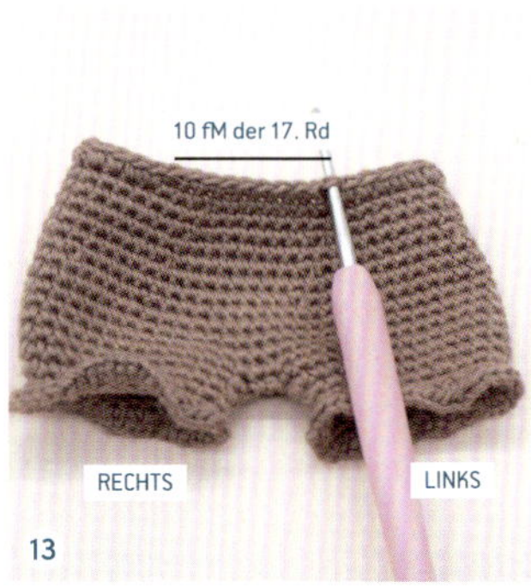

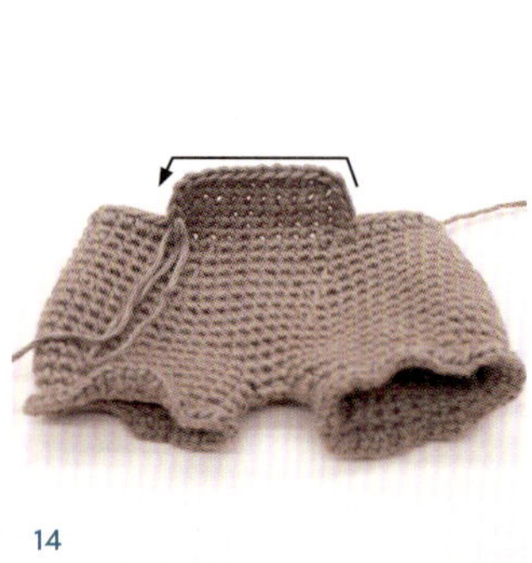

7 fM [42].

17. Rd: 2 fM, mit Braun weiterarbeiten, 2 fM, 1 M abn, * 12 fM, 1 M abn; ab * noch 1x wdh, 8 fM [39].

18. Rd: 9 fM, 1 M abn, * 11 fM, 1 M abn; ab * noch 1x wdh, 2 fM [36].

19. Rd: * 10 fM, 1 M abn; ab * noch 2x wdh [33].

20. Rd: 2 fM, mit hellem Lachsrosa weiterarbeiten, 3 fM, 1 M abn, * 9 fM, 1 M abn; ab * noch 1x wdh, 4 fM [30].

Beginnen Sie, den Körper gut mit Füllwatte auszustopfen.
An den Hüften besonders gut ausstopfen.

21. Rd: 5 fM, 1 M abn, * 8 fM, 1 M abn; ab * noch 1x wdh, 3 fM [27].

22. Rd: 3 fM, 1 M abn, * 7 fM, 1 M abn; ab * noch 1x wdh, 4 fM [24].

3 fM häkeln. Sie befinden sich jetzt in der Mitte der Körperrückseite, in einer Linie mit den Farbwechseln.
Das ist das neue Ende der Rd.
Mit Beige weiterarbeiten.

23. Rd: * 6 fM, 1 M abn; ab * noch 2x wdh, dabei ihM [21].

1 Km in die nächste M häkeln, abketten und einen langen Faden zum Nähen lassen.
Den Körper fertig ausstopfen.

KRAGEN (in hellem Lachsrosa)

Am Körper mit hellem Lachsrosa im 1. unbearbeiteten vorderen M-Glied der 22. Rd neu anschlingen (Abb. 7).
Die Beine zeigen zu Ihnen.

1. Rd: 1 Lm häkeln, im selben vorderen M-Glied beginnen, in dem neu angeschlungen wurde, * 1x 2 hStb, 1 hStb; ab * noch 11x wdh [36].

1 Km in die nächste M häkeln, abketten und Garnenden vernähen.

ARM (2x mit Beige beginnen)

1. Rd: 6 fM in einen Fadenring arbeiten [6].
2. Rd: 6x 1 M zun [12].
3. Rd: * 3 fM, 1 M zun; ab * noch 2x wdh [15].
4. Rd: 15 fM häkeln [15].
5. Rd: 2x 1 M abn, 7 fM, 2x 1 M abn [11].
6. Rd: 1 M abn, 7 fM, 1 M abn [9].

Mit hellem Lachsrosa weiterarbeiten.

7. Rd: 9 fM häkeln [9].
8. Rd: 9 fM häkeln, dabei ihM [9].
9.–10. Rd: 9 fM häkeln [9].
Mit Braun weiterarbeiten.
11.–13. Rd: 9 fM häkeln [9].
14. Rd: 1 fM, mit hellem Lachsrosa weiterarbeiten, 8 fM [9].
15.–16. Rd: 9 fM häkeln [9].
17. Rd: 4 fM häkeln [4]. Die restlichen Maschen nicht bearbeiten.
Die Hand gut mit Füllwatte ausstopfen. Zum oberen Armrand hin allmählich weniger Füllwatte verwenden.
Das offene Armende flach drücken und 4 fM durch beide Lagen häkeln, um die Öffnung zu schließen.
Abketten und einen langen Faden zum Nähen lassen.
Der Farbwechsel sollte sich auf der Arminnenseite befinden.

ÄRMELMANSCHETTE (2x in hellem Lachsrosa)
Am Arm mit hellem Lachsrosa im letzten unbearbeiteten vorderen M-Glied der 7. Rd neu anschlingen (Abb. 8).
Die Hand zeigt von Ihnen weg.
1. Rd: 1 Lm häkeln, im selben vorderen M-Glied beginnen, in dem neu angeschlungen wurde, * 2 hStb, 1x 2 hStb; ab * noch 2x wdh [12].
1 Km in die nächste M häkeln, abketten und Garnenden vernähen.

LATZHOSE (in dunklem Altrosa)
Linkes Hosenbein
22 Lm anschlagen.
1. Rd: mit einer fM in die 1. Lm zu einem Ring schließen, 21 fM [22].
2. Rd: * 3 fM, 1 M zun, 3 fM, 1 M zun, 2 fM, 1 M zun; ab * noch 1x wdh [28].
3. Rd: * 13 fM, 1 M zun; ab * noch 1x wdh [30].
Die 30. M der 3. Rd markieren. Das hilft Ihnen später beim Verbinden der Hosenbeine.
Abketten und einen Faden zum Nähen lassen.

Rechtes Hosenbein
22 Lm anschlagen.
1.–3. Rd: genau wie das linke Hosenbein häkeln.
Nicht abketten.

Die Hosenbeine verbinden.
4. Rd: 2 Lm häkeln, in der M nach der am linken Hosenbein markierten M beginnen (Abb. 9), 30 fM rund um das linke Hosenbein, fM auf der einen Seite der nächsten 2 Lm (Abb. 10), 30 fM rund um das rechte Hosenbein [64].
5. Rd: fM auf der anderen Seite der 2 Lm, 62 fM [64].
6.–8. Rd: 64 fM häkeln [64].
Mit dem Garnende des linken Hosenbeins eventuelle Lücken zwischen den Hosenbeinen schließen.
9. Rd: 64 fM häkeln [64].
10. Rd: * 14 fM, 1 M abn; ab * noch 3x wdh [60].
11. Rd: 60 fM häkeln [60].
12. Rd: * 8 fM, 1 M abn; ab * noch 5x wdh [54].
13. Rd: 54 fM häkeln [54].
14. Rd: * 7 fM, 1 M abn; ab * noch 5x wdh [48].
15. Rd: 48 fM häkeln [48].
16. Rd: * 6 fM, 1 M abn; ab * noch 5x wdh [42].
4 fM häkeln. Sie befinden sich jetzt in der Mitte der Hosenrückseite. Das ist das neue Ende der Rd.
17. Rd: 16 tiefer gestochene fM (Abb. 11), 10 fM, 16 tiefer gestochene fM [42].
1 Km in die nächste Masche häkeln, abketten und Garnenden vernähen.
Die Anfangsfäden der Hosenbeine noch nicht vernähen.

Hosenbeinabschluss (2x)
Mit dunklem Altrosa an der unbearbeiteten Kante der Lm-Kette links vom Anfangsfaden neu anschlingen (Abb. 12).
Die Oberkante der Latzhose zeigt von Ihnen weg.
1. Rd: 1 Lm häkeln, in derselben M beginnen, in der neu angeschlungen wurde, 22x 1 M zun [44].
1 Km in die nächste M häkeln, abketten und Garnenden vernähen.

Latz
In R arbeiten.
Die Latzhose so halten, dass die 10 fM der 17. Rd zu Ihnen zeigen und mit dunklem Altrosa in der 1. fM auf der rechten Seite neu anschlingen (Abb. 13).
Die Hosenbeine zeigen zu Ihnen.
1. R: 1 Lm häkeln, in derselben M beginnen, in der neu angeschlungen wurde, 10 fM, 1 Lm, wenden [10].

2. R: 10 fM, 1 Lm, wenden [10].
3. R: 10 fM häkeln [10].
Abketten und Garnenden vernähen.

Latzabschluss
Für eine saubere Kante, einmal um den vorderen Latz herumhäkeln (Abb. 14).
Mit dunklem Altrosa im 1. Reihenende auf der rechten Seite des Latzes neu anschlingen.
1 Lm häkeln, in derselben M beginnen, in der neu angeschlungen wurde, fM in die nächsten 3 Reihenenden entlang der kurzen Kante nach oben, 10 fM entlang der Oberkante, fM in die 3 Reihenenden entlang der anderen kurzen Kante nach unten [16].
Abketten und Garnenden vernähen.

Träger (2x in dunklem Altrosa)
Einen langen Anfangsfaden zum Nähen lassen.
23 Lm anschlagen. Entlang beider Seiten der Lm-Kette häkeln.
1. Rd: in die 2. Lm ab der Nadel einstechen, 21 fM, 3 fM in die nächste Lm. Auf der Rückseite der Lm-Kette weiterarbeiten, jeweils 3 hStb in die nächsten 20 Lm, in der nächsten Lm 1 M zun [86].
1 Km in die nächste M häkeln, abketten und einen langen Faden zum Nähen lassen.
Die 23. und die letzte M der 1. Rd markieren. Sie helfen Ihnen beim Festnähen der Träger.

FLÜGEL (2x in Rosé)
1. Rd: 6 fM in einen Fadenring arbeiten [6].
2. Rd: 6x 1 M zun [12].
3. Rd: * 1 fM, 1 M zun; ab * noch 5x wdh [18].
4. Rd: * 2 fM, 1 M zun; ab * noch 5x wdh [24].
5. Rd: * 3 fM, 1 M zun; ab * noch 5x wdh [30].
6.–8. Rd: 30 fM häkeln [30].
9. Rd: * 8 fM, 1 M abn; ab * noch 2x wdh [27].
10. Rd: 27 fM häkeln [27].
11. Rd: 4 fM, 1 M abn, * 7 fM, 1 M abn; ab * noch 1x wdh, 3 fM [24].
12. Rd: 24 fM häkeln [24].
13. Rd: 1 fM, 1 M abn, * 6 fM, 1 M abn; ab * noch 1x wdh, 5 fM [21].
14. Rd: 3 fM, 1 M abn, * 5 fM, 1 M abn; ab * noch 1x wdh, 2 fM [18].
15. Rd: 1 fM, 1 M abn, * 4 fM, 1 M abn; ab * noch 1x wdh, 3 fM [15].
16. Rd: * 3 fM, 1 M abn; ab * noch 2x wdh [12].
17. Rd: * 2 fM, 1 M abn; ab * noch 2x wdh [9].
Die Flügel nicht ausstopfen.
Das offene Flügelende flach drücken und 4 fM durch beide Lagen häkeln, um die Öffnung zu schließen.
Abketten und einen langen Faden zum Nähen lassen.

HUT (mit Braun beginnen)
1. Rd: 6 fM in einen Fadenring arbeiten [6].
2. Rd: 6x 1 M zun [12].
3. Rd: * 1 fM, 1 M zun; ab * noch 5x wdh [18].
4. Rd: * 2 fM, 1 M zun; ab * noch 5x wdh [24].
5. Rd: * 3 fM, 1 M zun; ab * noch 5x wdh [30].
6. Rd: * 4 fM, 1 M zun; ab * noch 5x wdh [36].
7. Rd: * 5 fM, 1 M zun; ab * noch 5x wdh [42].
8. Rd: * 6 fM, 1 M zun; ab * noch 5x wdh [48].
9. Rd: * 7 fM, 1 M zun; ab * noch 5x wdh [54].
10. Rd: * 8 fM, 1 M zun; ab * noch 5x wdh [60].
11. Rd: * 9 fM, 1 M zun; ab * noch 5x wdh [66].
12.–19. Rd: 66 fM häkeln [66].
Mit Rosé weiterarbeiten.
20.–21. Rd: 66 fM häkeln [66].
Mit Braun weiterarbeiten.
22. Rd: * 4 fM, 1 M zun, 5 fM, 1 M zun; ab * noch 5x wdh, dabei ivM [78].
23. Rd: * 12 fM, 1 M zun; ab * noch 5x wdh [84].
24. Rd: * 13 fM, 1 M zun; ab * noch 5x wdh [90].
1 Km in die nächste M häkeln, abketten und Garnenden vernähen.

OHR FÜR DEN HUT (2x in Braun)
1. Rd: 6 fM in einen Fadenring arbeiten [6].
2. Rd: 6x 1 M zun [12].
3. Rd: * 1 fM, 1 M zun; ab * noch 5x wdh [18].
4. Rd: * 2 fM, 1 M zun; ab * noch 5x wdh [24].
5.–7. Rd: 24 fM häkeln [24].
Die Ohren nicht ausstopfen.
Das offene Ohrende flach drücken und 12 fM durch beide Lagen häkeln, um die Öffnung zu schließen.
Abketten und einen langen Faden zum Nähen lassen.

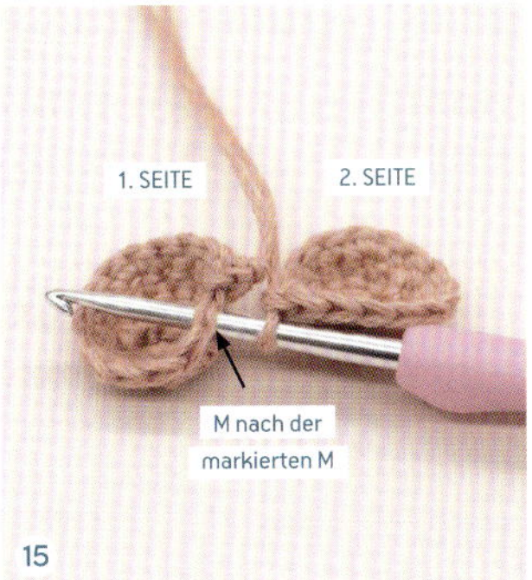

15

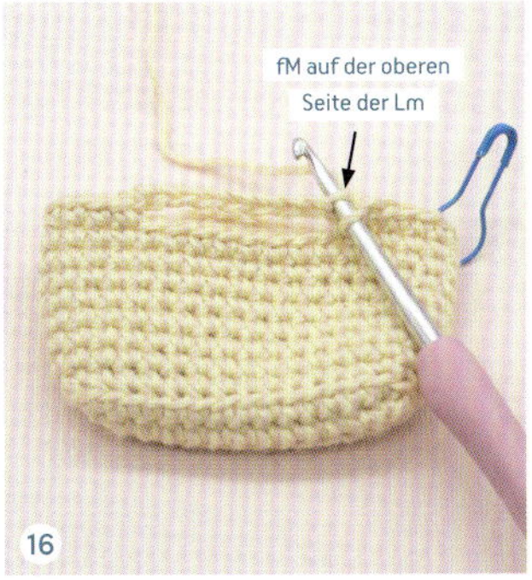

16

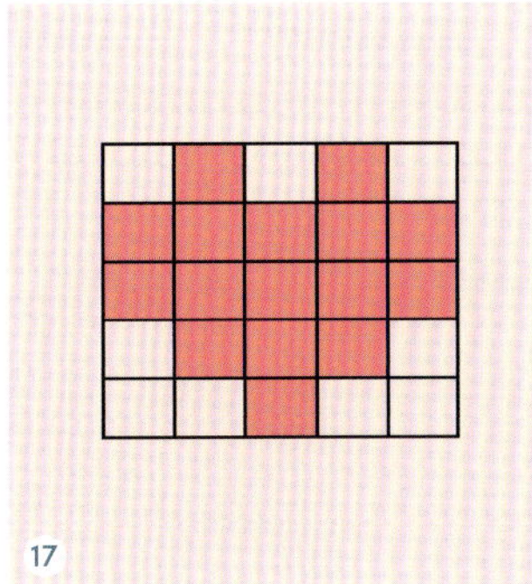
17

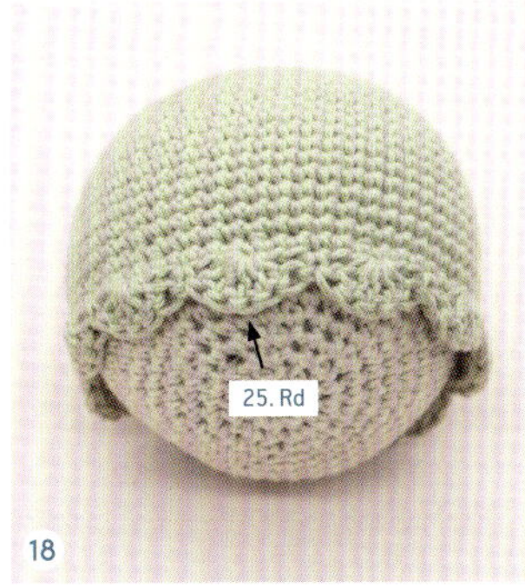

18

HERZ-ZAUBERSTAB (2x in Rosé)

Herz 1. Seite

1. Rd: 6 fM in einen Fadenring arbeiten [6].
2. Rd: 6x 1 M zun [12].
3. Rd: 12 fM häkeln [12].
4. Rd: * 3 fM, 1 M zun; ab * noch 2x wdh [15].
Die 15. M der 4. Rd markieren. Das hilft Ihnen später beim Verbinden der 2 Herzseiten.
Abketten und einen Faden zum Nähen lassen.

Herz 2. Seite

1.–4. Rd: genau wie die 1. Herzseite häkeln.
Nicht abketten.

Restlicher Herz-Zauberstab

5. Rd: in der M nach der auf der 1. Herzseite markierten M beginnen (Abb. 15), 15 fM entlang der 1. Herzseite, auf der 2. Herzseite weiterarbeiten, 15 fM [30].
6. Rd: * 8 fM, 1 M abn; ab * noch 2x wdh [27].
7. Rd: * 7 fM, 1 M abn; ab * noch 2x wdh [24].
8. Rd: * 2 fM, 1 M abn; ab * noch 5x wdh [18].
Mit dem Garnende der 1. Herzseite eventuelle Lücken zwischen den beiden Seiten schließen.
Den Herz-Zauberstab gut mit Füllwatte ausstopfen und beim Häkeln nach und nach weiter ausstopfen.
9. Rd: * 1 fM, 1 M abn; ab * noch 5x wdh [12].
10. Rd: * 2 fM, 1 M abn; ab * noch 2x wdh [9].
11. Rd: 9 fM häkeln [9].
Mit Hellgrün weiterarbeiten.
12. Rd: 2 fM, 1 M abn, 3 fM, 1 M abn [7].
13.–20. Rd: 7 fM häkeln [7].
Den Zauberstab fertig ausstopfen.
1 Km in die nächste M häkeln, abketten und einen Faden zum Nähen lassen.
Mit der Wollnadel das Fadenende durch die vorderen M-Glieder der letzten 7 M führen. Fest anziehen und den Zauberstab schließen.
Das Garnende vernähen.

TASCHE (in Hellgelb)

14 Lm anschlagen. Entlang beider Seiten der Lm-Kette häkeln.
1. Rd: in die 2. Lm ab der Nadel einstechen, 12 fM, 3 fM in die nächste Lm. Auf der Rückseite der Lm-Kette weiterarbeiten, 11 fM, 1 M zun [28].
2. Rd: * 1 M zun, 11 fM, 2x 1 M zun; ab * noch 1x wdh [34].
3. Rd: 34 fM häkeln, dabei ihM [34].
4.–10. Rd: 34 fM häkeln [34].
11. Rd: 6 fM, 9 Lm, 7 M überspringen, 10 fM, 9 Lm, 7 M überspringen, 4 fM [20 + 18 Lm].
12. R: 6 fM, fM auf einer Seite der nächsten 9 Lm (Abb. 16), 10 fM, fM auf einer Seite der nächsten 9 Lm, 4 fM [38].
1 Km in die nächste M häkeln, abketten und Garnenden vernähen.
Mit einem Stück roséfarbenem Garn zwischen der 4. und 8. Rd in einer unteren Ecke der Tasche ein Herzmotiv aufnähen (Abb. 17).

FERTIGSTELLUNG

- Die Haare am Kopf festnähen. Der hintere Haarrand wird zwischen der 24. und 25. Rd befestigt (Abb. 18). Die vordere Einbuchtung (bestehend aus den beiden unbearbeiteten M der 22. R) liegt zwischen der 14. und 15. Rd am Kopf (Abb. 19). Zwischen der 21. und 22. R der Haare ein paar

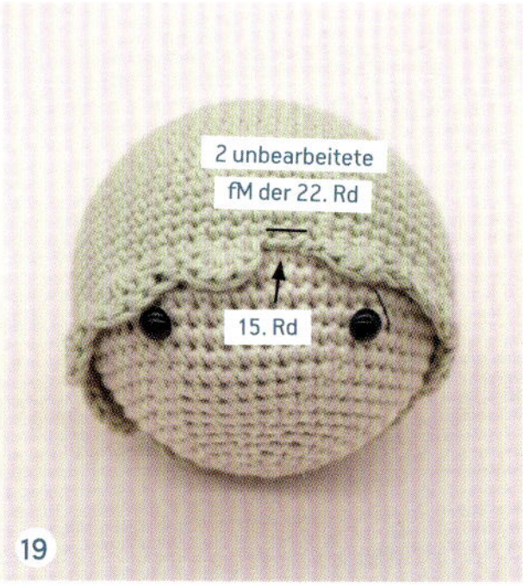

19

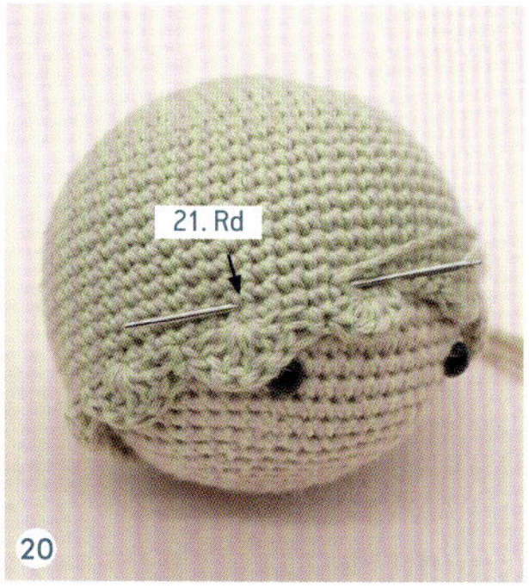

20

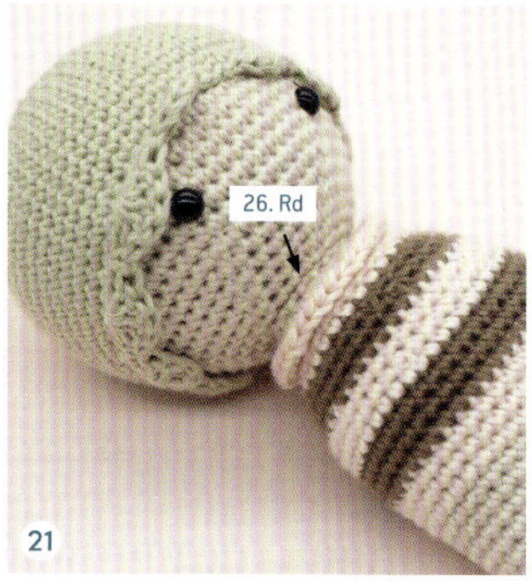

21

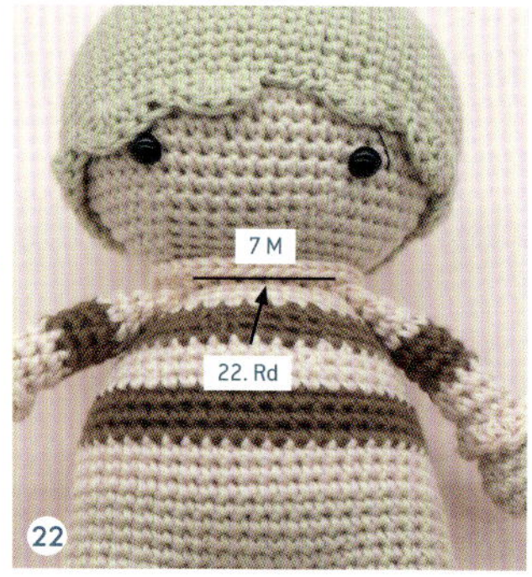

22

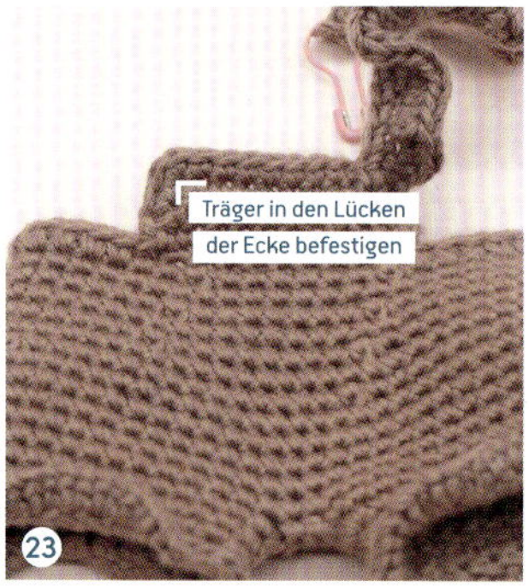

23

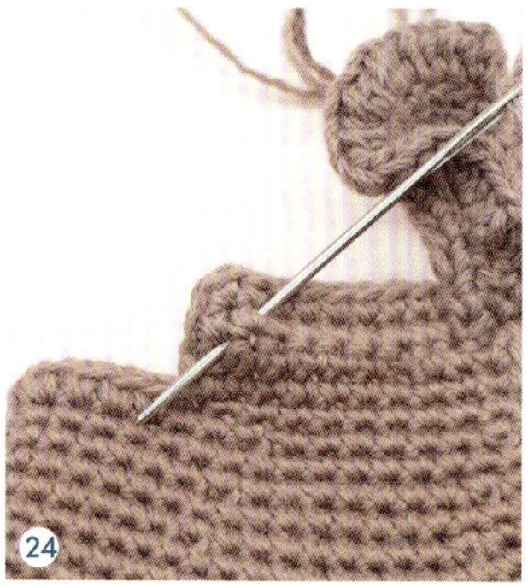
24

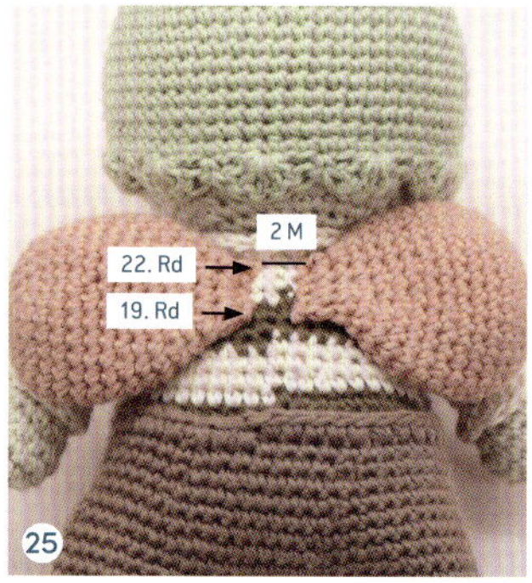

25

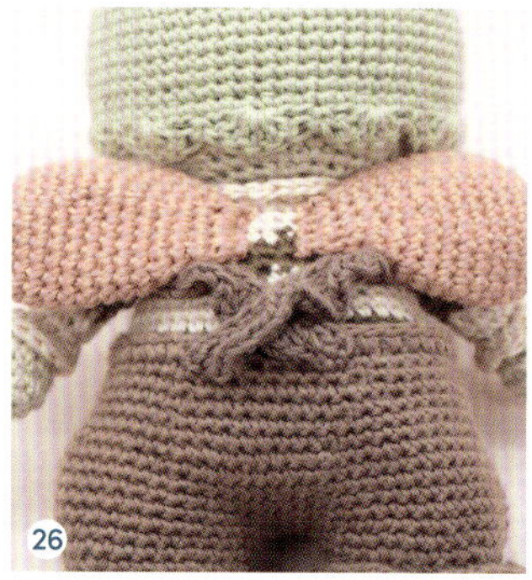
26

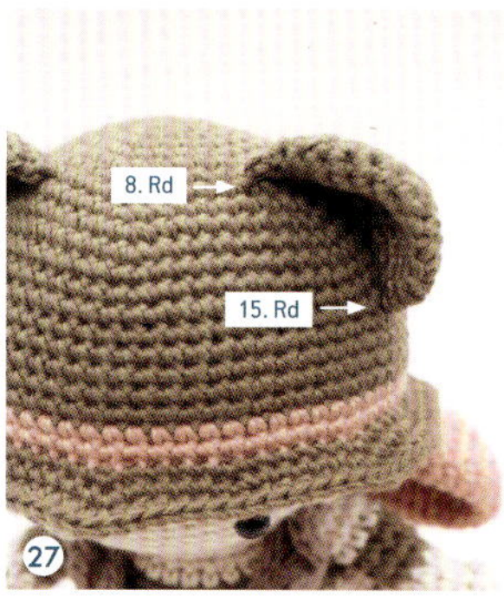

27

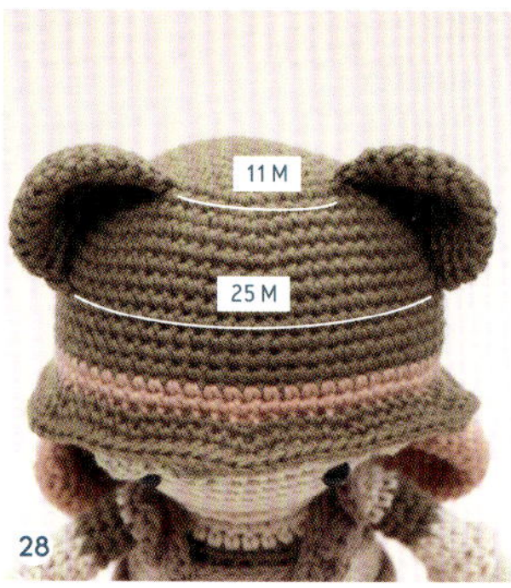

28

Maschen am Kopf fixieren (Abb. 20). Den seitlichen Pony nicht befestigen.

- Den Körper am Kopf festnähen. Die Körperöffnung wird über die 27.–29. Rd auf der Kopfunterseite festgenäht (Abb. 21). Die Farbwechsel befinden sich in der Mitte der Körperrückseite.
- Die Arme zwischen der 22. und 23. Rd am Körper befestigen (Abb. 22). Vorne liegen 7 M zwischen den beiden Armen. Die Farbwechsel zeigen zum Körper.
- Jeweils ein Trägerende am Latz festnähen, dabei je die 3 M rund um die markierte M in den 3 Lücken der oberen Latzecke festnähen (Abb. 23–24). Die hinteren Trägerenden noch nicht befestigen. Tipu die Hose überziehen.
- Die Flügel auf der Körperrückseite befestigen. Die flachen Enden werden vertikal im Abstand von 2 M zwischen der 19. und 22. Rd des Körpers festgenäht (Abb. 25). Damit die Flügel eng am Körper liegen, die Flügelinnenseite mit ein paar zusätzlichen Stichen am Körper fixieren.
- Die hinteren Trägerenden an den obersten 2 Rd der Latzhosenrückseite festnähen (Abb. 26). Die Träger liegen unterhalb der Flügel und überkreuzen sich auf der Rückseite.
- Den Hut auf Tipus Kopf setzen und die Ohren am Hut, nicht am Kopf, festnähen. Das untere Ohrende wird zwischen der 8. und 15. Rd am Hut befestigt (Abb. 27). Der Abstand zwischen den inneren Ecken beträgt 11 M und zwischen den äußeren Ecken 25 M (Abb. 28).
-Wenn Sie möchten, können Sie auf Tipus Wangen Rouge auftragen, damit sie noch niedlicher aussieht.
- Die Herz-Zauberstäbe in die Tasche stecken.
- Alle Maschenmarkierer entfernen.

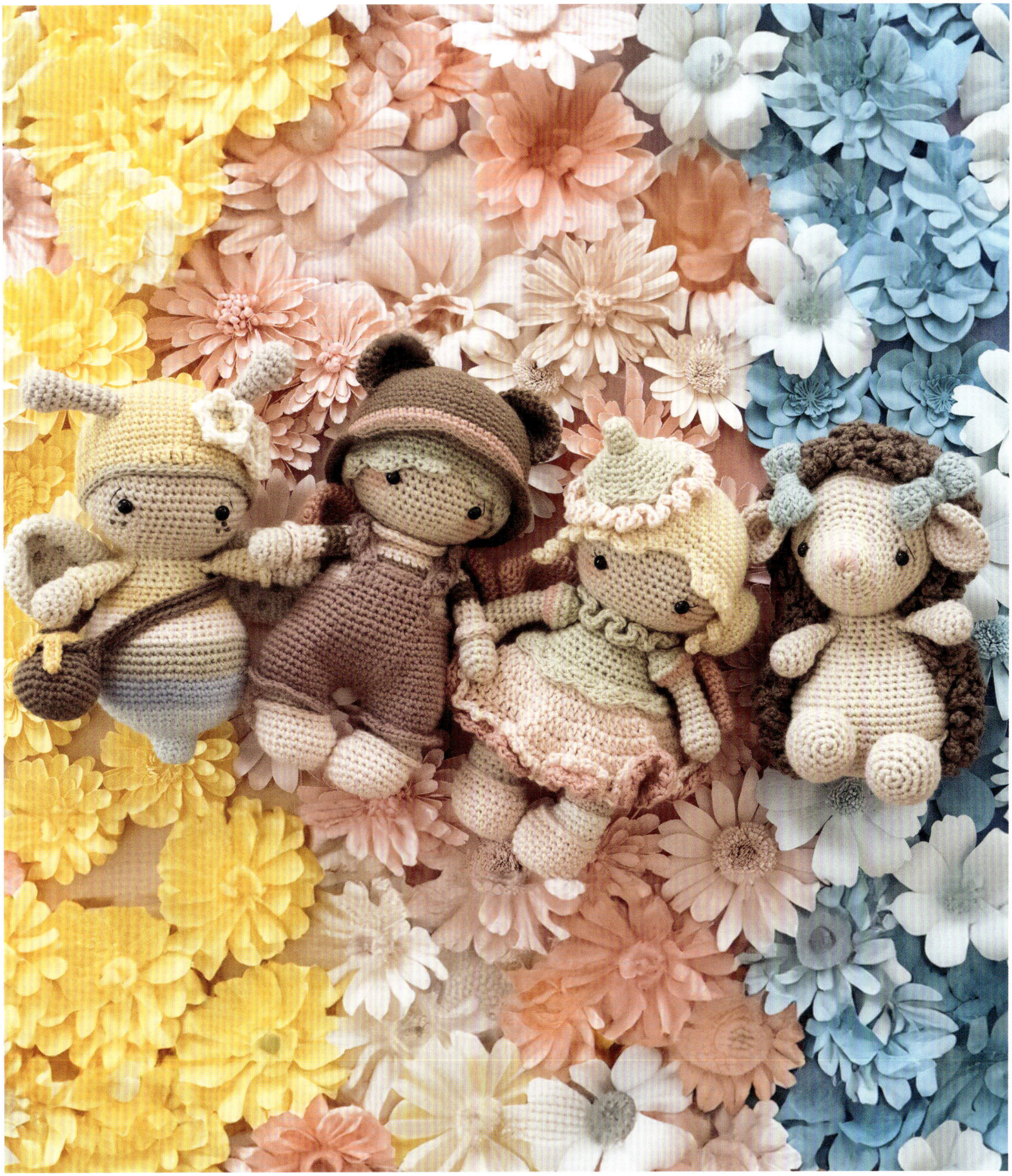

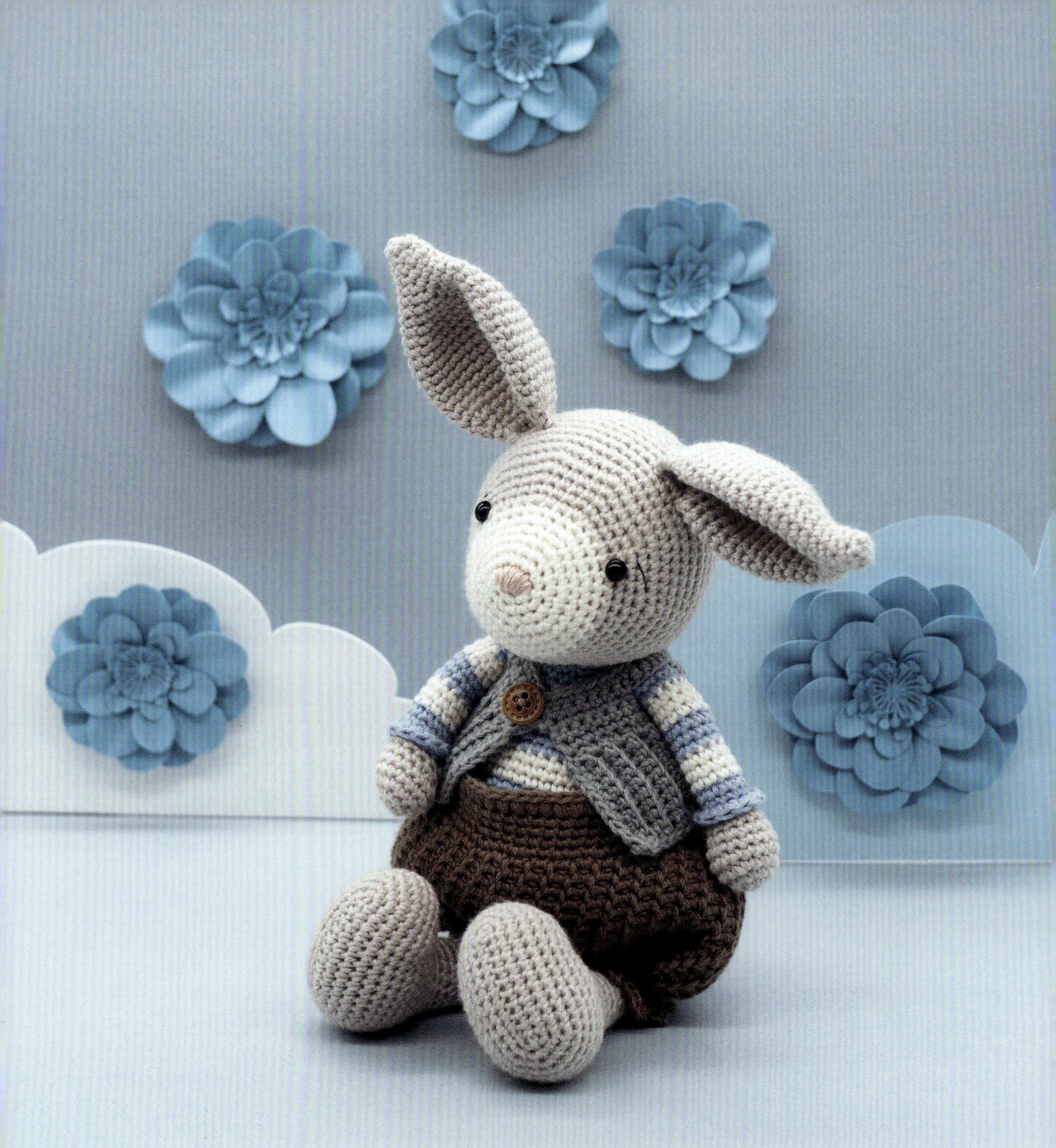

Schwierigkeitsgrad: ● ● ○
Größe: ca. 20,5 cm hoch

Amigurumi-Galerie: QR-Code scannen oder www.amigurumi.com/4513 besuchen und Bilder teilen bzw. kreative Anregungen finden.

Milo, der Hase

Milo, der Hase ist der flinke Bote des Zauberwaldes, der schnell wie der Blitz zwischen Bäumen hindurch und über Teiche flitzt! Er ist für das rasche Überbringen von Nachrichten zwischen Feen und Tieren verantwortlich und sorgt für eine überaus effiziente Kommunikation (schneller als ein Breitbandnetz!). Wenn er nicht auf einer seiner dringlichen Missionen ist, ruht Milo sich gerne im sanften Schatten des Waldes aus. Unter dem Blätterdach döst er friedlich vor sich hin und tankt neue Energie für seine nächsten Aufgaben!

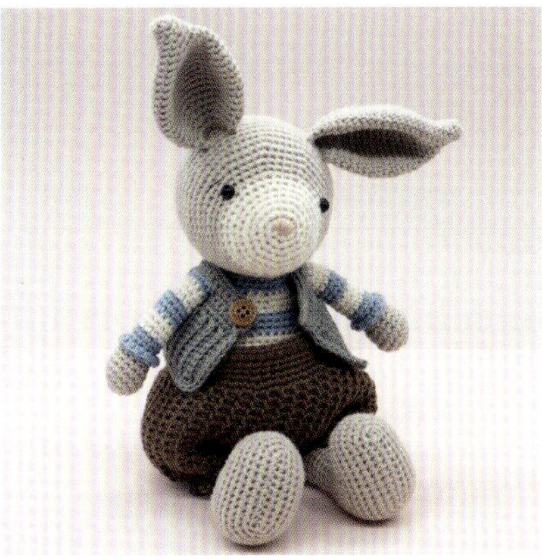
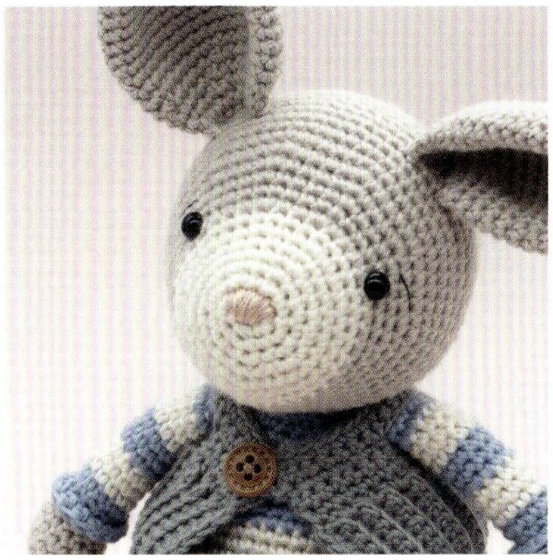
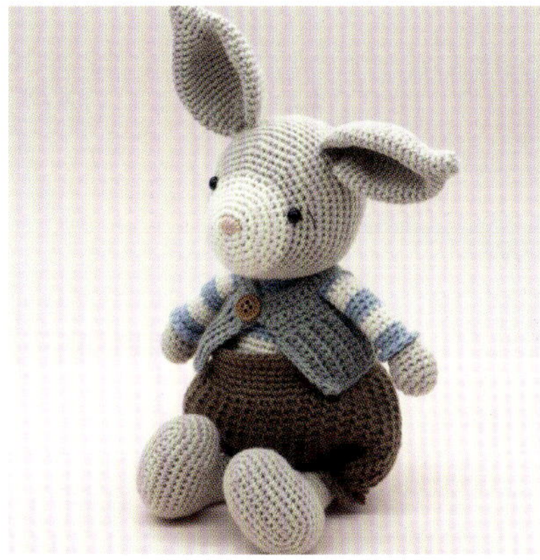

MATERIAL

Dünnes Baumwollgarn (Krea Deluxe Bio-Baumwolle, Lauflänge 50 g/165 m) in Wollweiß (Nr. 02), Hellbraun (Nr. 18), Blau (Nr. 23), Braun (Nr. 30), Eukalyptusgrün (Nr. 41); Häkelnadel 2,5 mm; Sicherheitsaugen (6,0 mm Durchmesser); schwarzes und rosafarbenes Stickgarn (DMC 6-fädiges Stickgarn Nr. 310 – einen Faden für die Augenbrauen verwenden, und Nr. 224 – 6 Fäden für die Nase verwenden); Knopf (17 mm Durchmesser); Nähseide; Nähnadel; Wollnadel; Stecknadeln; Maschenmarkierer; Kunstfaserfüllwatte

KOPF (mit Wollweiß beginnen)

1. Rd: 6 fM in einen Fadenring arbeiten [6].

2. Rd: 6x 1 M zun [12].

3. Rd: * 1 fM, 1 M zun; ab * noch 5x wdh [18].

4. Rd: 1 fM, * 1 M zun, 1 fM; ab * noch 1x wdh, 1 M zun, 6 fM, 1 M zun, * 1 fM, 1 M zun; ab * noch 1x wdh, 1 fM [24].

5. Rd: 1 fM, * 1 M zun, 2 fM; ab * noch 1x wdh, 1 M zun, 8 fM, 1 M zun, * 2 fM, 1 M zun; ab * noch 1x wdh, 1 fM [30].

6. Rd: 30 fM häkeln [30].

7. Rd: 7 fM, * 1 M zun, 2 fM; ab * noch 5x wdh, 5 fM [36].

Die 12. und 13. sowie die 18. und 19. M der 7. Rd markieren. Sie dienen beim Aufnähen der Nase als Orientierungshilfe (Abb. 1).

8. Rd: 33 fM, mit Hellbraun weiterarbeiten, 3 fM [36].

9. Rd: 5 fM, * 1 M zun, 3 fM; ab * noch 1x wdh, 1 M zun, 2 fM, 1 M zun, * 3 fM, 1 M zun; ab * noch 1x wdh, 11 fM [42].

10. Rd: 42 fM häkeln [42].

11. Rd: 7 fM, * 1 M zun, 3 fM; ab * noch 1x wdh, 1 M zun, 4 fM, 1 M zun, * 3 fM, 1 M zun; ab * noch 1x wdh, 13 fM [48].

12. Rd: 9 fM, * 1 M zun, 4 fM, 1 M zun, 3 fM; ab * noch 2x wdh, 12 fM [54].

13. Rd: 9 fM, * 1 M zun, 5 fM; ab * noch 1x wdh, 1 M zun, 4 fM, 1 M zun, * 5 fM, 1 M zun; ab * noch 1x wdh, 15 fM [60].

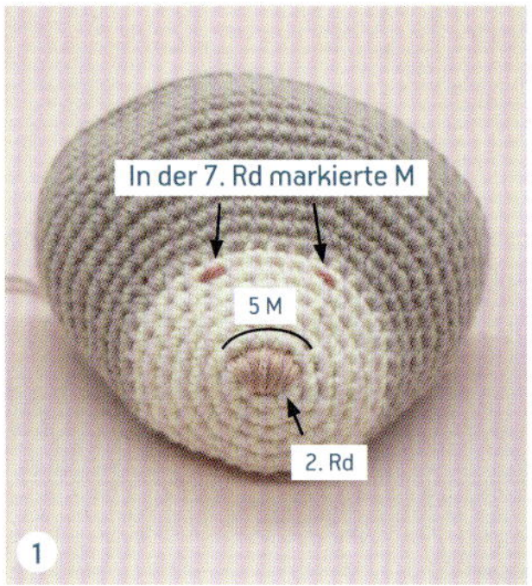

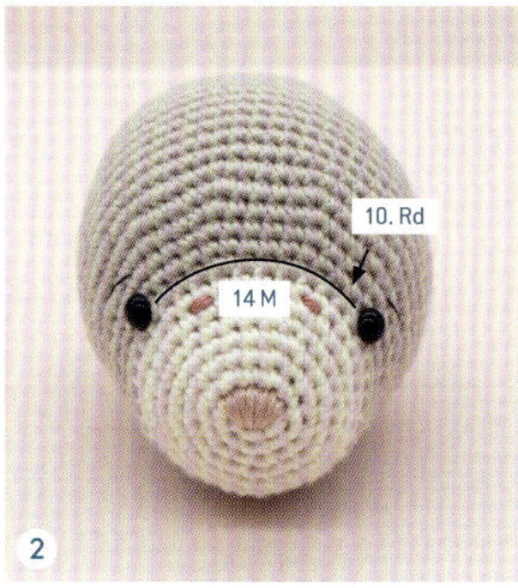

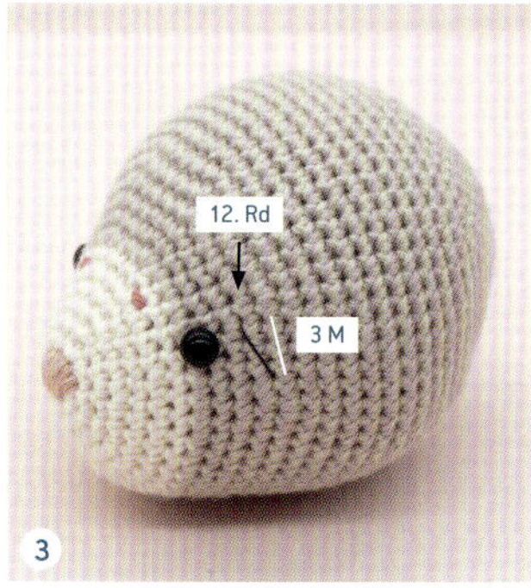

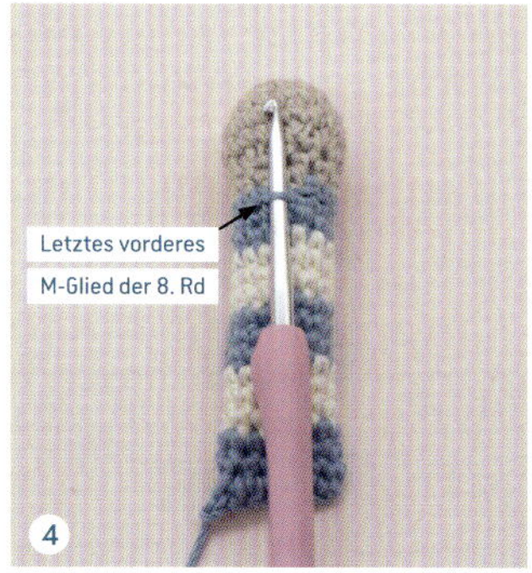

14.–21. Rd: 60 fM häkeln [60].
Die Nase mit rosa Stickgarn zwischen der 1. und 2. Rd am Kopf aufnähen. Dabei an den markierten Maschen orientieren. Das obere Nasenende ist so breit wie 5 M, das untere Nasenende geht durch den Fadenring (Abb. 1).
Die Sicherheitsaugen zwischen der 9. und 10. Rd mit einem Abstand von 14 M einsetzen (Abb. 2).
Mit einem einzelnen schwarzen Faden in der 12. Rd über jedem Auge eine Augenbraue aufnähen. Jede Augenbraue sollte etwa so breit wie 3 M sein (Abb. 3).
22.–24. Rd: 60 fM häkeln [60].
25. Rd: * 8 fM, 1 M abn; ab * noch 5x wdh [54].
26. Rd: * 7 fM, 1 M abn; ab * noch 5x wdh [48].
Den Kopf gut mit Füllwatte ausstopfen.
27. Rd: * 6 fM, 1 M abn; ab * noch 5x wdh [42].
28. Rd: * 5 fM, 1 M abn; ab * noch 5x wdh [36].
29. Rd: * 4 fM, 1 M abn; ab * noch 5x wdh [30].
30. Rd: * 3 fM, 1 M abn; ab * noch 5x wdh [24].
31. Rd: 24 fM häkeln [24].
32. Rd: * 2 fM, 1 M abn; ab * noch 5x wdh [18].
33. Rd: * 1 fM, 1 M abn; ab * noch 5x wdh [12].
Den Kopf fertig ausstopfen.
34. Rd: 6x 1 M abn [6].
1 Km in die folgende M häkeln, abketten und einen Faden zum Nähen lassen.
Mit der Wollnadel das Fadenende durch die vorderen M-Glieder der letzten 6 M führen. Fest anziehen und den Kopf schließen.
Das Garnende vernähen.

KÖRPER (mit Blau beginnen)
1. Rd: 6 fM in einen Fadenring arbeiten [6].
2. Rd: 6x 1 M zun [12].
3. Rd: * 1 fM, 1 M zun; ab * noch 5x wdh [18].
4. Rd: * 2 fM, 1 M zun; ab * noch 5x wdh [24].
5. Rd: * 3 fM, 1 M zun; ab * noch 5x wdh [30].
6. Rd: * 4 fM, 1 M zun; ab * noch 5x wdh [36].
7. Rd: * 5 fM, 1 M zun; ab * noch 5x wdh [42].
8. Rd: * 6 fM, 1 M zun; ab * noch 5x wdh [48].
9. Rd: * 7 fM, 1 M zun; ab * noch 5x wdh [54].
10. Rd: * 8 fM, 1 M zun; ab * noch 5x wdh [60].
11. Rd: * 14 fM, 1 M zun; ab * noch 3x wdh [64].
12.–16. Rd: 64 fM häkeln [64].
Mit Wollweiß weiterarbeiten.
17. Rd: 64 fM häkeln [64].
18. Rd: * 14 fM, 1 M abn; ab * noch 3x wdh [60].
19. Rd: 60 fM häkeln [60].
20. Rd: 1 fM, mit Blau weiterarbeiten, 7 fM, 1 M abn, * 8 fM, 1 M abn; ab * noch 4x wdh [54].
21. Rd: 54 fM häkeln [54].
22. Rd: * 7 fM, 1 M abn; ab * noch 5x wdh [48].
23. Rd: 2 fM, mit Wollweiß weiterarbeiten, 46 fM [48].
24. Rd: 6 fM, 1 M abn, * 14 fM, 1 M abn; ab * noch 1x wdh, 8 fM [45].
25. Rd: 45 fM häkeln [45].
26. Rd: 3 fM, mit Blau weiterarbeiten, 10 fM, 1 M abn, * 13 fM, 1 M abn; ab * noch 1x wdh [42].
27. Rd: 42 fM häkeln [42].
28. Rd: 4 fM, 1 M abn, * 12 fM, 1 M abn; ab * noch 1x wdh, 8 fM [39].

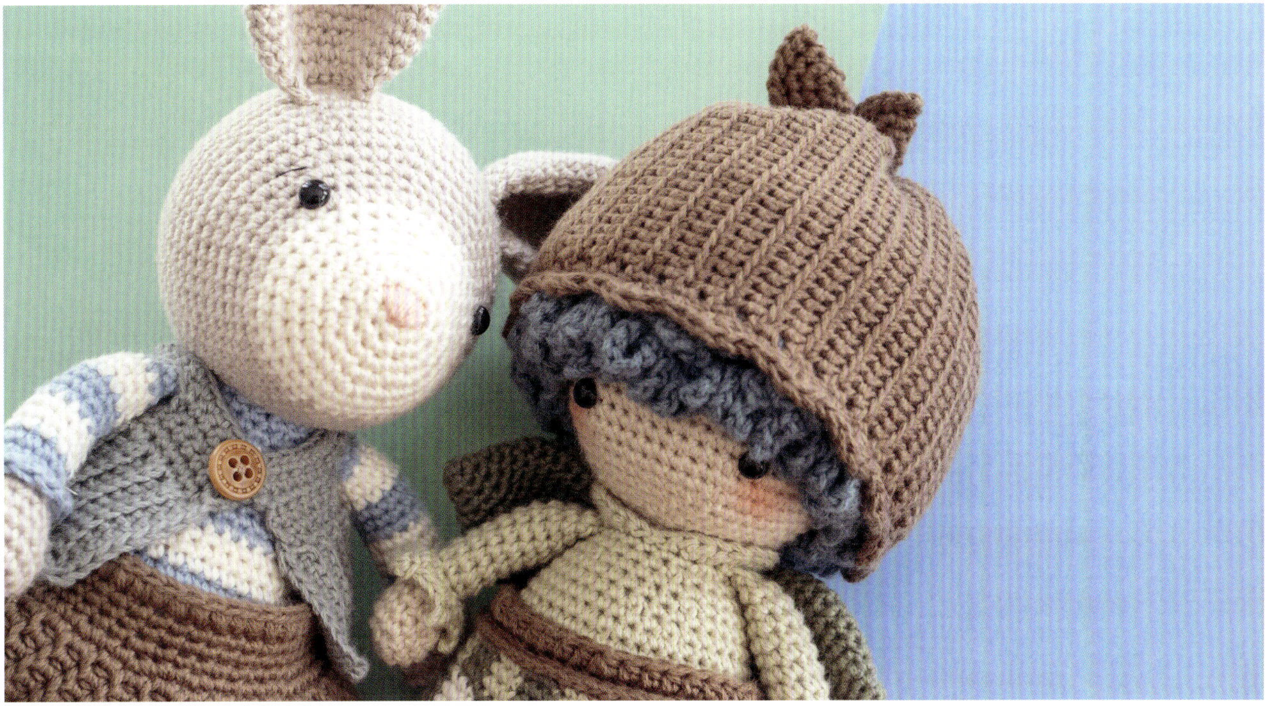

29. Rd: 3 fM, mit Wollweiß weiterarbeiten, 36 fM [39].
30. Rd: 8 fM, 1 M abn, * 11 fM, 1 M abn; ab * noch 1x wdh, 3 fM [36].
31. Rd: 4 fM, 1 M abn, * 10 fM, 1 M abn; ab * noch 1x wdh, 6 fM [33].
32. Rd: 3 fM, mit Blau weiterarbeiten, 6 fM, 1 M abn, * 9 fM, 1 M abn; ab * noch 1x wdh [30].
33. Rd: 6 fM, 1 M abn, * 8 fM, 1 M abn; ab * noch 1x wdh, 2 fM [27].
34. Rd: * 7 fM, 1 M abn; ab * noch 2x wdh [24].
35. Rd: 3 fM häkeln [3]. Die restlichen Maschen nicht bearbeiten.
Abketten und einen langen Faden zum Nähen lassen.
Den Körper gut mit Füllwatte ausstopfen.

ARM (2x mit Hellbraun beginnen)
1. Rd: 6 fM in einen Fadenring arbeiten [6].
2. Rd: 6x 1 M zun [12].
3. Rd: * 1 fM, 1 M zun; ab * noch 5x wdh [18].
4. Rd: 18 fM häkeln [18].
5. Rd: 1 M abn, 14 fM, 1 M abn [16].
6. Rd: 2x 1 M abn, 8 fM, 2x 1 M abn [12].
7. Rd: 12 fM häkeln [12].
1 fM. Das ist das neue Ende der Rd.
Mit Blau weiterarbeiten.
8. Rd: 12 fM häkeln [12].
Beginnen Sie, den Arm mit Füllwatte auszustopfen. Die Hand besonders gut ausstopfen. Zum oberen Armrand hin allmählich weniger Füllwatte verwenden.
9. Rd: 12 fM häkeln, dabei ihM [12].
10. Rd: 12 fM häkeln [12].
Mit Wollweiß weiterarbeiten.
11.–13. Rd: 12 fM häkeln [12].
14. Rd: 1 fM, mit Blau weiterarbeiten, 11 fM [12].
15.–16. Rd: 12 fM häkeln [12].
17. Rd: 2 fM, mit Wollweiß weiterarbeiten, 10 fM [12].
18.–19. Rd: 12 fM häkeln [12].
20. Rd: 3 fM, mit Blau weiterarbeiten, 9 fM [12].
21. Rd: 12 fM häkeln [12].
22. Rd: 7 fM [7]. Die restlichen Maschen nicht bearbeiten.

Den Arm fertig ausstopfen.
Das offene Armende flach drücken und 6 fM durch beide Lagen häkeln, um die Öffnung zu schließen.
Abketten und einen langen Faden zum Nähen lassen.

ÄRMELMANSCHETTE (2x in Blau)
Am Arm mit Blau im letzten unbearbeiteten vorderen M-Glied der 8. Rd neu anschlingen (Abb. 4).
Die Hand zeigt dabei von Ihnen weg.
1. Rd: 1 Lm häkeln, im selben vorderen M-Glied beginnen, in dem neu angeschlungen wurde, 12 hStb häkeln [12].
Abketten und Garnenden vernähen.

BEIN (2x in Hellbraun)
12 Lm anschlagen. Entlang beider Seiten der Lm-Kette in Rd häkeln.
1. Rd: in die 2. Lm ab der Nadel einstechen, 10 fM, 3 fM in die nächste Lm. Auf der Rückseite der Lm-Kette weiterarbeiten, 9 fM, 1 M zun [24].
2. Rd: * 1 M zun, 9 fM, 2x 1 M zun; ab * noch 1x wdh [30].
3. Rd: 1 fM, 1 M zun, 9 fM, * 1 fM, 1 M zun; ab * noch 2x wdh, 9 fM, * 1 fM, 1 M zun; ab * noch 1x wdh [36].
4. Rd: 2 fM, 1 M zun, 9 fM, * 2 fM, 1 M zun; ab * noch 2x wdh, 9 fM, * 2 fM, 1 M zun; ab * noch 1x wdh [42].
5.–8. Rd: 42 fM häkeln [42].
9. Rd: 12 fM, * 1 M abn, 1 fM; ab * noch 5x wdh, 12 fM [36].
10. Rd: 9 fM, * 1 M abn, 1 fM; ab * noch 5x wdh, 9 fM [30].
11. Rd: 6 fM, * 1 M abn, 1 fM; ab * noch 5x wdh, 6 fM [24].
12. Rd: * 2 fM, 1 M abn; ab * noch 5x wdh [18].
13. Rd: * 4 fM, 1 M abn; ab * noch 2x wdh [15].
Das Bein ab jetzt mit Füllwatte ausstopfen. Den Fuß gut mit Füllwatte ausstopfen. Zum oberen Beinrand hin allmählich weniger Füllwatte verwenden.
14.–21. Rd: 15 fM häkeln [15].
22. Rd: 13 fM, 1 M abn [14].
23. Rd: 7 fM, 1 M abn, 5 fM [13].
24. Rd: 2 fM, 1 M abn, 9 fM [12].
25. Rd: 4 fM, 1 M abn, 6 fM [11].
26. Rd: 6 fM häkeln [6]. Die restlichen Maschen nicht bearbeiten.
Das Bein fertig ausstopfen.

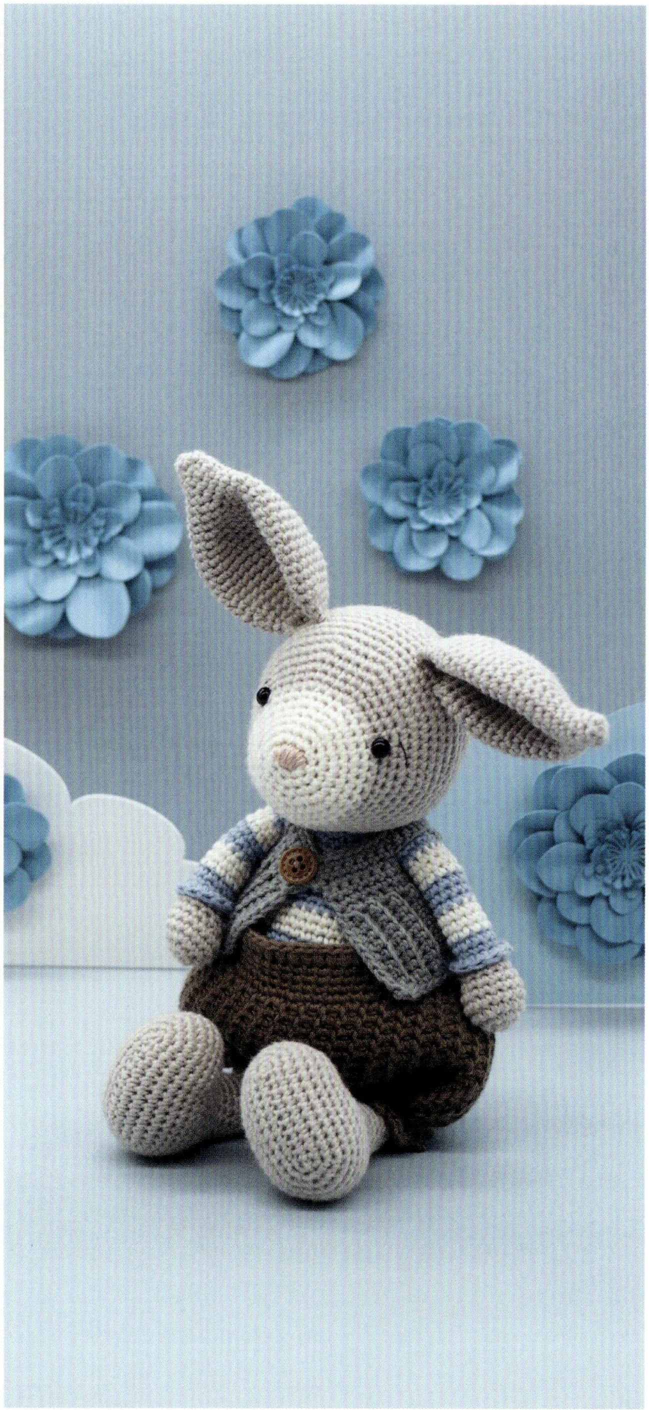

Das offene Beinende flach drücken und 5 fM durch beide Lagen häkeln, um die Öffnung zu schließen.
Abketten und einen langen Faden zum Nähen lassen.

OHR (2x in Hellbraun)
1. Rd: 6 fM in einen Fadenring arbeiten [6].
2. Rd: 6 fM häkeln [6].
3. Rd: * 1 fM, 1 M zun; ab * noch 2x wdh [9].
4. Rd: 9 fM häkeln [9].
5. Rd: * 2 fM, 1 M zun; ab * noch 2x wdh [12].
6. Rd: * 3 fM, 1 M zun; ab * noch 2x wdh [15].
7. Rd: * 4 fM, 1 M zun; ab * noch 2x wdh [18].
8. Rd: * 5 fM, 1 M zun; ab * noch 2x wdh [21].
9. Rd: * 6 fM, 1 M zun; ab * noch 2x wdh [24].
10. Rd: * 3 fM, 1 M zun; ab * noch 5x wdh [30].
11. Rd: 30 fM häkeln [30].
12. Rd: * 4 fM, 1 M zun; ab * noch 5x wdh [36].
13.–20. Rd: 36 fM häkeln [36].
21. Rd: * 4 fM, 1 M abn; ab * noch 5x wdh [30].
22. Rd: * 3 fM, 1 M abn; ab * noch 5x wdh [24].
23. Rd: * 2 fM, 1 M abn; ab * noch 5x wdh [18].
Die Ohren nicht ausstopfen.
Das offene Ohrende flach drücken und 9 fM durch beide Lagen häkeln, um die Öffnung zu schließen.
Abketten und einen langen Faden zum Nähen lassen.

SHORTS (in Braun)
Einen langen Anfangsfaden lassen. 54 Lm anschlagen.
1. Rd: mit einer fM in die 1. Lm zu einem Ring schließen, 54 fM [54].
2.–3. Rd: 54 fM häkeln [54].
4. Rd: * 8 fM, 1 M zun; ab * noch 5x wdh [60].
5. Rd: * 2 fM, 1 M zun; ab * noch 19x wdh [80].

Anmerkung: Von der 6. bis 21. Rd die Km relativ locker häkeln. So lässt es sich in der nächsten Rd leichter in die M einstechen.

6.–20. Rd: * 1 Km, 1 hStb; ab * noch 39x wdh [80].
21. Rd: * 1 Km, 1 hStb; ab * noch 3x wdh [8]. Die restlichen M nicht bearbeiten.
Das ist das neue Ende der Rd.
Der Arbeitsfaden befindet sich jetzt in einer Linie mit dem Beginn der 1. Rd (Abb. 5).

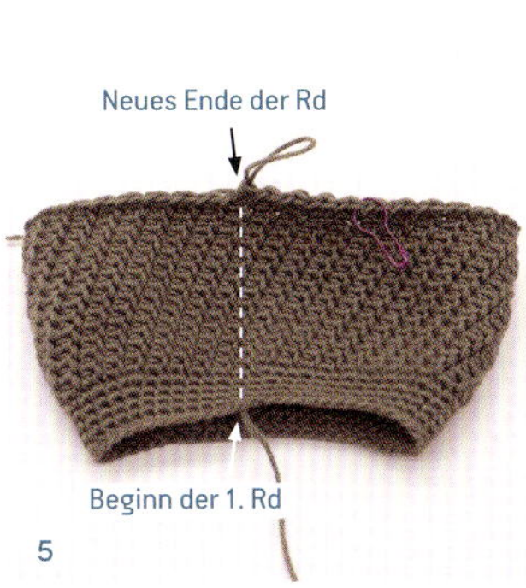

5

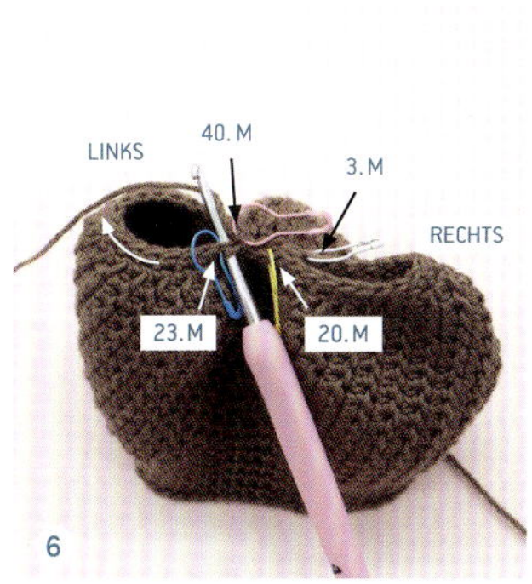

6

22. Rd: 40x 1 M abn [40].
23. Rd: 40 fM häkeln [40].
Die 23. Rd in das linke und das rechte Hosenbein einteilen, die separat voneinander gehäkelt werden.
Für jedes Hosenbein werden 18 M der 23. Rd verwendet.
Die restlichen 4 M werden später zusammengenäht.
Die 3. und 20. M der 23. Rd (weißer und gelber Maschenmarkierer, Abb. 6) für das rechte Hosenbein markieren.
Die 23. und 40. M der 23. Rd (blauer und rosafarbener Maschenmarkierer, Abb. 6) für das linke Hosenbein markieren.

Linkes Hosenbein
Die Maschen für das linke Hosenbein befinden sich links von Ihnen. In der markierten 23. M der 23. Rd beginnen (Abb. 6).
23. Rd: 18 fM häkeln [18]. Sie sollten jetzt bei der markierten 40. M der 23. Rd angelangt sein.
24. Rd: * 1 fM, 3 Lm, 1 fM zurück in dieselbe M, 1 fM; ab * noch 7x wdh, 1 fM, 3 Lm, 1 fM zurück in dieselbe M, 1 Km [54].
Abketten und Garnende vernähen.

Rechtes Hosenbein
Das linke Hosenbein befindet sich rechts von Ihnen. Einen langen Anfangsfaden lassen und mit braunem Garn in der markierten 3. M der 23. Rd neu anschlingen (Abb. 7).
23. Rd: 1 Lm häkeln, in derselben M beginnen, in der neu angeschlungen wurde, 18 fM [18]. Sie sollten jetzt bei der markierten 20. M der 23. Rd angelangt sein (Abb. 7).
24. Rd: * 1 fM, 3 Lm, 1 fM zurück in dieselbe M, 1 fM; ab * noch 7x wdh, 1 fM, 3 Lm, 1 fM zurück in dieselbe M, 1 Km [54].
Abketten und Garnende vernähen.

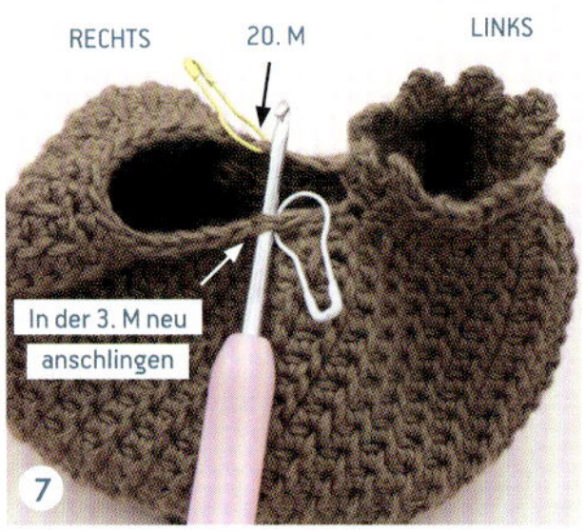

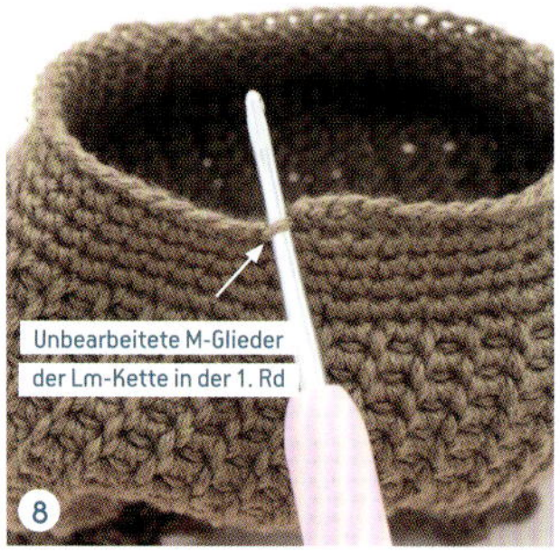

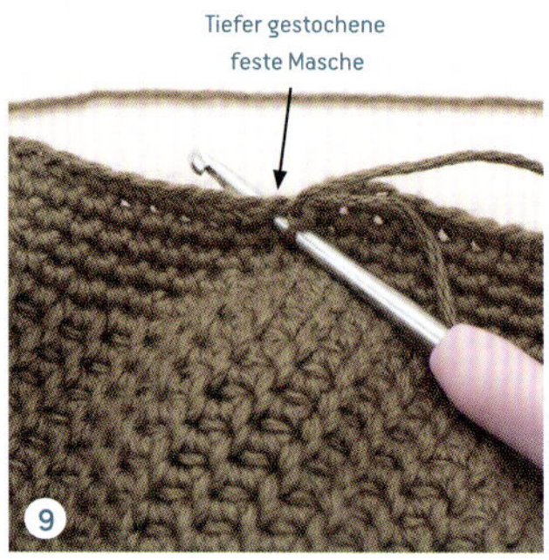

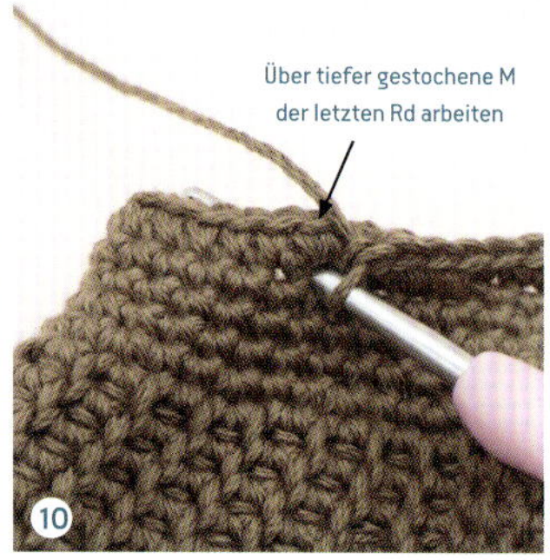

Mit dem Anfangsfaden des rechten Hosenbeins die 4 Maschen zwischen den Hosenbeinen schließen. Die Nadel dabei unter beiden M-Gliedern jeder Masche von der Innenseite zur Außenseite der Shorts durchführen.
Garnende auf der Innenseite der Shorts vernähen.

Shorts-Oberkante

Für eine saubere Oberkante mit braunem Garn im 1. unbearbeiteten M-Glied der Lm-Kette neu anschlingen (Abb. 8).
Die Oberkante der Shorts zeigt von Ihnen weg.
1. Rd: 54 tiefer gestochene fM [54]. (Abb. 9)

Anmerkung: In der 2. Rd sollten Sie in die gleichen Lücken einstechen wie in der 1. Rd und über die in der 1. Rd gehäkelten tiefer gestochenen M häkeln.

2. Rd: 54 tiefer gestochene fM [54]. (Abb. 10)
1 Km häkeln. Abketten und Garnenden auf der Innenseite der Shorts vernähen.

WESTE (in Eukalyptusgrün)

Die Weste wird in 2 Teilen gearbeitet: dem unteren und dem oberen Teil.

Unterer Westenteil

10 Lm anschlagen. In R arbeiten.
1. R: in die 2. Lm ab der Nadel einstechen, 9 fM, 1 Lm, wenden [9].
2.–45. R: 9 fM ihM, 1 Lm, wenden [9].
46. R: 9 fM ihM [9].
Für saubere 4 Kanten in derselben Richtung rund um das Häkelteil arbeiten: fM in die nächsten 46 Reihenenden entlang der Oberkante (Abb. 11), 9 fM entlang der unbearbeiteten M-Glieder der Lm-Kette in der 1. R, fM in die nächsten 46 Reihenenden entlang der Unterkante, 9 fM entlang der 46. R.
Nicht abketten. Mit dem oberen Westenteil weitermachen.

Oberer Westenteil

Wir arbeiten über die 46 M der Oberkante. In R arbeiten.
In derselben Richtung weiterhäkeln (Abb. 12).
47. R: * 8 fM, 1 M abn, 7 fM, 1 M abn; ab * noch 1x wdh, 8 fM, 1 Lm, wenden [42].
48. R: 42 fM, 1 Lm, wenden [42].
49. R: 6 fM, 1 M abn, 7 Lm, die nächsten 7 M überspringen, 1 M abn, 8 fM, 1 M abn, 7 Lm, die nächsten 7 M überspringen, 1 M abn, 6 fM, 1 Lm, wenden [24 + 14 Lm].
50. R: 7 fM, fM auf einer Seite der nächsten 7 Lm (Abb. 13), 10 fM, fM auf einer Seite der nächsten 7 Lm, 7 fM, 1 Lm, wenden [38].
51. R: 38 fM häkeln [38].
Nicht abketten, sondern mit dem Knopfloch weitermachen. Zuerst auf der Außenseite der Weste einen Knopf an der oberen rechten Ecke festnähen. Zur Orientierung: die "V"s der fM am unteren Westenteil zeigen nach außen (Abb. 14).
Für das Knopfloch am Ende der 51. R 5 Lm häkeln (Abb. 15).
Die Anzahl der Lm an die Knopfgröße anpassen. Die Schlinge sollte sich bequem über den Knopf ziehen lassen. 1 Km zurück in das Reihenende der 50. R (Abb. 16).
Abketten und das Fadenende auf der Innenseite der Weste vernähen.

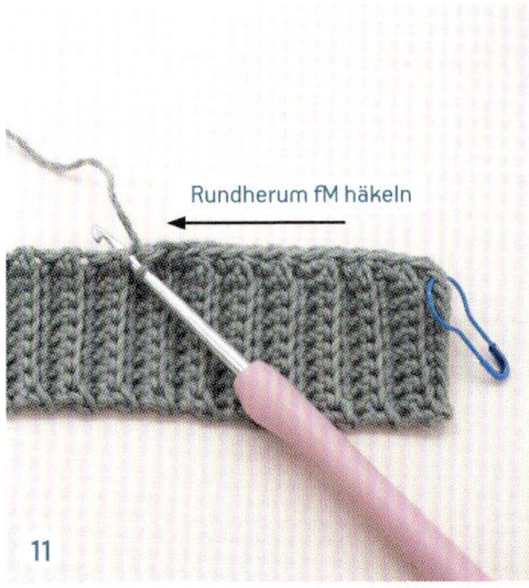

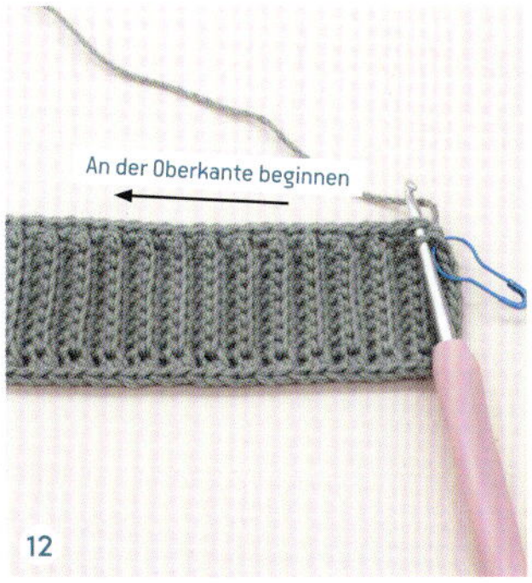

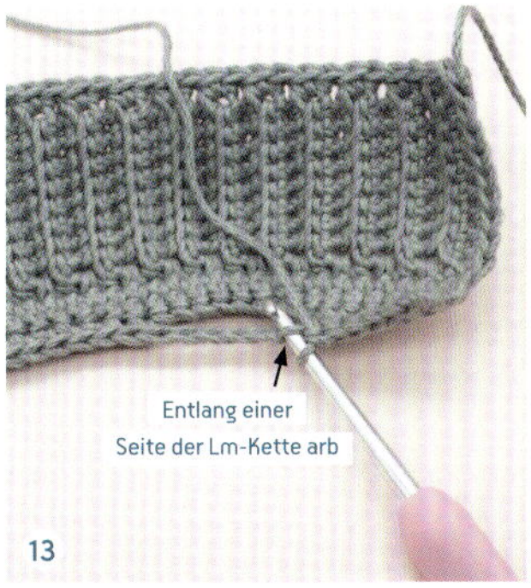

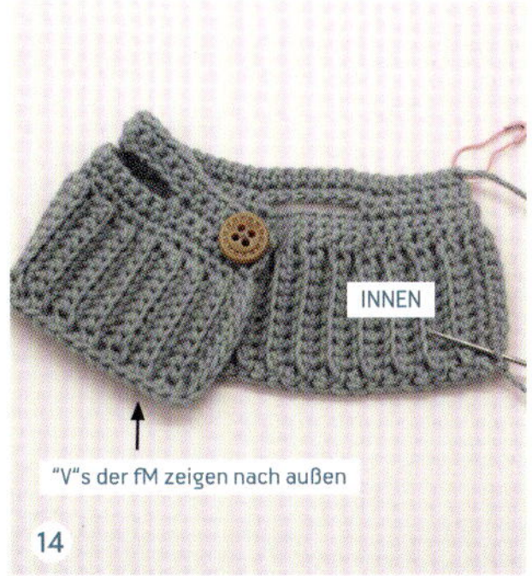

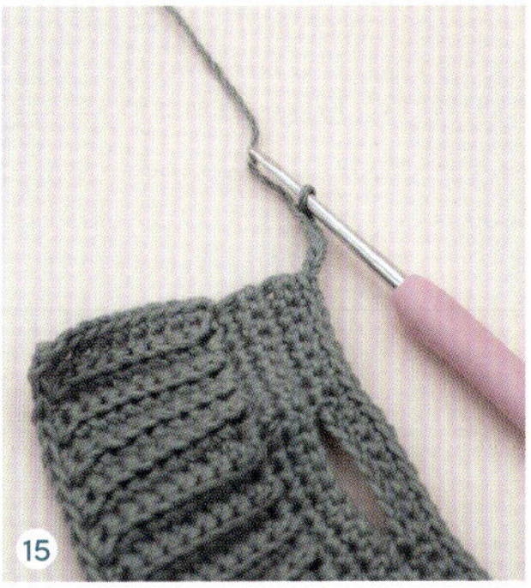

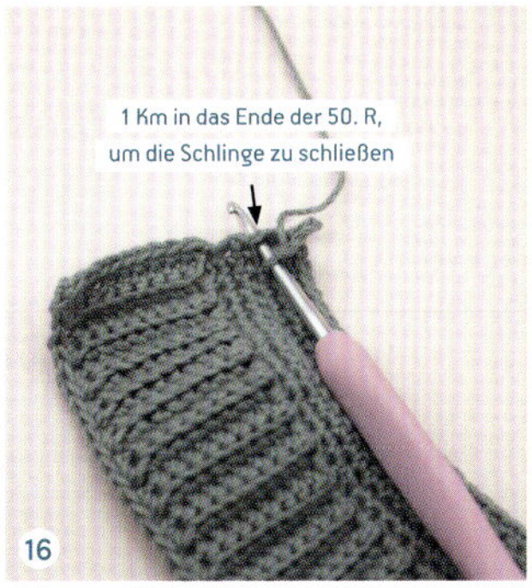

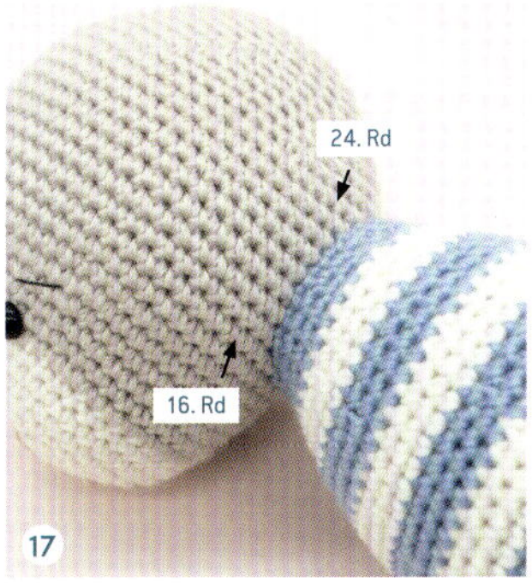

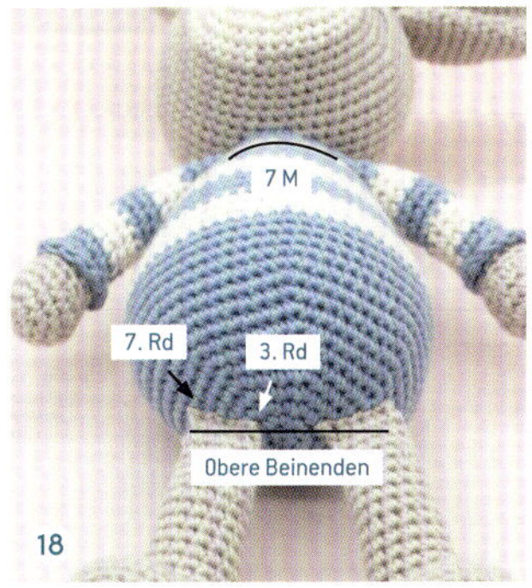

FERTIGSTELLUNG

- Den Körper am Kopf festnähen. Die Körperöffnung wird über die 16.–24. Rd auf der Kopfunterseite festgenäht (Abb. 17). Achten Sie darauf, dass sich die Farbwechsel in der Mitte der Körperrückseite befinden.
- Die Arme zwischen der 33. und 34. Rd an den Körper nähen. Vorne liegen 7 M zwischen den beiden Armen (Abb. 18). Die Beine zwischen der 3. und 7. Rd am unteren Körperende knapp vor der Mittelachse des Körpers festnähen (Abb. 18). Die oberen Beinenden sollten parallel zur Armachse verlaufen.
- Die Ohren von der 17. bis zur 19. Rd am Kopf festnähen (Abb. 19). Der Abstand zwischen den inneren Ecken beträgt 11 M (Abb. 20). Zwischen den beiden Enden eines Ohrs liegen 3 M.
- Milo die Hose überziehen. Die Füße muss man etwas durch die Hosenbeine quetschen. Die Oberkante liegt etwa auf der 23. Rd am Körper auf.
- Milo die Weste überziehen.
- Alle Maschenmarkierer entfernen.

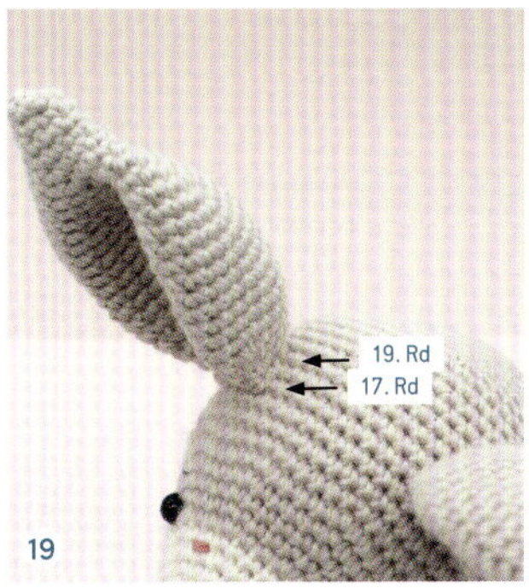

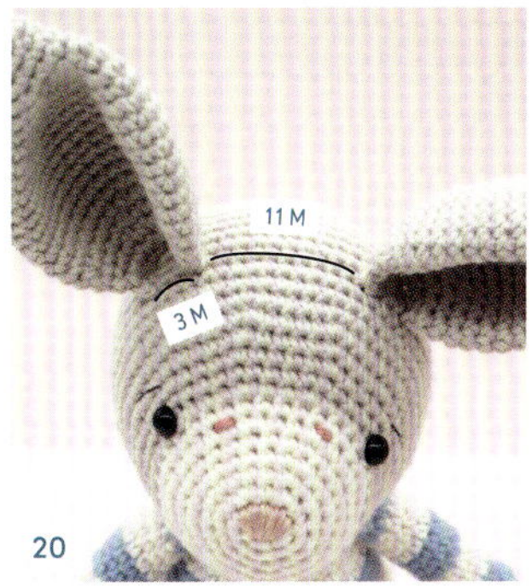

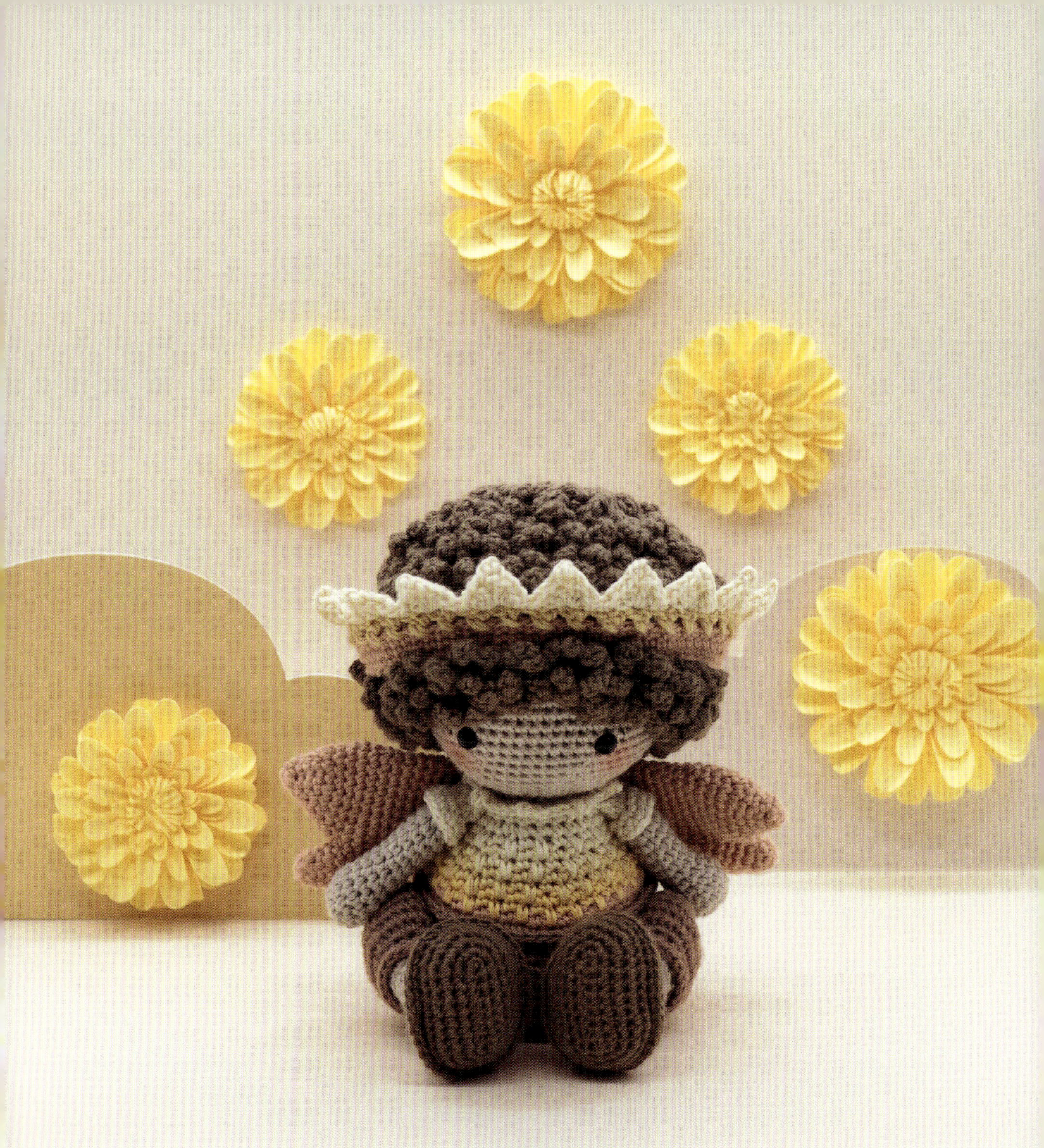

Schwierigkeitsgrad: ●●●
Größe: ca. 14,5 cm hoch

Amigurumi-Galerie: QR-Code scannen oder www.amigurumi.com/4514 besuchen und Bilder teilen bzw. kreative Anregungen finden.

Blaze, der Sonnenelf

Blaze, der Sonnenelf besitzt ein warmes und großherziges Wesen, das den Zauberwald zum Erstrahlen bringt. Als Oberhaupt der Feen und Elfen übt er seine Funktion würdevoll und weise aus. Blaze kommt allen Bedürfnissen seiner Freunde, ob Fee oder Tier, nach. Wann immer es Schwierigkeiten gibt, fragen sie Blaze um Rat. Mit seiner Fürsorge und seinem sanften Führungsstil bringt er den Zauberwald zum Blühen und Gedeihen.

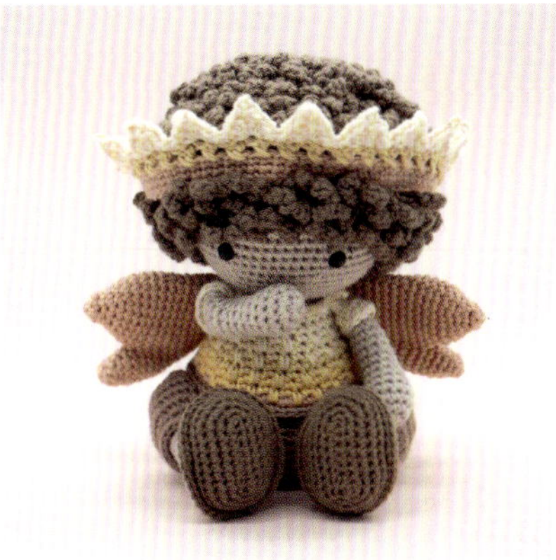

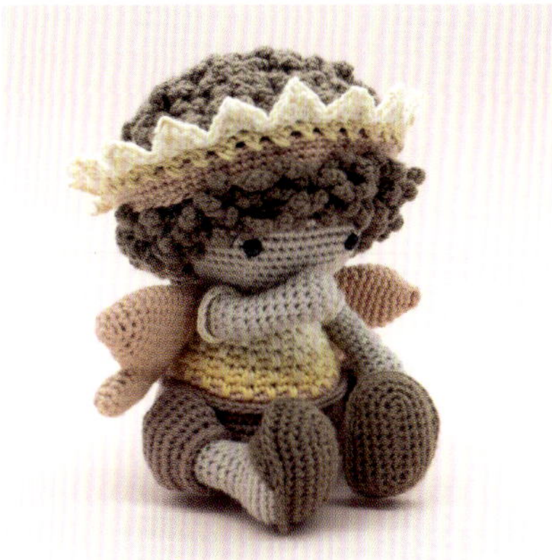

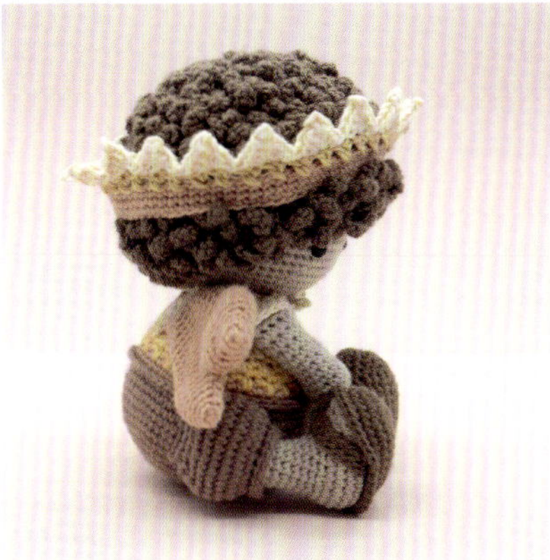

MATERIAL

Dünnes Baumwollgarn (Krea Deluxe Bio-Baumwolle, Lauflänge 50 g/165 m) in Blassgelb (Nr. 03), Hellgelb (Nr. 04), Gelb (Nr. 05), Sonnengelb (Nr. 06), helles Rosé (Nr.10), dunkles Altrosa (Nr. 16), Hellbraun (Nr. 18), Braun (Nr. 30 – 2 Knäuel); Häkelnadel 2,5 mm; Sicherheitsaugen (6 mm Durchmesser); schwarzes Stickgarn (DMC 6-fädiges Stickgarn Nr. 310 – einen Faden für die Augenbrauen verwenden); Wollnadel; Stecknadeln; Maschenmarkierer; Kunstfaserfüllwatte; optional: Wangenrouge und Pinsel

KOPF (in Hellbraun)

1. Rd: 6 fM in einen Fadenring arbeiten [6].
2. Rd: 6x 1 M zun [12].
3. Rd: * 1 fM, 1 M zun; ab * noch 5x wdh [18].
4. Rd: * 2 fM, 1 M zun; ab * noch 5x wdh [24].
5. Rd: * 3 fM, 1 M zun; ab * noch 5x wdh [30].
6. Rd: * 4 fM, 1 M zun; ab * noch 5x wdh [36].
7. Rd: * 5 fM, 1 M zun; ab * noch 5x wdh [42].
8. Rd: * 6 fM, 1 M zun; ab * noch 5x wdh [48].
9. Rd: * 7 fM, 1 M zun; ab * noch 5x wdh [54].
10. Rd: * 8 fM, 1 M zun; ab * noch 5x wdh [60].
11.–20. Rd: 60 fM häkeln [60].
21. Rd: * 8 fM, 1 M abn; ab * noch 5x wdh [54].
22. Rd: * 7 fM, 1 M abn; ab * noch 5x wdh [48].
23. Rd: * 6 fM, 1 M abn; ab * noch 5x wdh [42].
24. Rd: * 5 fM, 1 M abn; ab * noch 5x wdh [36].
25. Rd: * 4 fM, 1 M abn; ab * noch 5x wdh [30].

Die Sicherheitsaugen zwischen der 18. und 19. Rd mit einem Abstand von 11 M einsetzen (Abb. 1).

Mit einem einzelnen schwarzen Faden von der 17. bis 18. Rd über jedem Auge eine Augenbraue aufnähen (Abb. 2). Jede Augenbraue sollte etwa so breit wie 2 M sein.

Den Kopf gut mit Füllwatte ausstopfen.
26. Rd: * 3 fM, 1 M abn; ab * noch 5x wdh [24].
27. Rd: * 2 fM, 1 M abn; ab * noch 5x wdh [18].
28. Rd: * 1 fM, 1 M abn; ab * noch 5x wdh [12].
Den Kopf fertig ausstopfen.
29. Rd: 6x 1 M abn [6].
1 Km in die nächste M häkeln, abketten und einen Faden zum Nähen lassen.
Mit der Wollnadel das Fadenende durch die vorderen M-Glieder der letzten 6 M führen. Fest anziehen und den Kopf schließen. Das Garnende vernähen.

HAARBASIS (in Braun)
1. Rd: 6 fM in einen Fadenring arbeiten [6].
2. Rd: 6x 1 M zun [12].
3. Rd: * 1 fM, 1 M zun; ab * noch 5x wdh, dabei ihM [18].
4. Rd: * 2 fM, 1 M zun; ab * noch 5x wdh [24].
5. Rd: * 3 fM, 1 M zun; ab * noch 5x wdh, dabei ihM [30].
6. Rd: * 4 fM, 1 M zun; ab * noch 5x wdh [36].
7. Rd: * 5 fM, 1 M zun; ab * noch 5x wdh, dabei ihM [42].
8. Rd: * 6 fM, 1 M zun; ab * noch 5x wdh [48].
9. Rd: * 7 fM, 1 M zun; ab * noch 5x wdh, dabei ihM [54].
10. Rd: * 8 fM, 1 M zun; ab * noch 5x wdh [60].
Zwischen der 11. und 20. Rd werden alle ungeraden Rd ihM gearbeitet.
11.–20. Rd: 60 fM häkeln [60].
In R weiterarbeiten.
21. R: 58 fM ihM, wenden [58]. (Abb. 3) Die restlichen Maschen nicht bearbeiten.
22. R: 1. M überspringen, 1 fM, 1x 2 hStb, 2 Stb, 1x 2 hStb, 1 hStb, 42 fM, 2 hStb, 1x 2 hStb, 2 Stb, 1x 2 Stb, 1 hStb, 1x 2 hStb, 1 Km [62].
Abketten und einen langen Faden zum Nähen lassen.
Die Haarbasis am Kopf festnähen und mit den Haaren weitermachen. Die 2 unbearbeiteten M der 20. Rd liegen zwischen der 13. und 14. Rd am Kopf mittig zwischen den Augen (Abb. 4). Der hintere Rand der Haarbasis wird zwischen der 24. und 25. Rd befestigt (Abb. 5).
Die Haarbasis mit dem Garnende in gleichmäßigen Abständen rundherum zwischen der 21. und 22. Rd am Kopf festnähen (Abb. 6).
Direkt über den unbearbeiteten M der 20. Rd in der vorderen Haarbasismitte weiternähen.
Alle vorderen M-Glieder frei lassen, da hier später die Locken gehäkelt werden.
Noch ein paar zusätzliche Stiche rund um die Haarbasis anbringen, um sie noch besser am Kopf zu befestigen.

LOCKEN (in Braun)
Das obere Kopfende zeigt zu Ihnen. An der Haarbasis mit braunem Garn im 1. unbearbeiteten vorderen M-Glied der 2. Rd neu anschlingen (Abb. 7).
Die Maschenfolge gegen den Uhrzeigersinn in jedem vorderen M-Glied wdh: * 7 Lm häkeln, in die 2. Lm ab der Nadel einstechen, fM in die nächsten 6 Lm (Abb. 8), 1 fM in das nächste vordere M-Glied (Abb. 9).
Weitermachen, bis Sie das letzte unbearbeitete vordere M-Glied der 20. Rd erreicht haben.
* 5 Lm häkeln, in die 2. Lm ab der Nadel einstechen, fM in die nächsten 4 Lm, 1 fM in das nächste vordere M-Glied; ab * über die gesamte 20. Rd wdh.
Abketten und Garnenden vernähen.

KÖRPER (mit dunklem Altrosa beginnen)
1. Rd: 6 fM in einen Fadenring arbeiten [6].
2. Rd: 6x 1 M zun [12].
3. Rd: * 1 fM, 1 M zun; ab * noch 5x wdh [18].
4. Rd: * 2 fM, 1 M zun; ab * noch 5x wdh [24].
5. Rd: * 3 fM, 1 M zun; ab * noch 5x wdh [30].
6. Rd: * 4 fM, 1 M zun; ab * noch 5x wdh [36].
7. Rd: * 5 fM, 1 M zun; ab * noch 5x wdh [42].
8. Rd: * 6 fM, 1 M zun; ab * noch 5x wdh [48].
9. Rd: * 7 fM, 1 M zun; ab * noch 5x wdh [54].
10. Rd: * 8 fM, 1 M zun; ab * noch 5x wdh [60].
11. Rd: * 14 fM, 1 M zun; ab * noch 3x wdh [64].
12.–14. Rd: 64 fM häkeln [64].
15. Rd: * 14 fM, 1 M abn; ab * noch 3x wdh [60].
16. Rd: 8 fM, 1 M abn; ab * noch 5x wdh [54].
17. Rd: 54 fM häkeln [54].
Mit hellem Rosé weiterarbeiten.
18. Rd: * 7 fM, 1 M abn; ab * noch 5x wdh, dabei ihM [48].
19. Rd: 48 fM häkeln [48].
Mit Sonnengelb weiterarbeiten.
20. Rd: * 1 fM, 1 tiefer gestochene fM (Abb. 10); ab * noch 23x wdh [48].
21. Rd: * 6 fM, 1 M abn; ab * noch 5x wdh [42].

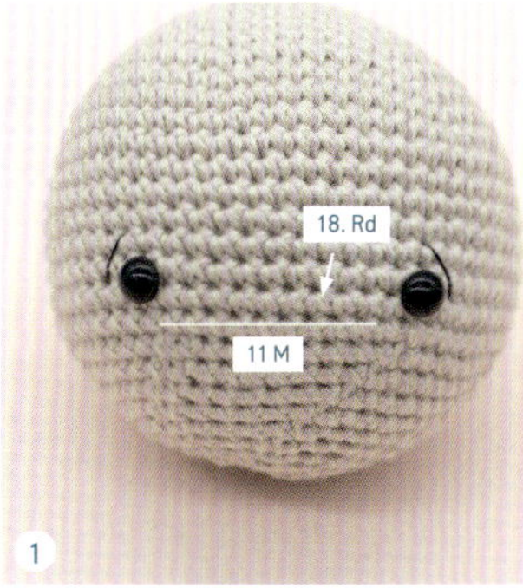

1

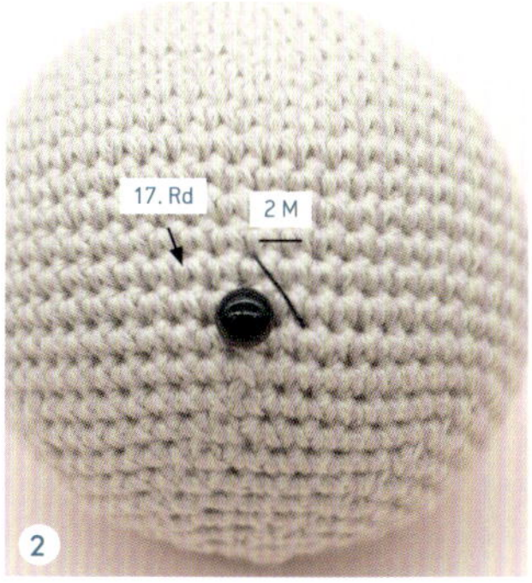

2

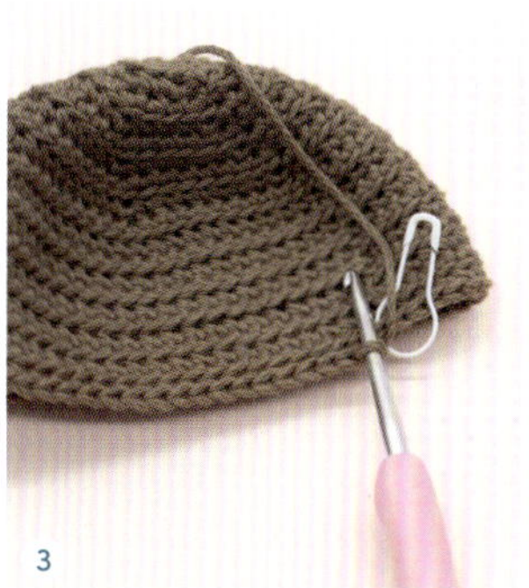
3

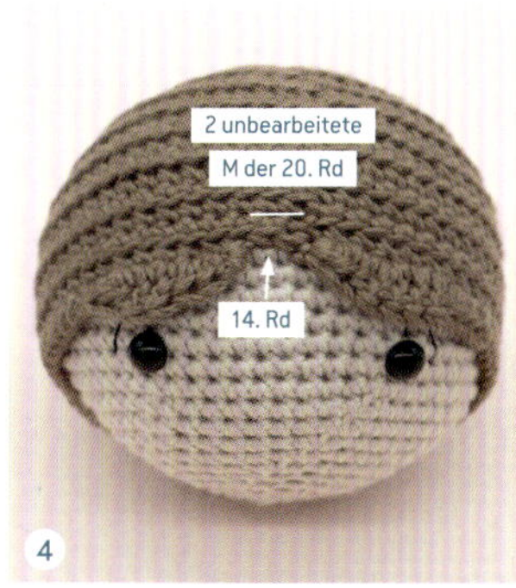

4

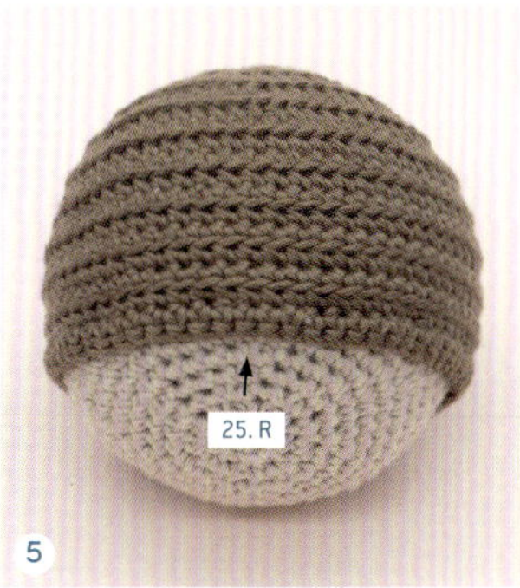

5

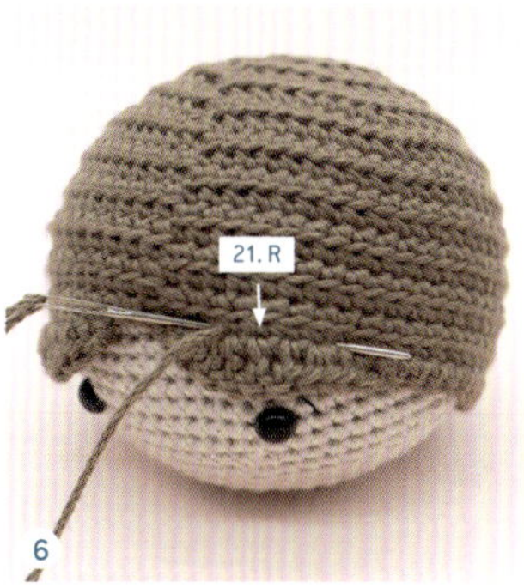

6

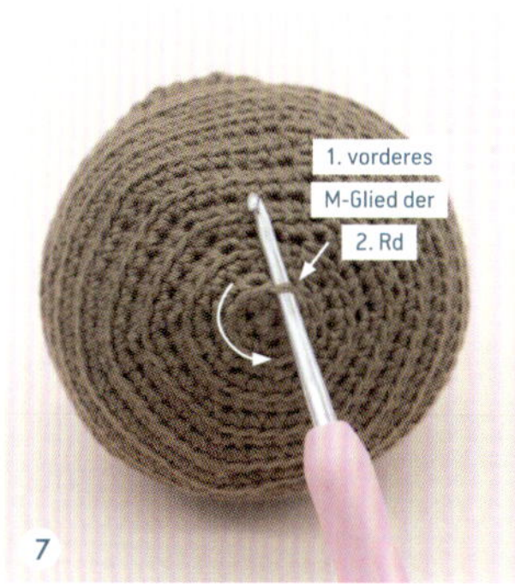

7

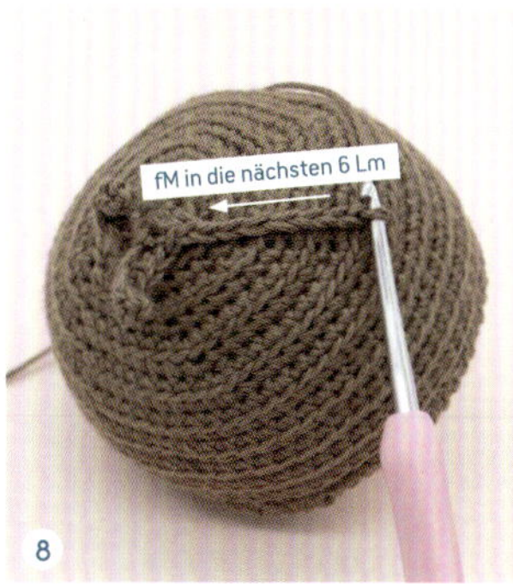

8

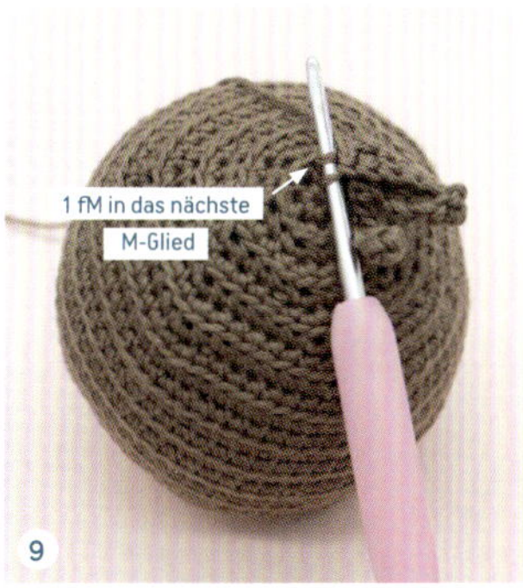

9

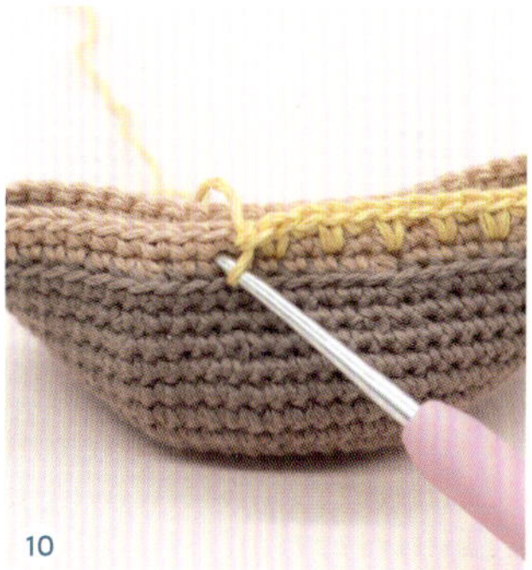
10

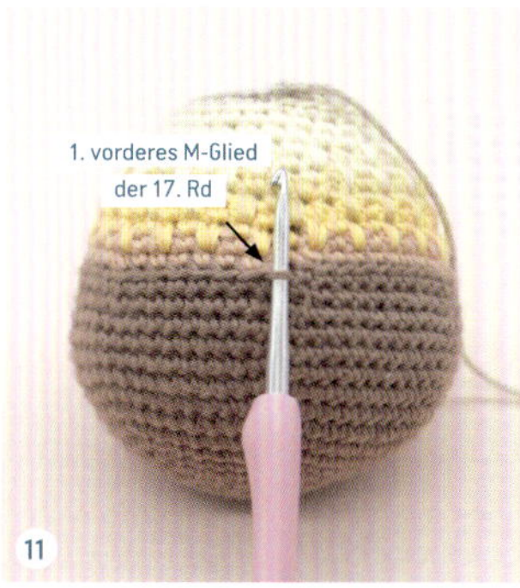

11

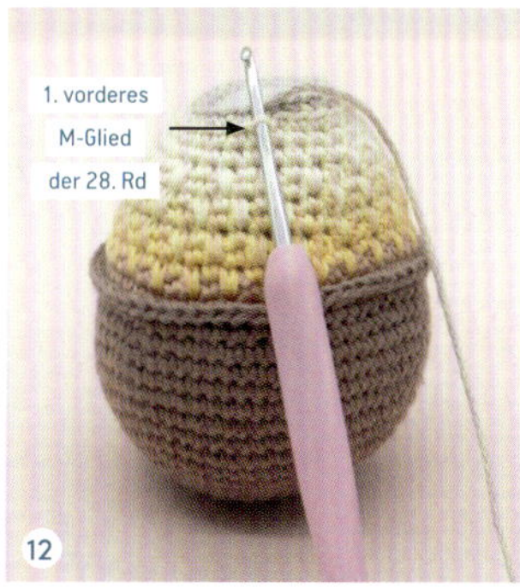

12

Mit Gelb weiterarbeiten.

22. Rd: * 1 tiefer gestochene fM, 1 fM; ab * noch 20x wdh [42].

23. Rd: * 5 fM, 1 M abn; ab * noch 5x wdh [36].

Mit Hellgelb weiterarbeiten.

24. Rd: * 1 fM, 1 tiefer gestochene fM; ab * noch 17x wdh [36].

25. Rd: * 4 fM, 1 M abn; ab * noch 5x wdh [30].

Mit Blassgelb weiterarbeiten.

26. Rd: * 1 tiefer gestochene fM, 1 fM; ab * noch 14x wdh [30].

27. Rd: * 8 fM, 1 M abn; ab * noch 2x wdh [27].

28. Rd: 27 fM häkeln [27].

3 fM häkeln. Sie befinden sich jetzt in der Mitte der Körperrückseite, in einer Linie mit den Farbwechseln der 18. Rd. Das ist das neue Ende der Rd.

Mit Hellbraun weiterarbeiten.

29. Rd: * 7 fM, 1 M abn; ab * noch 2x wdh, dabei ihM [24].

1 Km in die nächste M häkeln, abketten und einen langen Faden zum Nähen lassen.

Den Körper fertig ausstopfen.

HOSENBUND (in dunklem Altrosa)

Am Körper mit dunklem Altrosa im 1. unbearbeiteten vorderen M-Glied der 17. Rd neu anschlingen (Abb. 11).
Das untere Körperende zeigt zu Ihnen.
1. Rd: 1 Lm häkeln, im selben vorderen M-Glied beginnen, in dem neu angeschlungen wurde, 54 fM. [54]
1 Km in die nächste M häkeln, abketten und Garnenden vernähen.

KRAGEN (in Blassgelb)

Am Körper mit Blassgelb im 1. unbearbeiteten vorderen M-Glied der 28. Rd neu anschlingen (Abb. 12).
Das untere Körperende zeigt zu Ihnen.
1. Rd: 1 Lm häkeln, im selben vorderen M-Glied beginnen, in dem neu angeschlungen wurde, * 2 fM, ein 3-Lm-Pikot (Abb. 13), 1 fM in dieselbe Schlinge wie die letzte fM, 1 fM; ab * noch 8x wdh [72].
1 Km in die nächste M häkeln, abketten und Garnenden vernähen.

ARM (2x mit Hellbraun beginnen)

1. Rd: 6 fM in einen Fadenring arbeiten [6].
2. Rd: 6x 1 M zun [12].
3. Rd: * 3 fM, 1 M zun; ab * noch 2x wdh [15].
4. Rd: 15 fM häkeln [15].
5. Rd: 2x 1 M abn, 7 fM, 2x 1 M abn [11].
6. Rd: 1 M abn, 7 fM, 1 M abn [9].
7.–13. Rd: 9 fM häkeln [9].
2 fM häkeln. Das ist das neue Ende der Rd.
Mit Blassgelb weiterarbeiten.
14. Rd: 9 fM häkeln [9].
15. Rd: 9 fM häkeln, dabei ihM [9].
16. Rd: 3 fM [3]. Die restlichen Maschen nicht bearbeiten.
Die Hand gut mit Füllwatte ausstopfen. Zum oberen Armrand hin allmählich weniger Füllwatte verwenden.
Das offene Armende flach drücken und 4 fM durch beide Lagen häkeln, um die Öffnung zu schließen.
Abketten und einen langen Faden zum Nähen lassen.

ÄRMELMANSCHETTE (2x in Blassgelb)

Am Arm mit Blassgelb im letzten unbearbeiteten vorderen M-Glied der 14. Rd neu anschlingen (Abb. 14).
Die Hand zeigt von Ihnen weg.
1. Rd: 1 Lm häkeln, im selben vorderen M-Glied beginnen, in dem neu angeschlungen wurde, * 1 fM, 1 M zun; ab * noch 3x wdh, 1 fM [13].
2. Rd: 13 fM häkeln [13].
1 Km in die nächste M häkeln, abketten und Garnenden vernähen.

BEIN (2x mit Braun beginnen)

9 Lm anschlagen. Entlang beider Seiten der Lm-Kette häkeln.
1. Rd: in die 2. Lm ab der Nadel einstechen, 7 fM, 3 fM in die nächste Lm. Auf der Rückseite der Lm-Kette weiterarbeiten, 6 fM, 1 M zun [18].
2. Rd: * 1 M zun, 6 fM, 2x 1 M zun; ab * noch 1x wdh [24].
3. Rd: 1 fM, 1 M zun, 6 fM, * 1 fM, 1 M zun; ab * noch 2x wdh, 6 fM, * 1 fM, 1 M zun; ab * noch 1x wdh [30].
4. Rd: 2 fM, 1 M zun, 6 fM, * 2 fM, 1 M zun; ab * noch 2x wdh, 6 fM, * 2 fM, 1 M zun; ab * noch 1x wdh [36].
5. Rd: 35 fM [35]. Die restlichen Maschen nicht bearbeiten.
Das ist das neue Ende der Rd.
Mit Hellbraun weiterarbeiten.
6. Rd: 36 fM häkeln, dabei ihM [36].
7. Rd: 7 fM, * 1 M abn, 1 fM; ab * noch 6x wdh, 8 fM [29].
8. Rd: 6 fM, * 1 M abn, 1 fM; ab * noch 4x wdh, 8 fM [24].
9. Rd: 6 fM, * 1 M abn, 1 fM; ab * noch 3x wdh, 6 fM [20].
10. Rd: * 2 fM, 1 M abn; ab * noch 4x wdh [15].
11. Rd: * 3 fM, 1 M abn; ab * noch 2x wdh [12].
12.–16. Rd: 12 fM häkeln [12].
2 fM häkeln. Sie befinden sich jetzt in der Mitte der Beinrückseite, in einer Linie mit den Farbwechseln der 6. Rd.
Das ist das neue Ende der Rd.
Mit dunklem Altrosa weiterarbeiten.
17. Rd: * 1 fM, 1 M zun; ab * noch 5x wdh [18].
18. Rd: * 1 M zun, 1 fM, 1 M zun; ab * noch 5x wdh, dabei ihM [30].
19.–22. Rd: 30 fM häkeln [30].
23. Rd: * 3 fM, 1 M abn; ab * noch 5x wdh [24].
24. Rd: 12x 1 M abn [12].
25. Rd: rechtes Bein: 7 fM häkeln [7]. Die restlichen Maschen nicht bearbeiten.
25. Rd: linkes Bein: 1 fM häkeln [1]. Die restlichen Maschen nicht bearbeiten.
Das Bein gut mit Füllwatte ausstopfen. Zum oberen Beinrand hin allmählich weniger Füllwatte verwenden.

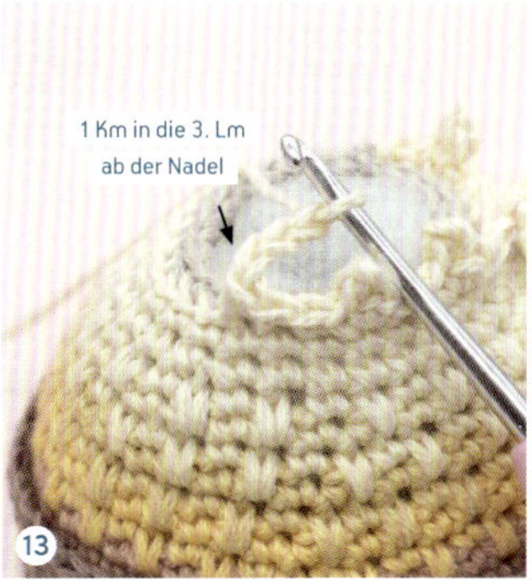

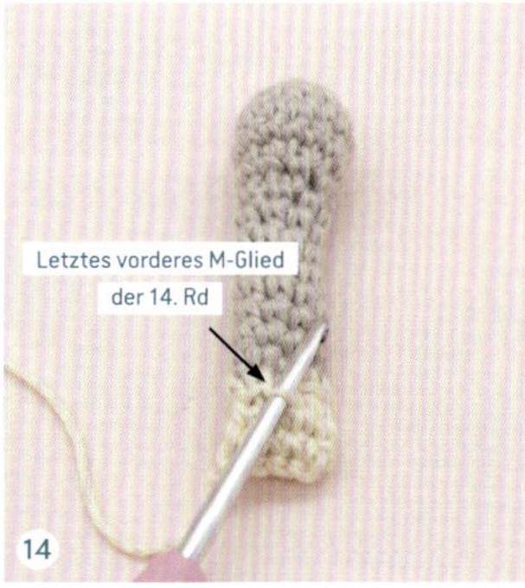

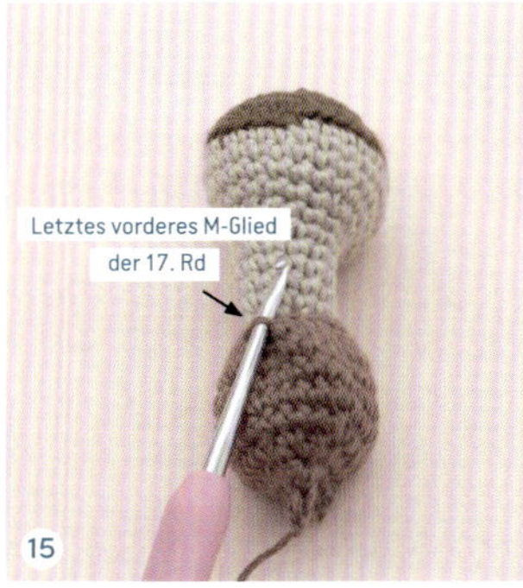

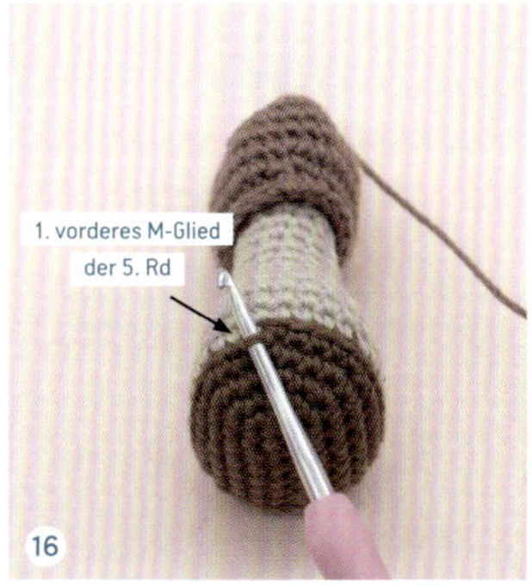

Das offene Beinende flach drücken und 6 fM durch beide Lagen häkeln, um die Öffnung zu schließen.
Abketten und einen langen Faden zum Nähen lassen.

HOSENBEINBÜNDCHEN (2x in dunklem Altrosa)

Am Bein mit dunklem Altrosa im letzten unbearbeiteten vorderen M-Glied der 17. Rd neu anschlingen (Abb. 15).
Das untere Beinende zeigt von Ihnen weg.

1. Rd: 1 Lm häkeln, im selben vorderen M-Glied beginnen, in dem neu angeschlungen wurde, 18 fM [18].
1 Km in die nächste M häkeln, abketten und Garnenden vernähen.

PANTOFFELRAND (2x in Braun)

Am Bein mit braunem Garn im 1. unbearbeiteten vorderen M-Glied der 5. Rd neu anschlingen (Abb. 16).
Das untere Beinende zeigt zu Ihnen.

1. Rd: 1 Lm häkeln, im selben vorderen M-Glied beginnen, in dem neu angeschlungen wurde, 36 fM [36].
1 Km in die nächste M, abketten und Garnenden vernähen.

PANTOFFELRIEMEN (2x in Braun)

Einen langen Anfangsfaden lassen. 13 Lm anschlagen. In R arbeiten.

1. R: in die 2. Lm ab der Nadel einstechen, 12 fM, 1 Lm, wenden [12].
2. R: 12 fM häkeln [12].
Abketten und einen langen Faden zum Nähen lassen.

GROSSE FLÜGELSPITZE (2x in hellem Rosé)

1. Rd: 6 fM in einen Fadenring arbeiten [6].
2. Rd: 6 fM häkeln [6].
3. Rd: * 1 fM, 1 M zun; ab * noch 2x wdh [9].
4. Rd: * 2 fM, 1 M zun; ab * noch 2x wdh [12].
5. Rd: * 1 fM, 1 M zun; ab * noch 5x wdh [18].
6.–7. Rd: 18 fM häkeln [18].
Die 18. M der 7. Rd markieren. Das hilft Ihnen später beim Verbinden der Flügelspitzen.
Die große Flügelspitze nicht ausstopfen.
Abketten und einen langen Faden zum Nähen lassen.

KLEINE FLÜGELSPITZE (2x in hellem Rosé)

1. Rd: 6 fM in einen Fadenring arbeiten [6].
2. Rd: 6 fM häkeln [6].
3. Rd: * 1 fM, 1 M zun; ab * noch 2x wdh [9].
4. Rd: * 2 fM, 1 M zun; ab * noch 2x wdh [12].
5. Rd: 12 fM häkeln [12].
Die kleine Flügelspitze nicht ausstopfen und nicht abketten.
Mit dem restlichen Flügel weitermachen.

FLÜGEL (2x in hellem Rosé)

1. Rd: in der M nach der am Ende der großen Flügelspitze markierten M beginnen (Abb. 17), 18 fM entlang der großen Spitze, 12 fM entlang der kleinen Spitze [30].
2.–3. Rd: 30 fM häkeln [30].
Mit den Garnenden der großen Flügelspitze eventuelle Lücken schließen.
4. Rd: * 8 fM, 1 M abn; ab * noch 2x wdh [27].
5. Rd: 20 fM, 2x 1 M abn, 3 fM [25].
6. Rd: 25 fM häkeln [25].
7. Rd: 20 fM, 1 M abn, 3 fM [24].
8. Rd: 20 fM, 1 M abn, 2 fM [23].
9. Rd: 20 fM, 1 M abn, 1 fM [22].
10. Rd: 20 fM, 1 M abn [21].
11. Rd: * 5 fM, 1 M abn; ab * noch 2x wdh [18].

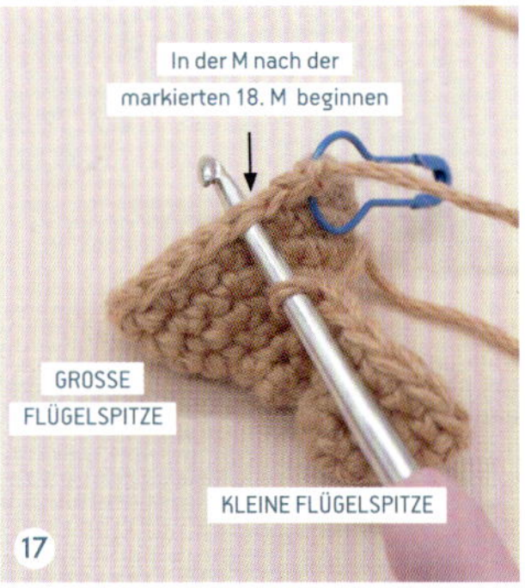

17

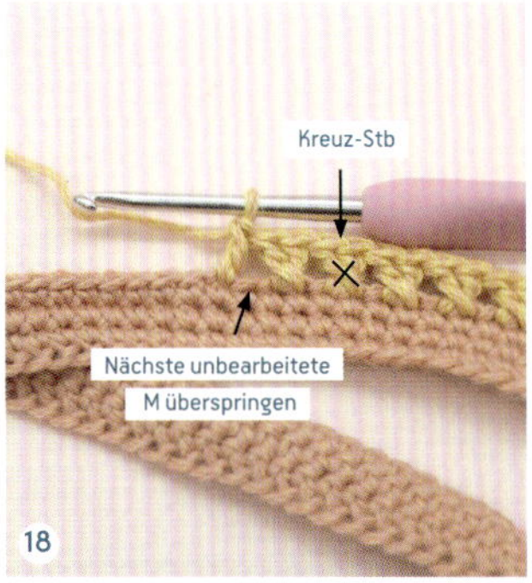

18

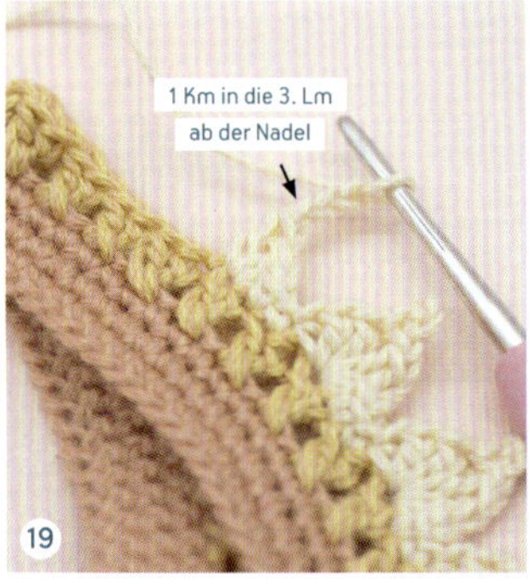

19

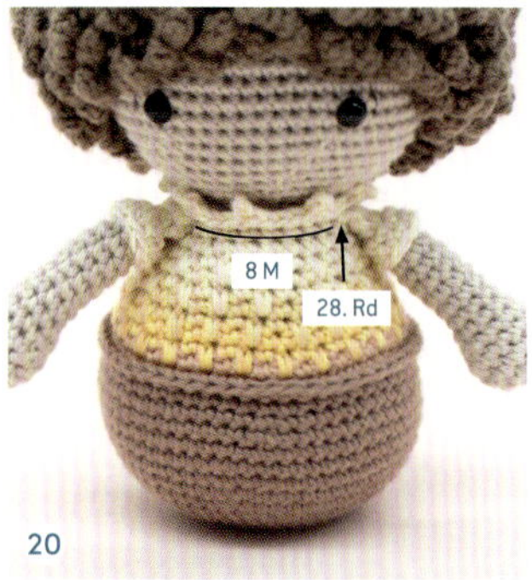

20

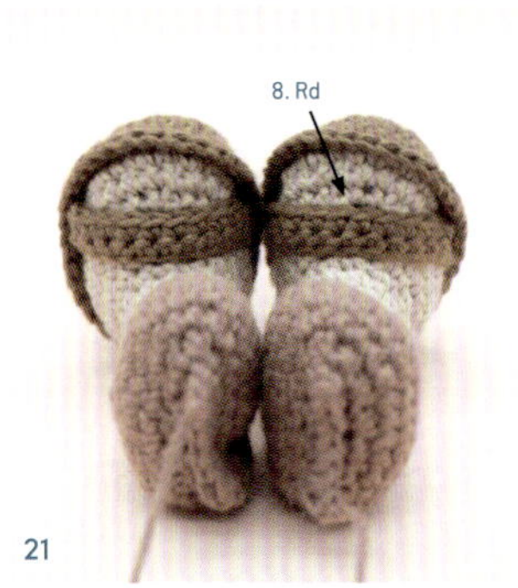

21

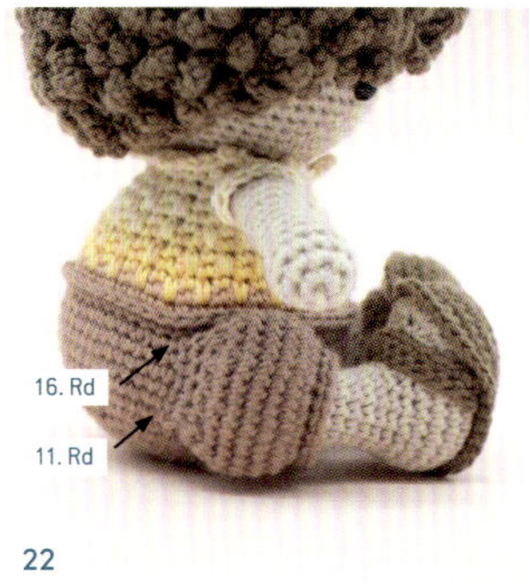

22

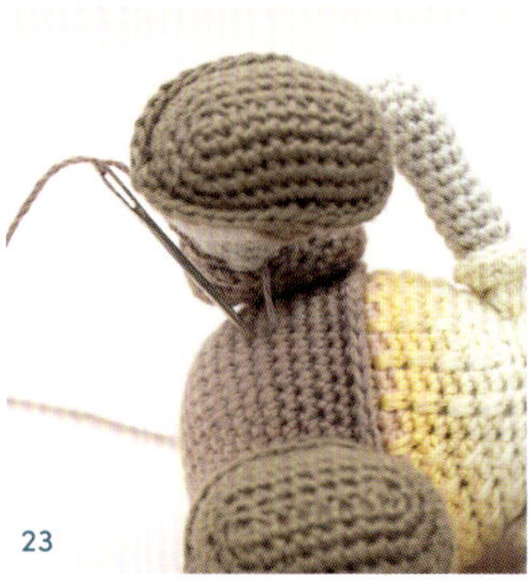
23

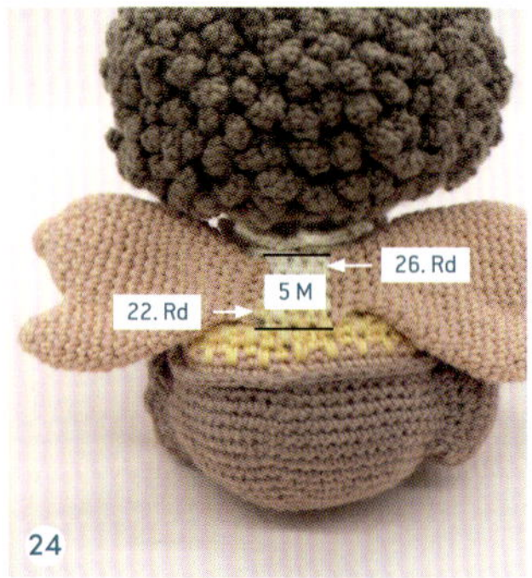

24

12. Rd: * 4 fM, 1 M abn; ab * noch 2x wdh [15].
13. Rd: * 3 fM, 1 M abn; ab * noch 2x wdh [12].
14. Rd: * 1 M abn, 4 fM; ab * noch 1x wdh [10].
15. Rd: rechter Flügel: 6 fM häkeln [6]. Die restlichen Maschen nicht bearbeiten.
15. Rd: linker Flügel: 1 fM häkeln [1]. Die restlichen Maschen nicht bearbeiten.
Die Flügel nicht ausstopfen.
Das offene Flügelende flach drücken und 5 fM durch beide Lagen häkeln, um die Öffnung zu schließen.
Abketten und einen langen Faden zum Nähen lassen.

SONNENKRONE (mit hellem Rosé beginnen)
76 Lm anschlagen.
1. Rd: mit einer fM in die 1. Lm zu einem Ring schließen, 75 fM [76].
2.–3. Rd: 76 fM häkeln [76].
Mit Sonnengelb weiterarbeiten.
4. Rd: 1 Km, 2 Lm, 1 Stb, 1 Stb in dieselbe M, in die die letzte Km gehäkelt wurde (Kreuz-Masche, Tutorial auf Seite 8), * 1 M überspringen, 1 Stb (Abb. 18), 1 Stb in die übersprungene M; ab * noch 36x wdh [76 – die 1. Km + 2 Lm werden nicht mitgezählt].
Mit Blassgelb weiterarbeiten.
5. Rd: * 1 fM, 1 hStb + 2 Stb + ein 3-Lm-Pikot (Abb. 19) + 2 Stb + 1 hStb in die nächste M, 1 M überspringen, 1 fM; ab * noch 18x wdh [171].
1 Km in die nächste M häkeln, abketten und Garnenden vernähen.

FERTIGSTELLUNG
- Den Körper am Kopf festnähen. Die Körperöffnung wird über die 27.–29. Rd auf der Kopfunterseite festgenäht.
- Die Arme zwischen der 28. und 29. Rd am Körper befestigen (Abb. 20). Vorne liegen 8 M zwischen den beiden Armen. Der Farbwechsel sollte sich auf der Arminnenseite befinden.
- Die Pantoffelriemen an die Pantoffeln nähen. Die Riemenvorderkante liegt zwischen der 8. und 9. Rd am Fuß (Abb. 21).
- Das hintere Beinende von der 11.–16. Rd am Körper befestigen (Abb. 22), direkt hinter der Mittelachse des Körpers. Damit die Beine eng am Körper liegen, die Beininnenseite

mit ein paar zusätzlichen Stichen am Körper fixieren (Abb. 23).
- Die Flügel auf der Körperrückseite befestigen (die großen Spitzen befinden sich oben). Die flachen Enden werden vertikal im Abstand von 5 M zwischen der 22. und 26. Rd des Körpers festgenäht (Abb. 24). Damit die Flügel eng am Körper liegen, die Flügelinnenseite mit ein paar zusätzlichen Stichen am Körper fixieren.
- Blaze die Sonnenkrone aufsetzen.
- Wenn Sie möchten, können Sie auf den Wangen von Blaze Rouge auftragen, damit er noch niedlicher aussieht.
- Alle Maschenmarkierer entfernen.

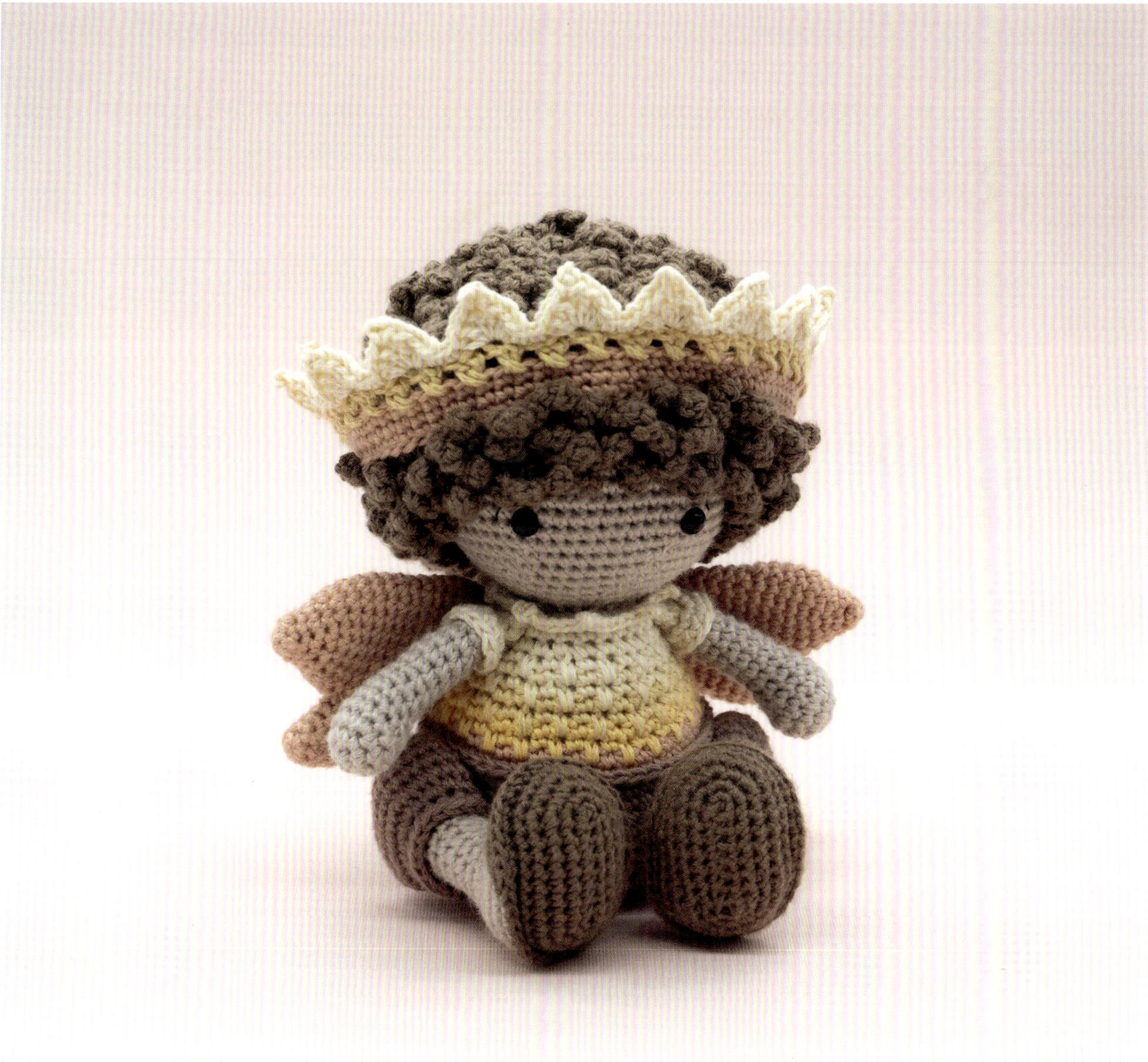

Bonus-Anleitungen

Sie haben noch nicht genug von Erinna Lees süßen Amigurumis?
Freuen Sie sich auf zwei weitere Bewohnerinnen des Zauberwaldes!

Beatrice, die Fledermaus

Während der Nachtstunden hält sie die Augen offen, damit alle Lebewesen des Waldes sicher und ruhig schlafen können. Mit ihrem Abenteuergeist sehnt sich Beatrice danach, die Welt zu entdecken und holt sich oft Tipps von Poppy, wenn es um die schönsten Reiseziele geht.

Poppy, die Rotstirnschnäpper-Dame

Sie ist die Weltenbummlerin des Waldes und hat schon viele ferne Länder bereist. Ihre Geschichten und kostbarer Souvenirs erweitern den Horizont aller im Zauberwald und lassen sie an den Wundern der Welt jenseits des Waldrandes teilhaben.

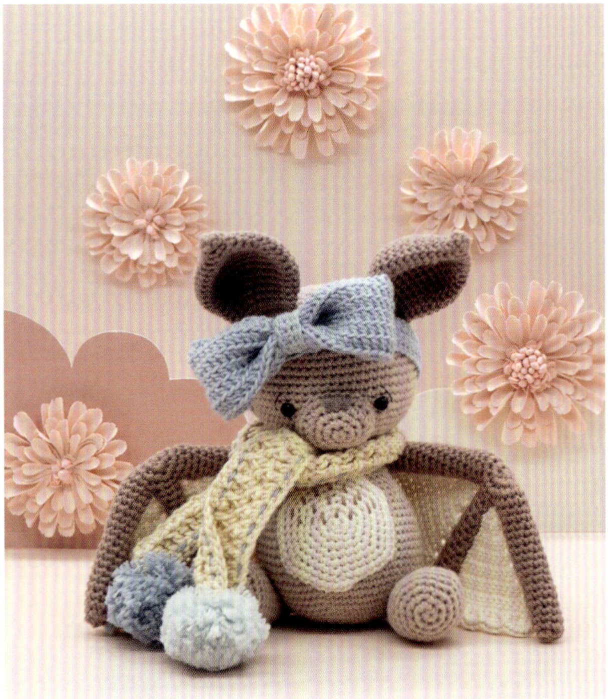

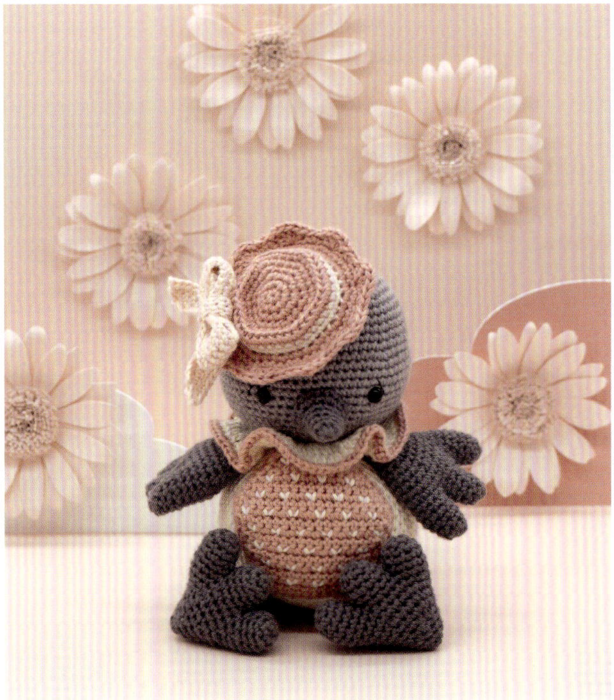

Um zu den Anleitungen zu gelangen, scannen Sie den QR-Code oder besuchen Sie unsere Website unter https://www.emf-verlag.de/buecher/handarbeiten/haekeln/tierisch-suesse-haekelfreunde-waldtiere-und-feen/978-3-7459-1929-5

Mit dem nachstehenden Passwort können Sie auf das Download-PDF zugreifen:

wQ9>FZ

Noch mehr tolle Bücher

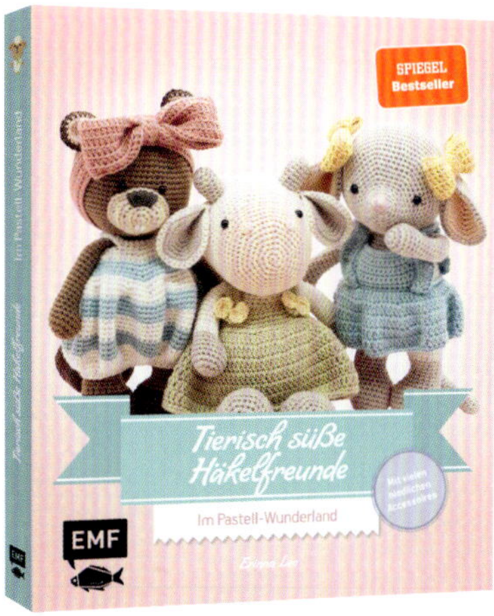

Tierisch süße Häkelfreunde – Im Pastell-Wunderland
€ 14,02 (D), 14,09 (A)
ISBN 978-3-7459-0632-5

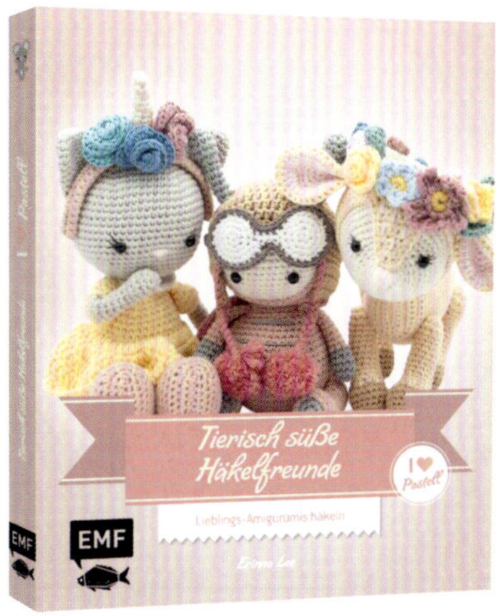

93791 Tierisch süße Häkelfreunde – I love Pastell
€ 14,00 (D), 14,40 (A)
ISBN 978-3-96093-791-3

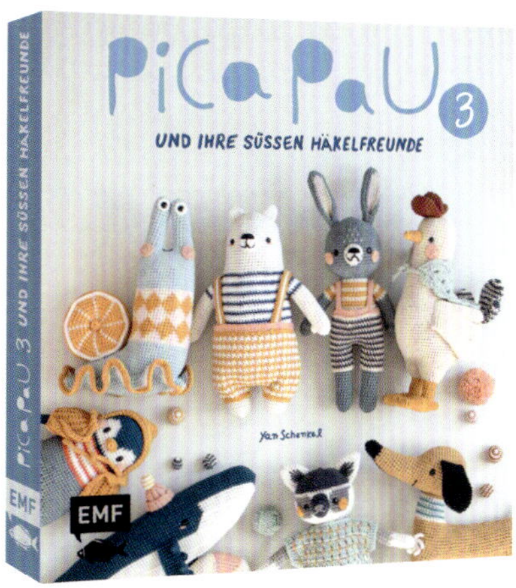

Pica Pau und ihre süßen Häkelfreunde – Band 3
€ 18,69(D), 18,73 (A)
ISBN 978-3-7459-1259-3

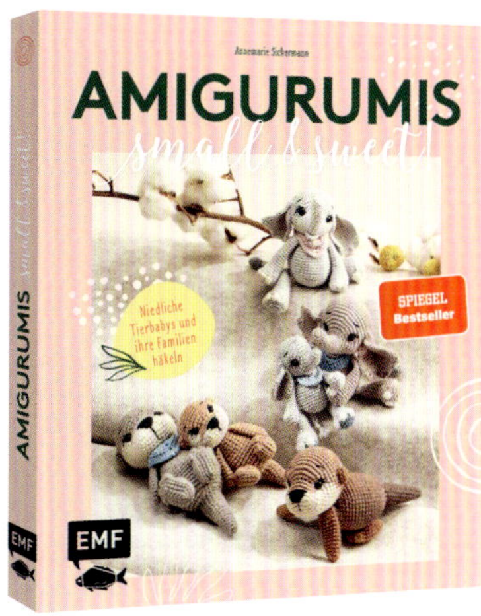

Amigurumis – small and sweet!
€ 15,89 (D), 15,91 (A)
ISBN 978-3-7459-1582-2

Impressum

Bibliografische Information der Deutschen Bibliothek.

Die Deutsche Bibliothek verzeichnet diese Publikation in der Deutschen Nationalbibliografie.

Detaillierte bibliografische Daten sind im Internet über http://www.d-nb.de/ abrufbar.

EIN BUCH DER EDITION MICHAEL FISCHER

2. Auflage 2025

Titel der Originalausgabe: Enchanted Woodland Amigurumi

Aus dem Englischen übertragen von Verena Thiard-Laforet, Perchtoldsdorf

Umschlag und Satz: Bhavya, Paulina Ernst

Texte und Fotos: © Erinna Lee, 2023

Projektmanagement: Maren Bellon

ISBN 978-3-7459-1929-5

Gedruckt bei C&C: Gedruckt bei C&C Offset Printing Co., LTD., 14/F, C&C Building, 36 Ting Lai Road, Tai Po, N. T. Hong Kong

www.emf-verlag.de

Haben Sie ein Amigurumi aus diesem Buch gehäkelt?

Teilen Sie Ihre Fotos auf www.amigurumi.com/4500 oder auf Instagram unter dem Hashtag #enchantedwoodlandamigurumi.

Die Testhäkler*innen:
Ashton Kirkham, Jill Constantine,
Kristi Randmaa, Serena Chew, Amanda French, Iris Dongo, Barbara Roman, Deborah Eastman, Annegret Siegert, Shannon Kishbaugh, Kate Waugh, Marianne Rosqvist, Luisa Willem, Bianka Karolkiewicz, Lotte Nørgaard Pedersen, Marjan Peustjens, Ilonka Ladenius, Natalie van Dalen, Christina Marie, Caroline Vandier, Anna Persson, Lisa Marie Arseneault, Karen Celestine Lee, Karina Green, Barbara Volcov, Sabine Schiffelhuber, Adrienn Weber, Silke Bridgman, Sabina Escrig, Jimena Bouso, Sandra Zheng, Louisa Wong, Dóra Sipos-Járási, Sandra Belleval, Mariska vanden Berg, Jasmijn van Binsbergen.